필수 한문과 고전 이해 종합서

삶의 지혜 한문공부 2

한원식 편저

삶의 지혜 한문 공부2

초판 1쇄 인쇄 | 2024년 02월 10일
지은이 | 한원식
펴낸이 | 이재욱(필명:이승훈)
펴낸곳 | 해드림출판사
주 소 | 서울 영등포구 경인로82길 3-4(문래동1가 39)
       센터플러스빌딩 1004호(07371)
전 화 | 02-2612-5552
팩 스 | 02-2688-5568
E-mail | jlee5059@hanmail.net

등록번호   제2013-000076
등록일자   2008년 9월 29일

ISBN   979-11-5634-577-0

필수 한문과 고전 이해 종합서

삶의 한문
지혜 공부 2

한원식 편저

해드림출판사

머리말

  우리말의 70%가 한문으로 구성되어 있어 우리말과 전통문화의 정확한 이해를 위해서는 한자의 이해가 필수적이라고 하겠으나 급변하는 사회 변화에 따라 현대인들이 한문 공부를 할 수 있는 기회가 줄어들고 있습니다.
  다행히 최근 인터넷의 발달로 인한 사이버 교육이 활성화 되어가고 있는 것은 한자 교육의 방법으로서 매우 중요한 계기를 마련해 줄 수 있다고 하겠습니다.
  이러한 때에 편저자는 교육에 필요한 체계적이고 통합된 한자와 한문 교재의 필요성을 느껴 그동안 여러 권으로 분산되어 있던 교재를 정리하여 기초한 문과 고전 이해를 위한 통합된 〈삶의 지혜 한문 공부〉 교재를 발간 한 바 있습니다.
  이 책은 이미 발간된 교재에 이어 발간하는 것으로, 이 책에서는 한자의 기초가 되는 천자문, 사자소학, 동몽선습, 계몽편, 맹자, 중용 등의 고전과 많이 인용되는 한시와 명문장을 포함시켰습니다.
  이 책이 이미 발간된 교재와 함께 한문의 체계적인 학습과 이해를 통한 폭넓은 언어생활로 삶의 지혜를 얻을 수 있도록 함에 조금이나마 기여를 할 수 있기를 바라는 바입니다.
  끝으로 이 책의 출판을 쾌히 수락하여 주신 해드림출판사 이승훈 사장님과 수고해 주신 여러분께 깊은 감사를 드립니다.

2024년 1월
편저자 한원식

차례

머리말　5
중국과 한국의 역사 년대 비교　423
참고 문헌　424

제1부 기초 한자와 단문 고전

제1장 천자문과 간체자　10
　1. 천자문　10
　2. 간체자　29

제2장 사자소학　37
제3장 추구　52
제4장 한문 속담　63

제2부 고전 독해

제5장 동몽선습　71
　1. 오륜　71
　2. 총론　81
　3. 중국의 역사　83
　4. 조선의 역사　90
　5. 어제서　94
　6. 발문　97

제6장 계몽편　100
　1. 수 편　100
　2. 천 편　101
　3. 지 편　103
　4. 물 편　106
　5. 인 편　109

제7장 맹자　　　　　　　　　　　　　　　114

　　제1편 1. 양혜왕장구 상　　　　　114
　　　　　 2. 양혜왕장구 하　　　　　131
　　제2편 3. 공손추장구 상　　　　　151
　　　　　 4. 공손추장구 하　　　　　170
　　제3편 5. 등문공장구 상　　　　　186
　　　　　 6. 등문공장구 하　　　　　203
　　제4편 7. 이루장구 상　　　　　　221
　　　　　 8. 이루장구 하　　　　　　239
　　제5편 9. 만장장구 상　　　　　　256
　　　　　10. 만장장구 하　　　　　　274
　　제6편 11. 고자장구 상　　　　　　291
　　　　　12. 고자장구 하　　　　　　309
　　제7편 13. 진심장구 상　　　　　　326
　　　　　14. 진심장구 하　　　　　　346

제8장 중용　　　　　　　　　　　　　364

　　제1편 도와 중용　　　　　　　　364
　　제2편 군자와 중용　　　　　　　365
　　제3편 도의 작용　　　　　　　　370
　　제4편 정성됨과 중용　　　　　　378
　　제5편 성인과 지성　　　　　　　388
　　제6편 성인 군자　　　　　　　　394

제3부 한시와 명문장

제9장 한시　　　　　　　　　　　　　399
제10장 명문장　　　　　　　　　　　409

제1부

기초 한자와 단문 고전

제1장 천자문과 간체자

천자문(千字文)의 저자는 6세기 무렵 중국의 남조(南朝) 양(梁)나라 주흥사(周興嗣)이다. 황제의 명을 받은 주흥사는 이 책을 지으면서 얼마나 공력을 들였던지 책을 완성하자 갑자기 머리가 세었다고 한다. 그래서 백수문(白首文) 또는 백두(白頭文)이라고도 한다. 천자문이 우리나라에 언제 전해졌는지 확실하지 않으나 백제의 왕인이 논어 10권과 천자문 1권을 일본에 전했다는 기록으로 보아, 이보다 훨씬 전에 유입된 것으로 보인다. 천자문은 1구(句) 4자(字)로 된 총 250구, 1,000자로 한 글자도 중복됨이 없이 이루어져 있으며 인륜의 대도, 우주의 대소, 중국의 역사와 문화 등을 바탕으로 삼아 4자를 이루는 함축성 있는 문장으로 구성되어 있다. 천자문은 한문 입문서와 초학 습자본(習字本)으로 그 자리를 확고하게 지켜 왔다.

한편 그동안 전통적으로 사용되어 온 한 자체를 번체자(繁體字)라고 한다. 그러나 중국은 복잡하고 어려운 한자를 쉽게 쓸 수 있도록 간략화된 간체자(簡體字) 한자를 1956년에 공표하여 사용하고 있다. 현재 한국, 일본, 대만은 번체자를 사용하고 중국은 간체자를 사용한다. 이 책에서는 사용 빈도가 높은 500여 자만을 소개하기로 한다.

1. 천자문(千字文)

1. 天 하늘 천, 地 땅 지, 玄 검을 현, 黃 누를 황
2. 宇 집 우, 宙 집 주, 洪 넓을 홍, 荒 거칠 황
   하늘은 검고 땅은 누르며, 우주는 넓고 거칠다.

3. 日 날 일, 月 달 월, 盈 찰 영, 昃 기울 측
4. 辰 별 진, 宿 잘 숙, 列 벌릴 렬, 張 베풀 장
   해와 달은 차면 기울며, 별들은 하늘에 넓게 벌려져 있다.

5. 寒 찰 한, 來 올 래, 暑 더울 서, 往 갈 왕
6. 秋 가을 추, 收 거둘 수, 冬 겨울 동, 藏 감출 장
추위가 오면 더위가 물러가니, 가을에는 거두어들이고 겨울에는 저장한다.

7. 閏 윤달 윤, 餘 남을 여, 成 이룰 성, 歲 해 세
8. 律 법칙 률, 呂 법칙 려, 調 고를 조, 陽 볕 양
윤달의 남는 것으로 해를 이루고, 육률(六律)과 육려(六呂)로 음양을 조화시킨다.

9. 雲 구름 운, 騰 오를 등, 致 이를 치, 雨 비 우
10. 露 이슬 로, 結 맺을 결, 爲 할 위, 霜 서리 상
구름이 오르면 비가 되고, 이슬이 맺히면 서리가 된다.

11. 金 쇠 금, 生 날 생, 麗 고을 려, 水 물 수
12. 玉 구슬 옥, 出 날 출, 崑 뫼 곤, 岡 뫼 강
황금은 여수에서 나고, 옥은 곤륜산(崑崙山)에서 나온다.

13. 劍 칼 검, 號 이름 호, 巨 클 거, 闕 집 궐
14. 珠 구슬 주, 稱 일컬을 칭, 夜 밤 야, 光 빛 광
보검(寶劍)은 거궐(巨闕)이 이름났고, 구슬은 야광이 일컬어진다.

15. 果 열매 과, 珍 보배 진, 李 오얏 리, 柰 벚 내
16. 菜 나물 채, 重 무거울 중, 芥 겨자 개, 薑 생강 강
과일은 오얏과 버찌가 보배스럽고, 채소는 겨자와 생강이 소중하다.

17. 海 바다 해, 鹹 짤 함, 河 물 하, 淡 맑을 담
18. 鱗 비늘 린, 潛 잠길 잠, 羽 깃 우, 翔 날 상
바닷물은 짜고 황하는 담백하며, 비늘 있는 고기는 물속에 있고 깃 있는 새는 공중에 난다.

19. 龍 용 용, 師 스승 사, 火 불 화, 帝 임금 제
20. 鳥 새 조, 官 벼슬 관, 人 사람 인, 皇 임금 황
용으로 벼슬 이름을 쓴 복희씨(伏羲氏)와 불을 숭상한 신농씨(神農氏), 새(鳥)로 벼슬 이름을 쓴 소호(少昊) 문명을 밝힌 인황(人皇)

21. 始 비로소 시, 制 지을 제, 文 글월 문, 字 글자 자
22. 乃 이에 내, 服 옷 복, 衣 옷 의, 裳 치마 상
창힐(蒼頡) 처음 문자를 만들고, 황제는 속옷과 치마를 입게 했다.

23. 推 밀 추, 位 자리 위, 讓 사양할 양, 國 나라 국
24. 有 있을 유, 虞 나라 우, 陶 질그릇 도, 唐 나라 당
천자 자리를 물려주어 나라를 사양(辭讓)한 이는, 유우씨(有虞氏), 제순(帝舜)과 도당씨(陶唐氏), 제요(帝堯)이다.

25. 弔 조상할 조, 民 백성 민, 伐 칠 벌, 罪 허물 죄
26. 周 두루 주, 發 필 발, 殷 나라 은, 성할 은, 湯 끓을 탕
백성을 위로하고 죄인을 친 사람은, 주나라 무왕(武王) 발(發)과 은나라 탕왕(湯王)이다.

27. 坐 앉을 좌, 朝 아침 조, 問 물을 문, 道 길 도
28. 垂 드리울 수, 拱 팔장낄 공, 平 평할 평, 章 글월 장
조정에 앉아 어진이를 존경하고 도(道)를 물으면, 용포(龍袍) 입고 두 손 맞잡고 있어도 평안해 진다.

29. 愛 사랑 애, 育 기를 육, 黎 검을 려, 首 머리 수
30. 臣 신하 신, 伏 엎드릴 복, 戎 오랑캐 융, 羌 오랑캐 강
백성을 사랑으로 기르면, 오랑캐들까지도 신하로 복종한다.

31. 遐 멀 하, 邇 가까울 이, 壹 한 일, 體 몸 체
32. 率 거느릴 솔, 賓 손 빈, 歸 돌아올 귀, 王 임금 왕

멀고 가까운 백성과 민족을 한몸으로 여기니, 거느려와 복종하여 임금에게로 돌아온다.

33. 鳴 울 명, 鳳 새 봉, 在 있을 재, 樹 나무 수
34. 白 흰 백, 駒 망아지 구, 食 밥 식, 場 마당 장
우는 봉황새는 오동나무에 깃들고, 흰 망아지는 마당에서 풀을 뜯는다.

35. 化 될 화, 被 입을 피, 草 풀 초, 木 나무 목
36. 賴 힘입을 뢰, 及 미칠 급, 萬 일만 만, 方 모방
덕(德)의 교화(敎化)가 초목에까지 미치고, 덕과 은택이 만방에까지 미친다.

37. 蓋 덮을 개, 此 이 차, 身 몸 신, 髮 터럭 발
38. 四 넉 사, 大 큰 대, 五 다섯 오, 常 떳떳할 상
무릇 이 몸과 터럭은 하늘, 땅, 임금, 부모의 사대(四大)와 인의예지신(仁義禮智信)의 오상(五常)으로 이루어졌다.

39. 恭 공손할 공, 惟 생각할 유, 鞠 기를 국, 養 기를 양
40. 豈 어찌 기, 敢 감히 감, 毁 헐 훼, 傷 상할 상
길러주신 것을 공손히 생각하여 보면, 어찌 이 몸을 감히 손상시킬 수 있을까?

41. 女 여자 녀, 慕 사모할 모, 貞 곧을 정, 烈 매울 렬
42. 男 사내 남, 效 본받을 효, 才 재주 재, 良 어질 양
여자는 행실의 곧고 매움을 숭상하고, 남자는 재주와 어짊을 본받아야 한다.

43. 知 알 지, 過 허물 과, 必 반드시 필, 改 고칠 개
44. 得 얻을 득, 能 능할 능, 莫 말 막, 忘 잊을 망
허물을 알면 반드시 고치고, 배워 능함을 얻으면 잊지 말아야 한다.

제1부 기초 한자와 단문 고전 **13**

45. 罔 없을 망, 談 말씀 담, 彼 저 피, 短 짧을 단
46. 靡 없을 미, 恃 믿을 시, 己 몸 기, 長 긴 장
    남의 단점을 말하지 말고, 자기의 장점을 믿지 말아야 한다.

47. 信 믿을 신, 使 부릴 사, 加 옳을 가, 覆 덮을 복
48. 器 그릇 기, 欲 하고자 할 욕, 難 어려울 난, 量 헤아릴 양
    약속은 실천되게 하고, 도량은 헤아리기 어렵게 만들어야 한다.

49. 墨 먹 묵, 悲 슬플 비, 絲 실 사, 染 물들일 염
50. 詩 글 시, 讚 기릴 찬, 羔 염소 고, 羊 양 양
    묵자는 흰실이 검게 물듦을 슬퍼했고, 시경은 문왕의 교화를 찬미하였다.

51. 景 빛 경, 行 다닐 행, 維 벼리 유, 賢 어질 현
52. 剋 이길 극, 念 생각 념, 作 지을 작, 聖 성인 성
    대도를 행하면 어진 사람이 되고, 잘 생각하면 성인이 될 수 있다.

53. 德 큰 덕, 建 세울 건, 名 이름 명, 立 설 립
54. 形 형상 형, 端 바를 단, 表 겉 표, 正 바를 정
    덕을 세우면 명예가 따르고, 용모가 단정하면 태도도 바르게 된다.

55. 空 빌 공, 谷 골 곡, 傳 전할 전, 聲 소리 성
56. 虛 빌 허, 堂 집 당, 習 익힐 습, 聽 들을 청
    빈 골짜기라도 소리가 전해지고, 빈집이라도 울림이 들린다.

57. 禍 재앙 화, 因 인할 인, 惡 악할 악, 積 쌓을 적
58. 福 복 복, 緣 인연 연, 善 착할 선, 慶 경사 경
    재앙은 악이 쌓이는 데서 생기고, 복은 선한 데서 연유한다.

59. 尺 자 척, 璧 구슬 벽, 非 아닐 비, 寶 보배 보
60. 寸 마디 촌, 陰 그늘 음, 是 이 시, 競 다툴 경

한자의 구슬이 보배로운 것이 아니라, 한 치의 시간을 다툴 일이다.

61. 資 재물 자, 父 아비 부, 事 일 사, 君 임금 군
62. 曰 가로 왈, 嚴 엄할 엄, 與 더불 여, 敬 공경 경
부모의 섬김과 같이 임금을 섬겨야 하니, 엄숙하고 공경하여야 한다.

63. 孝 효도 효, 當 마땅 당, 竭 다할 갈, 力 힘 력
64. 忠 충성 충, 則 곧 즉, 盡 다할 진, 命 목숨 명
효도는 마땅히 힘을 다하여야 하며, 충성은 한목숨을 바쳐야 한다.

65. 臨 임할 임, 深 깊을 심, 履 밟을 리, 薄 엷을 박
66. 夙 이를 숙, 興 일어날 흥, 溫 따뜻할 온, 凊 서늘할 청(정)
깊은 물가에 임하듯 살얼음을 밟는 듯 몸조심하며, 일찍 일어나 겨울에는 따뜻하게 여름에는 시원하게 해드려야 한다.

67. 似 같을 사, 蘭 난초 난, 斯 이 사, 馨 향기 향
68. 如 같을 여, 松 소나무 송, 之 갈 지, 盛 성할 성
군자는 난초와 같아서 향기가 먼 데까지 이르고, 소나무같이 무성하다.

69. 川 내 천, 流 흐를 유, 不 아니 불, 息 쉴 식
70. 淵 못 연, 澄 맑을 징, 取 취할 취, 暎 비칠 영
흐르는 내는 쉬지 않고 흐르고, 맑은 연못엔 그림자가 비추인다.

71. 容 얼굴 용, 止 그칠 지, 若 같을 약, 思 생각 사
72. 言 말씀 언, 辭 말씀 사, 安 편안 안, 定 정할 정
거동은 엄숙하여 생각하는 것같이 하고, 말은 조용하고 안정되게 해야 한다.

73. 篤 돈독할 독, 初 처음 초, 誠 정성 성, 美 아름다울 미
74. 愼 삼갈 신, 終 마칠 종, 宜 마땅 의, 令 하여금 령

시작을 실독히 함은 진실로 아름다운 것이니, 끝맺음을 신중히 하면 마땅히 훌륭하게 될 것이다.

75. **榮** 영화 영, **業** 일 업, **所** 바 소, **基** 터 기
76. **籍** 문서 적, **甚** 심할 심, **無** 없을 무, **竟** 마침내 경
공적 쌓는 일을 피어나게 하는 터전이 된다면 훌륭해짐이 많아 끝이 없다.

77. **學** 배울 학, **優** 뛰어날 우, **登** 오를 등, **仕** 벼슬 사
78. **攝** 잡을 섭, **職** 벼슬 직, **從** 쫓을 종, **政** 정사 정
배우고 여유 있으면 벼슬에 오르고, 직분을 다하여 정사에 종사해야 한다.

79. **存** 있을 존, **以** 써 이, **甘** 달 감, **棠** 아가위 당
80. **去** 갈 거, **而** 말 이을 이, **益** 더할 익, **詠** 읊을 영
소공(召公)이 쉬었던 감당나무는 남아 있으니, 떠난 뒤에도 추모하여 시를 읊는다.

81. **樂** 즐거울 락, **殊** 다를 수, **貴** 귀할 귀, **賤** 천할 천
82. **禮** 예도 례, **別** 다를 별, **尊** 높을 존, **卑** 낮을 비
음악은 귀천에 따라 다르고, 예절도 존비(尊卑)에 따라 구별했다.

83. **上** 위 상, **和** 화할 화, **下** 아래 하, **睦** 화목할 목
84. **夫** 남편 부, **唱** 부를 창, **婦** 아내 부, **隨** 따를 수
윗사람과 아랫사람이 서로 화목하며, 남편이 부르면(앞장서면) 아내가 따른다.

85. **外** 밖 외, **受** 따를 수, **傅** 스승 부, **訓** 가르칠 훈
86. **入** 들 입, **奉** 받들 봉, **母** 어미 모, **儀** 거동 의
밖에 나가서는 스승의 가르침을 받고, 집안에서는 어머니의 몸가짐을

본받는다.

87. 諸 모두 제, 姑 고모 고, 伯 맏 백, 叔 아제비 숙
88. 猶 같을 유, 子 아들 자, 比 견줄 비, 兒 아이 아
　모든 고모와 백부 숙부는 아버지의 형제자매이고, 조카들도 자식과 같이 보살핀다.

89. 孔 구멍 공, 懷 품을 회, 兄 맏 형, 弟 아우 제
90. 同 한가지 동, 氣 기운 기, 連 이을 연, 枝 가지 지
　깊게 형제를 그리워하고 의좋게 지내야 하니, 동기란 같은 기운에 한 나무에서 나누어진 것이기 때문이다.

91. 交 사귈 교, 友 벗 우, 投 던질 투, 分 나눌 분
92. 切 끊을 절, 磨 갈 마, 箴 경계 잠, 規 법 규
　벗을 사귀어 정분을 나누고, 절차탁마(切磋琢磨)하여 서로 경계하고 바로 잡아주어야 한다.

93. 仁 어질 인, 慈 사랑 자, 隱 숨을 은, 惻 슬플 측
94. 造 지을 조, 次 버금 차, 弗 아니 불, 離 떠날 리
　인자함과 측은함은 항상 품고 있어야 하며, 남을 동정하는 마음이 떠나서는 안 된다.

95. 節 마디 절, 義 옳을 의, 廉 청렴 렴, 退 물러날 퇴
96. 顚 엎드러질 전, 沛 자빠질 패, 匪 아닐 비, 虧 이지러질 휴
　절개와 의리와 청렴함에 힘쓰고, 용감히 물러남은 기울고 자빠지는 순간에도 이지러져서는 안 된다.

97. 性 성품 성, 靜 고요할 정, 情 뜻 정, 逸 편안할 일
98. 心 마음 심, 動 움직일 동, 神 정신 신, 疲 피곤할 피
　성품이 고요하면 감정이 편안하고, 마음이 흔들리면 정신이 피곤하다.

99. 守 지킬 수, 眞 참 진, 志 뜻 지, 滿 찰 만
100. 逐 쫓을 축, 物 만물 물, 意 뜻 의, 移 옮길 이
    참된 진리를 지키면 뜻이 가득 차고, 물욕을 쫓으면 뜻이 옮겨진다.

101. 堅 굳을 견, 持 가질 지, 雅 맑을 아, 操 잡을 조
102. 好 좋을 호, 爵 벼슬 작, 自 스스로 자, 縻 얽을 미
    바른 지조를 굳게 지키면, 좋은 벼슬에 저절로 이른다.

103. 都 도읍 도, 邑 고을 읍, 華 빛날 화, 夏 여름 하
104. 東 동녘 동, 西 서녘 서, 二 두 이, 京 서울 경
    중국의 수도는, 동경과 서경 둘로 나뉘었다.

105. 背 등 배, 邙 터 망, 面 낯 면, 洛 낙수 낙
106. 浮 뜰 부, 渭 위수 위, 據 웅거할 거, 涇 경수 경
    동경은 망산(邙山)을 북쪽에 두고 낙수(洛水)를 남쪽에 두었으며, 서경(장안)은 위수(渭水)가 질러가고 경수(涇水)에 둘러 쌓여있다.

107. 宮 집 궁, 殿 대궐 전, 盤 소반 반, 鬱 울창할 울
108. 樓 다락 루, 觀 볼 관, 飛 날 비, 驚 놀랄 경
    궁전이 빽빽이 들어서고, 누관(樓觀)은 꿩이 놀라 나는 듯 족하다.

109. 圖 그림 도, 寫 베낄 사, 禽 새 금, 獸 짐승 수
110. 畵 그림 화, 綵 채색 채, 仙 신선 선, 靈 신령 령
    궁전에는 새(봉황)와 짐승(기린)이 그려져 있고, 그림과 채색에는 신선(神仙)과 신령들의 모습도 그려져 있다.

111. 丙 남녘 병, 舍 집 사, 傍 곁 방, 啓 열 계
112. 甲 갑옷 갑, 帳 휘장 장, 對 대답 대, 楹 기둥 영
    신하들이 머무는 집들이 양옆으로 늘어섰고, 눈부신 가림막은 두 기둥 사이에 드리워 있다.

113. 肆 베풀 사, 筵 자리 연, 設 베풀 설, 席 자리 석
114. 鼓 두드릴 고, 瑟 비파 슬, 吹 불 취, 笙 저 생
돗자리를 펴 자리를 마련하여, 비파(琵琶)를 타고 생황(笙篁)을 분다.

115. 陞 오를 승, 階 섬돌 계, 納 들일 납, 陛 섬돌 폐
116. 弁 고깔 변, 轉 구를 전, 疑 의심할 의, 星 별 성
계단을 올라 섬돌로 들어가니, 관(冠)의 구슬 움직임이 별들인 듯하다.

117. 右 오른쪽 우, 通 통할 통, 廣 넓을 광, 內 안 내
118. 左 왼 좌, 達 통달할 달, 承 이을 승, 明 밝을 명
오른쪽으로는 광내전(壙內殿)으로 통하고, 왼쪽으로는 승명려(承明廬)에 이른다.

119. 旣 이미 기, 集 모을 집, 墳 무덤 분, 典 법 전
120. 亦 또 역, 聚 모을 취, 群 무리 군, 英 꽃부리 영
이미 삼황(三皇)과 오제(五帝)의 책을 모으고, 또 많은 영재(英才)를 모았다.

121. 杜 막을 두, 藁 짚 고, 鍾 쇠북 종, 隸 종 예
122. 漆 옻칠 칠, 書 글 서, 壁 벽 벽, 經 글 경
두조(杜操)는 초서(草書) 종요(鍾繇)는 예서(隸書)를 잘 섰으며, 벽 속엔 옻칠로 쓴 경서(經書)가 있다.

123. 府 마을 부, 羅 벌릴 라, 將 장수 장, 相 서로 상
124. 路 길 로, 俠 낄 협, 槐 회화나무 괴, 卿 벼슬 경
관청에는 장수와 재상이 많이 늘어서 있고, 거리에는 삼공(三公)과 구경(九卿)이 자리했다.

125. 戶 문 호, 封 봉할 봉, 八 여덟 팔, 縣 고을 현
126. 家 집 가, 給 줄 급, 千 일천 천, 兵 군사 병

민호(民戶)로 제후를 봉해 주고, 집에는 천명의 병사를 주었다.

129. 高 높을 고, 冠 갓 관, 陪 모실 배, 輦 손수레 련
128. 驅 물 구, 轂 바퀴 곡, 振 떨칠 진, 纓 갓끈 영
  높은 관을 쓰고 임금을 수레로 모시니, 바퀴가 구를 때마다 갓끈이 흔들거린다.

129. 世 인간 세, 祿 녹봉 녹, 侈 사치할 치, 富 부자 부
130. 車 수레 거(차), 駕 멍에 가, 肥 살찔 비, 輕 가벼울 경
  대대로 받은 녹이 사치할 만큼 풍부하니, 말은 살찌고 수레는 가볍다.

131. 策 꾀 책, 功 공 공, 茂 무성할 무, 實 열매 실
132. 勒 굴레 륵, 碑 비석 비, 刻 새길 각, 銘 새길 명
  공을 세운이가 무성하게 많으니, 공적을 비에 새겨 후세에 전하다.

133. 磻 시내 반, 溪 시내 계, 伊 저 이, 尹 믿을 윤
134. 佐 도울 좌, 時 때 시, 阿 언덕 아, 衡 저울대 형
  강태공(姜太公)과 이윤(伊尹)은 때를 돕고 임금을 보좌하였다.

135. 奄 오랠 엄, 宅 집 택, 曲 굽을 곡, 阜 언덕 부
136. 微 작을 미, 旦 아침 단, 孰 누구 숙, 營 경영할 영
  곡부(曲阜) 땅에 머물러 도읍을 정하니, 주공이 아니면 누가 그런 계획을 세웠겠는가?

137. 桓 굳셀 환, 公 귀 공, 匡 바를 광, 合 합할 합
138. 濟 건널 제, 弱 약할 약, 扶 도울 부, 傾 기울 경
  제나라 환공(桓公)은 제후를 바르게 규합하여, 약자를 구제하고 기울어 가는 나라를 도와 세웠다.

139. 綺 비단 기, 回 돌아올 회, 漢 나라 한, 惠 은혜 혜

140. 說 말씀 설, 感 느낄 감, 武 호반 무, 丁 장정 정
기리계(綺里季)의 보좌는 한나라 혜제(惠帝)를 편하게 하고, 부열(傅說)은 꿈에 무정(武丁)을 감동시켰다.

141. 俊 준걸 준, 乂 어질 예, 密 빽빽할 밀, 勿 말 물
142. 多 많을 다, 士 선비 사, 寔 진실로 식, 寧 편안할 영
준걸과 어진이가 힘써 일하고 많은 선비가 모이니 이 천하가 평안하다.

143. 晉 나라 진, 楚 나라 초, 更 다시 갱, 覇 으뜸 패
144. 趙 나라 조, 魏 나라 위, 困 곤할 곤, 橫 비낄 횡
진(晉)나라와 초(楚)나라는 번갈아 패권을 잡았고, 조(趙)나라와 위(魏)나라는 연횡(連橫)으로 곤란을 당했다.

145. 假 거짓 가, 道 길 도, 滅 멸할 멸, 虢 나라 괵
146. 踐 밟을 천, 土 흙 토, 會 모일 회, 盟 맹세 맹
진나라는 길을 빌려 괵(虢)나라를 멸하고, 천토(踐土)에서 모여 동맹을 맺었다.

147. 何 어찌 하, 遵 쫓을 준, 約 언약 약, 法 법 법
148. 韓 나라 한, 弊 해칠 폐, 煩 번거로울 번, 刑 형벌 형
소하(蕭何)는 간결한 법을 따랐으며, 한비(韓非)는 번거로운 형벌로 피폐(疲弊)하였다.

149. 起 일어날 기, 翦 갈길 전, 頗 자못 파, 牧 기를 목
150. 用 쓸 용, 軍 군사 군, 最 가장 최, 精 세밀할 정
백기(白起), 왕전(王翦), 염파(廉頗), 이목(李牧)은 군사를 쓰는 용병술이 가장 정교하였다.

151. 宣 베풀 선, 威 위엄 위, 沙 모래 사, 漠 아득할 막
152. 馳 달릴 치, 譽 기릴 예, 丹 붉을 단, 靑 푸를 청

명장들은 위엄을 사막까지 떨쳤으며, 명예를 단청으로 그려 후대까지 전하였다.

153. 九 아홉 구, 州 고을 주, 禹 임금 우, 跡 자취 적
154. 百 일백 백, 郡 고을 군, 秦 나라 진, 幷 아우를 병
아홉 주(州)는 우임금의 발자취며, 일백 고을은 진시황의 합병에서 시작되었다.

155. 嶽 큰 산 악, 宗 마루 종, 恒 항상 항, 岱 뫼 대
156. 禪 터닦을 선, 主 주인 주, 云 이를 운, 亭 정자 정
오악(五嶽)은 항산(恒山)과 대산(岱山)이 우두머리요, 봉선(封禪)은 운운산(云云山)과 정정산(亭亭山)에서 주로 했다.

157. 雁 기러기 안, 門 문 문, 紫 붉을 자, 塞 막을 색
158. 鷄 닭 계, 田 밭 전, 赤 붉을 적, 城 재 성
기러기 넘어가는 안문(雁門山)과 자주색 땅 자색(紫塞)과 암탉 얻은 계전(鷄田)과 어복현(魚腹縣)의 적성(赤城)이다.

159. 昆 맏 곤, 池 못 지, 碣 비석 갈, 石 돌 석
160. 鉅 톱 거, 野 들 야, 洞 고을 동, 庭 뜰 정
수전(水戰) 익힌 곤명(昆明) 못과 여성현(黎城縣)의 갈석(碣石山)이 있고, 거야(鉅野)의 들과 동정호(洞庭湖)가 있다.

161. 曠 빌 광, 遠 멀 원, 綿 솜 면, 邈 멀 막
162. 巖 바위 암, 岫 바위굴 수, 杳 아득할 묘, 冥 어두울 명
산야는 광막하고 멀며, 바위와 산은 아득하고 깊다.

163. 治 다스릴 치, 本 근본 본, 於 어조사 어, 農 농사 농
164. 務 힘쓸 무, 玆 이 자, 稼 심을 가, 穡 거둘 색
나라 다스리는 일은 농사를 근본으로 하고, 이것에 힘써서 심고 거두

어들인다.

165. 俶 비로소 숙, 載 실을 재, 南 남녘 남, 畝 이랑 묘
166. 我 나 아, 藝 재주 예, 黍 기장 서, 稷 피 직
　　봄이 되면 남쪽 밭에서 일이 시작되니, 나는 기장과 피를 심는다.

167. 稅 부세 세, 熟 익을 숙, 貢 바칠 공, 新 새 신
168. 勸 권할 권, 賞 상줄 상, 黜 내칠 출, 陟 오를 척
　　잘 익은 곡식으로 세금을 내고 새로운 토산물을 바치니, 잘하면 권하여 상을 주고 게으르면 내쫓았다.

169. 孟 맏 맹, 軻 수레 가, 敦 도타울 돈, 素 바탕 소
170. 史 사기 사, 魚 고기 어, 秉 잡을 병, 直 곧을 직
　　맹자는 본바탕을 돈독히 닦았으며, 사어(史魚)는 성품이 강직하였다.

171. 庶 거의 서, 幾 몇 기, 中 가운데 중, 庸 떳떳할 용
172. 勞 수고로울 노, 謙 겸손 겸, 謹 삼갈 근, 勅 칙서 칙
　　중용을 바라거든 힘써 노력하고 겸손하며, 삼가 경계할 것이다.

173. 聆 들을 령, 音 소리 음, 察 살필 찰, 理 이치 이
174. 鑑 거울 감, 貌 모양 모, 辨 분별할 변, 色 빛 색
　　소리를 듣고 이치를 살피며, 모습을 거울삼아 기색(氣色)을 분별한다.

175. 貽 끼칠 이, 厥 그 궐, 嘉 아름다울 가, 猷 꾀 유
176. 勉 힘쓸 면, 其 그 기, 祗 공경할 지, 植 심을 식
　　아름다운 계책을 물려주니, 공경하는 마음을 심도록 힘써야 한다.

177. 省 살필 성, 躬 몸 궁, 譏 꾸짖을 기, 誡 경계할 계
178. 寵 사랑할 총, 增 더할 증, 抗 겨룰 항, 極 다할 극
　　몸을 살펴 나무람이 있을까 경계하고, 은총을 더하면 극도(極度)에

이름을 우려하여라.

179. 殆 위태할 태, 辱 욕될 욕, 近 가까울 근, 恥 부끄러울 치
180. 林 수풀 림, 皐 언덕 고, 幸 다행 행, 卽 곧 즉
위태롭고 욕되면 수치에 가까우니, 숲 우거진 산간으로 떠나야 한다.

181. 兩 두 량, 疏 성길 소, 見 볼 견, 機 틀 기
182. 海 풀 해, 組 짤 조, 誰 누구 수, 逼 핍박할 핍
소광(疏廣)과 소수(疏受)는 낌새를 알았으니, 관직 버리는 것을 누가 말리겠는가?

183. 索 찾을 색, 居 살 거, 閒 한가할 한, 處 곳 처
184. 沈 잠길 침, 黙 잠잠할 묵, 寂 고요할 적, 廖 고요할 요
한가한 곳을 찾아서 사니, 말없이 고요하게 산다.

185. 求 구할 구, 古 옛 고, 尋 찾을 심, 論 의논할 논
186. 散 흩어질 산, 慮 생각 려, 逍 노닐 소, 遙 노닐 요
옛것을 구하여 논의하며, 잡념을 버리고 한가롭게 노닌다.

187. 欣 기쁠 흔, 奏 아뢸 주, 累 더러울 루, 遣 보낼 견
188. 慽 슬플 척, 謝 사례할 사, 歡 기쁠 환, 招 부를 초
기뻐하는 마음 저절로 오고 더러움을 보내니, 슬픔은 없어지고 즐거움이 절로 온다.

189. 渠 개천 거, 荷 연꽃 하, 的 과녁 적, 歷 지낼 역
190. 園 동산 원, 莽 풀 망, 抽 뺄 수, 條 가지 조
개천에 핀 연꽃은 밝게 피어 곱고, 동산의 풀은 가지를 길게 뻗는다.

191. 枇 나무 비, 杷 나무 파, 晩 늦을 만, 翠 푸를 취
192. 梧 오동나무 오, 桐 오동나무 동, 早 이를 조, 凋 시들 조

비파나무는 늦은 겨울에도 푸르고, 오동나무는 가을에 일찍 시든다.

193. 陳 베풀 진, 根 뿌리 근, 委 버릴 위, 翳 가릴 예
194. 落 떨어질 락, 葉 잎 엽, 飄 날릴 표, 颻 날릴 요
오래된 뿌리는 땅에 쌓이고 덮히며, 떨어지는 잎은 바람에 휘날린다.

195. 遊 노닐 유, 鵾 고니 곤, 獨 홀로 독, 運 운전 운
196. 凌 업신여길 릉, 摩 문지를 마, 絳 붉을 강, 霄 하늘 소
곤어(鯤魚)는 홀로 북해에서 헤엄쳐 놀고, 붕(鵬)새 되어 하늘 높이 솟아오른다.

197. 耽 즐길 탐, 讀 읽을 독, 翫 희롱할 완, 市 저자 시
198. 寓 붙일 우, 目 눈 목, 囊 주머니 낭, 箱 상자 상
책 읽기를 즐겨 책방에서 글을 읽어 한번 보면 머리 주머니 속에 넣어 두는 것과 같이 한다.

199. 易 쉬울 이, 輶 가벼울 유, 攸 바 유, 畏 두려울 외
200. 屬 붙일 속, 耳 귀 이, 垣 담 원, 墻 담장 장
가벼운 말은 군자의 두려움이니, 담장에도 귀가 있다는 듯이 말을 조심한다.

201. 具 갖출 구, 膳 반찬 선, 飡 밥 손, 飯 밥 반
202. 適 맞을 적, 口 입 구, 充 채울 충, 腸 창자 장
반찬을 골고루 갖추어 밥을 먹으니, 입맛에 맞춰 배를 채운다.

203. 飽 배부를 포, 飫 배부를 어, 烹 삶을 팽, 宰 재상 재
204. 飢 주릴 기, 厭 싫을 염, 糟 지게미 조, 糠 겨 강
배가 부르면 좋은 음식도 먹기 싫고, 배가 고프면 지게미나 겨도 싫은 줄 모른다.

205. 親 친할 친, 戚 겨레 척, 故 연고 고, 舊 옛 구
206. 老 늙을 노, 少 젊을 소, 異 다를 이, 糧 양식 양
친족과 인척 그리고 옛 친구는, 늙고 젊음에 따라 음식을 달리 한다.

207. 妾 첩 첩, 御 모실 어, 績 길쌈 적, 紡 길쌈 방
208. 侍 모실 시, 巾 수건 건, 帷 장막 유, 房 방 방
첩이나 시녀는 길쌈을 하고, 장막 친 방에서 시중들어 모신다.

209. 紈 흰 비단 환, 扇 부채 선, 圓 둥글 원, 潔 맑을 결
210. 銀 은 은, 燭 촛불 촉, 煒 밝을 위, 煌 빛날 황
비단으로 만든 부채는 둥글고 깨끗하며, 은빛 촛대의 촛불은 반짝반짝 빛난다.

211. 晝 낮 주, 眠 졸 면, 夕 저녁 석, 寐 잘 매
212. 藍 쪽 람, 笋 대순 순, 象 코끼리 상, 牀 상 상
낮에는 졸고 저녁에는 잠자니, 푸른 대자리와 코끼리 뼈로 장식된 침상이 갖추어 있다.

213. 弦 활시위 현, 歌 노래 가, 酒 술 주, 讌 잔치 연
214. 接 이을 접, 杯 잔 배, 擧 들 거, 觴 잔 상
거문고 타고 노래하고 술 마시며 잔치를 벌이니, 잔 잡고 잔 들어 서로 주고받는다.

215. 矯 들 교, 手 손 수, 頓 두드릴 돈, 足 발 족
216. 悅 기쁠 열, 豫 미리 예, 且 또 차, 康 편안할 강
손을 들고 발을 두드리며 춤을 추니, 기쁘고 즐거우며 또한 편안하다.

217. 嫡 정실 적, 後 뒤 후, 嗣 이을 사, 續 이을 속
218. 祭 제사 제, 祀 제사 사, 蒸 찔 증, 嘗 일찍 상
맏아들이 대를 이어서 제사를 지내되, 겨울 제사인 증제(蒸祭)와 가

을 제사인 상제(嘗祭)가 있다.

219. 稽 조아릴 계, 顙 이마 상, 再 두 번 재, 拜 절 배
220. 悚 두려워할 송, 懼 두려울 구, 恐 두려울 공, 惶 두려울 황
    머리를 숙여 두 번 절하니, 두려워하고 엄숙하고 공경함이다.

221. 牋 편지 전, 牒 편지 첩, 簡 편지 간, 要 구할 요
222. 顧 돌아볼 고, 答 대답 답, 審 살필 심, 詳 자세할 상
    편지의 내용은 간략히 요점만 쓰고, 회답은 자세히 살펴 써야 한다.

223. 骸 뼈 해, 垢 때 구, 想 생각할 상, 浴 목욕 목
224. 執 잡을 집, 熱 더울 열, 願 원할 원, 涼 서늘할 양
    몸에 때가 끼어 있으면 목욕할 것을 생각하고, 더운 것을 잡으면 서늘하기를 원한다.

225. 驢 나귀 려, 騾 노새 라, 犢 송아지 독, 特 특별(수소) 특
226. 駭 놀랄 해, 躍 뛸 약, 超 뛰어넘을 초, 驤 달릴 양
    나귀와 노새와 송아지와 황소가 놀라 뛰고 달리며 논다.

227. 誅 벨 주, 斬 벨 참, 賊 도적 적, 盜 도둑 도
228. 捕 잡을 포, 獲 얻을 획, 叛 배반할 반, 亡 망할 망
    도둑은 목을 베어 죽이고, 배반하고 돌아가는 자는 붙잡아 다스린다.

229. 布 베 포, 射 쏠 사, 僚 벗 료, 丸 둥글 환
230. 嵇 산이름 혜, 琴 거문고 금, 阮 성 완, 嘯 휘파람 소
    여포는 활을 잘 쏘고 웅의료(熊宜僚)는 투환을 잘 던졌으며, 혜강(嵇康)은 거문고를 잘 타고 완적(阮籍)은 휘파람을 잘 불었다.

231. 恬 편할 염, 筆 붓 필, 倫 인륜 륜, 紙 종이 지
232. 鈞 무거울 균, 巧 공교로울 교, 任 맡길 임, 釣 낚시 조

몽염(蒙恬)은 붓을 만들고, 채윤(蔡倫)은 종이를 만들었으며, 마균(馬鈞)은 솜씨가 좋았고, 임공자(任公子)는 낚시를 만들었다.

233. **釋** 놓을 석, **紛** 어지러울 분, **利** 이로울 리, **俗** 풍속 속
234. **竝** 아우를 병, **皆** 다 개, **佳** 아름다울 가, **妙** 묘할 묘
어지러운 것을 풀어주고 세상을 이롭게 하니, 모두가 아름답고 신묘한 것이다.

235. **毛** 털 모, **施** 베풀 시, **淑** 맑을 숙, **姿** 모양 자
236. **工** 장인 공, **嚬** 찡그릴 빈, **姸** 고을 연, **笑** 웃음 소
모장(毛嬙)과 서시(西施)는 자태가 아름다워, 찡그린 모습도 곱게 웃었다.

237. **年** 해 년, **矢** 화살 시, **每** 매양 매, **催** 재촉할 최
238. **羲** 햇빛 희, **暉** 빛날 휘, **朗** 밝을 랑, **曜** 빛날 요
해는 화살처럼 날마다 재촉하며, 햇빛은 언제나 밝게 빛난다.

239. **璇** 구슬 선, **璣** 구슬 기, **懸** 매달 현, **斡** 돌 알
240. **晦** 그믐 회, **魄** 넋 백, **環** 둥글 환, **照** 비칠 조
천체를 관측하는 기구는 매달린 채 돌고, 어둡다가 다시 밝아져 순환하며 비친다.

241. **指** 가리킬 지, **薪** 섶 신, **修** 닦을 수, **祐** 도울 우
242. **永** 길 영, **綏** 편안할 수, **吉** 길할 길, **劭** 높을 소
선행하여 복이 옴은 섶나무 불씨에 비유되니, 길이 편안하고 경사(慶事)의 조짐이 높아진다.

243. **矩** 법 구, **步** 걸음 보, **引** 끌 인, **領** 옷깃 영
244. **俯** 구부릴 부, **仰** 우러를 앙, **廊** 행랑 랑, **廟** 사당 묘
걸음걸이 바르게 하고 옷깃을 바로잡고, 조정(朝廷)에 오르내린다.

245. 束 묶을 속, 帶 띠 대, 矜 자랑할 긍, 莊 씩씩할 장
246. 徘 어정거릴 배, 徊 배회할 회, 瞻 볼 첨, 眺 볼 조
　　복장을 차려 장엄하게 보이니, 이리저리 거닐면 백성들이 우러러본다.

247. 孤 외로울 고, 陋 더러울 루, 寡 적을 과, 聞 들을 문
248. 愚 어리석을 우, 蒙 어릴 몽, 等 무리 등, 誚 꾸짖을 초
　　외롭고 고루하고 견문이 적으면, 어리석고 몽매하여 남의 책망을 듣는다.

249. 謂 이를 위, 語 말씀 어, 助 도울 조, 者 놈 자
250. 焉 어조사 언, 哉 어조사 재, 乎 어조사 호, 也 잇기 야
　　말과 말을 돕는 어조사는 언재호야 등이 있다.

2. 간체자(簡體字)

(1) 가

價价 값 가	:覺觉 깨달을 각	:殼壳 껍질 각
墾垦 개간할 간	:揀拣 가릴 간	:艱艰 어려울 간
間间 사이 간	:簡简 간략할 간	:監监 볼 감
岡冈 산등성이 강	:剛刚 굳셀 강	:講讲 이야기 강
蓋盖 덮을 개	:開开 열 개	:個个 낱 개
擧举 들 거	:乾干 하늘 건	:儉俭 검소할 검
擊击 칠 격	:牽牵 끌 견	:見见 볼 견
繭茧 고치 견	:潔洁 깨끗할 결	:訣诀 비결 결
慶庆 경사 경	:輕轻 가벼울 경	:驚惊 놀랄 경
頸颈 목 경	:啓启 열 계	:階阶 섬돌 계
鷄鸡 닭 계	:計计 셀 계	:繼继 이를 계
庫库 곳집 고	:顧顾 돌아볼 고	:鞏巩 굳을 공
誇夸 자랑할 과	:過过 지낼 과	:課课 수업 과
觀观 볼 관	:關关 문빗장 관	:慣惯 버릇 관
廣广 넓을 광	:館馆 객사 관	:壞坏 무너뜨릴 괴

塊块 흙덩이 괴　　　:轟轰 울릴 굉　　　　:攪搅 어지로울 교
僑侨 우거할 교　　　:喬乔 높을 교　　　　:軀躯 몸 구
懼惧 두려워할 구　　:區区 나눌 구　　　　:舊旧 오랠 구
構构 얽을 구　　　　:謳讴 노래할 구　　　:溝沟 도랑 구
軍军 군사 군　　　　:窮穷 다할 궁　　　　:權权 권세 권
勸劝 권할 권　　　　:詭诡 다를 궤　　　　:櫃柜 궤 궤
軌轨 법 궤　　　　　:歸归 돌아올 귀　　　:糾纠 얽힐 규
劇剧 연극 극　　　　:極极 극 극　　　　　:僅仅 겨우 근
級级 등급 급　　　　:機机 틀 기　　　　　:譏讥 나무랄 기
氣气 기운 기　　　　:記记 적을 기　　　　:饑饥 흉년들 기
幾几 몇 기　　　　　:豈岂 어찌 기　　　　:緊紧 팽팽할 긴

(2) 나

難难 어려울 난　　　:納纳 바칠 납　　　　:寧宁 편안할 녕
農农 농사 농　　　　:惱恼 괴로워할 뇌　　:訥讷 말 더듬을 눌

(3) 다

單单 홀 단　　　　　:團团 모일 단　　　　:壇坛 단 단
鍛锻 쇠불릴 단　　　:達达 이를 달　　　　:擔担 멜 담
膽胆 쓸개 담　　　　:當当 마땅할 당　　　:黨党 무리 당
臺台 대 대　　　　　:貸贷 빌릴 대　　　　:對对 마주볼 대
隊队 대오 대　　　　:帶带 띠 대　　　　　:塗涂 바를 도
搗捣 찧을 도　　　　:圖图 그림 도　　　　:導导 이끌 도
獨独 홀로 독　　　　:動动 움직일 독　　　:讀读 읽을 독
東东 동녘 동　　　　:凍冻 얼 동　　　　　:頭头 머리 두
鄧邓 나라이름 등　　:燈灯 등잔 등　　　　:樂乐 즐길 락, 악, 요

(4) 라

諾诺 대답할 락　　　:亂乱 어지러울 란　　:蘭兰 난초 란
覽览 볼 람　　　　　:藍蓝 쪽 람　　　　　:兩两 둘 량

糧粮 양식 량	:勵励 힘쓸 려	:麗丽 고을 려
慮虑 생각할 려	:歷历 지낼 력	:曆历 책력 력
練练 익힐 련	:戀恋 사모할 련	:憐怜 불쌍히여길 련
聯联 연할 련	:簾帘 발 렴	:獵猎 사냥 렵
靈灵 신령 령	:齡龄 나이 령	:隸隶 종 례
禮礼 예물 례	:盧卢 검을 로	:勞劳 일할 로
蘆芦 갈대 로	:錄录 기록할 록	:論论 논할 론
療疗 병 나을 료	:遼辽 멀 료	:瞭了 밝을 료
龍龙 용 룡	:摟搂 안을 루	:樓楼 다락 루
類类 무리 류	:劉刘 성 류	:陸陆 뭍 륙
倫伦 차례 륜	:離离 떠날 리	:隣邻 이웃 린
臨临 임할 림		

(6) 마

馬马 말 마	:饅馒 만두 만	:媽妈 어미 마
嗎吗 어조사 마	:滿满 찰 만	:蠻蛮 오랑캐 만
灣湾 물굽이 만	:瞞瞒 속일 만	:萬万 일만 만
彎弯 굽을 만	:網网 그물 망	:邁迈 갈 매
買买 살 매	:賣卖 팔 매	:麥麦 보리 맥
麵面 밀가루 면	:滅灭 멸할 멸	:夢梦 꿈 몽
廟庙 사당 묘	:霧雾 안개 무	:無无 없을 무
務务 힘쓸 무	:撫抚 어루만질 무	:貿贸 바꿀 무
門门 문 문	:們们 들 문	:問问 물을 문

(7) 바

樸朴 순박할 박	:撲扑 칠 박	:盤盘 쟁반 반
礬矾 광물이름 반	:髮发 머리 발	:發发 일으킬 발
撥拨 다스릴 발	:訪访 찾을 방	:幫帮 도울 방
煩烦 번민할 번	:範范 법 범	:邊边 가 변
變变 변할 변	:寶宝 보배 보	:補补 기울 보

報报 알릴 보　　：僕仆 종 복　　：葍卜 치자꽃 복
復复 회복할 복　：鳳凤 봉새 봉　：訃讣 부고 부
膚肤 살갗 부　　：婦妇 지어미 부　：負负 질 부
糞粪 똥 분　　　：墳坟 무덤 분　：奮奋 떨칠 분
飛飞 날 비　　　：備备 갖출 비　：賓宾 손 빈
憑凭 기댈 빙

(8) 사
絲丝 실 사　　　：師师 스승 사　：寫写 그릴 사
捨舍 버릴 사　　：詞词 말 사　　：飼饲 먹일 사
謝谢 사례할 사　：産产 낳을 산　：傘伞 우산 산
殺杀 죽일 살　　：償偿 갚을 상　：嘗尝 맛볼 상
喪丧 잃을 상　　：狀状 모양 상　：傷伤 다칠 상

嗇啬 탐낼 색　　：書书 글 서　　：釋释 풀 석
選选 선택 선　　：設设 베풀 설　：閃闪 번득일 섬
纖纤 가늘 섬　　：攝摄 당길 섭　：聖圣 성인 성
聲声 소리 성　　：勢势 세력 세　：歲岁 나이 세
掃扫 쓸 소　　　：燒烧 태울 소　：蕭萧 쓸쓸할 소
蘇苏 깨어날 소　：屬属 무리 속　：續续 이을 속
孫孙 손자 손　　：訟讼 송사할 송　：灑洒 뿌릴 쇄
帥帅 장수 수　　：竪竖 세울 수　：樹树 나무 수
雖虽 비록 수　　：數数 셈 수　　：獸兽 짐승 수
隨随 따를 수　　：壽寿 목숨 수　：肅肃 엄숙할 숙
術术 꾀 술　　　：習习 익힐 습　：濕湿 축축할 습
時时 때 시　　　：識识 알 식　　：訊讯 물을 신
實实 열매 실　　：尋寻 찾을 심　：審审 살필 심
雙双 쌍 쌍

(9) 아

兒 儿 아이 아	: 亞 亚 버금 아	: 訝 讶 놀랄 아
顔 颜 얼굴 안	: 軋 轧 삐걱거릴 알	: 壓 压 누를 압
惡 恶 악할 악, 오	: 愛 爱 사랑 애	: 額 额 이마 액
爺 爷 아비 야	: 躍 跃 뛸 약	: 藥 药 약 약
讓 让 사양할 양	: 揚 扬 오를 양	: 養 养 기를 양
釀 酿 빚을 양	: 樣 样 모양 양	: 楊 杨 버들 양
陽 阳 볕 양	: 禦 御 막을 어	: 語 语 말씀 어
憶 忆 기억할 억	: 億 亿 억 억	: 業 业 업 업
與 与 줄 여	: 譯 译 번역할 역	: 煙 烟 연기 연
熱 热 더울 열	: 厭 厌 싫어할 염	: 鹽 盐 소금 염
葉 叶 잎 엽	: 榮 荣 성할 영	: 藝 艺 재주 예
譽 誉 명예 예	: 誤 误 잘못할 오	: 襖 袄 저고리 오
烏 乌 까마귀 오	: 穩 稳 안온할 온	: 擁 拥 안을 옹
訛 讹 속일 와	: 擾 扰 어지러울 요	: 憂 忧 근심 우
郵 邮 역말 우	: 優 优 뛰어날 우	: 運 运 운반 운
雲 云 구름 운	: 鬱 郁 우거질 울	: 遠 远 멀 원
願 愿 바랄 원	: 偉 伟 클 위	: 違 违 어길 위
僞 伪 거짓 위	: 韋 韦 가죽 위	: 衛 卫 막을 위
爲 为 할 위	: 維 维 맬 유	: 陰 阴 음기 음
應 应 응당 응	: 醫 医 의원 의	: 擬 拟 헤아릴 의
議 议 의논할 의	: 義 义 뜻 의	: 儀 仪 거동 의
貳 贰 두 이	: 異 异 다를 이	: 爾 尔 너 이
認 认 알 인		

(10) 자

姊 姊 맏누이 자	: 蠶 蚕 누에 잠	: 雜 杂 섞일 잡
長 长 길 장	: 壯 壮 왕성할 장	: 將 将 장차 장
莊 庄 가게 장	: 裝 装 차릴 장	: 醬 酱 장 장
臟 脏 오장 장	: 場 场 마당 장	: 載 载 실을 재

제1부 기초 한자와 단문 고전

這这 이 저	轉转 구를 전	敵敌 원수 적
適适 맞을 적	積积 쌓을 적	電电 전기 전
專专 오로지 전	傳传 전할 전	錢钱 돈 전
纏缠 얽을 전	戰战 싸움 전	顚颠 넘어질 전
節节 마디 절	竊窃 훔칠 절	點点 점 점
題题 표제 제	貞贞 곧을 정	訂订 맺을 정
釘钉 못 정	製制 만들 제	際际 사이 제
齊齐 가지런할 제	條条 가지 조	鳥鸟 새 조
棗枣 대추 조	趙赵 조나라 조	釣钓 낚을 조
從从 따를 종	縱纵 세로 종	晝昼 낮 주
準准 법도 준	衆众 무리 중	證证 증명할 증
祗只 다만 지	遲迟 더딜 지	職职 구실 직
織织 짤 직	陣阵 진 진	進进 나아갈 진
盡尽 다할 진	陳陈 들어놓을 진	診诊 볼 진
塵尘 티끌 진	質质 바탕 질	執执 잡을 집
徵征 부를 징		

(11) 차

車车 수레 차, 거	錯错 그를 착	燦灿 빛날 찬
懺忏 뉘우칠 참	倉仓 곳집 창	贊赞 도울 찬
創创 비롯할 창	蒼苍 푸를 창	槍枪 창 창
暢畅 펼 창	廠厂 헛간 창	處处 곳 처
隻只 하나 척	遷迁 옮길 천	韆千 그네 천
薦荐 드릴 천	賤贱 천할 천	踐践 밟을 천
聽听 들을 청	廳厅 마루 청	體体 몸 체
觸触 닿을 촉	側侧 곁 측	總总 모을 총
聰聪 귀밝을 총	叢丛 모일 총	醜丑 추할 추
皺皱 주름 추	趨趋 추장할 추	樞枢 지도리 추
墜坠 떨어질 추	蟲虫 벌레 충	層层 겹 층
則则 법칙 칙, 곧 즉	親亲 친할 친	針针 바늘 침

稱 称 일컬을 칭

(12) 타
嘆 叹 한숨쉴 탄 : 奪 夺 빼앗을 탈 : 湯 汤 끓인 탕
態 态 모양 태 : 颱 台 태풍 태 : 擇 择 가릴 택
討 讨 칠 토 : 鬪 斗 싸울 투 : 闖 闯 엿볼 틈

(13) 파
擺 摆 열 파 : 辦 办 힘쓸 판 : 貝 贝 조개 패
評 评 품평할 평 : 幣 币 비단 폐 : 閉 闭 닫을 폐
廢 废 못쓰게될 폐 : 標 标 표 표 : 飄 飘 회오리 바람 표
豊 丰 넉넉할 풍 : 馮 冯 업신여길 빙, 성씨 풍 : 風 风 바람 풍
諷 讽 풍자할 풍 : 筆 笔 붓 필 : 畢 毕 마칠 필

(14) 하
蝦 虾 새우 하 : 學 学 배울 학 : 閑 闲 한가할 한
漢 汉 한나라 한 : 韓 韩 나라 한 : 鹹 咸 짤 함
鄕 乡 시골 향 : 嚮 向 향할 향 : 響 响 울릴 향
虛 虚 빌 허 : 許 许 허락할 허 : 憲 宪 법 헌
獻 献 드릴 헌 : 險 险 험할 험 : 驗 验 시험 험
現 现 나타날 현 : 縣 县 현 현 : 顯 显 밝을 현
頁 页 머리 혈 : 夾 夹 낄 협 : 協 协 합할 협
脅 胁 겨드랑이 협 : 號 号 이름 호 : 護 护 지킬 호
鴻 鸿 큰기러기 홍 : 話 话 말할 화 : 紅 红 붉을 홍
訌 讧 어지러울 홍 : 華 华 빛날 화 : 禍 祸 재앙 화
畵 画 그림 화, 획 획 : 穫 获 거둘 확 : 擴 扩 넓힐 확
還 还 갚을 환 : 環 环 두를 환 : 歡 欢 기뻐할 환
會 会 모을 회 : 懷 怀 품을 회 : 廻 回 돌 회
匯 汇 물 돌아 나갈 회 : 劃 划 그을 획 : 獲 获 얻을 획
曉 晓 새벽 효 : 後 后 뒤 후 : 訓 训 가르칠 훈

諱 讳 꺼릴 휘　　　：彙 汇 모을 휘　　　：虧 亏 이지러질 휴
訩 讻 떠들썩할 흉　：興 兴 일어날 흥　　：戲 戏 놀이 희
犧牲 희생 희

제2장 사자소학

  사자소학(四子小學)은 송나라 때 주희가 엮은 〈소학〉의 정신을 계승하고자 4자 1구의 형식으로 엮은 것으로 필사본이 전해지며 저자와 저작 연대는 미상이다. 사자소학은 유가의 경전을 비롯한 여러 서적에서 어린이가 꼭 알아야 할 기본예절과 생활 태도 등에 대한 내용을 뽑아 엮은 책으로 한자와 한문을 가르치기 위한 기초 한문 학습서이다. 이 장과 다음의 제3장, 제4장 해석에 필요한 문법은 참고 문헌 〈20. 한원식(2022). 삶의 지혜 한문 공부. 해드림 출판사〉를 참고하기 바란다.

1. **父生我身** 부생아신 하시고 **母鞠吾身** 모국오신 하시니
   아버지는 내 몸을 낳으시고 어머니는 내 몸을 기르셨으니
2. **腹以懷我** 복이회아 하시고 **乳以哺我** 유이포아 하셨다
   배로써 나를 품어 주시고 젖으로써 나를 먹여 주셨다.
3. **以衣溫我** 이의온아 하시고 **以食飽我** 이식포아 로다
   옷으로써 나를 따뜻하게 하시고 밥으로서 나를 배부르게 하셨으니
4. **恩高如天** 은고여천 하시고 **德厚似地** 덕후사지 하시니
   은혜는 높기가 하늘과 같으시고 덕은 두텁기가 땅과 같다.
5. **爲人子者** 위인자자가 **曷不爲孝** 갈불위효리오
   사람의 자식된 자가 어찌 효도를 하지 않겠는가?
6. **欲報其德** 욕보기덕 인데 **昊天罔極** 호천망극이로다
   그 은덕을 갚고자 해도 하늘처럼 다함이 없다.
7. **晨必先起** 신필선기 하고 **必洗必漱** 필선필수 하라
   새벽에는 반드시 먼저 일어나 반드시 세수하고 반드시 양치질한다.

8. **昏定晨省** 혼정신성 하고 **冬溫夏凊** 동온하정 하라
   저녁엔 잠자리를 정하고 새벽엔 문안을 살피고, 겨울엔 따뜻하고 여름엔 시원하게 해 드려라.

9. **父母呼我** 부모호아 하면 **唯而趨進** 유이추진 하고
   부모님께서 나를 부르시거든 빨리 대답하고 달려나간다.

10. **父母使我** 부모사아 하면 **勿逆勿怠** 물역물태 하라
    부모님께서 나를 부리시거든 거스르지 말고 게을리하지 말아라.

11. **父母有命** 부모유명이어시든 **俯首敬聽** 부수경청 하라
    부모님께서 말씀하시는 것이 있으시거든 머리를 숙이고 공경히 들어라.

12. **坐命坐聽** 좌명좌청 하고 **立命立聽** 입명입청 하라
    앉아서 말씀하시면 앉아서 듣고 서서 말씀하시면 서서 들어라.

13. **父母出入** 부모출입이어시든 **每必起立** 매필기립 하라
    부모님께서 출입하시거든 매번 반드시 일어나 인사하여라.

14. **父母衣服** 부모의복을 **勿踰勿踐** 물유물천 하라
    부모님의 의복을 넘어 다니지 말고 밟지 말아라.

15. **父母有疾** 부모유질이어시든 **憂而謀瘳** 우이모추 하라
    부모님께서 병을 앓으시거든 근심하고 정성껏 치료하고

16. **對案不食** 대안불식 이어시든 **思得良饌** 사득양찬 하라
    밥상을 대하시고서 잡수시지 않으시거든 좋은 음식을 장만할 것을 생각하여라.

17. **出必告之** 출필고지 하고 **反必面之** 반필면지 하라
    밖에 나갈 때는 반드시 아뢰고 돌아오면 반드시 뵈며

18. **愼勿遠遊** 신물원유 하고 **遊必有方** 유필유방 하여라
    부디 먼 곳에 가서 놀지 말며 놀더라도 반드시 일정한 곳이 있게 하여라.

19. **出入門戶** 출입문호어든 **開閉必恭** 개폐필공 하라
    문호를 출입할 때에는 문을 여닫기를 반드시 공손하게 하여라.
20. **勿立門中** 물립문중 하고 **勿坐房中** 물좌방중 하라
    문 한가운데 서지 말고 방 한가운데 앉지 말아라.

21. **行勿慢步** 행물만보 하고 **坐勿倚身** 좌물의신 하라
    걸어갈 때에 걸음을 거만하게 걷지 말고 앉을 때에 몸을 기대지 말며
22. **口勿雜談** 구물잡담 하고 **手勿雜戲** 수물잡희 하라
    입으로는 잡담을 하지 말고 손으로는 장난을 하지 말아야 한다.

23. **膝前勿坐** 슬전물좌 하고 **親面勿仰** 친면물앙 하라
    부모님 무릎 앞에 앉지 말고 부모님의 얼굴을 똑바로 쳐다보지 말고
24. **須勿放笑** 수물방소 하고 **亦勿高聲** 역물고성 하라
    모름지기 큰 소리로 웃지 말고 또한 큰소리로 말하지 말아라.

25. **侍坐父母** 시좌부모어든 **勿怒責人** 물노책인 하라
    부모님을 모시고 앉아 있거든 성내어 다른 사람을 꾸짖지 말고
26. **侍坐親前** 시좌친전이어든 **勿踞勿臥** 물거물와 하라
    부모님 앞에 모시고 앉아 있거든 걸터앉지 말며 눕지 말아야 한다.

27. **獻物父母** 헌물부모어든 **跪而進之** 궤이진지 하라
    부모님께 물건을 드리거든 꿇어앉아서 올리고
28. **與我飮食** 여아음식이어시든 **跪而受之** 궤이수지 하라
    나에게 음식을 주시거든 꿇어앉아서 받아야 한다.

29. **器有飮食** 기유음식이라도 **不與勿食** 불여물식 하라
    그릇에 음식이 있어도 주시지 않으면 먹지 말고
30. **若得美味** 약득미미어든 **歸獻父母** 귀헌부모 하라
    만약 맛있는 음식을 얻으면 돌아가 부모님께 드려라.

31. **衣服雖惡** 의복수악이나 **與之必著** 여지필저 하라
    의복이 비록 나쁘더라도 주시면 반드시 입으며
32. **飮食雖厭** 음식수염이나 **與之必食** 여지필식 하라
    음식이 비록 먹기 싫더라도 주시면 반드시 먹어야 한다.

33. **父母無衣** 부모무의어시든 **勿思我衣** 물사아의 하며
    부모님이 입으실 옷이 없으시면 내가 입을 옷을 생각지 말며
34. **父母無食** 부모무식이어시든 **勿思我食** 물사아식 하라
    부모님이 드실 음식이 없으시거든 내가 먹을 음식을 생각지 말아야 한다.

35. **身體髮膚** 신체발부를 **勿毁勿傷** 물훼물상 하라
    신체와 머리털과 피부를 훼손하지 말며 상하지 말며
36. **衣服帶靴** 의복대화를 **勿失勿裂** 물실물렬 하라
    의복과 허리띠와 신발을 잃어버리거나 찢지 말아야 한다.

37. **父母愛之** 부모애지어시든 **喜而勿忘** 희이물망 하라
    부모님께서 사랑해 주시거든 기뻐하며 잊지 말고
38. **父母責之** 부모책지어시든 **反省勿怨** 반성물원 하라
    부모님께서 꾸짖으시거든 반성하고 원망하지 말아야 한다.

39. **勿登高樹** 물등고수 하라 **父母憂之** 부모우지 시니라
    높은 나무에 올라가지 말라 부모님께서 근심하시느니라.
40. **勿泳深淵** 물영심연 하라 **父母念之** 부모념지 시니라
    깊은 연못에서 헤엄치지 말라 부모님께서 염려하시느니라.

41. **勿與人鬪** 물여인투 하라 **父母不安** 부모불안이시니라
    남과 더불어 다투지 말라 부모님께서 불안해하시느니라.
42. **室堂有塵** 당실유진이어든 **常必灑掃** 상필쇄소 하라
    방과 거실에 먼지가 있거든 항상 반드시 물 뿌리고 청소하여라.

43. **事必稟行** 사필품행 하고 **無敢自專** 무감자전 하라
    일은 반드시 여쭈어 행하고 감히 자기 멋대로 하지 말아라.
44. **一欺父母** 일사부모면 **其罪如山** 기죄여산이니라
    한 번이라도 부모님을 속이면 그 죄가 산과 같다.

45. **雪裏求筍** 설리구순은 **孟宗之孝** 맹종지효요
    눈 속에서 죽순을 구한 것은 맹종의 효도이고
46. **剖冰得鯉** 부빙득리는 **王祥之孝** 왕상지효니라
    얼음을 깨고서 잉어를 잡은 것은 왕상의 효도이다.

47. **我身能賢** 아신능현이면 **譽及父母** 예급부모니라
    내 몸이 능히 어질면 명예가 부모님께 미치고
48. **我身不賢** 아신불현이면 **辱及父母** 욕급부모니라
    내 몸이 어질지 못하면 욕이 부모님께 미치느니라.

49. **追遠報本** 추원보원 하야 **祭祀必誠** 제사필성 하라
    먼 조상을 추모하고 근본에 보답하여 제사를 반드시 정성스럽게 지내라.
50. **非有先祖** 비유선조면 **我身曷生** 아신갈생이리오
    선조가 계시지 않았으면 내 몸이 어디서 생겨났겠는가?

51. **事親如此** 사친여차면 **可謂孝矣** 가위효의니라
    부모를 섬기는 것이 이와 같으면 효도한다고 이를 수 있으니
52. **不能如此** 불능여차면 **禽獸無異** 금수무이니라
    능히 이와 같이 하지 못하면 금수와 다름이 없느니라.

53. **學優則仕** 학우즉사 하야 **爲國盡忠** 위국진충 하라
    학문이 넉넉하면 벼슬을 해서 나라를 위해 충성을 다하고
54. **敬信節用** 경신절용 하야 **愛民如子** 애민여자 하라
    조심해서 미덥게 일하며 재물을 아껴 써서 백성을 사랑함은 자식과 같게 하여라.

55. **人倫之中** 인륜지중에 **忠孝爲本** 충효위본이니
    인륜의 가운데에 충과 효가 근본이 되니
56. **孝當竭力** 효당갈력 하고 **忠則盡命** 충즉진명 하라
    효도는 마땅히 힘을 다해야 하고 충성은 목숨을 다해야 한다.

57. **夫婦之倫** 부부지륜은 **二姓之合** 이성지합이니
    부부의 인륜은 두 성씨가 합한 것이니
58. **內外有別** 내외유별 하야 **相敬如賓** 상경여빈 하라
    남편과 아내는 분별이 있어서 서로 공경하기를 손님처럼 하여라.

59. **夫道和義** 부도화의요 **婦德柔順** 부덕유순이니라
    남편의 도리는 온화하고 의로운 것이요 부인의 덕은 유순한 것이니라.
60. **夫唱婦隨** 부창부수면 **家道成矣** 가도성의리라
    남편이 선창하고 부인이 이에 따르면 집안의 도가 이루어질 것이다.

61. **兄弟姉妹** 형제자매는 **同氣而生** 동기이생이니
    형제와 자매는 한 기운을 받고 태어났으니
62. **兄友弟恭** 형우제공 하여 **不敢怨怒** 불감원노니라
    형은 우애하고 아우는 공손히 하여 감히 원망하거나 성내지 말아야 한다.

63. **骨肉雖分** 골육수분이나 **本生一氣** 본생일기요
    뼈와 살은 비록 나누어졌으나 본래 한 기운에서 태어났으며
64. **形體雖異** 형체수이나 **素受一血** 소수일혈이니라
    형체는 비록 다르나 본래 한 핏줄을 받았느니라.

65. **比之於木** 비지어목 하면 **同根異枝** 동근이지며
    나무에 비유하면 뿌리는 같고 가지는 다른 것과 같고
66. **比之於水** 비지어수 하면 **同源異流** 동원이류니라
    물에 비유하면 근원은 같고 흐름은 다른 것과 같다.

67. **兄弟怡怡** 형제이이 하여 **行則雁行** 행즉안행 하라
    형제는 서로 화합하여 길을 갈 때는 기러기 떼처럼 나란히 가라.
68. **寢則連衾** 침즉연금 하고 **食則同牀** 식즉동상 하라
    잠잘 때는 이불을 나란히 덮고 밥 먹을 때에는 밥상을 함께 하여라.

69. **分毋求多** 분무구다 하며 **有無相通** 유무상통 하라
    나눌 때에 많기를 구하지 말며 있고 없는 것을 서로 통하여라.
70. **私其衣食** 사기의식이면 **夷狄之徒** 이적지도니라
    형제간에 그 의복과 음식을 사사로이 하면 오랑캐의 무리이다.

71. **兄無衣服** 형무의복이어든 **弟必獻之** 제필헌지 하고
    형이 의복이 없거든 아우가 반드시 드리고
72. **弟無飮食** 제무음식이어든 **兄必與之** 형필여지 하라
    아우가 음식이 없거든 형이 반드시 주어라.

73. **一杯之水** 일배지수라도 **必分而飮** 필분이음 하고
    한 잔의 물이라도 반드시 나누어 마시고
74. **一粒之食** 일립지식이라도 **必分而食** 필분이식 하라
    한 알의 음식이라도 반드시 나누어 먹어라.

75. **兄雖責我** 형수책아나 **莫敢抗怒** 막감항노 하고
    형이 비록 나를 꾸짖더라도 감히 항거하고 성내지 말고
76. **弟雖有過** 제수유과나 **須勿聲責** 수물성책 하라
    아우가 비록 잘못이 있더라도 모름지기 큰소리로 꾸짖지 말아라.

77. **兄弟有善** 형제유선이어든 **必譽于外** 필예우외 하고
    형제간에 잘한 일이 있으면 반드시 밖에 칭찬하고
78. **兄弟有失** 형제유실이어든 **隱而勿揚** 은이물양 하라
    형제간에 잘못이 있으면 숨겨 주고 드러내지 말아라.

79. **兄弟有難** 형제유난이어든 **悶而思救** 민이사구 하라
　　형제간에 어려운 일이 있으면 근심하고 구원해 주기를 생각하여라.
80. **兄能如此** 형능여차면 **弟亦效之** 제역효지리라
　　형이 능히 이와 같이 하면 아우도 본받으리라.

81. **我有歡樂** 아유환락이면 **兄弟亦樂** 형제역락 하고
　　나에게 기쁨과 즐거움이 있으면 형제들도 즐거워하고
82. **我有憂患** 아유우환이면 **兄弟亦憂** 형제역우니라
　　나에게 근심과 걱정이 있으면 형제들도 근심하느니라.

83. **雖有他親** 수유타친이나 **豈若兄弟** 개약형제리오
　　비록 다른 친척이 있으나 어찌 형제간과 같겠는가?
84. **兄弟和睦** 형제화목이면 **父母喜之** 부모희지시니라
　　형제가 화목하면 부모님께서 기뻐하시느니라.

85. **事師如親** 사사여친 하여 **必恭必敬** 필공필공 하라
　　스승 섬기기는 어버이와 같이 해서 반드시 공손히 하고 반드시 공경하고
86. **先生施教** 선생시교어시든 **弟子是則** 제자시즉 하라
　　선생님께서 가르침을 베풀어주시거든 제자들은 이것을 본받아라.

87. **夙興夜寐** 숙흥야매 하여 **勿懶讀書** 물나독서 하라
　　아침 일찍 일어나고 밤늦게 자서 책 읽기를 게을리하지 말아라.
88. **勤勉工夫** 근면공부 하면 **父母悅之** 부모열지 시니라
　　공부를 부지런히 힘쓰면 부모님께서 기뻐하시느니라.

89. **始習文字** 시습문자어든 **字畫楷正** 자획해정 하라
　　처음 문자를 익힐 때에는 글자의 획을 바르게 쓰고
90. **書冊狼藉** 서책랑자어든 **每必整頓** 매필정돈 하라
　　서책이 함부로 깔려 있거든 매번 반드시 정돈하여라.

91. **能孝能悌** 능효능제가 **莫非師恩** 막비사은이니라
   부모님께 효도하고 웃어른을 공경할 수 있는 것은 스승의 은혜 아닌 것이 없으니
92. **能知能行** 능지능행이 **總是師功** 총시사공이니라
   알 수 있고 행할 수 있는 것은 모두 스승의 공이니라.

93. **長者慈幼** 장자자유 하고 **幼者敬長** 유자경장 하라
   어른은 어린이를 사랑하고 어린이는 어른을 공경할 것이며
94. **長者之前** 장자지전엔 **進退必恭** 진퇴필공 하라
   어른의 앞에서는 나아가고 물러날 때 반드시 공손히 하라.

95. **年長以倍** 연장이배어든 **父以事之** 부이사지 하고
   나이가 많아 곱절이 되거든 아버지로 섬기고
96. **十年以長** 십년이장이어든 **兄以事之** 형이사지 하라
   열 살이 더 많으면 형으로 섬겨라.

97. **我敬人親** 경노인친이면 **人敬我親** 인경아친 하고
   내가 다른 사람의 어버이를 공경하면 다른 사람이 내 어버이를 공경하고
98. **我敬人兄** 아경인형이면 **人敬我兄** 인경아형이니라
   내가 다른 사람의 형을 공경하면 다른 사람이 내 형을 공경하느니라.

99. **賓客來訪** 빈객래방이어든 **接待必誠** 접대필성 하라
   손님이 찾아오거든 접대하기를 반드시 정성스럽게 하여라.
100. **賓客不來** 빈객부래면 **門戶寂寞** 문호적막이니라
   손님이 오지 않으면 문호가 적막해 지느니라.

101. **人之在世** 인지재세에 **不可無友** 불가무우니
   사람이 세상에 있으면서 친구가 없을 수 없으니
102. **以文會友** 이문회우 하고 **以友輔仁** 이우보인 하라
   글로써 벗을 모으고 벗으로써 인을 도와라.

103. **友其正人** 우기정인이면 **我亦自正** 아역자정이요
　　그 바른 사람을 벗하면 나도 저절로 바르게 되고
104. **從遊邪人** 종유사인이면 **我亦自邪** 아역자사니라
　　간사한 사람을 따라서 놀면 나도 저절로 간사해 진다.

105. **蓬生麻中** 봉생마중이면 **不扶自直** 불부자직이요
　　쑥이 삼 가운데서 자라나면 붙들어주지 않아도 저절로 곧아지고
106. **白沙在泥** 자사재니면 **不染自汚** 불염자오니라
　　흰모래가 진흙에 있으면 물들이지 않아도 저절로 더러워지느니라.

107. **近墨者黑** 근묵자흑이요 **近朱者赤** 근주자적이니
　　먹을 가까이하는 사람은 검어지고 주사(朱砂)를 가까이하는 사람은 붉게 되니
108. **居必擇隣** 거필택린하고 **就必有德** 취필유덕 하라
　　거처할 때엔 반드시 이웃을 가리고 나아갈 때엔 반드시 덕 있는 사람에게 가거라.

109. **擇而交之** 택이교지면 **有所補益** 유소보익 하고
　　사람을 가려서 사귀면 도움과 유익함이 있고
110. **不擇而交** 불택이교면 **反有害矣** 반유해의니라
　　가리지 않고 사귀면 도리어 해가 있느니라.

111. **朋友有過** 붕우유과어든 **忠告善導** 충고선도 하라
　　친구에게 잘못이 있거든 충고하여 착하게 인도하라.
112. **人無責友** 인무책우면 **易陷不義** 역함불의니라
　　사람이 잘못을 꾸짖어 주는 친구가 없으면 의롭지 못한데 빠지기 쉬우니라.

113. **面讚我善** 면찬아선이면 **諂諛之人** 첨유지인이요
　　면전에서 나의 착한 점을 칭찬하면 아첨하는 사람이고

114. **面責我過** 면책아과면 **剛直之人** 강직지인이니라
  면전에서 나의 잘못을 꾸짖으면 굳세고 정직한 사람이다.

115. **言而不信** 이언불신이면 **非直之友** 비직이우니라
  말을 하되 미덥지 못하면 정직한 친구가 아니다.

116. **見善從之** 견선종지 하고 **知過必改** 지과필개 하라
  착한 것을 보면 그것을 따르고 잘못을 알면 반드시 고쳐야 한다.

117. **悅人讚者** 열인찬자는 **百事皆僞** 백사개위며
  남의 칭찬을 좋아하는 자는 온갖 일이 모두 거짓이고

118. **厭人責者** 염인책자는 **其行無進** 기행무진이니라
  남의 꾸짖음을 싫어하는 자는 그 행동에 진전이 없다.

119. **元亨利貞** 원형이정은 **天道之常** 천도지상이요
  원·형·이·정은 천도의 떳떳함이고

120. **仁義禮智** 인의예지는 **人性之綱** 인성지강이니라
  인·의·예·지는 인성의 벼리이다.

121. **父子有親** 부자유친하며 **君臣有義** 군신유의 하며
  부모와 자식 사이에는 친함이 있고, 임금과 신하 사이에는 의리가 있으며

122. **夫婦有別** 부부유별하며 **長幼有序** 장유유서 하며
  남편과 아내 사이에는 분별이 있으며, 어른과 아이 사이에는 차례가 있어야 한다.

123. **朋友有信** 붕우유신이니 **是謂五倫** 시위오륜이니라
  벗과 벗 사이에는 신의가 있으니, 이것을 일러 오륜이라고 한다.

124. **君爲臣綱** 군위신강이요 **父爲子綱** 부위자강이요
  임금은 신하의 벼리가 되고, 아버지는 자식의 벼리가 되야 한다.

125. **夫爲婦綱** 부위부강이니 **是謂三綱** 이위삼강이니라
　　남편은 아내의 벼리가 되니, 이것을 일러 삼강이라고 한다.
126. **人所以貴** 인소이귀는 **以其倫綱** 이기륜강이니라
　　사람이 귀한 이유는 오륜과 삼강 때문이다.

127. **足容必重** 족용필중 하며 **手容必恭** 수용필공 하라
　　발의 용모는 반드시 무겁게 하며, 손의 용모는 반드시 공손하게 하며
128. **目容必端** 목용필단 하며 **口容必止** 구용필지 하며
　　눈의 용모는 반드시 단정히 하며, 입의 용모는 반드시 듬직히 하여야 한다.

129. **聲容必靜** 성용필정 하며 **頭容必直** 두용필직 하며
　　소리의 용모는 반드시 조용하게 하며, 머리의 용모는 반드시 곧게 하며
130. **氣容必肅** 기용필숙 하며 **立容必德** 입용필덕 하며
　　숨 쉴 때의 용모는 반드시 엄숙히 하며, 서 있는 모습은 반드시 덕이 있게 하여야 한다.

131. **色容必莊** 색용필장이니 **是曰九容** 시왈구용이니라
　　얼굴 용모는 반드시 씩씩하게 할 것이니, 이것을 말해서 구용이라고 한다.
132. **視必思明** 시필사명 하며 **聽必思聰** 청필사총 하며
　　때는 반드시 밝게 볼 것을 생각하며 들을 때에는 반드시 밝게 들을 것을 생각하여야 한다.

133. **色必思溫** 색필사온 하며 **貌必思恭** 모필사공 하며
　　얼굴빛은 반드시 온화하게 할 것을 생각하며, 용모는 반드시 공손하게 할 것을 생각하며
134. **言必思忠** 언필사충 하며 **事必思敬** 사필사공 하며
　　말은 반드시 성실하게 할 것을 생각하고, 일은 반드시 공손하게 할 것을 생각하여야 한다.

135. **疑必思問** 의심사문 하며 **忿必思難** 분필사란 하며
의심나는 것은 반드시 물을 것을 생각하며, 분노가 날 때는 반드시 후환을 생각하며
136. **見得思義** 견득사의니 **是曰九思** 시왈구사니라
얻을 것을 보면 의를 생각해야 하니, 이것을 말해서 구사라고 한다.

137. **非禮勿視** 비례물시 하며 **非禮勿聽** 비례물청 하며
예가 아니면 보지 말며 예가 아니면 듣지 말며
138. **非禮勿言** 비례물언 하며 **非禮勿動** 비례물동이니라
예가 아니면 말하지 말며 예가 아니면 움직이지 말아야 한다.

139. **行必正直** 행필정직 하고 **言則信實** 언즉신실 하며
행동은 반드시 바르고 곧게 하고 말은 미덥고 성실하게 하며
140. **容貌端正** 용모단정 하고 **衣冠整齊** 의관정제 하라
용모는 단정하게 하고 의관은 바르고 가지런하게 하여라.

141. **居處必恭** 거처필공 하고 **步履安詳** 보리안상 하라
거처할 때에는 반드시 공손히 하고 걸음걸이는 편안하고 침착히 하며
142. **作事謀始** 작사모시 하고 **出言顧行** 출언고행 하라
일을 할 때는 시작을 잘 계획하고 말을 할 때는 행실을 돌아보아라.

143. **常德固持** 상덕고지 하고 **然諾重應** 연약중응 하라
떳떳한 덕을 굳게 지키고 승낙을 할 때는 신중히 대답하여라.
144. **飮食愼節** 음식신절 하고 **言語恭遜** 언어공손 하라
먹고 마실 때는 삼가고 절제하고 언어를 공손히 하여라.

145. **德業相勸** 덕업상권 하고 **過失相規** 과실상규 하며
좋은 행실은 서로 권하고, 과실은 서로 타이르며
146. **禮俗相交** 예속상교 하고 **患難相恤** 환난상휼 하라
예의에 맞는 풍속으로 서로 사귀고, 재앙과 어려운 일은 서로 구제하여라.

147. **貧窮困厄** 빈궁곤액에 **親戚相救** 친척상구 하며
　　가난과 재난이 있을 때는 친척들이 서로 구원해 주며
148. **婚姻死喪** 혼인사상에 **相扶相助** 상부상조 하라
　　혼인과 초상에는 이웃끼리 서로 도와라.

149. **修身齊家** 수신제가는 **治國之本** 치국지본이요
　　자기 몸을 닦고 집안을 가지런히 하는 것은 나라를 다스리는 근본이고
150. **讀書勤儉** 독서근검은 **起家之本** 기가지본이니라
　　책을 읽으며 부지런하고 검소함은 집안을 일으키는 근본이다.

151. **忠信慈祥** 충언자상 하고 **溫良恭儉** 온양공검 하라
　　충실하고 신용 있고 자상하며 온순하고 어질고 공손하고 검소하게 하여라.
152. **人之德行** 인지덕행은 **謙讓爲上** 겸양위상이니라
　　사람의 덕행은 겸손과 사양이 제일이다.

153. **莫談他短** 막담타단 하고 **靡恃己長** 미시기장 하라
　　다른 사람의 단점을 말하지 말고 자기의 장점을 믿지 말아라.
154. **己所不欲** 기소불욕을 **勿施於人** 물시어인 하라
　　자기가 하고 싶지 아니한 것을 남에게 베풀지 말아라.

155. **積善之家** 적선지가는 **必有餘慶** 유필여경이요
　　선행을 쌓은 집안은 반드시 뒤에 경사가 있고
156. **不善之家** 불선지가는 **必有餘殃** 필유여앙이니라
　　불선을 쌓은 집안은 반드시 뒤에 재앙이 있다.

157. **損人利己** 손인이기면 **終是自害** 종신자해니라
　　남을 손해보게 하고 자신을 이롭게 하면 마침내 자신을 해치는 것이다.
158. **禍福無門** 화복무문 하여 **惟人所召** 유인소소니라
　　재앙과 복은 특정한 문이 없어 오직 사람이 불러들인 것이다.

159. **嗟嗟小子** 차차소자아 **敬受此書** 경수차서 하라
　　아! 소자 제자들아 공경히 이 책을 받아라.
160. **非我言耄** 비아언모라내 **惟聖之謨** 유성지모시니라
　　내 말은 늙은이의 망령이 아니라 오직 성인의 가르치심이니라.

제3장 추구

『추구(推句)』의 저자는 미상이며, 그 내용은 유명한 시인들과 명사들이 애송했던 오언절구(五言絶句)들 중 좋은 대구(對句)들만 발췌하여 저술한 책이다. 초학(初學)들이『천자문』,『사자소학』과 함께 가장 먼저 익힌다고 하여『추구』라고 부르기도 한다. 그 내용은 천지자연에 관한 것을 먼저 설명하고, 그 다음으로는 인간에 관한 것과 일상생활에 있어서 항상 접할 수 있는 화조월석(花朝月夕) 등을, 그리고 말미에는 권학(勸學)을 강조하는 내용을 실어서 권학의지를 고취시키려는 의도인 듯하다. 여러 가지 추구(推句) 원문과 해석을 보면 그 순서나 해석이 제 각각이지만 그 편집 의도와 내용을 알고 익히면 될 것 같다.

1. 天高日月明 천고일월명 : 하늘이 높으니 해와 달이 밝고
   地厚草木生 지후초목생 : 땅이 두터우니 풀과 나무가 자라도다.
   月出天開眼 월출천개안 : 달이 나오니 하늘이 눈을 뜬 것이요
   山高地擧頭 산고지거두 : 산이 높으니 땅이 머리를 든 것이로다.

2. 東西幾萬里 동서기만리 : 동서는 몇 만리인가?
   南北不能尺 남북불능척 : 남북은 자로 잴 수도 없어라.
   天傾西北邊 천경서북변 : 하늘은 서북쪽 가로 기울어져 있고
   地卑東南界 지비동남계 : 땅은 동남쪽 경계가 낮도다.

3. 春來梨花白 춘래이화백 : 봄이 오니 배꽃은 희고
   夏至樹葉靑 하지수엽청 : 여름이 다가오니 나뭇잎이 푸르구나.
   秋凉黃菊發 추량황국발 : 가을이 서늘하니 노란 국화가 피어나고
   冬寒白雪來 동한백설래 : 겨울이 차가우니 흰 눈이 내리도다.

4. 日月千年鏡 일월천년경 : 해와 달은 천년의 거울이요
　江山萬古屛 강산망고병 : 강산은 만고의 병풍이로다.
　東西日月門 동서일월문 : 동과 서는 해와 달의 문이요
　南北鴻雁路 남북홍안로 : 남과 북은 기러기들의 길이로구나.

5. 春水滿四澤 춘수만사택 : 봄 물은 사방의 못에 가득하고
　夏雲多奇峯 하운다기봉 : 여름 구름은 기이한 봉우리도 많아라.
　秋月揚明輝 추월양명휘 : 가을 달은 밝은 빛을 드날리고
　冬嶺秀孤松 동령수고송 : 겨울 산엔 외로운 소나무가 빼어나구나.

6. 日月籠中鳥 일월롱중조 : 해와 달은 새장 속의 새요
　乾坤水上萍 건곤수상평 : 하늘과 땅은 물위의 부평초라네.
　白雲山上蓋 백운산상개 : 흰 구름은 산 위를 덮고
　明月水中珠 명월수중주 : 밝은 달 물 속의 구슬이라네.

7. 月爲宇宙燭 월위우주촉 : 달은 우주의 촛불이 되고
　風作山河鼓 풍작산하고 : 바람은 산과 강의 북이 되네.
　月爲無柄扇 월위무병선 : 달은 자루 없는 부채가 되고
　星作絶纓珠 성작절영주 : 별은 끈 끊어져 흩어진 구슬이 되네.

8. 雲作千層峰 운작천층봉 : 구름은 천 층의 봉우리가 되고
　虹爲百尺橋 홍위백척교 : 무지개는 백척의 다리가 되는구나.
　秋葉霜前落 추엽상전락 : 가을 잎은 서리 전에 떨어지고
　春花雨後紅 춘화우후홍 : 봄 꽃은 비 내린 뒤에 붉어진다네.

9. 春作四時首 춘작사시수 : 봄은 사 계절의 처음이 되고
　人爲萬物靈 인위만물령 : 사람은 만물의 영장이 되도다.
　水火木金土 수화목금토 : 수화목금토는 오행(五行)이고
　仁義禮智信 인의예지신 : 인의예지신은 오상(五常)이라네.

10. 天地人三才 천지인삼재 : 하늘땅사람은 삼재이고요
    君師父一體 군사부일체 : 임금과 스승과 부모는 한 몸이라네.
    天地爲父母 천지위부모 : 하늘과 땅은 부모가 되고
    日月似兄弟 일월사형제 : 해와 달은 마치 형제 같구나.

11. 夫婦二姓合 부부이성합 : 부부는 두 성이 합하였고
    兄弟一氣連 형제일기연 : 형제는 한 기운이 이어졌도다.
    父慈子當孝 부자자당효 : 부모는 사랑하고 자식은 마땅히 효도하며
    兄友弟亦恭 형우제역공 : 형은 우애하고 아우 또한 공손해야 한다.

12. 父母千年壽 부모천년수 : 부모는 천년의 장수를 누리시기를 기원하고
    子孫萬世榮 자손만세영 : 자손은 만 대의 영화를 누리기를 바란다.
    愛君希道泰 애군희도태 : 임금을 사랑하여 도가 태평할 것을 바라고
    憂國願年豊 우국원년풍 : 나라를 걱정하여 해마다 풍년들길 원하네.

13. 妻賢夫禍少 처현부화소 : 아내가 어질면 남편의 화가 적고
    子孝父心寬 자효부심관 : 자식이 효도하면 부모의 마음은 너그럽다.
    子孝雙親樂 자효쌍친락 : 자식이 효도하면 두 분 어버이가 기뻐하시고
    家和萬事成 가화만사성 : 집안이 화목하면 모든 일이 이루어진다.

14. 思家淸宵立 사가청소립 : 집 그리워 맑은 밤에 서성이다가
    憶弟白日眠 억제백일안 : 아우 생각에 대낮에도 졸고 있다네.
    家貧思賢妻 가빈사현처 : 집이 가난하면 어진 아내를 생각하고
    國亂思良相 국란사양상 : 나라가 어지러우면 어진 재상을 생각한다.

15. 綠竹君子節 녹죽군자절 : 푸른 대나무는 군자의 절개요
    靑松丈夫心 청송장부심 : 푸른 소나무는 장부의 마음이로다.
    人心朝夕變 인심조석변 : 사람의 마음은 아침저녁으로 변하지만
    山色古今同 산색고금동 : 산색은 예나 지금이나 한가지로구나.

16. 江山萬古主 강산만고주 : 강산은 만고의 주인이요
    人物百年賓 인물백년빈 : 사람은 백년의 손님이로다.
    世事琴三尺 세사금삼척 : 세상일은 석 자 거문고에 실어 보내고
    生涯酒一盃 생애주일배 : 생애는 한 잔 술로 달래네.

17. 山靜似太古 산정사태고 : 산이 고요하니 태고와 같고
    日長如少年 일장여소년 : 해는 길어서 소년과 같구나.
    靜裏乾坤大 정리건곤대 : 고요한 속에서 하늘과 땅의 큼을 알겠고
    閒中日月長 한둥일월장 : 한가한 가운데 세월의 깊을 느끼네.

18. 耕田埋春色 경전매춘색 : 밭을 갈며 봄빛을 묻고
    汲水斗月光 급수두월광 : 물을 길으며 달빛을 함께 떠오네.
    西亭江上月 서정강상월 : 서쪽 정자에는 강위로 달이 뜨고
    東閣雪中梅 동각설중매 : 동쪽 누각엔 눈 속에 매화가 피었구나.

19. 飮酒人顔赤 음주인안적 : 술을 마시니 사람의 얼굴이 붉어지고요
    食草馬口靑 식초마구청 : 풀을 뜯으니 말의 입이 파래진다네.
    白酒紅人面 백주홍인면 : 백주는 사람의 얼굴을 붉게 만들고
    黃金黑吏心 황금흑리심 : 황금은 벼슬아치의 마음을 검게 만드네.

20. 老人扶杖去 노인부장거 : 노인은 지팡이를 짚고 가고
    小兒騎竹來 소아기죽래 : 어린아이는 죽마(竹馬)를 타고 오는구나.
    男奴負薪去 남노부신거 : 사내 종은 나무 섶을 지고 가고
    女婢汲水來 여비급수래 : 여자 종은 물을 길어 오는구나.

21. 洗硯魚呑墨 세연어탄묵 : 벼루를 씻으니 물고기가 먹물을 삼키고
    煮茶鶴避煙 자다학피연 : 차를 달이니 학이 연기 피해 날아 가도다.
    松作迎客蓋 송작영객개 : 소나무는 손님 맞는 덮개가 되고
    月爲讀書燈 월위독서등 : 달은 글 읽는 등불이 되네.

22. 花落憐不掃 화락련불소 : 꽃 떨어져도 사랑스러워 쓸지 못하고
　　月明愛無眠 월명애무면 : 달 밝으니 사랑스러워 잠 못 이루네.
　　月作雲間鏡 월작운간경 : 달은 구름 사이의 거울이 되고
　　風爲竹裡琴 풍위죽이금 : 바람은 대나무 속의 거문고가 되네.

23. 掬水月在手 국수월재수 : 물을 움켜쥐니 달이 손에 있고
　　弄花香滿衣 농화향만의 : 꽃을 희롱하니 향기가 옷에 가득하네.
　　五夜燈前晝 오야등전서 : 깊은 밤도 등불 앞은 대낮이고요
　　六月亭下秋 유월정하추 : 유월에도 정자 밑은 가을이라네.

24. 歲去人頭白 세거인두백 : 세월 가니 사람 머리 희어지고요
　　秋來樹葉黃 추래수엽황 : 가을 오니 나뭇잎 누래집니다.
　　雨後山如沐 우후산여목 : 비 온 뒤의 산은 목욕을 한 것같고
　　風前草似醉 풍전초사취 : 바람 앞의 풀은 술취한 것 같네.

25. 人分千里外 인분천리외 : 사람은 천리 밖에 떨어져 있고
　　興在一杯中 흥재일배중 : 흥은 한 잔 술 속에 있구나.
　　春意無分別 춘의무분별 : 봄 뜻은 분별이 없지만
　　人情有淺深 인정유천심 : 인정은 깊고 얕음이 있구나.

26. 花落以前春 화락이전춘 : 꽃이 떨어지기 이전이 봄이요
　　山深然後寺 산심연후사 : 산이 깊어진 뒤에야 절이 있도다.
　　山外山不盡 산외산불진 : 산 밖에 산이 있어 다하지 않고
　　路中路無窮 노중로무궁 : 길 가운데 길이 있어 끝이 없도다.

27. 日暮蒼山遠 일모창산원 : 해 저무니 푸른 산이 멀어 보이고
　　天寒白屋貧 천한백옥빈 : 날씨 차가우니 초가집이 쓸쓸하구나.
　　小園鶯歌歇 가원앵가헐 : 작은 동산엔 꾀꼬리 노래 그치고
　　長門蝶舞多 장문접무다 : 커다란 문엔 나비들 춤만 많구나.

28. **風窓燈易滅** 풍창등이멸 : 바람 부는 창 등불은 꺼지기 쉽고
    月屋夢難成 월옥몽난성 : 집에 달빛 비추니(달빛이 밝아)꿈 이루기 어려워라.
    日暮鷄登塒 일모계등시 : 해 저무니 닭은 홰 위로 오르고
    天寒鳥入檐 천한조입첨 : 날씨 차가우니 새가 처마로 드는구나.

29. **野曠天低樹** 야광천저수 : 들은 넓고 하늘이 나무 위로 낮게 드리우고
    江淸月近人 강청월근인 : 강물이 맑으니 달이 사람을 가까이 하네.
    風驅群飛雁 풍구군비안 : 바람은 떼지어 나는 기러기를 몰고
    月送獨去舟 월송독거주 : 달은 홀로 가는 배를 전송하누나.

30. **細雨池中看** 세우지중간 : 가랑비는 못 가운데서 볼 수가 있고
    微風木末知 미풍목말지 : 산들바람은 나무 끝에서 알 수 있다네.
    花笑聲未聽 화소성미청 : 꽃은 웃어도 소리는 들리지 않고
    鳥啼淚難看 조제루난간 : 새는 울어도 눈물은 보기 어려워.

31. **白鷺千點雪** 백로천점설 : 백로는 천 점의 눈이요
    黃鶯一片金 황앵일편금 : 누런 꾀꼬리는 한 조각 금이로구나.
    桃李千機錦 도리천기금 : 복숭아꽃 오얏꽃은 일 천 베틀의 비단이요
    江山一畫屛 강산일화병 : 강산은 한 폭의 그림 병풍이로다.

32. **鳥宿池邊樹** 조숙지변수 : 새는 못 가 나무에서 잠자고
    僧敲月下門 승고월하문 : 스님은 달빛 아래 문 두드리네.
    棹穿波底月 도천파저월 : 노는 파도 아래 달을 뚫고
    船壓水中天 선압수중천 : 배는 물 속의 하늘을 누르네.

33. **高山白雲起** 고산백운기 : 높은 산에는 흰 구름 일고
    平原芳草綠 평원방초록 : 넓은 들에는 고운 풀이 푸르러!
    水連天共碧 수연천홍벽 : 물은 하늘과 이어져 함께 푸르고
    風與月雙淸 풍여월쌍청 : 바람은 달과 함께 모두 맑아라!

34. 山影推不出 산영추불출 : 산 그림자는 밀어내도 나가지 않고
    月光掃還生 월광소환생 : 달빛은 쓸어도 다시 생기네.
    水鳥浮還沒 수조부환몰 : 물새는 떴다가 다시 잠기고
    山雲斷復連 산운단부연 : 산(위) 구름 끊겼다 다시 이어지네.

35. 月移山影改 월이산영개 : 달 옮겨가니 산 그림자 바뀌고
    日下樓痕消 일하루흔소 : 해 저무니 누대 흔적 사라지누나.
    天長去無執 천장거무집 : 하늘은 높아서 올라가도 잡을 수 없고
    花老蝶不來 화노접불래 : 꽃이 시드니 나비조차 오지를 않네.

36. 初月將軍弓 초월장군궁 : 초생 달은 장군의 활이요
    流星壯士矢 유성장사시 : 유성은 장사의 살이로다.
    掃地黃金出 소지황금출 : 땅을 쓰니 황금이 나오고
    開門萬福來 개문만복래 : 문을 여니 만복이 찾아온다.

37. 鳥逐花間蝶 조축화간접 : 새는 꽃 사이의 나비를 쫓고
    鷄爭草中蟲 계쟁초중충 : 닭은 풀 속의 벌레를 다투도다.
    鳥喧蛇登樹 조훤사등수 : 뱀이 나무에 오르면 새가 지저귀고
    犬吠客到門 견폐객도문 : 개 짖어대니 길손이 문에 이르렀나 보다.

38. 高峯撑天立 고봉탱천립 : 높은 봉우리는 하늘을 버티고 서 있고
    長江割地去 장강할지거 : 긴 강은 땅을 가르며 흘러가는구나.
    碧海黃龍宅 벽해황룡택 : 푸른 바다는 황룡의 집이요
    靑松白鶴樓 청소백학루 : 푸른 소나무는 흰 학의 누대로다.

39. 月到梧桐上 월도오동상 : 달은 오동나무 위에 이르고
    風來楊柳邊 풍래양류변 : 바람은 버드나무 가로 불어오누나.
    群星陣碧天 군성진벽천 : 뭇 별들은 푸른 하늘에 진을 치고
    落葉戰秋山 낙엽전추산 : 지는 잎은 가을 산에서 싸움을 하네.

40. 潛魚躍淸波 잠어약청파 : 잠긴 물고기는 맑은 물결에서 뛰놀고
    好鳥鳴高枝 호조명고지 : 예쁜 새는 높은 가지에서 울고 있구나.
    雨後澗生瑟 우후간생슬 : 비온 뒤 시냇물은 비파소리를 내고
    風前松奏琴 풍전송주금 : 바람 앞의 소나무는 거문고를 연주하네.

41. 馬行千里路 마행천리로 : 말은 천리의 길을 가고
    牛耕百畝田 우경백무전 : 소는 백 이랑의 밭을 가는 구나.
    馬行駒隨後 마행구수후 : 말이 길을 가니 망아지가 뒤따르고
    牛耕犢臥原 우경독와원 : 소가 밭을 가니 송아지 들판에 누워 있구나.

42. 狗走梅花落 구주매화락 : 강아지 달려가니 매화 꽃이 떨어지고
    鷄行竹葉成 계행죽엽성 : 닭이 걸어가니 댓닢이 이루어지네.
    竹筍黃犢角 죽순황독각 : 죽순은 누런 송아지 뿔이요
    蕨芽小兒拳 궐아소아권 : 고사리순은 어린아이 주먹이로다.

43. 天淸一雁遠 천청일안원 : 하늘 맑은데 한 마리 기러기 멀리 날아가고
    海闊孤帆遲 해활고범지 : 바다 너른데 외로운 돛단배 더디 가는구나.
    花發文章樹 화발문장수 : 꽃은 문장 나무에서 피어나고
    月出壯元峰 얼출장원봉 : 달은 장원봉에서 나오는구나.

44. 柳色黃金嫩 유색황금눈 : 버드나무 빛깔은 황금 같이 곱고
    梨花白雪香 이화백설향 : 배꽃은 흰 눈처럼 향기로워라.
    綠水鷗前鏡 녹수구전경 : 푸른 물은 갈매기 앞의 거울이고요
    靑松鶴後屛 청송학후병 : 푸른 솔은 학 뒤의 병풍이라네.

45. 雨磨菖蒲刀 우마창포도 : 비는 창포의 칼을 갈고
    風梳楊柳髮 풍소양류발 : 바람은 버드나무 머리칼을 빗질하도다.
    鳧耕蒼海去 부경창해거 : 물오리는 푸른 바다를 갈며 떠나가고
    鷺割靑山來 로할청산래 : 백로는 푸른 산을 가르며 오는구나.

제1부 기초 한자와 단문 고전 **59**

46. 花紅黃蜂鬧(鐃) 화홍황봉료 : 꽃이 붉으니 누런 벌들이 시끄럽고
    草錄白馬嘶 초록백마시 : 풀이 푸르니 백마가 울고 있네.
    山雨夜鳴竹 산우야명죽 : 산 비는 밤에 대나무를 울리고
    草蟲秋入牀 초충추입상 : 풀벌레는 가을에 침상으로 들어오네.

47. 遠水連天碧 원수연천벽 : 아득한 물은 하늘과 이어져 푸르고
    霜楓向日紅 상풍향일홍 : 서리 맞은 단풍은 해를 향해 붉구나.
    山吐孤輪月 산토고륜월 : 산은 외로운 둥근 달을 토해내고
    江含萬里風 강함만리풍 : 강은 만리의 바람을 머금고 있네.

48. 露凝千片玉 로응천편옥 : 이슬이 맺히니 천 조각 구슬이요
    菊散一叢金 국산일총금 : 국화가 흩어지니 한 떨기 황금이로다.
    白蝶紛紛雪 백접분분설 : 흰 나비는 이리저리 흩날리는 눈이요
    黃鶯片片金 황앵편편금 : 누런 꾀꼬리는 조각조각 금이로다.

49. 洞深花意懶 동심화의라 : 골 깊으니 꽃 피려는 뜻 게으르고
    山疊水聲幽 산첩산성유 : 산 깊으니 물소리도 그윽하여라.
    氷解魚初躍 빙해어초약 : 얼음이 녹으니 물고기가 처음 뛰어 오르고
    風和雁欲歸 풍화안욕귀 : 바람이 온화하니 기러기 돌아가려 하는구나.

50. 林風凉不絶 임풍량부절 : 숲의 바람 시원함이 끊이지 않고
    山月曉仍明 산월효잉명 : 산에 걸린 달 새벽에도 여전히 밝아.
    竹筍尖如筆 죽순첨여필 : 죽순은 뾰족하여 붓끝과 같고
    松葉細似針 송엽세사침 : 솔잎은 가늘어 바늘 같구나.

51. 魚戱新荷動 어희신하동 : 물고기 희롱에 새로 난 잎 살랑이고
    鳥散餘花落 조산여화락 : 새 흩어지니 남은 꽃 떨어지네.
    琴潤絃猶響 금윤현유향 : 거문고 젖었어도 줄은 여전히 소리를 울리고
    爐寒火尙存 노한화상존 : 화로 차가워도 불은 그대로 남아 있네.

52. 春北秋南雁 춘북추남안 : 봄에는 북쪽, 가을엔 남쪽에 있는 기러기요
　　朝西暮東虹 조서모동홍 : 아침에는 서쪽, 저녁엔 동쪽에서 무지개뜨네.
　　柳幕鶯爲客 유막앵위객 : 버들막엔 꾀꼬리가 손님이 되고
　　花房蝶作郞 화방접작랑 : 꽃방엔 나비가 신랑이 된다네.

53. 日華川上動 일화천상동 : 햇빛은 시냇물 위에서 넘실거리고
　　風光草際浮 풍광초제부 : 바람 빛은 풀 사이에 떠 있다네.
　　明月松間照 명월송간조 : 밝은 달은 소나무 사이로 비추고
　　淸泉石上流 청천석상류 : 맑은 샘은 돌 위를 흐르는구나.

54. 靑松夾路生 청송협로생 : 푸른 소나무는 길을 끼고 자라고
　　白雲宿簷端 백운숙첨단 : 흰 구름은 처마(簷) 끝에 머물고 있네.
　　荷風送香氣 하풍송향기 : 연꽃 바람은 향기를 보내오고
　　竹露滴淸響 죽로적청향 : 대나무 이슬 맑은 소리로 떨어지누나.

55. 谷直風來急 곡직풍래급 : 골짜기 곧으니 바람 불어옴이 급하고
　　山高月上遲 산고월상지 : 산 높으니 달 오름도 더디기만 해.
　　蟋蟀鳴洞房 실솔명동방 : 귀뚜리(蟋蟀)는 골방에서 울고 있고
　　梧桐落金井 오동락금정 : 오동잎은 가을 우물로 떨어집니다.

56. 山高松下立 산고송하립 : 산 높아도 소나무 아래 서 있고
　　江深沙上流 강심사상류 : 강 깊어도 모래 위로 흐르네.
　　花開昨夜雨 화개작야우 : 어젯밤 비에 꽃이 피더니
　　花落今朝風 화락금조풍 : 오늘 아침 바람에 꽃이 지누나.

57. 大旱得甘雨 대한득감우 : 큰 가뭄에 단비를 얻고
　　他鄕逢故人 타향봉고인 : 타향에서 옛 친구를 만나네.
　　畵虎難畵骨 화호난화골 : 호랑이를 그려도 뼈는 그리기 어렵고
　　知人未知心 지인미지심 : 사람을 알아도 마음은 알 수 없다네.

58. 水去不復回 수거불부회 : 물은 흘러가면 다시 돌아오지 않고
    言出難更收 언출난갱수 : 말은 한 번 내면 다시 거두기 어렵다네.
    學文千載寶 학문천재보 : 글을 배우면 천년의 보배요
    貪物一朝塵 탐물일조진 : 물건을 탐하면 하루아침의 티끌이라네.

59. 文章李太白 문장이태백 : 문장은 이태백이 으뜸이요
    筆法王羲之 필법왕희지 : 필법은 왕희지라네.
    一日不讀書 일일불독서 : 하루라도 글을 읽지 않으면
    口中生荊棘 구중생형극 : 입 안에 가시가 돋는다네.

60. 花有重開日 화유중개일 : 꽃은 다시 필 날이 있지만
    人無更少年 인무갱소년 : 사람은 다시 소년이 될 수 없도다.
    白日莫虛送 백일막허송 : 젊은날을 헛되이 보내지 말게
    靑春不再來 청춘부재래 : 청춘은 다시 오지 아니하네.

제4장 한문 속담

속담(俗談)은 우리의 생활과 가장 가까운 말들이다. 우리나라는 한문학의 영향을 많이 받아 중국 문헌에서 들여온 것을 가미해서 쓰고 있는 것이 많으며, 금언(金言)이나 격언(格言)과 마찬가지로 쓰이고 있는 것도 있다.

1. 가

渴而穿井 갈이천정 : 목마른 사람이 우물 판다
去言美 來言美 거언미 내언미 : 가는 말이 고와야 오는 말도 곱다
經夜無怨 曆日無恩 경야무원 역일무은 : 밤 잔 원수 없고 날샌 은혜 없다
谷無虎 先生兎 곡무호 선생토 : 호랑이 없는 골에 토끼가 스승이라
灌頂之水 必流于趾 관정지수 필유우지 : 이마에 부은 물은 발뒤꿈치에 흐른다
窮人之事 飜亦破鼻 궁인지사 번역파비 : 안되는 사람은 뒤로 자빠져도 코가 깨진다
金剛山 食後景 금강산 식후경 : 금강산도 배부른 뒤에 구경이라
其覺始矣 老妄旋之 기각시의 노망선지 : 철나자 망녕이라
騎馬 欲率奴 기마 욕솔노 : 말 타면 종 거느리고자 한다
旣終夜哭 問誰不祿 기종야곡 문수불록 : 밤새도록 울다가 누가 죽었느냐고 묻는다
旣乘其馬 又思牽者 기승기마 우사견자 : 말 타면 경마 잡히고 싶다
旣借堂 又借房 기차당 우차방 : 사랑채 빌리면 안방까지 달라 한다

2. 나

難上之木 勿仰 난상지목 물앙 : 오르지 못할 나무 쳐다보지도 말라
老馬在廐 猶不辭豆 노마재구 유불사두 : 늙은 말 콩 더 달란다

農夫餓死 枕厥種子 농부아사 침궐종자 : 농부는 굶어 죽어도 그 종자를 베고 잔다

3. 다

談虎虎至 談人人至 담호호지 담인인지 : 호랑이도 제 말하면 온다
堂狗三年 吠風月 당구삼년 폐풍월 : 서당 개 삼 년이면 풍월을 읊는다
對笑顔 唾亦難 대소안 타역난 : 웃는 얼굴에 침 뱉기 어렵다
待曉月 坐黃昏 대효월 좌황혼 : 새벽달 보러 황혼부터 기다린다
盜以後捉 不以前捉 도이후착 불이전착 : 도둑은 뒤로 잡아야지 앞에서 잡으면 안 된다
盜之就拿 厥足自麻 도지취나 궐족자마 : 도둑이 제 발 저리다
突不燃 不生燃 돌불연 불생연 : 아니 땐 굴뚝에 연기 날까?

4. 마

馬行處 牛亦去 마행처 우역거 : 말 가는 데 소도 간다
無足之言 飛于千里 무족지언 비우천리 : 발 없는 말 천 리 간다
無贈弟物 有贈盜物 무증제물 유증도물 : 동생 줄 것은 없어도 도둑 줄 것은 있다
聞則病 不聞藥 문즉병 불문약 : 아는 것이 병, 모르는 게 약이다
未有瓦雀 虛過雄閣 미유와작 허과웅각 : 참새가 방앗간 그저 지나갈까

5. 바

發怒蹴石 我足其折 발노축석 아족기절 : 성나서 바위를 치니 내 발부리가 터졌다
百聞 不如一見 백문 불여일견 : 백 번 듣는 것이 한번 보느니만 못하다
本不結交 安有絶交 본불결교 안유절교 : 사귀어야 절교를 하지, 산에 가야 범을 잡지
婦家情篤 拜厥馬杙 부가정독 배궐마익 : 마누라가 예쁘면 처갓집 말뚝에도 절한다

附肝 附念通 부간 부염통 : 간에 붙었다 쓸개에 붙었다 한다
夫婦戰 刀割水 부부전도할수 : 부부 싸움은 칼로 물베기이다
不啼之兒 其誰乳之 부제지아 기수유지 : 울지 않는 아이 젖주랴
不知其人 視其友 부지기인 시기우 : 그 사람을 알지 못하거든 그 친구를 보라
不知何終 雲雨其云 부지하종 운우기운 : 어느 구름에 비가 온다든가
奔獐顧 放獲兔 분장고 방획토 : 달아나는 노루 보다 이미 잡은 토끼 놓친다
飛者上 有跨者 비자상 유과자 : 뛰는 놈 위에 나는 놈 있다

6. 사

三年狗尾 不爲黃毛 삼년구미 불위황모 : 개 꼬리 삼 년으로 황모 될까
三歲之習 至于八十 삼세지습 지우팔십 : 세 살 버릇 여든까지 간다
三日之程 一日往 十日臥 삼일지정 일일왕 십일와 : 사흘 갈 거리를 하루에 가서는 열흘을 앓아눕는다
上厠歸心 異去時 상청귀심 이거시 : 뒷간 갈 적과 올적 다르다
上濁 下不淨 상탁 하부정 : 윗 물이 맑아야 아랫물이 맑다
昔以甘茹 今乃苦吐 석이감여 금내고토 : 달면 삼키고 쓰면 뱉는다
城門失火 殃及池魚 성문실화 앙급지어 : 성문이 불에 타니 재앙이 연못 불고기에까지 미친다
蔬之將善 兩葉可辨 소지장선 양엽가변 : 될성부른 나무는 떡잎부터 알아본다
水深可知 人心難知 수심가지 인심난지 : 열 길 물속은 알아도 한 길 사람 속은 모른다
睡餘爬錯 正領之脚 수여파착 정령지각 : 잠결에 남의 다리 긁는다
雖有忙心 錦不繫針 수유망심 금불계침 : 아무리 바쁘더라도 바늘허리 매어 쓸까
隨友 適江南 수우 적강남 : 친구 따라 강남 간다
水至淸則無魚 人至察則無徒 수지청즉무어 인지찰즉무도 : 너무 맑으면 고기가 없고 사람이 너무 살피면 무리가 따르지 않는다

始用升授 乃以斗受 시용승수 내이두수 : 되로 주고 말로 받는다
食梨 兼以濯齒 식리 겸이탁치 : 배 먹고 이 닦기
十飯一匙 還成一飯 십반일시 환성일반 : 열 사람 한술 밥이 한 그릇 푼푼하다
十人之守 難敵一寇 십인지수 난적일구 : 지킨 이 열 사람이 도둑 한 놈을 못 잡는다
十斫之木 無不斫 십작지목 무불작 : 열 번 찍어 안 넘어가는 나무 없다

7. 아

我腹旣飽 不察奴飢 아복기포 불찰노기 : 내 배가 부르면 배고픈 줄 모른다
我有良貨 乃求善價 아유양화 내구선가 : 내 물건이 좋아야 값을 받지
兒在負 三年搜 아재부 삼년수 : 업은 아기 삼 년 찾는다
暗中瞬目 誰知約束 암중순목 수지약속 : 어두운 밤에 눈 꿈쩍 이기로 누가 알꼬
仰射空 貫革中 앙사공 관혁중 : 하늘 보고 쏘아도 과녁 맞는다
良藥苦於口 양약고어구 : 몸에 좋은 약이 입에는 쓰다
量吾被 置吾趾 양오피 치오지 : 누울 자리 보고 발을 뻗어라
言甘家 醬不甘 언감가 장불감 : 말 많은 집 장맛 쓰다
予所憎兒 先抱之懷 여소증아 선포지회 : 미운 아이 떡 하나 더준다
烏狗之浴 不變其黑 오구지욕 불변기흑 : 검둥개 미역 감기나 마나
五月炙火 猶惜退坐 오월적화 유석퇴좌 : 여름 불도 쬐다 물러나면 섭섭하다
邀處無 往處多 요처무 왕처다 : 오라는 데는 없어도 갈 데는 많다
偶然去 刑房處 우연거 형방처 : 우연히 가니 형방이 있는 곳이라
留子之谷 虎亦顧復 유자지곡 호역고복 : 새끼 둔 골은 범도 돌아본다
陰地轉 陽地變 음지전 양지변 : 음지가 양지된다
衣視其體 名視其貌 의시기체 명시기모 : 몸 보고 옷 짓고 꼴보고 이름 짓는다
衣以新爲好 人以舊爲好 의이신위호 인이구이호 : 옷은 새로울수록 좋고 사람은 오래될수록 좋다

人飢三日 無計不出 인기삼일 무계불출 : 사흘 굶으면 안 날 생각 없다
一馬之背 兩鞍難載 일마지배 양안난재 : 한 말 등에 두 안장 싣기는 어렵다
一魚 濁水 일어 탁수 : 미꾸라지 한 마리가 온 내를 흐린다
一日之狗 不知畏虎 일일지구 부지외호 : 하룻강아지 범 무서운 줄 모른다
入山 欲避虎 입산 욕피호 : 산에 들어가 호랑이 피하려 한다

8. 자

才食一匙 不救腹飢 재식일시 불구복기 : 한 술 밥에 배부르랴
積功之塔 不墮 적공지탑 불타 : 공든 탑이 무너지랴
井蛙不知海 夏蟲不知氷 정저부지해 하충부지빙 : 우물 안 개구리는 바다를 모르고 여름 해충은 얼음을 모른다
鳥久止 必帶矢 조구지 필대시 : 새가 오래 앉으면 화살에 맞는다
種瓜得瓜 種豆得豆 종과득과 종두득두 : 콩 심은 데 콩 나고 팥 심은 데 팥난다
佐祭者嘗 佐鬪者傷 좌제자상 좌투자상 : 제사를 도와준 자는 맛보고 싸움을 도와준 자는 상한다
晝語雀聽 夜語鼠聽 주어작청 야어서청 : 낮말은 새가 듣고 밤말은 쥐가 듣는다

9. 차

妻妾之戰 石佛反面 처첩지전 석불반면 : 아내와 첩의 싸움에 돌부처도 돌아앉는다
千人所指 無病而死 천인소지 무병이사 : 뭇 사람에게 손가락질받으면 병 없어도 죽는다
雉之未捕 鷄可備數 치지미포 계가비수 : 꿩 대신 닭
針賊 爲牛賊 침적 위우적 : 바늘 도둑이 소도둑 된다

10. 타

他人之宴 曰梨曰柹 타인지연 왈리왈시 : 남의 잔치에 배 놓아라, 감 놓아

라 한다

11. 하

虎死留皮 人死留名 호사유피 인사유명 : 호랑이는 죽어서 가죽을 남기고 사람은 죽어서 이름을 남긴다

獲山猪 失家猪 획산저 실가저 : 멧돼지 잡으려다 집돼지 잃는다

橫步行 好去京 횡보행 호거경 : 모로 가도 서울만 가면 된다

제2부

고전 독해

제5장 동몽선습

　동몽선습(童蒙先習)은 성종~명종때의 학자인 소요당 박세무(1487~1564)가 지은 것으로 어린이 교육을 위한 우리나라 최초의 교과서이다. 그 내용은 주로 오륜과 우리나라·중국의 역사에 관한 설명이다. 이 책에서는 문장의 구문에 대한 설명도 넣었다. 문장 구문 설명에서 〈주〉는 주어, 〈술〉은 술어, 〈보〉는 보어, 〈목〉은 목적어, 〈간보〉는 간접 목적보어 〈직보〉는 직접 목적보어를 말한다.

1. 오륜(五倫)

天地之間萬物之中에 **惟人**이 **最貴**하니 **所貴乎人者**는 **以其有五倫也**라

- ○童 아이 동: 蒙 어릴 몽: 先 먼저 선: 習 익힐 습: 衆 무리 중: 惟 오직 유: 最 가장 최: 乎 어조사 호, 於 于와 같은 의미로 쓰임: 倫 인륜 륜: 以 ~ 也 ~ 때문이다, 以其有五倫也 그것은 오륜이 있기 때문이다 : ~ 者 ~ 也, ~는 ~이다 : 貴乎人 사람을 귀하게 여기다
- ○하늘과 땅 사이에 있는 만물 중에 오직 사람이 가장 귀하니 사람을 귀하게 여기는 까닭은 다섯 가지 인륜이 있기 때문이다.

是故로 **孟子曰 父子有親**하며 **君臣有義**하며 **夫婦有別**하며 **長幼有序**하며 **朋友有信**이라 **人而不知有五常**이면 **則其違禽獸不遠矣**니라

- ○故 연고 고: 孟 맏 맹: 親 친할 친: 夫 지아비 부: 婦 지어미 부: 別 분별 별: 長 어른 장: 幼 어릴 유: 序 차례 서: 朋 벗 붕:
  友 벗 우, 우애할 우: 常 떳떳할 상: 違 거리 위: 禽 새 금: 獸 짐승 수: 遠 멀 원: 矣 어조사 의: 父子‖有＼親 〈주+술+보〉 아버지와 자식 간에는 친함이 있다

○ 그러므로 맹자께서 말씀하시기를 "부모와 자식 사이에는 친함이 있어야 하며 임금과 신하 사이에는 의리가 있어야 하며 남편과 아내 사이에는 각별함이 있어야 하며 어른과 어린이간에는 질서가 있어야 하며 친구 사이에는 믿음이 있어야 한다." 하였으니 사람으로서 이 다섯 가지의 떳떳한 도리가 있음을 알지 못하면 짐승과 다를 바가 없을 것이다.

然則 父慈子孝하며 **君義臣忠**하며 **夫和婦順**하며 **兄友弟恭**하며 **朋友輔仁 然後**에야 **方可謂之人矣**니라

○ 則 곧 즉: 慈 사랑 자: 順 순할 순: 弟 아우 제: 恭 공손할 공: 輔 도울 보: 方 바야흐로 방, 법 방: 父‖慈 子‖孝 〈주+술, 주+술〉아버지는 사랑하고 자식은 효도한다: 方 可謂ㅣ之\人 〈술+목+직보〉바야흐로 그를 사람이라 할 수 있다(주어는 생략), 之는 대명사로서 목적어: 方 부사, 可 보조사: 矣 문장의 종결을 표시하는 어조사

○ 그러한 즉 부모는 자혜롭고 자식은 효도하며, 임금은 의롭고 신하는 충성하며, 남편은 화합하고 아내는 순종하며, 형은 우애롭고 아우는 공손하며, 친구 간에는 어진마음으로 서로 도와준 뒤에야 비로소 사람이라 말할 수 있을 것이다.

(1) 부자유친(父子有親)

父子는 **天性之親**이라 **生而育之**하고 **愛而教之**하며 **奉而承之**하고 **孝而養之**하나니 **是故**로 **教之以義方**하여 **弗納於邪**하며 **柔聲以諫**하여 **不使得罪於鄉黨州閭**니라

○ 育 기를 육: 奉 받들 봉: 承 받들 승: 養 봉양할 양: 弗 아니 불, 不 과 같음: 納 들일 납: 邪 간사할 사: 於 늘 어, ~에, ~에서: 柔 부드러울 유: 聲 소리 성: 以 써 이, ~으로서, ~을 가지고: 諫 간할 간: 使 하여금 사: 鄉 시골 향: 黨 무리 당: 州 고을 주: 閭 마을 려: 生而育ㅣ之〈주+술+목〉낳아서 그를 기르다: 鄉黨州閭 행정단위로 향은 12,500호(군), 주는 2,500호(면), 당은 500호(리), 려는 25호(부락) 정도를 말함

○부모와 자식은 태어날 때부터 친함이 있는 것이니, 부모는 자식을 낳아서 기르고 사랑하고 가르치며, 자식은 부모를 받들어 계승하고 효도하며 봉양한다. 그래서 부모는 자식을 옳은 방향으로 가르쳐 사악함에 들어가지 않도록 해야 하며, 자식은 부모에게(부모의 잘못을) 부드럽게 간하며 향당과 주려에서 죄를 지지 않도록 해야 한다.

苟或父而不子其子하며 **子而不父其父**하면 **其何以立於世乎**아 **雖然**이나 **天下**에 **無不是底父母**라 **父雖不慈**나 **子不可以不孝**니라

○苟 만일 구, 만일 ~한다면: 或 혹 혹: 何 어찌 하: 雖 비록 수, 비록 ~라 하더라도: 底 밑 저, 어조사 저, ~한, ~하는, ~의: 不是底父母 옳지 않은 부모: 父而 ‖ 不子 | 其子 〈주+술+목〉 아버지가 (아버지로서) 그 자식을 자식으로 여기지 않다: 何以 ~乎 어찌 ~하겠는가
○만일 혹시라도 아버지가 자식을 자식으로 여기지 않으며 자식이 부모를 부모로 여기지 않는다면 어찌 세상에 나서서 살 수 있겠는가? 비록 그렇다 하더라도 세상에 옳지 않은(자식을 사랑하지 않는) 부모는 없다고 할 것이니, 부모가 비록 자식에게 자혜롭지 않더라도 자식은 효도하지 않을 수없는 것이다.

昔者에 **大舜**이 **父頑母嚚**하여 **嘗欲殺舜**이어늘 **舜**이 **克諧以孝**하사 **烝烝乂不格姦**하니 **孝子之道**가 **於斯**에 **至矣**로다 **孔子曰 五刑之屬**이 **三千**이로되 **而罪**가 **莫大於不孝**라 하시니라

○昔 옛 석: 舜 순임금 순: 頑 완악할 완: 嚚 어리석을 은: 嘗 일찍 상: 欲 하고자할 욕: 殺 죽일 살: 克 능할 극: 諧 화할 해: 烝 나아갈 증: 乂 다스릴 예: 格 이를 격: 姦 간사할 간: 斯 이 사: 至 지극할 지: 孔 구멍 공: 刑 형벌 형: 屬 붙일 속: 罪 허물 죄: 莫 없을 막: 父 ‖ 頑 母 ‖ 嚚 〈주+술, 주+술〉 아버지는 완악하고 어머니는 모질다: 嘗 欲殺 | 舜 〈술+목〉 일찍이 순을 죽이고자 했다: 嘗 부사, 欲 보조사: 舜 ‖ 克諧\以孝 〈주+술+보〉순은 능히 효로서 화합하다: 孝子之道 ‖ 於斯至矣 〈주+술〉 효자의 도가 이에 지극하였다: 罪 ‖ 莫大\於不孝 〈주+술+보〉죄는 불효

보다 더 큰 것이 없다.
- 옛날 대순의 아버지는 완악하고, 어머니는 모질어 일찌기 순을 죽이고자 하였으나, 순은 능히 효로써 부모의 잘못을 다스려 간악함에 이르지 않게 하셨으니, 효자의 도가 지극하였다. 공자께서 말씀하셨다. "오형(五刑)에 해당되는 죄목의 종류가 3천 조항인데, 불효보다 더 큰 죄는 없다." 하셨다.

(2) 군신유의(君臣有義)

君臣은 **天地之分**이라 **尊且貴焉**하며 **卑且賤焉**하니 **尊貴之使卑賤**과 **卑賤之事尊貴**는 **天地之常經**이며 **古今之通義**라

- 分 분별할 분: 尊 높을 존: 且 또 차: 卑 낮을 비: 賤 천할 천: 使 하여금 사, 부릴 사: 事 섬길 사: 經 벼리 경: 之 개사(후치사), ~하는, ~의, ~와 같은: 尊貴之∥使∣卑賤〈주+술+목〉 존귀한 임금이 비천한 신하를 부리다: 卑賤之∥事∣尊貴〈주+술+목〉 비천한 신하가 존귀한 임금을 섬기다
- 임금과 신하에는 하늘과 땅 같은 차이가 있다. 임금은 존귀하고 신하는 낮고 천하다. 존귀한 임금이 낮고 천한 신하를 부리며, 낮고 천한 신하가 존귀한 임금을 섬기는 것은 천지의 당연한 법칙으로서, 옛날이나 지금이나 변하지 않는 도리이다.

是故로 **君者**는 **體元而發號施令者也**오 **臣者**는 **調元而陳善閉邪者也**라 **會遇之際**에 **各盡其道**하여 **同寅協恭**하여 **以臻至治**하나니라

- 體 본받을 체, 몸 체: 元 으뜸 원: 號 호령할 호: 施 베풀 시: 令 명령할 령: 調 고를 조: 陳 베풀 진: 閉 닫을 폐: 遇 만날 우: 際 즈음 제: 盡 다할 진: 寅 공경할 인: 協 화할 협: 臻 이를 진: 體元而 원을 몸에 받아서: 調元而 원을 조화시켜서: 各盡∣其道〈술+목〉 각 각 그 도를 다하다
- 그러므로 임금은 원(하늘의 이치)을 받아 영을 내리고 시행하는 사람이요 신하는 원을 조화시켜 착한 일을 베풀고 사악함을 막는 사람이다. 임금과 신하가 모이고 만날 때에 각기 그 도리를 다하고 함께

공경하며 화합하고 공손히 해서 지극한 정치에 이르는 것이다.

苟或君而不能盡君道하며 **臣而不能修臣職**이면 **不可與共治天下國家也**니라 **雖然**이나 **吾君不能**을 **謂之賊**이라

- ○修 닦을 수: 職 직분 직: 與 더불 여: 共 한가지 공: 賊 해칠 적: 君而∥不能盡｜君道〈주+술+목〉 임금이 임금의 도리를 다하지 못하다
- ○혹시라도 임금이 도리를 다하지 못하고, 신하가 직책을 잘 수행하지 못한다면 천하와 국가가 더불어함께 잘 다스려지지 못할 것이다. 그렇지만 우리 임금이 능하지 못하다고 한다면, 이것은 임금을 적(賊)이라고 하는 것이다.

昔者에 **商紂**가 **暴虐**하거늘 **比干**이 **諫而死**하니 **忠臣之節**이 **於斯**에 **盡矣**로다 **孔子曰 臣事君以忠**이라 하시니라

- ○商 상나라 상: 紂 주임금 주: 暴 사나울 포: 虐 사나울 학: 干 방패 간: 諫 간할 간: 節 절개 절: 忠臣之節∥於斯盡矣〈주+술〉 충신의 절개가 이에 다하다: 臣∥事｜君＼以忠〈주+술+목+목보〉 신하가 임금을 충성으로서 섬기다
- ○옛날에 상나라 주왕이 모질고 사나워 비간이 간하다가 죽었으니 충신의 절개가 이에 다하였다. 공자께서 말씀하셨다. 신하는 임금 섬기기를 충성으로써 해야 한다.

(3) 부부유별(夫婦有別)

夫婦는 **二姓之合**이라 **生民之始**며 **萬福之原**이니 **行媒議婚**하며 **納幣親迎者**는 **厚其別也**라 **是故**로 **娶妻**하되 **不娶同姓**하며 **爲宮室**하되 **辨內外**하여 **男子**는 **居外而不言內**하고 **婦人**은 **居內而不言外**하나니

- ○原 근원 원: 媒 중매 매: 議 의논할 의: 婚 혼인할 혼: 納 들일 납: 幣 폐백 폐: 迎 맞을 영: 厚 두터울 후: 娶 장가들 취: 妻 처 처: 辨 분별할 변: 男子∥居＼外 而不言｜內〈주+술+보〉, 〈술+목〉 남자는 밖에 거처하여 안의 일을 말하지 않는다

○부부는 두 성이 합한 것이니 백성의 시초이며 모든 복의 근원이다. 중매로 혼인을 의논하며 폐백을 들이고 친히 맞이하는 것은 각별함을 두텁게 하는 것이다. 그러므로 아내를 맞이하되 같은 성을 맞이하지 않으며 집을 짓되 안과 밖을 구별하여 남자는 밖에 거처하여 안의 일을 말하지 않고 부인은 안에 거처하여 밖의 일을 말하지 않는다.

苟能莊以涖之하여 **以體乾健之道**하고 **柔以正之**하여 **以承坤順之義** 면 **則家道正矣**어니와 **反是**하여 **而夫不能專制**하여 **御之不以其道** 하고 **婦乘其夫**하여 **事之不以其義**하며 **昧三從之道**하고 **有七去之惡**하면 **則家道索矣**라

○莊 씩씩할 장: 涖 임할 리: 體 본받을 체: 乾 하늘 건: 健 건장할 건, 굳셀 건: 坤 땅 곤: 專 오로지 전: 制 제어할 제: 御 어거할 어: 乘 탈 승: 昧 어두울 매: 從 좇을 종: 去 버릴 거: 索 다할 삭, 쓸쓸할 삭: 柔以正∥之 (以柔正之) 以(之)承∥坤順之義〈술+목〉,〈술+목〉 부드러움으로서 그를(남편) 바로잡아 그것으로서 땅의 순종하는 의리를 받는다
○진실로 남편이 건장하여 하늘의 건장한 도를 몸에 받고 아내는 부드러움으로써 바로잡아 땅의 순한 의를 받든다면 가도(家道)가 올바르게 될 것이다. 이에 반하여 남편이 아내를 제어하지 못하고 어거하기를 도리로써 하지 못하며 아내가 남편에 불복하고 섬기기를 도리로써 하지 못하며 삼종의 도리를 알지 못하고 칠거의 악행이 있으면 집안의 도가 비색(否塞)해질 것이다.

須是夫敬其身하여 **以帥其婦**하고 **婦敬其身**하여 **以乘其夫**하며 **內外和順**하여야 **父母**가 **其安樂之矣**라

○須 모름지기 수: 敬 공경할 경: 帥 거느릴 솔, 장수 수: 夫∥敬∣其身〈주+술+목〉 남편은 그(자기 자신의) 몸을 공경하여
○모름지기 남편은 자기 몸을 공경하며 아내를 잘 거느리고 아내는 자기 몸을 공경하며 남편을 받들어서 내외가 화하고 순하여야 부모가 안락하실 것이다.

昔者에 郤缺이 耨어늘 其妻가 饁之하되 敬하여 相待如賓하니 夫婦之道는 當如是也라 子思曰 君子之道는 造端乎夫婦라 하시니라

- ○須 모름지기 수: 敬 공경할 경: 帥 거느릴 솔, 장수 수: 耨 김맬 누: 郤 성 극: 缺 이지러질 결: 耨 김맬 누: 饁 밥먹일 엽: 敬 공경할 경: 待 대접할 대: 賓 손 빈: 造 지을 조: 端 끝 단: 夫婦之道 ‖ 當如\是也 〈주+술+보〉 부부의 도리는 마땅이 이와 같아야 한다: 君子之道 ‖ 造端\乎夫婦 〈주+술+보〉 군자의 도리는 부부에서 비롯된다: 造端 비롯되다, 시초하다, 發端 발단
- ○옛날에 극결이 밭에서 김을 매자 그 아내가 점심밥을 내왔는데 공경하여 서로 대하기를 손님처럼 하였으니 부부간의 도리가 마땅히 이와 같아야 한다. 자사께서 말씀하시기를, "군자의 도는 시작이 부부에서 비롯된다."고 하셨다.

(4) 장유유서(長幼有序)

長幼는 天倫之序라 兄之所以爲兄과 弟之所以爲弟는 長幼之道의 所自出也라 蓋宗族鄕黨에 皆有長幼하니 不可紊也라

- ○爲 될 위; 自 부터 자: 蓋 덮을 개, 어조사 개: 族 겨레 족: 黨 무리 당: 蓋 덮을 개: 紊 문란할 문: 長幼 ‖ 天倫之序 〈주+술〉 어른과 어린이는 천륜의 차례이다: 兄之 ‖ 所以爲兄 〈주+술〉 형이 되는 까닭: 長幼之道 ‖ 所自出也 〈주+술〉 어른과 어린이의 도리가 비롯되어 나오는 것이다
- ○어른과 어린이는 천륜의 질서이다. 형이 형되는 것과 아우가 아우되는 것이 어른과 어린이의 도리에서 비롯되어 나오는 것이다. 집안과 향당(마을)에는 모두 어른과 어린이의 질서가 있으니 문란하게 해서는 안된다.

徐行後長者를 謂之弟요 疾行先長者를 謂之不弟니 是故로 年長以倍則父事之하고 十年以長則兄事之하며 五年以長則肩隨之니라 長慈幼하며 幼敬長然後에야 無侮少陵長之弊하여 而人道正矣라

○徐 느릴 서: 弟 공경할 제: 疾 빠를 질: 長 많을 장, 어른 장: 倍 곱절 배: 事 섬길 사: 肩 어깨 견: 隨 따를 수: 侮 업신여길 모: 少 젊을 소: 陵 업신여길 릉: 弊 폐단 폐: 謂ㅣ之(徐行後長者)\弟〈(주)+술+목+보〉 천천히 걸어서 어른 보다 뒤에 가는 것을 공손하다 이른다
○천천히 걸어서 어른보다 뒤에 가는 것을 공손하다 이르고, 빨리 걸어서 어른보다 앞에 가는 것을 공손하지 않다고 이른다. 그러므로 나이가 배가 되면 어버이처럼 섬기고, 10년이 많으면 형처럼 섬기고 5년이 많으면 어깨를 나란히 하고 따라가니, 어른은 어린이를 사랑하고 어린이는 어른을 공경한 뒤에야, 젊은이를 업신여기고 어른을 능멸하는 폐단이 없어서 사람의 도리가 바르게 될 것이다.

而況兄弟는 **同氣之人**이며 **骨肉至親**이라 **尤當友愛**요 **不可藏怒宿怨**하여 **以敗天常也**니라

○況 하물며 황: 骨 뼈 골: 肉 살 육: 至 지극할 지: 尤 더욱 우: 友 우애할 우: 藏 감출 장: 怒 성낼 노: 宿 묵힐 숙: 怨 원망할 원: 敗 패할 패
○하물며 형제간은 같은 어버이에게서 태어나 기운이 같은 사람이다. 골육 간에 지극히 친한 관계이니 더욱 마땅히 우애할 것이요, 노여움을 마음속에 감추고 원망을 간직하여 하늘의 마땅한 도리를 없애서는 안된다.

昔者에 **司馬光**이 **與其兄伯康**으로 **友愛尤篤**하여 **敬之如嚴父**하고 **保之如兒**하니 **兄弟之道**가 **當如是也**니라 **孟子曰 孩提之童**이 **無不知愛其親**이며 **及其長也**에는 **無不知敬其兄也**라 하시니라

○司 맡을 사: 伯 맏 백: 康 편안할 강: 篤 도타울 독: 嚴 엄할 엄: 嬰 어릴 영: 孩 어릴 해, 웃을 해: 提 끌 제: 童 아이 동: 長 장성할 장: 敬 공경할 경: 無不 ~못함이 없다: 兄弟之道‖當如\是也〈주+술+보〉 형제간의 도리가 마땅이 이와 같아야 한다: 孩提之童‖無\不知ㅣ愛其親〈주+술+보(술+목)〉 어려서 손을 잡고 안아 줄만한 아이가 그 어버이를 사랑할 줄 모르는 이가 없다

○옛날에 사마광(司馬光)이 그의 형 백강(伯康)과 더불어 우애하기를 더욱 돈독히 하여 형을 공경하기를 엄한 아버지와 같이 하고 아우를 보호하기를 어린아이와 같이 하였으니 형제간의 도리가 마땅히 이와 같아야 한다. 맹자께서 말씀하시기를, "웃을 줄 알고 손을 잡아주고 안아줄 만한 아이가 그 어버이를 사랑할 줄 모르는 이가 없으며 그 장성함에 미쳐서는 그 형을 공경할 줄 모르는 이가 없다."고 하셨다.

(5) 붕우유신(朋友有信)

朋友는 **同類之人**이라 **益者**가 **三友**요 **損者**가 **三友**니 **友直**하며 **友諒**하며 **友多聞**이면 **益矣**요 **友便辟**하며 **友善柔**하며 **友便佞**이면 **損矣**라

○便 잘할 편: 類 무리 류: 益 유익할 익: 損 덜 손: 直 곧을 직: 諒 성실할 량: 辟 편벽될 벽, 한쪽 벽: 善 잘할 선: 柔 부드러울 유: 佞 말잘할 녕: 友∥直〈주+술〉벗이 정직하며: 友∥多\聞〈주+술+보〉벗이 견문이 많으면

○붕우는 부류가 같은 사람이다. 유익한 벗이 세 종류가 있고 해로운 벗이 세 종류가 있으니 벗이 정직하며 성실하며 견문이 많으면 유익하고 벗이 편벽하고 유순하기만 하고 간사한 말을 잘하면 손해가 될 것이다.

友也者는 **友其德也**라 **自天子**로 **至於庶人**이 **未有不須友以成者**니 **其分**이 **若疎而其所關**이 **爲至親**이라

○須 기다릴 수: 疎 성글 소: 關 관계할 관: 友也者∥友ㅣ其德也〈주+술+목〉벗이란 그 덕을 벗 삼는 것이다: 自天子至\於庶人〈술+보〉천자로부터 서인에 이르기 까지: 自~ 至 ~으로 부터 ~에 이르기 까지

○벗이란 그 덕을 벗하는 것이다. 천자로부터 서인에 이르기까지 벗을 필요로 하여 이루지 않는 자가 있지 않으니 그 친분이 비록 소원한 듯하나 그 관계되는 바가 지극히 친밀하다.

是故로 **取友**를 **必端人**하며 **擇友**를 **必勝己**니 **要當責善以信**하며 **切切**하여

忠告而善道之하다가 **不可則止**니라

- ○취할 취: 端 단정할 단: 擇 가릴 택: 勝 나을 승: 要 중요할 요: 責 꾸짖을 책, 요구할 책: 切 간절 절: 偲 자세할 시: 道 인도할 도: 要當責ㅣ善\以信〈술+목+보〉 요컨대 마땅히 성실함으로서 선을 책하다 (주어는 생략)
- ○그러므로 벗을 삼을 때는 반드시 단정한 사람으로 하며 벗을 택할 때는 반드시 자기보다 나은 이로 하여야 한다. 요컨대 마땅히 선을 책하되(責善) 성실함으로써 하며 간절히 하고 자세히 권면하여 성심으로 말해주고 선으로 인도하다가 불가하면 그만둘 것이다.

苟或交遊之際에 **不以切磋琢磨**로 **爲相與**하고 **但以歡狎戱謔**으로 **爲相親**이면 **則安能久而不疎乎**리오

- ○遊 놀 유: 際 즈음 제: 切 자를 절: 磋 갈 차: 琢 쪼을 탁: 磨 갈 마: 與 더불 여: 歡 기쁠 환: 狎 친압할 압: 戱 희롱할 희: 謔 농담할 학: 安 어찌 안: 久 오랠 구: 疎 성글 소:苟~ 則 만일 ~한다면: 安能~ 乎 어찌 ~할 수 있겠는가
- ○만일 혹시라도 사귀어 놀 때에 절차탁마(切磋琢磨)하여 서로 더불지 않고 다만 기뻐하고 친하며 장난하고 농담하는 것으로써 서로 친하려고 한다면 어찌 능히 오래 되어도 소원해지지 않을 수 있겠는가?

昔者에 **晏子**가 **與人交**하되 **久而敬之**하니 **朋友之道**는 **當如是也**니라 **孔子曰 不信乎朋友**면 **不獲乎上矣**리라 **信乎朋友有道**하니 **不順乎親**이면 **不信乎朋友矣**리라

- ○晏 늦을 안: 獲 얻을 획: 不信\乎朋友 不獲\乎上矣〈술+보〉, 〈술+보〉친구들에게 성실하지 못하면 윗 사람에게서 신임을 받지 못한다, 乎는 피동을 나타내는 전치사
- ○옛날에 안자는 남과 교제하되 오래되어도 공경하였으니 붕우간의 도리가 마땅히 이와 같아야 한다. 공자께서 말씀하시기를, "친구들에게 진실하지 못하면 윗 사람에게 신임을 얻지 못할 것이며 친구에게

진실하게 함에 방법이 있으니 어버이에게 순응 하지 않으면 친구들에게도 믿음을 얻지 못할 것이다."라고 하셨다.

2. 총론(總論)

此五品者는 **天敍之典而人理之所固有者**라 **人之行**이 **不外乎五者而唯孝爲百行之源**이라

○ 敍 차례 서
○ 이 다섯 가지 일은 하늘이 준 질서의 법이고 사람이 본래부터 지니고 있는 도리이다. 사람의 행실이 이 다섯 가지에서 벗어나지 않지만 오직 효도가 모든 행실의 근원이 된다.

是以로 **孝子之事親也**는 **鷄初鳴**이어든 **咸漱**하고 **適父母之所**하여 **下氣怡聲**하여 **問衣寒**하며 **問何食飮**하며 **冬溫而夏淸**하며 **昏定而晨省**하며 **出必告**하며 **反必面**하며 **不遠遊**하며 **遊必有方**하며 **不敢有其身**하며 **不敢私其財**니라

○ 漱 양치질할 수: 淸 서늘할 청
○ 효자가 어버이를 섬길 때에는 첫닭이 울면 모두 세수하고 양치질하고, 부모님이 계신 곳으로 가서 기운을 낮추고 목소리를 부드럽게 하여 옷이 더운지 추운지를 여쭈며, 무엇을 잡수시고 마시고 싶은지를 여쭈며, 겨울에는 따뜻하게 해드리고 여름에는 시원하게 해드리며, 저녁에는 잠자리를 돌봐드리고 새벽에는 안부를 여쭈며, 외출할 때는 반드시 아뢰고 돌아와서는 반드시 부모님을 대면하며, 멀리 나가 놀지 않으며 나가 놀되 반드시 일정한 장소를 두며, 감히 자기 몸을 자기 것으로 여기지 않으며 감히 재물을 자기 것으로 사유하지 않는다.

父母愛之어시든 **喜而不忘**하며 **惡之**어시든 **懼而無怨**하며 **有過**이어든 **諫而不逆**하고 **三諫而不聽**이어시든 **則號泣而隨之**하며 **怒而撻之流血**이라도 **不敢疾怨**하며 **居則致其敬**하고 **養則致其樂**하고 **病則致其憂**하고 **喪則致其哀**하

고 **祭則致其嚴**이니라

○諫 간할 간: 泣 울 읍: 撻 매질할 달: 則 ~하면
○부모님께서 나를 사랑해 주시거든 기뻐하되 잊지 않으며 미워하시 거든 두려워하되 원망하지 않으며, 부모님께서 과실을 저지르시면 말리되 거스르지 않으며 세 번 간했는데도 들어주지 않으시거든 부르짖고 울면서 따르며, 부모님께서 노하여 종아리를 때려 피가 흐르더라도 감히 미워하거나 원망치 않으며, 거처할 때에는 공경함을 극진히 하고, 봉양할 때는 즐거움을 극진히 하고, 병환이 드셨을 때는 근심을 극진히 해야 하고, 상을 당해서는 슬픔을 극진히 하고, 제사 지낼 때는 엄숙함을 극진히 해야 한다.

若夫人子之不孝也는 **不愛其親而愛他人**하며 **不敬其親而敬他人**하며 **惰其四肢**하며 **不顧父母之養**하며 **博奕好飮酒**하여 **不顧父母之養**하며 **好貨財**하며 **私妻子**하여 **不顧父母之養**하며 **從耳目之好**하여 **以爲父母戮**하며 **好勇鬪狠**하여 **以危父母**하나니라

○惰 게으를 타: 肢 사지 지: 顧 돌아볼 고: 博 장기 박, 넓을 박: 奕 클 혁: 戮 죽일 륙, 욕될 륙: 狠 사나울 한
○부모님께 불효하는 자식은 자기 어버이는 사랑하지 아니하고 다른 사람은 사랑하며, 자기 어버이는 공경하지 않으면서 다른 사람은 공경하며, 사지를 게을리 하여 부모님에 대한 봉양을 돌아보지 않으며, 장기나 바둑, 술 마시는 것을 좋아하여 부모님에 대한 봉양을 돌아보지 않으며, 재물을 좋아하고 처자식만을 사랑해서 부모님에 대한 봉양을 돌아보지 않으며, 이목의 욕망을 좇아 부모를 욕되게 하며, 용맹을 좋아하여 싸우고 사나워서 부모님을 위태롭게 한다.

噫라 **欲觀其人**이 **行之善不善**인대 **必先觀其人之孝不孝**니 **可不愼哉**며 **可不懼哉**아 **苟能孝於其親**이면 **則推之於君臣也**와 **夫婦也**와 **長幼也**와 **朋友也**와 **何往而不可哉**리오 **然則 孝之於人**이 **大矣**로되 **而亦非高遠難行之事也**라

○噫 탄식할 희, 슬플 희: 觀 볼 관: 愼 삼갈 신: 懼 두려울 구: 推 밀 추: 往 갈 왕: 可不~哉~ 하지 않을 수 있겠는가?: 苟~則 만일~한다면
○아! 그 사람의 행실이 착한지 아닌지를 살펴보고자 한다면 반드시 먼저 그 사람이 효도하는지 아닌지를 살펴볼 것이니, 삼가지 않을 수 있겠으며 두려워하지 않을 수 있겠는가. 만일 그 어버이에게 효도한다면 그 마음을 군신간과 부부간과 장유간과 붕우간에 미루어감에 어떤 경우에 적용한들 옳지 않음이 있겠는가. 그렇다면 효는 사람에게 중대한 것이면서 또한 고원하여 실행하기 어려운 것이 아님을 알 수 있다.

然이나 **自非生知者**면 **必資學問而知之**니 **學問之道**는 **無他**라 **將欲通古今**하며 **達事理**하여 **存之於心**하며 **體之於身**이니 **可不勉其學問之力哉**아

○資 자뢰할 자: 體 몸받을 체: 勉 힘쓸 면
○그러나 스스로 나면서부터 사물의 이치를 아는 사람이 아니라면 반드시 학문을 함으로서 알 수 있는 것이니, 학문하는 도리는 다른 데에 있는 것이 아니라, 장차 고금의 사리를 통달하여 마음속에 보존하며, 몸으로 실천하고자 하는 데 있는 것이니 학문하는 힘을 더하지 않을 수 있겠는가?

3. 중국의 역사

蓋自太極肇判하여 **陰陽始分**으로 **五行**이 **相生**에 **先有理氣**라 **人物之生**이 **林林總總**하더니 **於是**에 **聖人**이 **首出**하사 **繼天立極**하시니 **天皇氏**와 **地皇氏**와 **人皇氏**와 **有巢氏**와 **燧人氏**가 **是爲太古**니 **在書契以前**이라 **不可考**로다

○肇 비로소 조: 巢 깃들일 소: 燧 화경 수: 自太極∥肇判 陰陽∥始分 〈주+술, 주+술〉 태극이 처음 판별되어 음양이 비로소 나뉨으로부터: 人物之生∥林林總總〈주+술〉 사람과 물건의 낳음이 많고 많다
○태극이 처음으로 판별되어 음과 양이 비로소 나누어진 시기로부터

오행(五行)이 서로 생성됨에 먼저 이(理)와 기(氣)가 있었다. 사람과 물건이 많이 생성되더니 이에 성인(聖人)이 먼저 나타나서 하늘의 뜻을 계승하여 인간의 표준을 세웠으니, 천황씨(天皇氏)와 지황씨(地皇氏)와 인황씨(人皇氏)와 유소씨(有巢氏)와 수인씨(燧人氏)가 태고시절의 성인이다. 서계(書契, 문자)가 나타나기 이전이기 때문에 상고할 수가 없다.

伏羲氏始畫八卦하며 **造書契**하여 **以代結繩之政**하시고 **神農氏作耒耜**하며 **製醫藥**하시고 **黃帝氏用干戈**하며 **作舟車**하며 **造曆算**하며 **制音律**하시니 **是爲三皇**이니 **至德之世**라 **無爲而治**하니라

- ○繩 노끈 승: 曆 책력 력: 醫 의원 의: 耒 쟁기자루 뢰: 耜 쟁기보습 사: 伏羲氏 ‖ 始畫 | 八卦〈주+술+목〉복희씨가 비로소 팔괘를 긋다
- ○복희씨가 처음으로 八卦를 긋고 서계(書契)문자를 만들어 결승(結繩, 노끈문자)로 시행하던 정사를 대신했고, 신농씨가 쟁기와 보습을 만들며 의술과 약을 만들고, 황제씨가 방패와 창을 사용하며 배와 수레를 만들었으며 달력과 산수를 만들며 음율(音律)을 제정하셨으니 이들을 삼황(三皇)이라 일컫는다. 이 때는 사람들의 본성이 지극히 순박했기 때문에 인위적인 정치를 베풀지 않고도 천하가 잘 다스려졌다.

少昊와 **顓頊**과 **帝嚳**과 **帝堯**와 **帝舜**이 **是爲五帝**라 **皐夔稷契**이 **佐堯舜**하여 **而堯舜之治 卓冠百王**이라 **孔子定書**에 **斷自唐虞**하시니라

- ○顓 오로지 전: 頊 머리 굽실거릴 욱: 嚳 이름 곡: 皐 언덕 고: 夔 공경할 기: 稷 피 직: 契 이름 설: 虞 우나라 우: 孔子 ‖ 定 | 書 斷 \ 自唐虞〈주+술+목, 술+보〉, 공자께서 서경을 정리함에 당우로부터 단정하다
- ○소호(少昊)와 전욱(顓頊)과 제곡(帝嚳)과 요임금, 순임금을 오제(五帝라) 일컫는다. 고요(皐陶)와 기(夔)와 직(稷)과 설(契)이 요임금과 순임금을 보좌했으니 요임금과 순임금의 다스림이 모든 왕의 으뜸이 되었다. 공자께서 서경(書經)을 정리하심에 당(唐,堯)·우(虞,舜)

시대로부터 단정하셨다.

夏禹와 商湯과 周文王武王이 是爲三王이니 歷年이 或四百하며 或六百하며 或八百하니 三代之隆을 後世莫及이요 而商之伊尹傅說과 周之周公召公이 皆賢臣也라 周公이 制禮作樂하시니 典章法度가 粲然極備하더니

- ○粲 빛날 찬: 傅 스승 부: 周之周公召公∥皆賢臣也〈주+술〉 주나라의 주공, 소공이 모두 어진 신하이다
- ○하(夏)나라 우왕과 상(商)나라 탕왕과 주나라 문왕·무왕을 삼왕(三王)이라 일컫는다. 왕조의 수명이 어떤 경우는 400년이며 어떤 경우는 600년이며 어떤 경우는 800년이었으니 삼대(三代) 시절에 융성했던 문물을 후세에는 미치지 못했고 상나라의 이윤(伊尹)이나 부열(傅說), 주나라의 주공(周公)과 소공(召公)이 모두 뛰어난 신하였다. 주공이 예악을 제작하셨으니 전장(典章)과 법도가 지극히 찬연하게 갖추어졌다.

及其衰也하여 五覇摟諸侯하여 以匡王室하니 若齊桓公과 晉文公과 宋襄公과 秦穆公과 楚莊王이 迭主夏盟하니 王靈이 不振하니라

- ○摟 끌 루: 五覇∥摟∣諸侯 以(之)匡∥王室〈주+술+목, 주+술〉 오패가 제후를 이끌어 이로서 왕실을 바로잡다
- ○주(周)나라가 쇠미함에 미쳐 오패(五覇)가 제후들을 이끌어 왕실을 바로 세웠으니, 제나라 환공(桓公), 진나라 문공(文公), 송나라 양공(襄公), 진나라 목공(穆公), 초나라 장왕(莊王)이 차례대로 돌아가면서 중국의 맹약을 주도하였으니 왕실의 위엄이 떨쳐지지 못했다.

孔子以天縱之聖으로 轍環天下하사 道不得行于世하여 刪詩書하시며 定禮樂하시며 贊周易하시며 修春秋하사 繼往聖, 開來學하시고 而傳其道者는 顔子曾子라 事在論語하니라 曾子之門人이 述大學하니라

- ○轍 수레 바퀴 철: 環 돌 환: 刪 깎을 산: 道∥不得行\于世〈주+술+보〉 도가 세상에 행해지지 못한다: 曾子之門人∥述∣大學〈주+술+목〉 증

자의 문인들이 대학을 기술하다
○공자는 하늘이 내신 성인으로서 수레를 타고 천하를 주유하셨으나 도(道)가 세상에서 시행되지 않아서 〈시경〉과 〈서경〉을 산삭(刪削)하시며 예(禮)와 악(樂)을 결정하시며 〈주역〉을 해설하시며 춘추를 편수하셔서 지나간 성인을 계승하고 후세의 학자들을 인도하셨고, 그 도를 전수받은 이는 안자(顔子)와 증자(曾子)이다. 이런 사실에 대한 기록은 〈논어〉에 있다. 증자의 문인이 〈대학〉을 기술하였다.

列國則曰魯와 **曰衛**와 **曰晉**과 **曰鄭**과 **曰趙**와 **曰蔡**와 **曰燕**과 **曰吳**와 **曰齊**와 **曰宋**과 **曰陳**과 **曰楚**와 **曰秦**이니 **干戈日尋**하여 **戰爭不息**하여 **遂爲戰國**하니 **秦楚燕齊韓魏趙 是爲七雄**이라

○戰爭∥不息 遂爲＼戰國〈주+술, 술+보〉 전쟁이 그치지 않아 마침내 전국시대가 되다
○열국(列國)은 노(魯)·위(衛)·진(晉)·정(鄭)·조(趙)·채(蔡)·연(燕)·오(吳)·제(齊)·송(宋)·진(陳)·초(楚)·진(秦)나라 등이니 방패와 창이 날마다 이어져 전쟁이 끊이지 않아 마침내 전국시대(戰國時代)가 되었으니 진(秦)·초(楚)·연(燕)·제(齊)·한(韓)·위(魏)·조(趙)의 일곱 나라를 전국칠웅(戰國七雄)이라 일컫는다.

孔子之孫子思 生斯時하사 **作中庸**하시고 **其門人之弟孟軻 陳王道於齊梁**하사 **道又不行**하여 **作孟子七篇**하시되 **而異端縱橫功利之說**이 **盛行**이라 **吾道不傳**하니라

○軻 수레 가: 陳 말할 진: 孔子之孫子思∥生＼斯時 作∥中庸〈주+술+보, 술+목〉 공자의 제자인 자사가 이때에 태어나서 중용을 지었다: 其門人之弟孟軻∥陳∣王道＼於齊梁〈주+술+목+보〉 공자의 손자인 맹가가 왕도를 제나라와 양나라에서 말씀하셨다
○공자의 손자인 자사(子思)가 이 시기에 태어나 〈中庸〉을 저술하셨고, 그 문인의 제자인 맹가(孟軻)가 제나라와 양나라에서 왕도정치를 진술하셨는데 도가 또 시행되지 못하여 〈孟子〉7편을 저술하셨으

나, 이단과 종횡과 공리의 학설이 성행해서 우리 유학의 도가 전해지지 못하였다.

及秦始皇하여 **呑二周 滅六國**하며 **廢封建爲郡縣**하며 **焚詩書 坑儒生**하니 **二世而亡**하니라

○呑 삼킬 탄
○진시황 시대에 이르러서는 두 주나라를 병탄하고 여섯 제후국을 멸망시키며, 봉건제도를 폐지하고 군현제를 시행하며 시서(詩書)를 불태우고 유생들을 구덩이 속에 파묻어 죽이니 2대 만에 멸망하였다.

漢高祖起布衣成帝業하여 **歷年四百**하되 **在明帝時**하여 **西域佛法**이 **始通中國**하여 **惑世誣民**하니라 **蜀漢**과 **吳**와 **魏 三國**이 **鼎峙而諸葛亮**이 **仗義扶漢**하다가 **病卒軍中**하니라

○誣 속일 무: 蜀 땅 이름 촉: 魏 나라 이름 위: 峙 우뚝 솟을 치: 漢高祖 ∥ 起╲ 布衣成│帝業〈주+술+보, 술+목〉한고조가 포의로 일어나 황제의 업을 이루다: 西域佛法 ∥ 始通╲中國〈주+술+보〉서역의 불교가 비로소 중국에 통행되다
○한나라 고조가 포의(布衣)로 일어나 황제의 위업을 이루어서 왕조의 수명이 4백년에 이르렀는데 명제(明帝)때에 서역(西域)의 불교가 처음으로 중국에 통하여 세상을 현혹시키고 백성들을 속였다. 촉한(蜀漢)과 오(吳)와 위(魏)의 세 나라가 솥발처럼 대치하고 있었는데, 제갈량이 의리를 지켜 한나라를 부지하다가 병이 들어 전쟁터에서 죽었다.

晉有天下에 **歷年百餘**하되 **五胡亂華**하니 **宋齊梁陳**에 **南北分裂**이러니 **隋能混一**하되 **歷年三十**하니라

○隋 나라 수: 混 합할 혼
○진(晉)나라가 천하를 다스림에 왕조의 수명이 100여 년에 이르렀는데 다섯 오랑캐나라가 중화를 어지럽히니 송(宋)·제(齊)·양(梁)·진

(陳)에 남북으로 분열되었다. 수(隋)나라가 천하를 통일하였으나 왕조의 수명이 30년에 그쳤다.

唐高祖와 **太宗**이 **乘隋室亂**하여 **化家爲國**하여 **歷年三百**하니라 **後梁**과 **後唐**과 **後晉**과 **後漢**과 **後周 是爲五季**니 **朝得暮失**하여 **大亂**이 **極矣**라

- ○당나라 고조와 태종이 수(隋)나라 왕실의 어지럼움을 틈타 일개 집안을 변화시켜 나라로 만들어 왕조의 수명이 300년에 이르렀다. 후량(後梁)과 후당(後唐)과 후진(後晉)과 후한(後漢)과 후주(後周)를 오계(五季)라고 하니, 아침에 나라를 얻었다가 저녁이면 잃어버려서 크게 혼란함이 극도에 이르렀다.

宋太祖立國之初에 **五星**이 **聚奎**하여 **濂洛關閩**에 **諸賢**이 **輩出**하니 **若周敦頤**와 **程顥**와 **程頤**와 **司馬光**과 **張載**와 **邵雍**과 **朱熹**가 **相繼而起**하여 **以闡明斯道**로 **爲己任**하되 **身且不得見容**하고 **而朱子集諸家說**하사 **註四書五經**하시니 **其有功於學者 大矣**로다

- ○聚 모을 취: 濂 물 이름 렴: 閩 오랑캐 민: 頤 기를 이: 顥 휠 호: 熹 밝을 희: 闡 밝을 천: 身∥且不得見容〈주+술〉 몸도 또한 용납을 받지 못한다, 見 피동을 나타내는 보조사
- ○송나라 태조가 국가를 세운 초기에 다섯 별이 규성(奎星)에 모여 염(濂)·낙(洛)·관(關)·민(閩)에 여러 현인들이 배출되었으니, 주돈이(周敦頤)와 정호(程顥)와 정이(程頤)와 사마광(司馬光)과 장재(張載)와 소옹(邵雍)과 주희(朱熹) 같은 학자들이 서로 이어 나타나 이 유학의 도를 밝히는 것으로 자신의 임무로 삼았지만 자기 몸조차도 용납받지 못했다. 주자가 제가(諸家)의 학설을 모아서 사서와 오경을 주해하셨으니 배우는 사람들에게 크게 공을 세웠다.

然而國勢不競하여 **歷年三百**하니 **契丹**과 **蒙古**과 **遼**와 **金**이 **迭爲侵軼**하고 **而及其垂亡**하여 **文天祥**이 **竭忠報宋**하다가 **竟死燕獄**하니라

- ○遼 멸 요: 軼 침노할 일: 竟 마침 경: 契丹 蒙古 遼 金∥迭爲∣侵軼〈주

+술+목〉거란과 몽고와 요와 금이 번갈아 침략하였다
○그러나 국가의 힘이 강하지 못하여 왕조의 수명이 300년에 그쳤으니 거란과 몽골과 요(遼)와 금(金)이 차례대로 침략하고 망할 때에 미쳐 문천상(文天祥)이 충성을 다하여 송나라에 보답하다가 마침내 연경의 옥에서 죽었다.

胡元이 **滅宋**하고 **混一區宇**하여 **綿歷百年**하니 **夷狄之盛**이 **未有若此者也**로다 **天厭穢德**이라 **大明**이 **中天**하사 **聖繼神承**하시니 **於**(오)**千萬年**이로다

○區宇 천하: 夷 오랑캐 이: 狄 오랑캐 적: 穢 더러울 예: 夷狄之盛‖未有若此者也〈주+술+보〉이적의 성함이 이와 같은 적은 있지 않았다
○오랑캐 원(元)나라가 송(宋)나라를 멸망시키고 천하를 통일하여 면면히 백년을 이어갔으니 오랑캐가 세력을 떨침이 이 때만한 적이 없었다. 하늘이 더러운 덕을 싫어하셨는지라 대명(大明)이 하늘 한 가운데로 떠올라 성인(聖人)과 신인(神人)이 계승하였으니 아! 천만년을 이어가리로다.

嗚呼라 **三綱五常之道**가 **與天地**로 **相終始**하니 **三代以前**에는 **聖帝明王**과 **賢相良佐**가 **相與講明之**라 **故**로 **治日**이 **常多**하고 **亂日**이 **常少**하더니 **三代以後**에는 **庸君暗主**와 **亂臣賊子**가 **相與敗壞之**라 **故**로 **亂日**이 **常多**하고 **治日**이 **常少**하니 **其所以世之治亂安危**와 **國之興廢存亡**이 **皆由於人倫之明不明如何耳**라 **可不察哉**아

○庸 용렬할 용: 壞 무너질 괴: 聖帝明王 賢相良佐‖相與講明|之〈주+술+목〉성군과 밝은 군주와 어진 세상과 훌륭한 보좌관이 서로 더불어 이것(삼강오륜)을 강론하여 밝혔다: 亂日‖常多〈주+술〉어지러운 날이 항상 많다.
○아! 삼강오상(三綱五常)의 도리는 천지와 더불어 시종(始終)을 함께 하니 삼대(三代) 이전에는 성스러운 임금, 명철한 군주와 어진 재상과 뛰어난 보좌관들이 서로 함께 강론하여 밝혔다. 그 때문에 다스려

진 날이 항상 많았고 어지러운 날이 항상 적었는데 삼대(三代) 이후에는 용렬한 임금, 어두운 군주들과 국가의 기강을 어지럽히는 신하와 집안의 도리를 해치는 자식들이 서로 함께 그것을 무너뜨렸다. 그 때문에 어지러운 날이 항상 많고 다스려진 날이 항상 적었다. 세상이 다스려지고 어지러우며 편안하고 위태로운 것과 나라가 일어나고 폐지되며 보존되고 멸망하는 까닭은 모두 인륜(人倫)이 밝으냐 밝지 못하느냐의 여하에 달려 있으니, 살피지 않을 수 있겠는가.

4. 조선의 역사

東方에 **初無君長**하더니 **有神人**이 **降于太白山檀木下**어늘 **國人**이 **立以爲君**하니 **與堯**로 **竝立**하여 **國號**를 **朝鮮**이라하니 **是爲檀君**이라

- ○檀 박달나무 단: 有神人‖降\于太白山檀木下〈주+술+보〉 어느 한 신인이 태백산 단목의 아래에 내려오다
- ○동방에 처음에는 군장(君長)이 없었는데 신인(神人)이 태백산 박달나무 아래로 내려오자 나라 사람들이 (그의 아들을) 임금으로 삼았다. 요임금과 동시대에 즉위하여 국호를 조선이라고 했으니 이가 단군(檀君)이다.

周武王이 **封箕子于朝鮮**하신대 **敎民禮義**하여 **設八條之敎**하시니 **有仁賢之化**하더라

- ○周武王‖封│箕子\于朝鮮〈주+술+직목+보〉 주나라 무왕이 기자를 조선에 봉하였다: 敎\民│禮義〈술+보+목〉 백성에게 예의를 가르치다('敎禮義於民'이 도치되고 '於'가 생략됨)
- ○주나라 무왕이 기자(箕子)를 조선에 봉하자 (기자가) 백성들에게 예의를 가르쳐서 여덟 조목의 가르침 팔조지교(八條之敎)을 베풀었으니 어진 사람의 교화가 있었다.

燕人衛滿이 因盧綰亂하여 亡命來하여 誘逐箕準하고 據王儉城하더니 至孫
右渠하여 漢武帝討滅之하고 分其地하여 置樂浪臨屯玄菟眞蕃四郡하다 昭
帝以平那玄菟로 爲平州하고 臨屯樂浪으로 爲東府二都督府하다

　　○盧 성 노: 綰 맬 관: 那 어찌 나: 蕃 많을 번: 菟 고을 이름 토
　　○연(燕)나라 사람 위만(衛滿)이 노관(盧綰)의 난리를 피하여 망명해
　　　와서 기준(箕準)을 유인하여 쫓아내고 왕검성(王儉城)을 차지하였
　　　는데 손자인 우거왕(右渠王)대에 이르러 한나라 무제가 토벌하여 멸
　　　망시키고 그 영토를 분할하여 낙랑(樂浪)·임둔(臨屯)·현도(玄菟)·
　　　진번(眞蕃)의 사군(四郡)을 설치하였다. 소제(昭帝)가 평나(平那)와
　　　현도를 합쳐서 평주(平州)로 만들고 임둔과 낙랑을 동부의 두 도독
　　　부(都督府)로 만들었다.

箕準이 避衛滿하여 浮海而南하여 居金馬郡하니 是爲馬韓이라 秦亡人이
避入韓이어늘 韓이 割東界以與하니 是爲辰韓이라 弁韓則立國於韓地하니
不知其始祖年代라 是爲三韓이라

　　○箕 키 기: 是∥爲＼馬韓〈주+술+보〉 이것이 마한이 되다: 弁韓則∥立
　　　｜國＼於韓地〈주+술+목+목보〉 변한이 한나라 땅에 나라를 세우다
　　○箕準이 위만을 피해 바다에 떠서 남쪽으로 내려와 금마군(金馬郡)에
　　　정착했으니 이것이 마한(馬韓)이다. 진(秦)나라에서 망명한 사람이 노
　　　역을 피하여 한(韓)나라로 들어오자 한나라가 동쪽 영토를 분할하여
　　　제공하니 이것이 진한(辰韓)이다. 변한(弁韓)은 한나라의 영토에 나라
　　　를 세웠으니 그 시조와 연대를 알 수 없다. 이것이 삼한(三韓)이다.

新羅始祖赫居世는 都辰韓地하여 以朴爲姓하고 高句麗始祖朱蒙은 至卒
本하여 自稱高辛之後로라하여 因姓高하고 百濟始祖溫祚는 都河南慰禮城
하여 以扶餘로 爲氏하여 三國이 各保一隅하여 互相侵伐하더니

　　○赫 빛날 혁: 慰 위로할 위: 隅 모퉁이 우: 新羅始祖赫居世∥都＼辰韓
　　　地〈주+술+보〉 신라시조 박혁거세가 진한의 땅에 도읍하다: 以朴 爲
　　　＼姓〈술+보〉 박씨로서 성을 삼다

○신라의 시조 혁거세(赫居世)는 진한의 영토에 도읍을 정하여 박(朴)을 성씨로 삼고, 고구려의 시조인 주몽(朱蒙)은 졸본(卒本)땅에 이르러 스스로 고신씨(高辛氏)의 후예라고 일컬어 그에 따라 고를 성씨로 삼았고 백제의 시조인 온조(溫祚)는 하남(河南)땅 위례성(慰禮城)을 도읍지로 정하여 부여(扶餘)를 성씨로 삼아서 삼국이 각각 한 모퉁이를 차지하여 서로 공격하였다.

其後에 **唐高宗**이 **滅百濟高句麗**하고 **分其地**하여 **置都督府**하여 **以劉仁願薛仁貴**로 **留鎭撫之**하니 **百濟**는 **歷年**이 **六百七十八年**이요 **高句麗**는 **七百五年**이라

○鎭 진압할 진: 撫 어루만질 무: 唐高宗 ‖ 滅 | 百濟高句麗하고 分 | 其地 〈주+술+목, 술+목〉 당나라 고종이 백제와 고구려를 멸망하고 그 땅을 나누다

○그 뒤에 당나라 고종이 백제와 고구려를 멸망시키고 그 영토를 분할하여 도독부(都督府)를 설치하여 유인원(劉仁願)과 설인귀(薛仁貴)로 하여금 머물러서 진무(鎭撫)케 하였으니 백제는 왕조의 수명이 678년에 이르렀고 고구려는 705년이었다.

新羅之末에 **弓裔叛于北京**하여 **國號**를 **泰封**이라하고 **甄萱**이 **叛據完山**하여 **自稱後百濟**로라하다 **新羅亡**하니 **朴昔金三姓**이 **相傳**하여 **歷年**이 **九百九十二年**이라

○甄 질그릇 견: 萱 원추리 훤: 據 웅거할 거: 甄萱 ‖ 叛 據 | 完山 自稱 後百濟 〈주+술, 술+목, 술+보〉 견훤이 반란을 일으켜 완산을 점거하고 스스로 후백제라 일컫는다

○신라의 말기에 궁예(弓裔)가 북경에서 반란을 일으켜 국호를 태봉(泰封)이라 하였고 견훤(甄萱)이 반란을 일으켜 완산(完山)을 점거하여 스스로 후백제(後百濟)라고 일컬었다. 신라가 멸망하니 박(朴)·석(昔)·김(金)의 세 성씨가 서로 왕위를 전위(傳位)하여 왕조

의 역년이 992년에 이르렀다.

泰封諸將이 **立麗祖**하여 **爲王**하니 **國號**를 **高麗**라하여 **剋剗群凶**하고 **統合三韓**하여 **移都松嶽**이러시니 **至于季世**하여 **恭愍**이 **無嗣**하고 **僞主辛禑**가 **昏暴自恣**하며 **而恭讓不君**하여 **遂至於亡**하니 **歷年**이 **四百七十五年**이라

- ○剋 이길 극: 剗 제거할 잔: 愍 민망할 민: 嗣 아들 사, 이을 사: 禑 복 오(우): 剋剗∣群凶 統合∣三韓 移∣都＼松嶽 〈술+목, 술+목, 술+목+목보〉 모든 간흉을 제거하고 삼한을 통일하여 도읍을 송악으로 옮기다
- ○태봉(泰封)의 여러 장수들이 고려의 시조 왕건을 세워서 왕으로 삼으니 국호(國號)를 고려(高麗)라고 하여 여러 흉악한 인물들을 이겨 없애고 삼한(三韓)을 통합하여 도읍을 송악(松嶽)으로 옮겼다. 고려의 말년에 이르러 공민(恭愍)에게 후사(後嗣)가 없고 가짜 임금 신우(辛禑)가 어둡고 포악하며 스스로 방자하였으며 공양왕(恭讓王)이 임금 노릇을 못하여 마침내 망하기에 이르니 왕조의 수명이 475년이었다.

天命이 **歸于眞主**하니 **大明太祖高皇帝賜改國號曰朝鮮**이어시늘 **定鼎于漢陽**하사 **聖子神孫**이 **繼繼繩繩**하사 **重熙累洽**하사 **式至于今**하시니 **實萬世無疆之休**샷다

- ○繩 노끈 승: 洽 젖을 흡: 天命∥歸＼于眞主 〈주+술+보〉 하늘의 명이 진짜 군주에게 돌아가다: 定∣鼎＼于漢陽 〈술+목+목보〉 도읍을 한양에 정하다
- ○천명이 진정한 군주에게 돌아가니 명나라 태조 고황제(高皇帝)가 국호를 조선(朝鮮)이라고 고쳐 내리자 한양에 도읍을 정하여 성스럽고 신령스러운 자손들이 끊임없이 계승하여 거듭 빛내고 여러 차례 스며들어서 지금에 이르니 실로 만세토록 끝없을 아름다움이로다.

於戲라 **我國**이 **雖僻在海隅**하여 **壤地褊小**하나 **禮樂法度**와 **衣冠文物**을 **悉遵華制**하여 **人倫**이 **明於上**하고 **敎化行於下**하여 **風俗之美 侔擬中華**하니 **華**

人이 稱之曰小中華라하니 玆豈非箕子之遺化耶리오 嗟爾小子는 宜其觀感而興起哉인저

○僻 궁벽할 벽: 褊 좁을 편: 侔 견줄 모: 悉 다 실: 我國 ‖ 雖僻在↘海隅壤地 ‖ 褊小〈주+술, 술+보,주+술〉 우리나라가 비록 궁벽하게 바다 귀퉁이에 있어서 땅이 좁고 작으나: 敎化 ‖ 行↘於下〈주+술+보〉 교화가 아래에 행해지다: 風俗之美 ‖ 侔擬↘中華〈주+술+보〉 풍속의 아름다움이 중국에 비견할만하다

○아! 우리 나라가 비록 궁벽하게 바다 모퉁이에 자리잡고 있어서 땅이 좁고 작지만 예악법도와 의관문물을 모두 중화의 제도를 따라 인륜이 위에서 밝혀지고 교화가 아래에서 시행되어 풍속의 아름다움이 중화를 방불하였다. 이 때문에 중화인들이 우리를 소중화(小中華)라고 일컬으니 이 어찌 기자(箕子)가 끼쳐준 교화 때문이 아니겠는가. 아! 너희 소자(小子)들은 의당 보고 느껴서 흥기(興起)하여야 할 것이다.

5. 어제서(御製序, 임금의 서문)

夫此書는 卽東儒所撰也라 總冠以五倫하고 復以父子君臣夫婦長幼朋友로 列之于次하고 而其自太極肇判으로 三皇五帝 夏殷周 漢唐宋以至皇朝히 歷代世系를 纖悉備錄하고 逮夫我東에 始檀君 歷三國하야 至于我朝히 亦爲俱載하니 文雖約而錄則博하고 卷雖小而包則大라

○撰 지을 찬: 肇 비롯할 조
○이 책은 바로 우리 나라 유학자가 저술한 것이다. 앞에는 오륜을 총론으로 놓고, 다시 부자, 군신, 부부, 장유, 붕우의 도리를 다음에 열거하였으며, 태극(太極)이 처음 나뉨으로부터 삼황(三皇)·오제(五帝)와 하(夏)·은(殷)·주(周), 한(漢)·당(唐)·송(宋)을 거쳐 황조(皇朝)에 이르기까지 역대의 세계를 상세히 갖추어 기록하고, 우리 나라에 대해서는 단군으로부터 시작하여 삼국시대를 거쳐 우리 조선조

에 이르기까지 또한 모두 기록하였으니, 글은 비록 간략하지만 기록한 범위는 넓고 권(卷)은 비록 작지만 포함하고 있는 뜻은 크다.

其況堯舜之道는 **孝弟而已**라 **舜之命契**하사대 **以五品爲重**하시니 **此文之冠以五倫者 其意宏矣**로다 **噫**라 **孝於親然後 忠於君**하고 **弟于兄然後**에 **敬于長**하나니 **以此觀之**컨대 **五倫之中**에 **孝弟爲先**이라 **雖然**이나 **詩贊文王曰 於緝熙敬止**샷다하니 **敬者**는 **成始終徹上下之工夫也**라 **故**로 **大學要旨**는 **卽敬字也**요 **中庸要旨**는 **卽誠字也**니 **誠敬**이 **亦於學問**에 **車兩輪鳥兩翼者也**라

　○ 緝 모을 집
　○ 더우기 요순의 도는 효도와 공경일 뿐이다. 순임금이 설(契)에게 명령하시되 오품(五品, 五倫)을 가장 중시하셨으니, 이 책에서 오륜을 맨 앞에 놓은 것은 그 뜻이 크다고 할 것이다. 아! 부모에게 효도한 뒤에야 임금에게 충성할 수 있고, 형을 공경한 뒤에라야 윗사람을 공경할 수 있을 것이니, 이것으로서 살펴본다면 오륜 가운데에서 효도와 공경이 가장 우선이다. 그러나 〈시경〉에서 문왕을 찬양하면서 '아! 끊임없이 빛내시어 경(敬)에 머무르셨다.'고 했으니, 경이란 처음과 끝을 이루고 상과 하에 모두 통하는 공부이다. 그러므로 〈대학〉의 요지는 경(敬) 한 글자에 있고, 〈중용〉의 요지는 성(誠) 한 글자에 있으니, 성과 경은 학문을 해 나아가는 데에 마치 수레의 두 바퀴와 새의 두 날개와 같다고 하겠다.

今予於此書에 **以誠敬二字**로 **冠于篇首**하노니 **誠然後**에야 **能免書自我自**오 **敬然後**에야 **可以欽體欽遵**이니 **學者豈可忽乎哉**아 **予又於卷下 國初開創 受號朝鮮之文**에 **慨然追慕**하야 **三復興感也**하노라

　○ 欽 공경할 흠
　○ 이제 내가 이 책에서 성(誠)과 경(敬) 두 글자를 가지고 책의 맨 앞에 놓으니, 성을 이룩한 뒤에야 "책은 책 대로이고 나는 나대로인 병폐"를 면할 수 있고, 경을 유지한 뒤에야 삼가 체행(體行)하고 삼가 실천할 수 있을 것이니, 배우는 사람들이 어찌 이를 소홀히 할 수 있겠는

가! 나는 또 책 말미에 국초에 나라를 세우고 조선이라는 국호를 받는 부분에 대하여, 개연히 추모해서 세 번 반복하여 읽고 감동했노라.

噫라 **繼繼承承**하사 **重熙累洽**이 **寔是至仁盛德**과 **深恩隆惠**가 **垂裕後昆之致**시니 **繼體之君**이 **式體至德**하야 **兢兢業業**하야 **誠心調劑**하야 **至于蕩蕩**하며 **誠心愛民**하야 **永保元元**이면 **則吾國**이 **其庶幾也**며 **吾國**이 **其庶幾也**인저

- ○寔 이 식: 蕩 방탕할 탕
- ○아! 끊임없이 이어서 거듭 빛내시고 여러 번 화흡(和洽)함은 실로 선왕들께서 지극한 덕성과 깊은 은혜를 후손들에게 넉넉히 남겨주신 것이 이룬 것이니, 뒤를 이어갈 군주들이 이 지극한 덕을 체행하여, 조심하고 두려워하는 태도를 지니고 성심으로 자신의 마음을 닦아 탕탕(蕩蕩, 공평 무사함)함을 이루며, 성심으로 백성들을 사랑하여 길이 만백성들을 보호한다면 우리나라는 잘 다스려지게 될 것이며, 우리나라는 거의 잘 다스려지게 될 것이다.

且我東禮義 雖因箕聖之敎化나 **三韓以後**에는 **幾乎泯焉**이러니 **入于我朝**하야 **禮樂**이 **畢擧**하고 **文物**이 **咸備**하니 **惜乎**라 **述者之猶遺乎此哉**여 **嗟爾小子**아 **益加勉旃也夫**인저

- ○泯 망할 민: 嗟 탄식할 차: 黙 검을 익: 閹 고자 엄: 浣 빨 완: 旃 기 전, 모직 물
- ○뿐만 아니라 우리 나라의 예의는 비록 기자(箕子)의 교화에 힘입었지만 삼한 이후에는 거의 민멸되었다가, 우리 조선조에 들어와 예악이 다 거행되고 문물이 다 구비되었는데, 저자가 이 내용을 빠뜨리고 기록하지 않은 것이 애석하다. 아! 소자(小子)들은 더욱 노력할지어다.

時玄黙閹茂 朝月上浣에 **命芸館而廣印**하고 **作序文於卷首**하노라.

- ○현익엄무(玄黙閹茂: 임술년,壬戌年,1742년) 정월 상순에 운관(芸館)에게 명하여 널리 인쇄해서 반포하게 하고 책 머리에 서문을 쓰노라.

6. 발문(跋文)

孟子曰 讀其書하고 **誦其詩**하되 **不知其人**이 **可乎**아하시니라 **余幼時**에 **見人家子弟初學者 無不以是書爲先**하되 **而第不知出於何人之手矣**러니 **今朴上舍廷儀氏 來謂余曰 此**는 **吾高祖諱世茂之所編也**라하니 **余不覺驚喜曰 今日**에 **始知其人矣**와라

○誦 외울 송: 諱 숨길 휘, 돌아간 높은 어른의 살았을 때의 이름
○맹자께서는 "그 사람의 글을 읽고 그 사람의 시를 읽으면서도 그 사람을 알지 못한다면 되겠는가."라고 말씀하셨다. 내가 어릴 때에 남의 집안 자제들을 보니, 초학자로서 모두 이 책을 제일 먼저 배우지 않음이 없었는데, 다만 누구의 손에서 나온 것인지 알지 못했다. 그런데 지금 박상사 정의씨(朴上舍 廷儀氏)가 와서 나에게 "이 책은 저희 고조부이신 휘(諱) 세무(世茂)인 분이 엮으신 것입니다."라고 말했다. 그래서 나는 자신도 모르게 한편으로는 놀랍고 한편으로는 기뻐서 "오늘에야 비로소 그 사람을 알게 되었다."고 하였다.

公은 **爲明廟朝名臣**이라 **其學問有淵源**하고 **而門路亦甚正**하니 **觀於此編**하면 **則可知矣**라 **其該括約說**이 **無非學問中體認一大公案**이요 **而所序歷代**는 **又史家之總目也**라

○廟 사당 묘
○공(公)은 명종대(明宗代)의 이름난 신하로 그의 학문은 연원(淵源)이 있고 문로(門路) 또한 매우 바르니, 이 책을 보면 알 수 있다. 내용이 포괄적이면서도 요약하여 말했으니, 이는 모두 학문하는 가운데 반드시 체인(體認)해야 할 일대공안(一大公案)이요, 차례대로 서술한 역대의 사실 또한 사가(史家)의 총목(總目)이다.

或疑編內所輯理氣性命等說은 **非童學所能知**라하나 **此則不知作者本意所在也**라 **朱子嘗論仁說曰 此等名義**는 **古人之敎 自小學之時**로 **已有白直分明訓說**하여 **得知此道理**를 **不可不著實踐履**니 **所以實造其地位也**라 **若**

茫然理會不得이면 則其所以求之者 乃其平生所不識之物이니 復何所向
望慕愛而知所以用其力耶아하시니 今之童學이 略識諸般名義界限하여 終
有所歸宿者는 必於此書而得之리니 其功이 豈不大哉아

- 茫 아득할 망: 踐 밟을 천
- 어떤 사람은 이 책에 수록된 이기(理氣)나 성명(性命)과 같은 말은 아이들이 이해할 수 있는 내용이 아니라고 의심하지만, 이는 저자의 본래 의도가 어디에 있는지 알지 못한 것이다. 주자는 일찍이 인(仁) 에 관한 내용을 논의하여 이렇게 말씀하셨다. "이와 같은 종류의 명 칭과 의미는 고인들이 가르칠 때에 소학(小學)을 배울 때부터 이미 명백 직절하고 분명한 가르침이 있었기 때문에 배우는 사람이 이 도 리를 착실하게 실천하지 않아서는 안 됨을 알 수 있었으니 실제로 그 와 같은 경지에 나아가기 위한 것이었다. 만약 망연히 이해하다가 안 되면 그가 추구하고자 하는 것이 마침내 평생토록 알지 못할 개념이 되고 말 것이니 다시 어디를 바라보고 사모하여 힘을 쓸 줄 알겠는 가?" 하였다. 요즘의 동학(童學)들이 대략이나마 여러 가지 명칭과 의미가 구분됨을 알아서 결국 귀결할 것을 알게 되는 것은 반드시 이 책에서 얻은 것일 터이니 그 공로가 어찌 크지 않다 하겠는가!

竊聞今上殿下每臨筵에 喜說此書라하니 睿學之明이 必有以識此矣시리라
公의 字는 景藩이요 咸陽人이니 登第하여 始爲翰林하고 官止監正하니라 蘇
齋盧相公守愼이 以嘗著此書 訓其子弟로 載公墓碣云이라

- 藩 울타리 번: 碣 비석 갈
- 내가 듣자옵건대, 지금 임금께서 경연(經筵)에 나아가실 때마다 이 책에 대해 말씀하시기를 좋아하신다고 하니 임금님의 밝은 지혜가 반드시 이 점을 아시기 때문일 것이다. 공의 자는 경번(景藩)이고 함 양인(咸陽人)이니, 처음 과제에 올라 한림(翰林,예문관의 관원)이 되 었고, 벼슬이 감정(監正)에 이르렀다. 소재(蘇齋) 노상공 수진(盧相 公 守愼)은 "공이 일찍이 이 책을 저술하여 자제들을 가르쳤다."는 내용으로 공의 묘갈명(墓碣銘)에 기록하였다.

崇禎紀元之商橫閹茂陽月日에 **恩津宋時烈**은 **謹跋**하노라.

○ 숭정(崇禎) 기원후(紀元後) 상횡엄무(商橫閹茂. 경술년, 1670) 양월(陽月, 10월) 일(日)에 은진(恩津) 송시열(宋時烈)은 삼가 발문을 쓰다.

제6장 계몽편

　계몽편(啓蒙篇)은 처음으로 산문을 익히는 입문서라 할수 있다. 특히 그 내용이 천(天), 지(地), 인(人), 물(物)의 4개 편으로 논리 정연하게 구성되어 있을 뿐만 아니라, 문장 자체가 초학자들이 이해하기 쉽게 짜여 자연스럽게 한문 문장을 익힐 수 있는 장점이 있다.

1. 수편(首篇)

　上有天하고 下有地하니 天地之間에 有人焉하고 有萬物焉하니 日月星辰者는 天之所係也요 江海山嶽者는 地之所載也요 父子君臣夫婦長幼朋友者는 人之大倫也니라

　　○載 실을 재: 嶽 큰산 악
　　○위에는 하늘이 있고 아래에는 땅이 있으니, 하늘과 땅 사이에 사람이 있고, 만물이 있다. 해와 달과 별은 하늘이 매달고 있는 것이고, 강과 바다와 산은 땅이 싣고 있는 것이고, 부자·군신·부부·장유·붕우는 사람의 커다란 윤리이다.

　以東西南北으로 定天地之方하고 以靑黃赤白黑으로 定物之色하고 以酸鹹辛甘苦로 定物之味하고 以宮商角徵羽로 定物之聲하고 以一二三四五六七八九十百千萬億으로 總物之數니라

　　○酸 실 산: 鹹 짤 함
　　○동·서·남·북으로 천지의 방위를 정하고, 청색·황색·적색·백색으로 만물의 색을 정하고, 신맛·짠맛·매운맛·단맛·쓴맛으로 만물의 맛을 정하고, 궁·상·각·치·우로 만물의 소리를 정하고, 일·이·삼·사·오·륙·칠·팔·구·십·백·천·만·억으로 만물의 수를 다한다.

2. 천 편(天 篇)

日出於東方하여 **入於西方**하니 **日出則爲晝**요 **日入則爲夜**니 **夜則月星**이 **著見**(현)**焉**하나니라

○ 著 나타날 저, 입을 착
○ 해는 동쪽에서 나와 서쪽으로 들어간다. 해가 나오면 낮이 되고, 해가 들어가면 밤이 되니, 밤에는 달과 별이 나타난다.

天有緯星하니 **金木水火土五星**이 **是也**요 **有經星**하니 **角亢氐房心尾箕 斗牛女虛危室壁 奎婁胃昴畢觜參 井鬼柳星張翼軫二十八宿**가 **是也**니라

○ 觜 별이름 자: 緯 가로 위
○ 하늘에는 위성(緯星)이 있으니 금성(金星), 목성(木星), 수성(水星), 화성(火星), 토성(土星)의 다섯 별이 이것이고, 또 경성(經星)이 있으니 각수(角宿), 항수(亢宿), 저수(氐宿), 방수(房宿), 심수(心宿), 미수(尾宿), 기수(箕宿), 두수(斗宿), 우수(牛宿), 여수(女宿), 허수(虛宿), 위수(危宿), 실수(室宿), 벽수(壁宿), 규수(奎宿), 누수(婁宿), 위수(胃宿), 묘수(昴宿), 필수(畢宿), 자수(觜宿), 삼수(參宿), 정수(井宿), 귀수(鬼宿), 유수(柳宿), 성수(星宿), 장수(張宿), 익수(翼宿), 진수(軫宿)의 이십팔수(二十八宿)가 이것이다.

一晝夜之內에 **有十二時**하니 **十二時**가 **會而爲一日**하고 **三十日**이 **會而爲一月**하고 **十有二月**이 **合而成一歲**니라 **月或有小月**하니 **小月則二十九日**이 **爲一月**이요 **歲或有閏月**하니 **有閏則十三月**이 **成一歲**니라

○ 하루낮과 밤 안에 12시(時)가 있으니, 12시가 모여서 하루가 되고, 30일(日)이 모여서 한 달이 되고, 열두 달이 모여서 1년(年)을 이룬다. 달에는 혹 작은 달이 있으니 작은 달은 29일이 한 달이 되고, 1년에는 혹 윤달(閏月-남는 달)이 있는데, 윤달이 있으면 13개월이 1년이 된다.

十二時者는 卽地之十二支也니 所謂十二支者는 子丑寅卯辰巳午未申酉戌亥也요 天有十干하니 所謂十干者는 甲乙丙丁戊己庚辛壬癸也니라

○ 12시라는 것은 곧 땅의 십이지(十二支)이니, 이른바 십이지라는 것은 자 축 인 묘 진 사 오 미 신 유 술 해이고, 하늘에는 십간(十干)이 있으니, 이른바 십간이라는 것은 갑 을 병 정 무 기 경 신 임 계이다.

天之十干이 與地之十二支로 相合而爲六十甲子하니 所謂六十甲子者는 甲子乙丑丙寅丁卯로 至壬戌癸亥가 是也니라

○ 하늘의 십간(十干)이 땅의 십이지(十二支)와 더불어 서로 합해서 육십갑자(六十甲子)가 되는데, 이른바 육십갑자라는 것은 갑자, 을축, 병인, 정묘에서부터 임술, 계해에 이르기까지가 이것이다.

十有二月者는 自正月二月로 至十二月也라 一歲之中에 亦有四時하니 四時者는 春夏秋冬이 是也니라

○ 열두 달이란 정월, 이월에서부터 십이월에 이르기까지이다. 1년 중에 또한 사시(四時)가 있으니, 사시란 봄, 여름, 가을, 겨울이 이것이다.

以十二月로 分屬於四時하니 正月二月三月은 屬之於春하고 四月五月六月은 屬之於夏하고 七月八月九月은 屬之於秋하고 十月十一月十二月은 屬之於冬하니 晝長夜短而天地之氣大暑면 則爲夏하고 夜長晝短而天地之氣大寒이면 則爲冬이니 春秋則晝夜長短이 平均하되 而春氣는 微溫하고 秋氣는 微涼이니라

○ 涼 서늘할 량
○ 열두 달을 사시(四時)에 나누어 배속시키는데 정월, 이월, 삼월은 봄에 속하고 사월, 오월, 유월은 여름에 속하고, 칠월, 팔월 구월은 가을에 속하고 시월, 십일월, 십이월은 겨울에 속한다. 낮이 길고 밤이 짧으면서 천지의 기온이 크게 더우면 여름이 되고, 밤이 길고 낮이 짧으면서 천지의 기온이 크게 차가우면 겨울이 된다. 봄과 가을은 낮과 밤

의 길고 짧음이 고루 같은데 봄의 기온은 조금 따듯하고, 가을의 기온은 조금 서늘하다.

春三月盡이면 **則爲夏**하고 **夏三月盡**이면 **則爲秋**하고 **秋三月盡**이면 **則爲冬**하고 **冬三月盡**이면 **則復爲春**이니 **四時相代而歲功成焉**이니라

○ 봄 석 달이 다하면 여름이 되고, 여름 석 달이 다하면 가을이 되며, 가을 석 달이 다하면 겨울이 되고, 겨울 석 달이 다하면 다시 봄이 되니, 사시가 서로 번갈아 가면서 한 해의 일이 이루어진다.

春則萬物始生하고 **夏則萬物長養**하고 **秋則萬物成熟**하고 **冬則萬物閉藏**하나니 **然則萬物之所以生長收藏**이 **無非四時之功也**니라

○ 藏 감출 장
○ 봄에는 만물이 처음 생겨나고, 여름에는 만물이 성장하고 자라나며, 가을에는 만물이 성숙하고, 겨울에는 만물이 감추어진다. 따라서 만물이 생겨나서 자라나며, 거두어지고 감추어지는 것이 사시의 공이 아닌 것이 없다.

3. 지 편(地 篇)

地之高處便爲山이요 **地之低處便爲水**니 **水之小者**를 **謂川**이요 **水之大者**를 **謂江**이요 **山之卑者**를 **謂丘**요 **山之峻者**를 **謂岡**이니라

○ 峻 높을 준: 岡 산등성이 강
○ 땅의 높은 곳이 곧 산이 되고, 땅의 낮은 곳이 곧 물이 된다. 물이 작은 것을 냇물이라고 하고, 물이 큰 것을 강이라고 한다. 산이 낮은 것을 언덕이라고 하고, 산이 높은 것을 등성이라고 한다.

天下之山이 **莫大於五嶽**하니 **五嶽者**는 **泰山 嵩山 衡山 恒山 華山也**요 **天下之水**가 **莫大於四海**하니 **四海者**는 **東海 西海 南海 北海也**니라

○嵩 높을 숭
○천하의 산이 오악(五嶽)보다 더 큰 것이 없으니 오악이란 태산, 숭산, 형산, 항산, 화산이다. 천하의 물이 사해(四海)보다 더 큰 것이 없으니 사해란 동해, 서해, 남해, 북해이다.

山海之氣가 **上與天氣相交**면 **則興雲霧**하고 **降雨雪**하며 **爲霜露**하고 **生風雷**니라

○산과 바다의 기운이 올라가 하늘의 기운과 서로 사귀면 구름과 안개를 일으키고 비와 눈을 내리며, 서리와 이슬이 되고 바람과 우레를 발생한다.

暑氣蒸鬱이면 **則油然而作雲**하여 **沛然而下雨**하고 **寒氣陰凝**이면 **則露結而爲霜**하고 **雨凝而成雪**이라 **故**로 **春夏**에 **多雨露**하고 **秋冬**에 **多霜雪**하니 **變化莫測者**는 **風雷也**니라

○鬱 막힐 울: 沛 비 쏟아질 패: 凝 엉킬 응
○더운 기운이 쪄서 막히게 되면 뭉게뭉게 구름을 일으켜 좍좍 비가 내리고, 찬 기운이 추워져 응결되면 이슬이 맺혀 서리가 되고, 비가 응결되어 눈을 이룬다. 그러므로 봄과 여름에는 비와 이슬이 많고, 가을과 겨울에는 서리와 눈이 많은데, 변화를 헤아릴 수 없는 것은 바람과 우레이다.

古之聖王이 **畫野分地**하여 **建邦設都**하시니 **四海之內**에 **其國有萬**이요 **而一國之中**에 **各置州郡焉**하고 **州郡之中**에 **各分鄕井焉**하며 **爲城郭**하여 **以禦寇**하고 **爲宮室**하여 **以處人**하고 **爲耒耜**하여 **敎民耕稼**하고 **爲釜甑**하여 **敎民火食**하고 **作舟車**하여 **以通道路**하시니라

○畫 그림 화, 그을 획: 耒 쟁기 뢰: 耜 보습 사: 稼 심을 가
○옛날의 성왕(聖王)이 들을 구획하고 토지를 나누어 나라를 세우고 도읍을 설치하였으니, 사해(四海)의 안에 그 나라가 만 개나 있고, 한 나라의 안에 각각 주(州)와 군(郡)을 설치하고, 주와 군의 안에 각각

향(鄕)과 정(井)을 나누었으며, 성곽을 만들어 도적을 막고, 궁실을 만들어 사람들을 거처하게 하고, 쟁기와 보습을 만들어 백성들에게 밭 갈고 곡식 심는 것을 가르치고, 가마솥과 시루를 만들어 백성들에게 불로 익혀 먹는 것을 가르치고, 배와 수레를 만들어 도로를 통하게 하였다.

金木水火土이 **在天**에 **爲五星**이요 **在地**에 **爲五行**이니 **金**은 **以爲器**하고 **木**은 **以爲宮**하고 **穀生於土**하여 **取水火爲飮食**하니 **則凡人日用之物**이 **無非五行之物也**니라

○ 금, 목, 수, 화, 토가 하늘에 있으면 오성(五星)이 되고, 땅에 있으면 오행(五行)이 된다. 금은 그릇을 만들고, 나무는 집을 만들고, 곡식은 흙에서 나와 물과 불을 취해서 음식을 만드니, 모든 사람들이 날마다 사용하는 물건은 오행의 물건이 아님이 없다.

五行이 **固有相生之道**하니 **金生水**하고 **水生木**하고 **木生火**하고 **火生土**하고 **土生金**하고 **金復生水**하니 **五行之相生也無窮**하여 **而人用不竭焉**이니라

○ 竭 다할 갈
○ 오행은 본래 서로 생하는 상생(相生) 도가 있으니, 금은 물을 낳고, 물은 나무를 낳고, 나무는 불을 낳고, 불은 흙을 낳고, 흙은 금을 낳고 금은 다시 물을 낳으니, 오행이 상생하는 것은 끝이 없어서 사람들이 사용함에 다함이 없다.

五行이 **亦有相克之理**하니 **土克水**하고 **水克火**하고 **火克金**하고 **金克木**하고 **木克土**하고 **土復克水**하니 **乃操其相克之權**하여 **能用其相生之物者**는 **是人之功也**니라

○ 操 잡을 조
○ 오행은 또한 서로 이기는 (相克) 이치가 있으니, 흙은 물을 이기고, 물은 불을 이기고, 불은 쇠를 이기고, 쇠는 나무를 이기고, 나무는 흙을 이기고, 흙은 다시 물을 이기니, 그 서로 이기는 권세를 잡아 서로

생하는 물건을 이용할 수 있는 것은 사람의 공로이다.

4. 물 편(物 篇)

天地生物之數가 **有萬其衆**이로되 **而若言其動植之物**이면 **則草木禽獸蟲魚之屬**이 **最其較著者也**니라

- ○천지가 만물을 낳는 수는 그 많기가 만 가지나 있는데, 동물과 식물로 말할 것 같으면 초목, 금수, 벌레와 물고기의 등속이 가장 명백하게 드러난 것들이다.

飛者는 **爲禽**이요 **走者**는 **爲獸**요 **鱗介者**는 **爲蟲魚**요 **根植者**는 **爲草木**이니라

- ○鱗 비늘 린
- ○나는 것은 새가 되고, 달리는 것은 짐승이 되고 비늘과 껍질이 있는 것은 벌레와 물고기가 되고, 뿌리로 심겨진 것은 초목이 된다.

飛禽은 **卵翼**하고 **走獸**는 **胎乳**하며 **飛禽**은 **巢居**하고 **走獸**는 **穴處**하며 **蟲魚之物**은 **化生者最多而亦多生於水濕之地**니라

- ○巢 둥지 소: 蟲 벌레 충
- ○나는 새는 알을 낳아 날개로 품고, 달리는 짐승은 태로 낳아 젖을 먹이며, 나는 새는 둥지에서 살고, 달리는 짐승은 굴에서 살며, 벌레와 물고기들은 변화하여 생기는 것이 가장 많은데, 또한 물과 습한 땅에서 많이 자란다.

春生而秋死者는 **草也**요 **秋則葉脫而春復榮華者**는 **木也**라 **其葉蒼翠**요 **其花五色**이니 **其根深者**는 **枝葉**이 **必茂**하고 **其有花者**는 **必有實**이니라

- ○蒼 푸를 창: 翠 푸를 취
- ○봄에 생겨서 가을에 죽는 것은 풀이고, 가을이면 잎이 졌다가 봄에

다시 꽃이 피는 것은 나무이다. 그 잎이 푸르고 그 꽃이 오색이니, 그 뿌리가 깊은 것은 가지와 잎이 반드시 무성하고, 그 꽃이 있는 것은 반드시 열매를 맺는다.

虎豹犀象之屬은 **在於山**하고 **牛馬鷄犬之物**은 **畜於家**하니 **牛以耕墾**이요 **馬以乘載**요 **犬以守夜**요 **鷄以司晨**이요 **犀取其角**이요 **象取其牙**요 **虎豹**는 **取其皮**니라

- ○豹 표범 표: 犀 물소 서: 墾 개간할 간
- ○호랑이, 표범, 물소, 코끼리의 등속은 산에 있고, 소, 말, 닭, 개의 동물은 집에서 기르니, 소로써 밭을 갈고, 말로써 타거나 짐을 싣고, 개로써 밤을 지키고, 닭으로써 새벽을 맡게 한다. 물소에게서는 그 뿔을 취하고, 코끼리에게서는 그 어금니를 얻고, 호랑이와 표범에게서는 그 가죽을 얻는다.

山林에 **多不畜之禽獸**하고 **川澤**에 **多無益之蟲魚**라 **故**로 **人以力殺**하고 **人以智取**하여 **或用其毛羽骨角**하고 **或供於祭祀賓客飮食之間**이니라

- ○산과 숲에는 기를 수 없는 새와 짐승이 많고, 냇물과 연못에는 무익한 벌레와 물고기가 많다. 그러므로 사람들이 힘으로 죽이고, 사람들이 지혜로 취해서 혹은 그것들의 털, 깃털, 뼈, 뿔 등을 이용하고, 혹은 제사와 손님에게 음식을 접대할 때에 제공하기도 한다.

走獸之中에 **有麒麟焉**하고 **飛禽之中**에 **有鳳凰焉**하고 **蟲魚之中**에 **有靈龜焉**하고 **有飛龍焉**하니 **此四物者**는 **乃物之靈異者也**라
故로 **或出於聖王之世**하나니라

- ○麒 기린 기: 麟 기린 린: 靈 신령 령
- ○달리는 짐승 중에 기린(상상 속의 동물)이 있고, 나는 새 중에 봉황이 있으며, 벌레와 물고기 중에 신령스러운 거북이 있고 나는 용이 있다. 이 네 가지 동물은 곧 만물 중에서 신령스럽고 영특한 것이다. 그러므로 혹 성왕(聖王)의 세상에 나오는 것이다.

稻粱黍稷은 **祭祀之所以供粢盛者也**요 **豆菽麰麥之穀**은 **亦無非養人命之物**이라 **故**로 **百草之中**에 **穀植**이 **最重**이요 **犯霜雪而不凋**하고 **閱四時而長春者**는 **松柏也**니 **衆木之中**에 **松柏**이 **最貴**니라

　　○梁 수수 량: 黍 기장 서: 稷 기장 자: 菽 콩 숙: 麰 보리 모
　　凋 시들 조: 閱 지날 열
　　○벼, 조, 기장, 피는 제사의 제물로 바치는 것이요, 팥, 콩, 보리 등의 곡식은 또한 사람의 목숨을 기르는 물건이 아닌 것이 없다. 그러므로 많은 풀 가운데 곡식이 가장 중요하다. 서리와 눈의 침범을 받고도 마르지 아니하고, 사시(四時)를 지나도 항상 봄처럼 푸른 것은 소나무와 잣나무이기 때문에 많은 나무 가운데 소나무와 잣나무가 가장 귀하다.

梨栗柿棗之果가 **味非不佳也**로되 **其香芬芳**이라 **故**로 **果以橘柚爲珍**하고 **蘿葍蔓菁諸瓜之菜**가 **種非不多也**로되 **其味辛烈**이라 **故**로 **菜以芥薑爲重**하나니라

　　○棗 대추 조: 芬 향기로울 분: 柚 유자 유: 蘿 무 라: 葍 무 복: 蔓 덩굴 만: 菁 순무 청: 芥 겨자 개: 薑 생강 강
　　○배, 밤, 감, 대추 등의 과실이 맛이 아름답지 않은 것은 아니지만, 그 향기가 짙기 때문에 과실은 귤과 유자를 보배로 여긴다. 무, 순무와 여러 가지 오이의 채소는 종류가 많지 않은 것은 아니지만, 그 맛이 매우 맵기 때문에 채소는 겨자와 생강을 귀중하게 여긴다.

水陸草木之花에 **可愛者甚繁**이로되 **而陶淵明**은 **愛菊**하고 **周濂溪**는 **愛蓮**하고 **富貴繁華之人**은 **多愛牧丹**하나니 **淵明**은 **隱者**라 **故**로 **人以菊花로 比之於隱者**하고 **濂溪**는 **君子**라 **故**로 **人以蓮花로 比之於君子**하고 **牧丹**은 **花之繁華者**라 **故**로 **人以牧丹으로 比之於繁華富貴之人**이니라

　　○濂 물이름 염: 蓮 연꽃 연
　　○물이나 뭍에 있는 풀이나 나무의 꽃 중에는 사랑할 만한 것이 매우 많다. 도연명(陶淵明)은 국화를 사랑하였고, 주염계(周濂溪)는 연꽃을 사랑하였고, 부귀하고 번화한 사람들은 모란을 사랑한다. 도연명은 은자

였기 때문에 사람들은 국화를 은자에 비유하고, 주염계는 군자였기 때문에 사람들은 연꽃을 군자에 비유하고, 모란은 꽃 중에서 가장 번화한 것이기 때문에 사람들은 모란을 부귀하고 화려한 사람에게 비유한다.

物之不齊는 **乃物之情**이라 **故**로 **以尋丈尺寸**으로 **度物之長短**하고 **以斤兩錙銖**로 **稱物之輕重**하고 **以斗斛升石**으로 **量物之多寡**니라

○ 錙 저울 눈 치: 銖 무게의 단위 수: 斛 열말 곡
○ 만물이 똑같이 아니한 것이 바로 만물의 실정이다. 그러므로 심(尋), 장(丈), 척(尺), 촌(寸)으로 사물의 길고 짧음을 헤아리고, 근(斤), 양(兩), 치(錙), 수(銖)로 사물의 가볍고 무거움을 재고, 두(斗), 곡(斛), 승(升), 석(石)으로 사물의 많고 적음을 헤아린다.

算計萬物之數는 **莫便於九九**하니 **所謂九九者**는 **九九八十一之數也**니라

○ 만물의 수를 계산하는 것은 구구단보다 편한 것이 없다. 이른바 구구단이라는 것은 九九八十一(9×9=81)의 수이다.

5. 인 편(人 篇)

萬物之中에 **惟人**이 **最靈**하니 **有父子之親**하며 **有君臣之義**하며 **有夫婦之別**하며 **有長幼之序**하며 **有朋友之信**이니라

○ 만물 가운데 오직 사람이 가장 영특하기 때문에 부자간의 친함이 있으며, 군신간의 의리가 있으며, 부부간의 구별이 있으며, 장유간의 차례가 있으며, 붕우간의 신의가 있다.

生我者爲父母요 **我之所生**이 **爲子女**요 **父之父爲祖**요 **子之子爲孫**이요 **與我同父母者爲兄弟**요 **父母之兄弟爲叔**이요 **兄弟之子女爲姪**이요 **子之妻爲婦**요 **女之夫爲婿**니라

○ 姪 조카 질: 婿 사위 서

○나를 낳은 자는 부모가 되고, 내가 낳은 자가 자녀가 되고, 아버지의 아버지는 할아버지가 되고, 아들의 아들이 손자가 된다. 나와 더불어 부모를 함께하는 자는 형제가 되고, 부모의 형제는 아저씨가 되고, 형제의 자녀는 조카가 되고, 아들의 아내는 며느리가 되고, 딸의 남편은 사위가 된다.

有夫婦然後에 **有父子**하니 **夫婦者**는 **人道之始也**라 **故**로 **古之聖人**이 **制爲婚姻之禮**하여 **以重其事**하시니라

○부부가 있은 뒤에야 부자가 있으니, 부부는 사람의 도리의 시초이다. 그러므로 옛날의 성인이 혼인하는 예를 만들어 그 일을 중하게 하신 것이다.

人非父母면 **無從而生**이요 **且人生三歲然後**에 **始免於父母之懷**라 **故**로 **欲盡其孝**면 **則服勤至死**하고 **父母沒**이면 **則致喪三年**하여 **以報其生成之恩**이니라

○사람은 부모가 아니면 어디서부터이든 태어날 수 없고, 또 사람은 낳은 지 세 살이 된 뒤라야 비로소 부모의 품을 벗어나게 된다. 그러므로 그 효도를 극진하게 하고자 한다면 부지런하게 힘써 죽음에 이를 정도가 되어야 하고, 부모가 돌아가시면 3년 상을 지극히 해서 부모께서 낳고 길러주신 은혜에 보답해야 된다.

耕於野者는 **食君之土**하고 **立於朝者**는 **食君之祿**이니 **人**이 **固非父母則不生**이요 **亦非君則不食**이라 **故**로 **臣之事君**을 **如子之事父**하여 **唯義所在**에 **則舍命效忠**이니라

○들에서 밭을 가는 자는 임금의 토지를 갈아 먹고, 조정에 서 있는 자는 임금의 녹을 먹는다. 사람은 진실로 부모가 아니면 태어나지 못하고, 또한 임금이 아니면 먹지 못한다. 그러므로 신하는 임금을 섬기기를 자식이 어버이를 섬기는 것과 같이해서, 오직 의리가 있는 곳에는 목숨을 버리고 충성을 바쳐야 하는 것이다.

人於等輩에 尙不可相踰어든 況年高於我하고 官貴於我하고 道尊於我者乎아 故로 在鄕黨則敬其齒하고 在朝廷則敬其爵하며 尊其道而敬其德이 是禮也라

　　○踰 넘을 유
　　○사람은 같은 또래에게도 오히려 서로 넘어서는 안 되는데, 하물며 나이가 나보다 많고 벼슬이 나보다 귀하고 도(道)가 나보다 높은 자에게 있어서랴! 그러므로 향당(鄕黨)에 있어서는 그 나이를 공경하고, 조정에 있어서는 그 벼슬을 공경하며, 그 도를 높이고 그 덕을 공경하는 것, 이것이 예이다.

曾子曰 君子는 以文會友하고 以友輔仁이라하시니 蓋人不能無過而朋友有責善之道라 故로 人之所以成就其德性者는 固莫大於師友之功이라 雖然이나 友有益友하고 亦有損友하니 取友를 不可不端也니라

　　○端 바를 단
　　○증자가 말씀하시기를 "군자는 글로써 벗을 모으고, 벗으로서 인을 돕는다"라고 하셨다. 대개 사람이란 허물이 없을 수 없지만, 친구 사이라면 선을 책하는 도리가 있다. 그러므로 사람이 덕성을 성취하게 되는 것으로는 진실로 스승과 벗의 공보다 더 큰 것이 없다. 비록 그렇지만 벗에는 유익한 벗이 있고, 또한 손해되는 벗도 있으니, 벗을 취하기를 단정하게 하지 않을 수 없는 것이다.

同受父母之餘氣하여 以爲人者 兄弟也라 且人之方幼也에 食則連牀하고 寢則同衾하여 共被父母之恩者 亦莫如我兄弟也라 故로 愛其父母者는 亦必愛其兄弟니라

　　○함께 부모의 남은 기운을 받아서 사람이 된 자가 형제이다. 또 사람이 아직 어렸을 때에 밥을 먹을 때에는 상을 연하고, 잠을 잘 때에는 이불을 같이 하면서 함께 부모의 은혜를 입은 자로는 또한 나의 형제만 한 이가 없다. 그러므로 그 부모를 사랑하는 자는 또한 반드시 그 형제를 사랑하는 것이다.

宗族이 **雖有親疎遠近之分**이나 **然**이나 **推究其本**하면 **則同是祖先之骨肉**이니 **苟於宗族**에 **不相友愛**하면 **則是忘其本也**라 **人而忘本**이면 **家道漸替**리라

- ○疎 멀 소: 漸 점점 점: 替 폐할 체, 침체할 체
- ○종족(宗族)은 비록 친하고 소원(疎遠) 하며, 멀고 가까운 구분이 있지만, 그러나 그 근본을 미루어 연구해 보면 똑같은 선조의 골육이니 만일 종족에 대해서 서로 우애하지 않는다면 이것은 그 근본을 잊는 것이다. 사람으로서 근본을 잊으면 가도(家道)는 점점 침체할 것이다.

父慈而子孝하며 **兄愛而弟敬**하며 **夫和而妻順**하며 **事君忠而接人恭**하며 **與朋友信而撫宗族厚**면 **可謂成德君子也**니라

- ○撫 어루만질 무
- ○아버지는 사랑하고 아들은 효도하며, 형은 우애하고 아우는 공경하며, 남편은 온화하고 아내는 순하며, 임금을 섬기기를 충성스럽게 하고 사람을 대하기를 공손하게 하며, 친구와 사귀기를 신의 있게 하고 종족을 어루만지기를 후하게 하면, 덕을 이룬 군자라고 말할 수 있다.

凡人稟性이 **初無不善**하여 **愛親敬兄忠君弟長之道**가 **皆已具於吾心之中**하니 **固不可求之於外面**이요 **而惟在我力行而不已也**니라

- ○모든 사람의 타고난 성품이 처음부터 착하지 않음이 없어, 어버이를 사랑하고 형을 공경하며, 임금에게 충성하고 어른을 공경하는 도리가 모두 이미 내 마음 가운데 갖추어져 있으니, 진실로 외면에서 구할 수 있는 것이 아니고, 오직 내가 힘써 행하여 그치지 않음에 달려 있을 뿐이다.

人非學問이면 **固難知其何者爲孝**며 **何者爲忠**이며 **何者爲弟**며 **何者爲信**이라 **故**로 **必須讀書窮理**하여 **求觀於古人**하고 **體驗於吾心**하여 **得其一善**하여 **勉行之**면 **則孝弟忠信之節**이 **自無不合於天敍之則矣**리라

- ○勉 힘쓸 면: 敍 차례 서
- ○사람은 학문이 아니면 진실로 그 어떤 것이 효도가 되며, 어떤 것이

충성이 되며, 어떤 것이 공손함이 되며, 어떤 것이 신의가 되는지 알기 어렵다. 그러므로 반드시 책을 읽고 이치를 궁구해서 옛사람에게서 구하여 관찰하고, 내 마음에서 체험하여 그 한 가지 선(善)을 얻어 그것을 힘써 행하면, 효제충신(孝弟忠信)의 일이 스스로 하늘의 질서의 법칙에 맞지 않음이 없을 것이다.

收斂身心이 **莫切於九容**하니 **所謂九容者**는 **足容重**하며 **手容恭**하며 **目容端**하며 **口容止**하며 **聲容靜**하며 **頭容直**하며 **氣容肅**하며 **立容德**하며 **色容莊**이니라

- ○端 끝 단: 肅 엄숙할 숙
- ○이 몸과 마음을 수렴하는 것은 구용(九容)보다 더 절실한 것이 없으니, 이른바 구용이란, 발 모양은 무겁고, 손 모양은 공손하며, 눈 모양은 단정하고, 입 모양은 그치며, 소리의 모양은 고요하고, 머리 모양은 곧으며, 숨 쉬는 모양은 엄숙하고, 서 있는 모양은 덕스러우며, 안색의 모양은 씩씩한 것이다.

進學益智가 **莫切於九思**하니 **所謂九思者**는 **視思明**하며 **聽思聰**하며 **色思溫**하며 **貌思恭**하며 **言思忠**하며 **事思敬**하며 **疑思問**하며 **忿思難**하며 **見得思義**니라

- ○忿 성낼 분
- ○학문에 나아가고 지혜를 더함에는 구사(九思)보다 더 절실한 것이 없으니, 이른바 구사란 볼 때에는 밝게 볼 것을 생각하며, 들을 때에는 밝게 들을 것을 생각하며, 얼굴빛은 온화하게 할 것을 생각하며, 용모는 공손하게 할 것을 생각하며, 말은 성실하게 할 것을 생각하고, 일은 공손하게 할 것을 생각하며, 의심나는 것은 물을 것을 생각하며, 분노가 날 때에는 어려울 것을 생각하며, 얻을 것을 보면 의(義)를 생각하는 것이다.

제7장 맹자

맹자(孟子)는 맹자와 그의 제자들에 의하여 쓰인 것이다. 맹자의 성은 맹(孟), 이름은 가(軻)로서 추(騶) 땅 사람이며, BC 372~289(84세) 간 살았던 것으로 알려져 있다. 공자의 손자인 자사(子思)의 문인에게 수업하였다. 맹자는 공자께서 돌아가신 1세기 뒤에 태어나 공자가 창시한 유학을 더욱 발전시켰다. 공자의 사상이 인(仁)이라면 맹자의 사상은 인의(仁義)이다. 맹자가 살았던 시대는 전국시대(戰國時代)로 전국 칠웅(七雄)이라고 불리는 강대국 들이 서로 천하를 차지하려고 자주 전쟁을 하던 혼란기였다. 이러한 시기에 살았던 맹자의 사상은 성선설(性善說)과 왕도정치(王道政治), 그리고 혁명(革命)론으로 요약할 수 있다. 왕도정치를 패도정치(覇道政治)와 비교하면 왕도정치는 덕으로 인(仁)을 베푸는 정치이고 패도정치는 힘으로 하는 정치이다. 맹자는 왕도 정치가 실현 가능한 근거를 성선설에서 찾았다. 인간은 본래 선한 존재로 태어났기 때문에 물리적인 힘으로 강제하지 않아도 얼마든지 선을 실천 할 수 있다는 것이다. 또한 맹자는 설사 임금이라도 백성들의 믿음을 잃으면 필부(匹夫)에 지나지 않아 바꿀 수도 있다는 혁명론을 제시하였다.

맹자의 주석서(註釋書)로는 주자의 장구집주(章句集註)가 가장 많이 읽혀 왔으며 본서에서 인용한 참고문헌도 이 책을 번역하고 있다. 맹자는 대부분 강의나 대화 형식으로서 문장이 길기 때문에 경우에 따라서는 적당히 끊어 설명을 하였다. 이 책에서는 맹자 전체를 수록하였다.

제1편 1. 양혜왕장구 상(梁惠王章句 上)

이 장구는 7장으로 맹자와 당시 패권을 지향하는 양나라 혜왕과 양왕, 제나라 선왕과의 정치에 관한 대화로 구성되어 있다.

(1) 이(利)보다는 인의(仁義)

孟子見梁惠王 王曰 叟不遠千里而來하시니 **亦將有以利吾國乎**아 **孟子對曰 王**은 **何必曰利**잇고 **亦有 仁義而已矣**니이다.

- ○양혜왕 魏나라 제후인 罃(앵), 大梁에 도읍을 하였고 왕을 僭稱(참람하게 칭함) 하였으며 시호를 惠라 함, 혜왕 35년에 예를 낮추고 폐백을 후히 하여 현자를 초청하자 孟軻가 양땅에 이르렀음, 양나라는 원래 위나라인데 수도가 대량이므로 나라 이름 대신 수도의 명칭을 사용함: 叟 늙은이 수
- ○맹자가 양혜왕을 만났는데 왕이 말하였다. "어른께서 천 리를 멀다 않고 오셨으니 또한 장차 우리나라를 이롭게 해주실 것이 있겠습니까?" 맹자께서 대답하셨다. "왕은 하필 이를 말씀하십니까? 오직 인과 의가 있을 뿐입니다.

王曰 何以利吾國고하시면 **大夫曰何以利吾家**오하며 **士庶人曰何以利吾身**고하여 **上下交征利**면 **而國**이 **危矣**리이다

- ○何以 무엇을 가지고, 어떻게: 交 서로 교: 征 취할 정
- ○왕께서 어떻게 하면 내 나라를 이롭게 할까? 하시면 대부들은 어떻게 하면 내 집안을 이롭게 할까? 하며 선비나 백성들은 어떻게 하면 내 몸을 이롭게 할까? 할 것이니, 윗사람과 아랫사람이 서로 이를 취한다면 나라가 위태로워질 것입니다.

萬乘之國에 **弑其君者**는 **必千乘之家**요 **千乘之國**에 **弑其君者**는 **必百乘之家**니 **萬取千焉**하며 **千取百焉**이 **不為不多矣**언마는 **苟為後義而先利**면 **不奪**하여는 **不饜**이니이다 **未有仁而遺其親者也**며 **未有義而後其君者也**니이다 **王**은 **亦曰仁義而已矣**시니 **何必曰利**잇고

- ○乘 수레 승, 만승(萬乘) 병거 만대: 弑 시해할 시: 苟 만일 구: 奪 빼앗을 탈: 饜 만족할 염
- ○만승의 나라에서 그 임금을 시해하는 자는 반드시 천승의 대신이요, 천승의 나라에서 그 임금을 시해하는 자는 반드시 백승의 대신입니

다. 만승의 나라에서 천승을 지니고 천승의 나라에서 백승을 가지는 것이 결코 적은 것이 아니지마는, 만일 의를 중하게 여기지 않고 이익만을 앞세우는 짓을 하면 모두 빼앗지 않고서는 만족해하지 않을 것입니다. 어질면서도 어버이를 버린 자는 있지 아니하며, 의로우면서도 그의 임금을 하찮게 여기는 자는 있지 아니하였습니다. 왕께서는 오직 인과 의를 말씀하실 것이지 하필 이익을 말씀하십니까?"

(2) 백성과 더불어 즐거워하라

孟子見梁惠王하신대 **王立於沼上**이러니 **顧鴻鴈麋鹿** 曰 **賢者**도 **亦樂此乎**이까 **孟子對曰 賢者而後**에 **樂此**니 **不賢者**는 **雖有此**나 **不樂也**니이다

- 沼 못 소: 鴻 기러기 홍: 麋 고라니 미
- 맹자께서 양혜왕을 만났는데 왕이 못가에 서서 크고 작은 기러기와 작은 사슴들을 돌아보면서 "어진 사람 역시 이런 것을 즐기나요?" 하고 말하자 맹자께서 대답하여 말씀하시기를 "어진 사람이 된 후라야 이런 것을 즐길 줄 압니다. 어질지 않은 사람은 비록 이런 것을 가지고 있다 하더라도 즐길 줄 모릅니다.

詩云 經始靈臺하여 **經之營之**하시니 **庶民攻之**라 **不日成之**로다 **經始勿亟**하시나 **庶民子來**로다 **王在靈囿**하시니 **麀鹿攸伏**이로다 **麀鹿濯濯**이어늘 **白鳥鶴鶴**이로다 **王在靈沼**하시니 **於**(오)**牣魚躍**이라하니

- 亟 빠를 극: 囿 동산 유: 牣 아득할 인: 麀 암사슴 우: 鹿 사슴 녹
- 〈시경, 영대〉에 이르기를 '영대(靈臺)를 지으려고 측량하기 시작하여 재고서 그 둘레에 표를 하자, 여러 사람이 그것을 건축하여 며칠 안에 이룩하여 놓았네. 터를 재며 서둘지 말도록 하였으나 여러 사람들은 자식들 같이 모여들었네. 왕께서 영유(靈囿)의 동산에 나오시니 암수 사슴들은 가만히 엎드려 있고. 사슴들은 탁탁 윤기가 돌고 백조는 깨끗하도다. 왕께서 영소(靈沼)에 있으시니 아아, 물고기들 가득히 뛰노는구나.' 하였습니다.

文王이 以民力爲臺爲沼하시나 而民歡樂之하여 謂其臺曰靈臺라하고 謂其沼曰靈沼라하여 樂其有麋鹿魚鼈하니 古之人이 與民偕樂이라 故能樂也니이다

○麋 고라니 미: 鼈 자라 별
○문왕께서 백성의 힘으로 영대를 만들고 못을 만들었으나 백성이 그것을 환락하여 그대를 일러 영대라 하고 그 늪을 일러 영소라 하여 그곳에 큰 사슴과 물고기와 자라가 있음을 즐겼으니, 옛날의 왕들은 백성과 더불어 즐거움을 같이 하였습니다. 때문에 능히 즐길 수 있었습니다.

湯誓曰 時日은 害喪고 予及女로 偕亡이라하니 民欲與之偕亡이면 雖有臺池鳥獸나 豈能獨樂哉리잇고

○偕 함께 해
○〈서경, 탕서〉에 이르기를 '이 세상(걸왕 때)이 언제 없어지나? 망하려고 한다면 나는 너와 함께 망하겠다.' 하였으니 백성들이 함께 망하기를 원한다면 대와 못과 새와 짐승이 비록 있다 한들 어찌 혼자서 즐길 수 있겠습니까?"

(3) 흉년을 탓하지 말라

梁惠王曰 寡人之於國也에 盡心焉耳矣로니 河內凶則移其民於河東하며 移其粟於河內하고 河東凶이면 亦然이나 察鄰國之政하니 無如寡人之用心者로대 鄰國之民이 不加少하고 寡人之民이 不加多는 何也잇고

○寡 적을 과: 粟 곡식 속: 鄰 이웃 린
○양혜왕이 말하였다. "과인은 나랏일에 대하여 모든 마음을 다 기울이고 있습니다. 하내 지방에 흉년이 들면 그 백성을 하동으로 옮기고, 하동의 곡식을 하내에 실어 보냅니다. 하동에 흉년이 들면 역시 그렇게 합니다. 이웃 나라의 정치를 살펴보면 과연 이러한 마음을 쓰는 것같이 하는 사람이 없는데 이웃 나라의 백성은 더 줄지 않고 내 나라의 백성은 더 늘지 않는 것은 무엇 때문입니까?"

孟子對曰 王好戰하시니 **請以戰喩**하리이다 **塡然鼓之**하여 **兵刃旣接**이어든 **棄甲曳兵而走**하되 **或百步而後止**하며 **或五十步而後止**하여 **以五十步**로 **笑百步**면 **則何如**니하니잇고 **曰 不可**하니 **直不百步耳**언정 **是亦走也**니이다 **曰 王如知此**시면 **則無望民之多於鄰國也**하소서

○喩 비유할 유: 塡 북소리 전: 鼓 북 고: 刃 칼날 인: 曳 끌 예: 直 다만 직
○맹자가 대답하여 말씀하셨다. "왕께서 전쟁을 좋아하시니 전쟁으로서 비유하여 말씀드리겠습니다. 둥둥하고 북이 울려 접전이 벌어졌을 때 갑옷을 버리고 병기를 끌고서 도망치는 병사가 생겼습니다. 어떤 병졸은 100보를 달아난 후에 멎고 어떤 병졸은 50보를 달아난 후에 멈췄습니다. 이때 50보를 달아난 병졸이 100보를 달아난 병졸을 비웃는다면 어떻겠습니까?" 양혜왕이 말하였다. "말이 안 됩니다. 단지 100보가 아닐 뿐이지 도망간 것은 마찬가지입니다." 맹자가 말씀하셨다. "왕께서 만약 그것을 아신다면 백성이 이웃 나라보다 많아지기를 바랄 수는 없는 일입니다.

不違農時면 **穀不可勝食也**며 **數**(촉)**罟不入洿池**면 **魚鼈**을 **不可勝食也**며 **斧斤**을 **以時入山林**이면 **材木**을 **不可勝用也**니 **穀與魚鼈**을 **不可勝食**하며 **材木**을 **不可勝用**이면 **是**는 **使民養生喪死**에 **無憾也**니 **養生喪死**에 **無憾**이 **王道之始也**니이다

○數 빽빽할 촉: 罟 그물 고: 洿 웅덩이 오: 憾 한할 감
○농사철을 어기지 않고 농사를 잘 지으면 곡식을 다 먹을 수 없을 만큼 넉넉할 것이고, 촘촘한 그물로 웅덩이와 못의 고기를 전부 잡지 않으면 물고기와 자라가 잘 자라서 다 먹고도 남게 될 것이며, 도끼로 제 때에 산림을 잘 벤다면 재목은 쓰고도 남게 될 것입니다. 식량과 고기와 자라는 먹고도 남고 재목은 쓰고도 남게 되니, 이런 것들은 살아있는 사람을 봉양하고 죽은 사람을 장사 지내는데 유감이 없게 되는 것이니, 이것이 왕도정치(王道政治)의 시작입니다.

五畝之宅에 **樹之以桑**이면 **五十者可以衣帛矣**며 **雞豚狗彘之畜**을 **無失其**

時면 七十者可以食肉矣며 百畝之田을 勿奪其時면 數口之家可以無飢矣
며 謹庠序之教하여 申之以孝悌之義면 頒白者不負戴於道路矣리니 七十者
衣帛食肉하며 黎民이 不飢不寒이요 然而不王者는 未之有也니이다

> ○ 畝 밭이랑 무, 묘: 彘 큰 돼지 체: 庠 학교이름 상: 帛 흰 비단 백: 頒
> 머리 반쯤 셀 반
> ○ 5묘의 집터에다가 뽕나무를 심으면 오십 대의 사람들이 비단옷을 입
> 을 수 있고 닭, 돼지, 개 등의 가축을 때에 맞춰 잘 기르면 칠십 대의
> 사람들이 고기를 먹을 수 있습니다. 100묘의 밭에 농사지을 시기를
> 놓치지 않는다면 여러 명의 식구를 가진 가구가 굶주리는 일이 없게
> 됩니다. 학교의 교육을 충실하게 실시하여 효성과 우애를 거듭하여
> 가르친다면 반백이 된 노인이 길에서 짐을 이거나 지고 다니지 않게
> 될 것입니다. 70 대의 사람들이 비단옷을 입고 고기반찬을 먹고 백성
> 들이 굶주리지 않고 춥게 살지 않게 되고서도 왕 노릇을 하지 못하는
> 사람은 아직까지 있어 본 일이 없습니다.

狗彘食人食而不知檢하여 塗有餓莩而不知發하고 人死어든 則曰 非我也
라 歲也라하나니 是何異於刺(척)人而殺之 曰 非我也라 兵也리오 王無罪歲
하시면 斯天下之民이 至焉하리이다

> ○ 塗 길 도: 餓 굶주릴 아: 莩 굶어 사체 표: 刺 찌를 자(척)
> ○ 개나 돼지가 사람 먹을 곡식을 먹는 것을 보고도 금지시킬 줄 모르고,
> 길가에 사체가 있어도 창고를 풀어 구제할 줄 모르며, 백성들이 굶어
> 죽으면 '내 책임이 아니라 흉년 때문이다.'라고 한다면 그것은 마치
> 사람을 찔러서 죽이고 '내가 죽인 것이 아니라 칼이 죽인 것이다.'라
> 고 하는 것과 무엇이 다르겠습니까? 왕께서 흉년을 탓하시는 일이 없
> 게 되면 곧 천하의 백성들이 (위나라로) 모여 오게 될 것입니다."

(4) 칼로나 정치로나 사람을 죽이기는 마찬가지

梁惠王曰 寡人이 願安承教하노이다 孟子對曰 殺人以梃與刃이 有以異乎
잇가 曰 無以異也니이다 以刃與政이 有以異乎잇가 曰 無以異也니이다

○挺 몽둥이 정: 刃 칼날 인
○양혜왕이 말하였다. "과인이 마음을 편안히 하여 선생님의 가르치심을 받기를 원합니다." 맹자께서 말씀하셨다. "사람을 몽둥이로 죽이는 것과 칼로 죽이는 것이 차이가 있습니까?" 왕이 말하였다. "다른 점이 없습니다." 맹자께서 말씀하셨다. "칼로 죽이는 것과 나쁜 정치로 죽이는 것이 다른 점이 있습니까?" 양혜왕이 말하였다. "다른 점이 없습니다."

曰 庖有肥肉하며 廄有肥馬요 民有飢色하며 野有餓莩면 此는 率獸而食人也니이다 獸相食을 且人이 惡(오)之하나니 爲民父母라 行政하되 不免於率獸而食人이면 惡(오)在其爲民父母也리잇고

○庖 푸주간 포: 廄 마구간 구
○맹자께서 말씀하셨다. "임금의 주방에는 살찐 고기가 있고 마구간에는 살찐 말이 있는데 백성들은 굶주린 기색이 있고 들에는 굶어 사체가 있다면 이것은 짐승을 몰아다 사람을 잡아먹게 한 것과 같은 것입니다. 사람들은 짐승들이 서로 잡아먹는 것도 싫어하는데 백성의 부모가 되어서 정치를 하면서 짐승을 몰아다가 사람을 잡아먹게 하는 것을 벗어나지 못한다면 백성의 부모 노릇을 한다고 할 수 있겠습니까?

仲尼曰 始作俑者는 其無後乎인저하시니 爲其象人而用之也라 如之何其使斯民飢而死也리잇고

○俑 허수아비 용
○공자께서 말씀하시기를 '처음으로 순장할 때 나무 사람을 만든 사람은 후손이 없을 것이다.'라고 말씀하신 것은 그 자가 사람의 형상을 만들어서 썼기 때문이었습니다. 어떻게 이 백성들을 굶주려서 죽도록 할 수 있겠습니까?"

(5) 인자한 사람에게는 적이 없다

梁惠王曰 晉國이 天下莫強焉은 叟之所知也라 及寡人之身하여 東敗於

齊에 長子死焉하고 西喪地於秦七百里하고 南辱於楚하니 寡人이 恥之하여 願比死者하여 一洒之하노니 如之何則可니잇고

  ○洒 씻을 세
  ○양혜왕이 말하였다. "우리 진나라가 천하에서 가장 강하다는 것은 선생님께서도 아시는 바입니다. 과인의 대에 내려와서 동쪽으로는 제나라에 패하여 거기서 큰아들이 죽었고 서쪽으로는 땅을 진나라에 700리나 잃어버렸고 남쪽으로는 초나라에 모욕을 당하였습니다. 과인은 이것을 부끄럽게 여기고 죽은 사람을 위해서라도 그 설욕을 하고 싶은데 어떻게 하였으면 좋겠습니까?"

孟子對曰 地方百里而可以王이니이다 王如施仁政於民하사 省(생)刑罰하시며 薄稅斂하시면 深耕易(이)耨하고 壯者以暇日로 修其孝悌忠信하여 入以事其父兄하며 出以事其長上하리니 可使制梃하여 以撻秦楚之堅甲利兵矣리이다

  ○耨 김맬 누: 撻 종아리칠 달
  ○맹자가 대답하여 말씀하셨다. "땅이 사방 100리가 되면 그것으로도 왕 노릇을 할 수 있습니다. 왕께서 만약에 백성들에게 인자한 정치를 베푸셔서 형벌을 줄이고 세금 징수를 적게 하시면 백성들이 밭을 깊이 갈고 김 잘 매게 하며 장정들은 일 없는 날에는 효성과 우애와 충성과 신의를 배워 집에 들어가서는 부형을 섬기고 밖에 나와서는 연장자와 윗사람을 잘 섬길 것이니, 이렇다면 이들로 하여금 몽둥이를 만들어 가지고도 진나라와 초나라의 견고한 갑옷과 예리한 무기를 칠 수 있습니다.

彼奪其民時하여 使不得耕耨하여 以養其父母하면 父母凍餓하며 兄弟妻子離散하리니 彼陷溺其民이어든 王往而征之하시면 夫誰與王敵이리잇고 故로 曰 仁者는 無敵이라하니 王請勿疑 하소서

  ○凍 얼 동: 陷 함정에 빠질 함
  ○반면에 저 적국의 군주가 자기네 백성들 일할 시기를 빼앗아 밭을 갈고

김을 매지 못하게 되어 부모를 봉양하지 못하게 되면 부모는 춥고 굶주리며 형제와 처자는 흩어져 버릴 것입니다. 그들이 이처럼 자기네 백성을 곤경에 빠뜨리거든 왕께서 가서서 그네들을 바로 잡으신다면 대체 누가 왕께 대적하겠습니까? 그래서 '인자한 사람에게는 적이 없다'라고 하는 것입니다. 왕께서는 청하건대 내 말을 의심하지 마십시오."

(6) 살인을 좋아하지 않는 자는 천하를 통일 할 수 있다

孟子見梁襄王하시고 **出語人曰 望之不似人君**이요 **就之而不見所畏焉**이러니 **卒然問曰 天下**는 **惡乎定**고하여늘 **吾對曰 定于一**이라하니라 **孰能一之**오하여늘 **對曰 不嗜殺人者能一之**라하니라 **孰能與之**오하여늘 **對曰 天下莫不與也**라

○梁襄王 惠王의 아들로 이름은 赫, 襄 멍에 양: 嗜 즐길 기

○맹자께서 양양왕을 만나보고 나와서 사람들에게 말씀하시기를 "그를 바라보니 임금 같지가 않았다. 그 앞에 가까이 나가도 두려워할 만한 데가 보이지 않았다. 그가 느닷없이 '천하는 어떻게 안정되겠나요?' 하고 묻기에, 나는 '하나로 통일될 것입니다.' 하고 대답하였다. '누가 천하를 통일할 수 있을까요?'라고 묻기에, '사람을 죽이기를 좋아하지 않는 사람이 천하를 통일할 수 있을 것입니다.'라고 대답하였다. '누가 그의 편을 들어 줄 수 있을까요?'라고 하기에 이렇게 대답했다. '천하에 그의 편을 들지 않는 사람은 없을 것입니다.

王은 **知夫苗乎**잇가 **七八月之間**에 **旱則苗槁矣**라가 **天**이 **油然作雲**하여 **沛然下雨**면 **則苗浡然興之矣**나니 **其如是**면 **孰能禦之**리오 **今夫天下之人牧**이 **未有不嗜殺人者也**니 **如有不嗜殺人者**면 **則天下之民**이 **皆引領而望之矣**리니 **誠如是也**면 **民歸之由水之就下**하리니 **沛然**을 **誰能禦之**리오

○槁 마를 고: 沛 물 쏟아질 패: 禦 막을 어

○왕께서는 저 곡식의 싹을 아시는지요? 칠팔월 사이에 날이 가물면 싹이 마릅니다. 하늘에 구름이 뭉게뭉게 일어나 좍하고 비가 내리면 싹이 뻗어 오르게 됩니다. 이렇게 되면 누가 그것을 막아낼 수 있겠

습니까? 지금 천하의 인목(人牧, 人君) 가운데는 아직 사람 죽이기를 좋아하지 않는 사람이 생기지 않고 있습니다. 만약 사람 죽이기를 좋아하지 않는 사람이 있다면 온 천하의 백성들은 모두 목을 늘이고 그를 바라보게 될 것입니다. 진실로 그와 같이 한다면, 백성들이 그에게로 돌아감은 마치 물이 낮은 데로 흘러가는 것 같을 터인데 누가 그것을 막아낼 수 있겠습니까?' 하였다."

(7) 천하를 움직이는 법

齊宣王이 問曰 齊桓晉文之事를 可得聞乎잇가 孟子對曰 仲尼之徒 無道桓文之事者라 是以로 後世에 無傳焉하여 臣이 未之聞也로니 無以則王乎인저 曰 德이 何如면 則可以王矣리잇고 曰 保民而王이면 莫之能禦也리이다 曰 若寡人者는 可以保民乎哉잇가 曰 可하나이다

- ○齊宣王은 성이 田 씨이고 이름이 벽강(辟彊)으로 제후로서 왕을 참칭: 辟 열 벽: 道 말할 도
- ○제선왕이 물었다. "제환공과 진문공의 일에 관해서 말씀을 들어볼 수 있습니까?" 맹자께서 대답하시기를 "중니의 제자 중에는 제환공과 진문공의 일을 이야기한 사람이 없습니다. 그래서 그 일이 전해지지 않았습니다. 저는 아직 그 일에 관해서 들어본 일이 없습니다. 기어이 말하라 하신다면 왕도정치를 말하겠습니다."라고 하였다. 왕이 "덕이 어떻게 해야 왕도정치를 할 수 있습니까?"라고 묻자 맹자께서 "백성들을 편안하게 하여 주고서 왕도정치를 한다면 그것을 못 하게 막아낼 수 없습니다."라고 말씀하셨다. 왕이 말하였다. "과인 같은 사람이 백성들을 편안하게 보호하여 왕도정치를 행할 수 수 있습니까?" 맹자께서 말씀하셨다. "하실 수 있습니다."

曰 何由로 知吾의 可也잇고 曰 臣聞之胡齕하니 曰 王이 坐於堂上이어시늘 有牽牛而過堂下者러니 王見之하시고 曰 牛는 何之오 對曰 將以釁鐘이니이다 王曰 舍之하라 吾不忍其觳觫若無罪而就死地하노라 對曰 然則廢釁鐘與잇가 曰 何可廢也리오 以羊易之라하니 不識케이다 有諸잇가 曰 有之하니이

다 曰 是心이 足以王矣리이다 百姓은 皆以王爲愛也어니와 臣은 固知王之不忍也하노이다

- ○齕 깨물 흘: 觳 틈 흔: 觳 두려울 곡: 觫 두려울 속
- ○제선왕이 말하기를 "무엇을 가지고 내가 할 수 있다는 것을 아십니까?" 맹자께서 말씀하시기를 "저는 제나라 신하 호홀(胡齕)이 이런 이야기를 하는 것을 들었습니다. '왕께서 당상(堂上)에 앉아 계실 때 소를 끌고 당하로 지나가는 사람이 있어서 왕께서 그 사람을 보시고 '소는 어디로 가는 거냐?' 하시기에 '이 소로 종에다 피를 바르려고 하는 것입니다.' 하고 대답하였습니다.' 왕께서 '그 소를 놓아주어라. 나는 그 소가 무서워하면서 죄 없이 죽을 곳에 나아가는 것 같아 차마 못 보겠다.'라고 말씀하시자 '그러면 종에다 피 바르는 것은 그만 둡니까?' 하고 대답하였더니 '어떻게 그만둘 수 있겠느냐? 양으로 바꿔서 해라'라고 말씀하셨습니다." "그런 일이 있으셨는지 모르겠습니다." 왕이 말하였다. "그런 일이 있었습니다." 맹자께서 말씀하셨다. "그러한 마음이면 넉넉히 왕 노릇을 하실 수 있습니다. 백성들은 모두 왕께서 소를 아까워하는 것이라고 합니다마는 저는 정말 왕께서 그 모습을 차마 볼 수 없으셔서 그렇게 하신 것으로 알고 있습니다."

王曰 然하다 誠有百姓者로다마는 齊國이 雖褊小나 吾何愛一牛리오 即不忍其觳觫若無罪而就死地라 故로 以羊易之也하니이다

- ○褊 좁을 편: 觳觫 곡속, 무서워서 벌벌 떰
- ○왕이 말하기를 "그렇습니다. 정말로 그렇게 생각하는 백성들이 있었습니다. 제나라가 비록 작기는 합니다마는 한 마리의 소를 아끼겠습니까? 바로 그 소가 무서워서 벌벌 떨며 죄 없이 죽을 곳에 나가는 것 같아 차마 못 보겠기에 양으로 바꿔 쓰게 한 것입니다."

曰 王은 無異於百姓之以王爲愛也하소서 以小易大어니 彼惡(오)知之리잇고 王若隱其無罪而就死地면 則牛羊을 何擇焉이리잇고 王笑曰 是誠何心哉런고 我非愛其財而易之以羊也하언마는 宜乎百姓之謂我愛也로다

○ 맹자께서 말씀하셨다. "왕께서는 백성들이 왕께서 소를 아까워하신 것이라고 하는 것을 이상하게 생각하시지 마십시오. 작은 것으로 큰 것을 바꾸었으니 그들이 어떻게 왕의 진정을 알겠습니까? 왕께서 만약 그 소가 죄 없이 사지에 나가는 것을 측은히 여기셨다면 소와 양에 어찌 구별이 있겠습니까?" 왕이 웃으면서 말하였다. "그것은 대체 무슨 마음에서였을까? 나는 재물을 아껴서 양으로 바꾸게 한 것은 아니건마는. 당연히 백성들이 내가 재물을 아꼈다고 이르겠구나."

曰 無傷也라 **是乃仁術也**니 **見牛**코 **未見羊也**일새니이다 **君子之於禽獸也**에 **見其生**하고 **不忍見其死**하며 **聞其聲**하고 **不忍食其肉**하나니 **是以**로 **君子遠庖廚也**니이다

○ 疱 푸주간 포: 廚 푸주간 주
○ 맹자께서 말씀하셨다. "괴로워하실 것 없습니다. 그것이야말로 인을 행하는 방법입니다. 소는 보시고 양은 보시지 않으셨기 때문입니다. 군자는 금수에 대해서 산 것을 보고 차마 죽는 것을 보지 못하며(죽으면서 애처롭게 울부짖는) 소리를 듣고는 차마 그 고기를 먹지 못합니다. 이 때문에 군자는 푸줏간을 멀리하는 것입니다."

王說(열)**曰 詩云 他人有心**을 **予忖度**(탁)**之**라하니 **夫子之謂也**로소이다 **夫我乃行之**하고 **反而求之**하되 **不得吾心**이러니 **夫子言之**하시니 **於我心**에 **有戚戚焉**하여이다 **此心之所以合於王者**는 **何也**잇고

○ 戚 가슴 뭉클할 척
○ 왕이 기뻐하며 말씀하셨다. "〈시경, 교언〉에 이르기를 '다른 사람이 가지고 있는 마음을 내가 헤아린다.' 하였으니 선생 같으신 분을 두고 한 말일 것입니다. 내가 그 일을 해놓고서도 돌이켜 그렇게 한 이유를 찾았으나 내 마음을 알지 못하였는데 선생께서 말씀해 주시니 마음에 감동이 옵니다. 그러한 마음이 왕도정치에 합당한 까닭은 어째서입니까."

曰 有復(복)於王者曰 吾力足以舉百鈞이로되 而不足以舉一羽하며 明足以察秋毫之末이로되 而不見輿薪이라하면 則王은 許之乎잇가 曰 否라 今에 恩足以及禽獸로되 而功不至於百姓者는 獨何與잇고 然則一羽之不舉는 爲不用力焉이며 輿薪之不見은 爲不用明焉이며 百姓之不見保는 爲不用恩焉이니 故로 王之不王은 不爲也언정 非不能也니이다

- 鈞 무게 균: 輿 수레 여: 薪 나무섶 신
- 맹자께서 말씀하셨다. "'내 힘은 3천 근을 들기에는 넉넉하지만, 새털 하나를 들기에는 부족하고 시력은 가을 털끝을 살피기에는 충분하나 수레에 실은 땔나무는 보이지 않는다.'라고 왕에게 여쭙는 사람이 있다면 그것을 믿으시겠습니까?" 왕이 말하였다. "안 믿습니다." 맹자가 말씀하시기를 "이제 은혜가 금수에까지 미치기에 넉넉하면서 힘이 백성에게는 가지 않는 것은 유독 무엇 때문입니까? 그러니 새털 하나 들지 않는 것은 힘을 쓰지 않기 때문이요, 수레에 실은 땔나무가 보이지 않는 것은 시력을 쓰지 않기 때문이고, 백성들이 편안해지지 않는 것은 은혜를 베풀지 않기 때문입니다. 그러므로 왕 노릇 하시지 못하는 것은 하지 않으시는 것이지 하지 못하셔서가 아닙니다."

曰 不爲者와 與不能者之形이 何以異잇고 曰 挾太山하여 以超北海를 語人曰我不能이라하면 是는 誠不能也어니와 爲長者折枝를 語人曰我不能이라하면 是는 不爲也언정 非不能也니 故로 王之不王은 非挾太山以超北海之類也라 王之不王은 是折枝之類也니이다

- 挾 낄 협: 折 꺾을 절
- 왕이 말하였다. "하지 않는 것과 하지 못하는 것의 내용은 어떻게 다릅니까?" 맹자께서 말씀하셨다. "태산을 옆에 끼고 북해를 뛰어넘는 것을 나는 하지 못한다면 그것은 정말로 하지 못하는 것입니다. 어른을 위해 나뭇가지를 꺾는 것을 나는 하지 못한다면 그것은 하지 않는 것이지 하지 못하는 것은 아닙니다. 그러므로 왕께서 왕도정치를 못하는 것은 태산을 옆에 끼고 북해를 뛰어넘는 것은 아닙니다. 왕께서 왕 노릇 못하시는 것은 나뭇가지를 꺾는 것과 같은 종류의 것입니다.

老吾老하여 以及人之老하며 幼吾幼하여 以及人之幼면 天下를 可運於掌
이니 詩云 刑于寡妻하여 至于兄弟하여 以御于家邦이라하니 言舉斯心하여
加諸彼而已라 故로 推恩足以保四海요 不推恩이면 無以保妻子니 古之人이
所以大過人者는 無他焉이라 善推其所爲而已矣라 今에 恩足以及禽獸로되
而功不至於百姓者는 獨何與니잇고

○ 우리 집 부형을 공경하여 그 마음을 남의 노인에게까지 미쳐가게 하고 내 어린이를 사랑하여 그 마음을 남의 어린이들에게까지 미쳐가게 하면 천하는 손바닥 위에서 움직일 수 있습니다. 〈시경, 사제〉에 이르기를 '내 아내에게 모범이 되어, 형제에까지 그렇게 하여서 집안과 나라의 복을 누리는 도다.'라 한 것은 이 마음을 가져다가 저들에게 쓸 따름임을 의미합니다. 그러므로 은혜를 널리 펴나가면 넉넉히 온 세상을 편안하게 해줄 수 있고 은혜를 널리 펴나가지 않으면 처자조차도 편안하게 해줄 길이 없습니다. 옛날 사람들이 지금 사람보다 뛰어난 까닭은, 별다른 이유는 없고, 그들이 하는 바를 잘 미루어 나갔다는 것뿐입니다. 지금 왕의 은혜가 금수에게까지 잘 베풀어지기에 충분하면서 백성에는 잘 가지 않는 것은 대체 무엇 때문입니까?

權 然後에 知輕重하며 度(도) 然後에 知長短이니 物皆然이어니와 心爲甚하
니 王請度(탁)之하소서 抑王은 興甲兵하여 危士臣하여 構怨於諸侯 然後에
快於心與잇가 王曰 否라 吾何快於是리오 將以求吾所大欲也로이다

○ 달아 본 후라야 무겁고 가벼운 것을 알게 되고, 재어본 후라야 길고 짧은 것을 알게 되는 것인데 모든 물건이 다 그렇지만 마음은 더욱 그렇습니다. 왕께서는 마음을 헤아리소서. 왕께서는 군비를 차리고 군사와 신하들을 위태롭게 해서, 제후들과 원수를 맺은 후에라야 마음이 유쾌하시겠습니까?" 왕이 말하기를 "아닙니다, 내가 그런 것을 어찌 유쾌하게 여기겠습니까? 장차 내가 크게 원하는 바를 추구하려는 것입니다."라고 하였다.

曰 王之所大欲을 可得聞與잇가 王笑而不言하신대 曰 爲肥甘이 不足於口

與잇가 輕煖이 不足於體與잇가 抑為采色이 不足視於目與며 聲音이 不足聽
於耳與며 便嬖不足使令於前與잇가 王之諸臣이 皆足以供之하나니 而王은
豈為是哉시리잇고 曰 否라 吾不為是也로이다 曰 然則王之所大欲을 可知已
니 欲辟土地하며 朝秦楚하여 莅中國而撫四夷也로소이다 以若所為로 求若
所欲이면 猶緣木而求魚也니이다

  ○嬖 총애할 폐: 莅 임할 리
  ○맹자께서 말씀하시기를 "왕께서 크게 원하는 바를 들어볼 수 있겠습
  니까"라고 하시자 왕은 웃으면서 말을 하지 않자 맹자께서 말씀하셨
  다. "살찌고 맛있는 음식이 부족하기 때문입니까? 가볍고 따뜻한 옷
  이 부족하기 때문입니까? 그렇지 않으시다면 채색이 눈으로 보시기
  에 부족한 때문입니까? 음성이 귀로 들으시기에 부족한 때문입니까?
  총애하는 측근자들이 부리시기에 부족하기 때문입니까? 왕의 신하
  들이 모두 그런 것들을 넉넉히 대 드릴 수 있으니 왕께서 어찌 그런
  것 때문에 그러시기야 하겠습니까?"하고 말씀하시니, "아닙니다, 나
  는 그런 것들 때문은 아닙니다."라고 하였다. 맹자께서 말씀하시기를
  "그러시다면 왕께서 크게 원하시는 바를 알 수 있겠습니다. 땅을 넓히
  고, 진나라와 초나라를 굴복시키고, 중국에 군림하여 사방의 이민족
  들을 진압하기를 원하시는 것입니다. 그러나 그와 같은 방법을 가지
  고 이와 같은 소원을 추구하는 것은 나무에 올라가서 물고기를 찾는
  것과 같습니다."라고 말씀하셨다.

 王曰 若是其甚與잇가 曰 殆有甚焉하니 緣木求魚는 雖不得魚나 無後災어
니와 以若所為로 求若所欲이면 盡心力而為之라도 後必有災하리이다 曰 可
得聞與잇가 曰 鄒人이 與楚人戰이면 則王은 以為孰勝이니잇고 曰 楚人이 勝
하리이다 曰 然則小固不可以敵大며 寡固不可以敵衆이며 弱固不可以敵彊
이니 海內之地 方千里者九에 齊集有其一하니 以一服八이 何以異於鄒敵
楚哉리잇고 蓋亦反其本矣니이다

  ○殆 자못 태: 鄒 나라 이름 추
  ○왕이 "그 도록이나 심합니까?"하고 말하자 맹자께서 말씀하셨다.

"아마도 그보다 더 심할 것입니다. 나무에 올라가서 물고기를 구하는 것은 물고기는 못 얻는다고 하더라도 뒤따르는 재앙은 없습니다. 그러나 이와 같은 방법으로 그와 같은 소원을 구한다면 마음과 힘을 다해서 하여도 후에 반드시 재앙이 있을 것입니다." 왕이 "왜 그런지 그 말씀을 들어 볼 수 있겠습니까?" 하고 말하자, 맹자께서 말씀하셨다. "추나라 사람들이 초나라 사람들과 전쟁을 한다면 왕께서는 어느 쪽이 이기리라고 생각하십니까?" 하고 말씀하셨다. "초나라 사람들이 이깁니다." 하고 말하자 맹자께서 이렇게 말씀하셨다. "그렇다면 작은 나라는 근본적으로 큰 나라를 대척할 수 없는 것이고, 소수의 병력은 근본적으로 다수의 병력을 대척할 수 없는 것이고 약한 나라는 근본적으로 강한 나라를 대척할 수 없는 것입니다. 천하의 땅에 사방 천리가 되는 나라가 아홉인데, 제나라의 땅은 합쳐 보아야 그중의 하나를 차지하였을 뿐이니, 하나로 여덟을 굴복시키겠다는 것이 추나라가 초나라에 대적하는 것과 무엇이 다르겠습니까? 그러하니 역시 근본으로 돌아가야 합니다.

今王이 **發政施仁**하사 **使天下仕者**로 **皆欲立於王之朝**하며 **耕者**로 **皆欲耕於王之野**하며 **商賈**로 **皆欲藏於王之市**하며 **行旅**로 **皆欲出於王之途**하며 **天下之欲疾其君者**로 **皆欲赴愬於王**하소서 **其若是**면 **孰能禦之**리잇고

- 愬 하소연할 소
- 이제 왕께서 정치를 시작하여 인을 베푸셔서 천하의 벼슬하는 사람들로 하여금 모두 왕의 조정에 서기를 원하게 만드시고, 경작하는 사람들로 하여금 모두 왕의 들에서 경작하기를 원하게 만드시고, 장사하는 사람들로 하여금 모두 왕의 시장에 물건을 저장하고 싶게 만드시고, 여행하고자 하는 사람들로 하여금 모두 왕의 길에 나가고 싶게 한다면 자기 임금을 미워하는 천하의 백성들이 모두 왕께 와서 호소하려 할 것입니다. 만약에 그렇게 된다면 그 누가 그것을 하지 못하게 막아낼 수 있겠습니까?"

王曰 吾惛하야 不能進於是矣니이다 願夫子는 輔吾志하사 明以教我어다 我雖不敏이나 請嘗試之하리이다 曰 無恆產而有恆心者는 惟士為能이오 若民則無恆產이면 因無恆心이니 苟無恆心이면 放辟邪侈를 無不為已니 及陷於罪 然後從而刑之면 是罔民也니 焉有仁人在位하여 罔民而可為也리오

○왕이 "나는 사리에 어두워서 그 지경에 까지 나가지 못합니다. 원컨대 선생님께서는 내 뜻을 도우셔서 밝게 나를 가르쳐 주십시오. 내가 비록 불민하기는 합니다마는 그렇게 해 보도록 하겠습니다."라고 말했다. 맹자께서 말씀하셨다. "일정한 생업이 없이 떳떳한 마음을 갖는 것은 오직 선비만이 그렇게 할 수 있습니다. 일반 백성들은 일정한 생업이 없으면 그로 인해서 떳떳한 마음이 없게 됩니다. 만일 떳떳한 마음이 없어지게 되면 방탕, 편벽, 사기 등 못하는 짓이 없습니다. 죄에 빠지게 된 연후에 따라가서 처벌한다면 그것은 백성들을 그물로 잡는 것입니다. 어찌 인자한 사람이 임금에 있으면서 백성들을 그물로 잡는 일을 할 수 있겠습니까?

是故로 明君이 制民之產하되 必使仰足以事父母하여 俯足以畜(흑)妻子하여 樂歲에 終身飽하고 凶年에 免於死亡하나니 然後에 驅而之善이라 故로 民之從之也輕하나이다

○그렇기 때문에 현명한 임금은 백성들의 생활 근거를 마련해 주되 반드시 위로는 넉넉히 부모를 섬길 수 있게 하고, 아래로는 넉넉히 처자를 먹여 살릴 수 있게 하고, 풍년에는 1년 내내 배불리 먹고, 흉년에는 죽음을 면하게 하여 줍니다. 그렇게 해준 연 후에 그들을 몰아서 선한 길로 가게 합니다. 그래야 백성들이 그것을 따라가기가 쉬운 것입니다.

今也에 制民之產하되 仰不足以事父母하며 俯不足以畜妻子하여 樂歲에 終身苦하고 凶年에 不免於死亡하나니 此惟救死而恐不贍이어니 奚暇에 治禮義哉리오 王欲行之 則盍反其本矣니잇고

○贍 넉넉할 섬

○지금은 백성들의 생활 근거를 마련한다는 게, 위로는 부모를 섬기기에 부족하고 아래로는 처자를 먹여 살리기에 부족하고, 풍년에도 일 년 내내 고생하고 흉년에는 죽음을 면치 못합니다. 이러고서야 죽음을 모면하기에도 힘이 모자랄까 두려운데 어느 겨를에 예의를 차리겠습니까? 왕께서 인정을 펴 보시려면 왜 근본으로 돌아가지 않으십니까?

五畝之宅에 **樹之以桑**이면 **五十者可以衣帛矣**며 **雞豚狗彘之畜**(혹)을 **無失其時**면 **七十者可以食肉矣**며 **百畝之田**을 **勿奪其時**면 **八口之家可以無飢矣**며 **謹庠序之教**하여 **申之以孝悌之義**면 **頒白者不負戴於道路矣**리니 **老者衣帛食肉**하며 **黎民**이 **不飢不寒**이오 **然而不王者 未之有也**니이다

○彘 돼지 체
○5묘(畝)의 집 주변에다가 뽕나무를 심으면 50 대의 사람들이 명주옷을 입을 수 있습니다. 닭, 돼지, 개, 큰 돼지 등의 가축을 번식시킬 시기를 놓치지 않는다면 70 대의 사람들에게 고기를 먹일 수 있습니다. 100묘의 밭의 농사지을 시기를 빼앗지 않는다면 여덟 식구를 가진 가구가 굶주리는 일이 없게 할 수 있습니다. 학교의 교육을 근엄하게 실시하여 효성과 우애의 뜻을 되풀이 가르친다면 반백이 된 사람이 길에서 이고 지고 다니지 않게 될 것입니다. 늙은이가 명주옷을 입고 고기를 먹고, 백성들이 굶주리지 않고 춥게 살지 않게 되고, 그리고서도 왕도정치를 하지 못한 사람은 여태껏 있어 본 일이 없습니다."

2. 양혜왕장구 하(梁惠王章句 下)

이 장구는 16장으로 제 선왕과 주나라 목공, 등나라 문공 등과의 대화를 중심으로 인정(仁政)에 관한 다양한 담론이 담겨 있다.

(1) 백성들과 함께 음악을 즐겨라

莊暴(포)**見孟子 曰 暴見**(현)**於王**하니 **王**이 **語暴以好樂**이시어늘 **暴未有以**

對也하니 曰 好樂이 何如하니잇고 孟子曰 王之好樂이 甚이면 則齊國은 其庶幾乎인저 他日에 見於王曰 王이 嘗語莊子以好樂이라하니 有諸잇가 王이 變乎色 曰 寡人이 非能好先王之樂也라 直好世俗之樂耳로소이다 曰 王之好樂이 甚이면 則齊其庶幾乎인저 今之樂은 猶古之樂也니이다 曰 可得聞與잇가 曰 獨樂樂과 與人樂樂이 孰樂이니잇고 曰 不若與人이니이다 曰 與少樂樂과 與衆樂樂이 孰樂이니잇고 曰 不若與衆이니이다

○ 莊暴 제나라 신하
○ 장포가 맹자를 뵙고 "제가 왕을 뵈웠사온데, 왕께서 음악 좋아한다고 말씀하셨으나 저는 대답하지 못하였습니다." 하고 말하고, 이어 "음악을 좋아하면 어떻습니까?" 하고 말했다. 맹자께서 말씀하셨다 "왕이 음악을 대단히 좋아하신다면 제나라는 잘되어 나갈 것입니다." 하고 말씀하셨다. 후일에 맹자가 왕을 만나 "왕께서 장포에게 음악을 좋아하신다고 말씀을 하신 일이 있었습니까?" 하고 말씀하시자 왕은 얼굴빛이 달라지며 "과인은 요순과 같은 선왕의 음악을 좋아할 수 있다는 것이 아닙니다. 단지 세속적인 음악을 좋아할 뿐입니다."라고 말했다. 맹자께서 말씀하셨다. "왕께서 음악을 아주 좋아하시면 제나라는 잘 되어 나갈 것입니다. 지금의 음악도 옛날의 음악과 같습니다." 왕이 "그 이유를 자세히 들어 볼 수 있겠습니까?"라고 말하였다. 맹자께서 말씀하셨다. "혼자서 음악을 즐기는 것과 사람들과 함께 음악을 즐기는 것은 어느 쪽이 더 즐겁겠습니까?"라고 말씀하시자, 왕이 "여러 사람과 함께 즐기는 것만이야 못하겠지요."라고 말씀하셨다. 맹자께서 "소수의 사람과 함께 즐기는 것과 여러 사람과 함께 음악을 즐기는 것은 어느 쪽이 더 즐겁겠습니까?"라고 말씀하시자 왕이 "여러 사람과 함께 즐기는 것만은 못하겠지요."라고 말했다.

臣請爲王言樂하리이다 今王이 鼓樂於此어시든 百姓이 聞王의 鐘鼓之聲과 管籥之音하고 擧疾首蹙頞而相告曰 吾王之好鼓樂이여 夫何使我로 至於此極也하여 父子不相見하며 兄弟妻子離散고하며 今王이 田獵於此어시든 百姓이 聞王의 車馬之音하며 見羽旄之美하고 擧疾首蹙頞而相告曰 吾王之

好田獵이여 夫何使我로 至於此極也하여 父子不相見하며 兄弟妻子離散고 하면 此는 無他라 不與民同樂也니이다

○ 籥 피리 약: 蹙 찌푸릴 축: 旄 깃발 모: 頞 이마 알; 獵 사냥 렵
○ 맹자께서 말씀하셨다. "제가 왕께 음악에 관해서 말씀드리겠습니다. 지금 왕께서 이곳에서 음악을 연주하시는데 백성들은 왕의 종과 북 울리는 소리와 생황과 퉁소 부는 소리를 듣고서 다들 골치를 앓고 이마를 찌푸리면서 서로를 이렇게 말한다고 하십시다. '우리 임금님은 음악 연주를 좋아하면서 대체 어째서 우리를 이 지경에 까지 이르게 하는 건가? 부자간에 서로 만나지 못하고, 형제와 처자는 헤어져 흩어져 버리니.' 지금 왕께서 이곳에서 사냥하시는데 백성들이 왕의 수레 소리를 듣고, 깃발의 깃털의 아름다움을 보고는 다들 골치를 앓고 이마를 찌푸리면서 서로들 이렇게 말한다고들 하십시다. '우리 임금님은 사냥을 좋아한다면서 대체 어째서 우리를 이 지경까지 이르게 하는 건가? 부자간에 서로 만나지 못하고, 형제와 처자는 서로 흩어져 버리니.' 이렇게 되는 것은 별다른 이유는 없고 백성들과 더불어 함께 즐기지 않기 때문입니다.

今王이 鼓樂於此어시든 百姓이 聞王의 鐘鼓之聲과 管籥之音하고 舉欣欣然有喜色而相告曰 吾王이 庶幾無疾病與아 何以能鼓樂也오하며 今王이 田獵於此어시든 百姓이 聞王의 車馬之音하며 見羽旄之美하고 舉欣欣然有喜色而相告曰 吾王이 庶幾無疾病與아 何以能田獵也오하면 此는 無他라 與民同樂也니이다 今王이 與百姓同樂하시면 則王矣시리이다

○ 聚 모을 취: 欣 기쁠 흔: 旌 깃발 정
○ 이제 왕께서 음악을 연주하시는데 백성들이 왕의 종과 북 울리는 소리와 생황과 피리 부는 소리를 듣고서, 다들 기꺼이 기뻐하는 기색을 나타내면서 서로 이렇게 말한다고 하십시다. '우리 임금님께서는 제발 편찮지 않으셔야지, 그렇지 않으시면 어떻게 음악을 잘 연주하실 수 있으실까?' 이제 왕께서 이곳에서 사냥을 하시는데 백성들이 왕의 수레 소리를 듣고, 깃발의 깃털 장식의 아름다움을 보고서, 다들 기꺼

이 기뻐하며 서로 이렇게 말한다고 하십시다. '우리 임금께서는 제발 편찮치 않으셔야지 그렇지 않으시면 어떻게 사냥을 하실 수 있으실까?' 이렇게 되는 것은 별다른 이유는 없고, 백성들과 함께 즐기기 때문입니다. 이제 왕께서 백성들과 더불어 함께 즐기신다면 왕도정치를 잘하시게 될 것입니다."

(2) 폭군의 동산은 백성의 함정

齊宣王이 問曰 文王之囿方七十里라하니 有諸잇가 孟子對曰 於傳에 有之하나이다 曰 若是其大乎잇가 曰 民이 猶以爲小也니이다 曰 寡人之囿는 方四十里로되 民이 猶以爲大는 何也잇고 曰 文王之囿 方七十里에 芻蕘者往焉하며 雉兎者往焉하여 與民同之하시니 民以爲小 不亦宜乎잇가 臣이 始至於境하여 問國之大禁然後에 敢入하니 臣聞郊關之內에 有囿方四十里에 殺其麋鹿者如殺人之罪라하니 則是方四十里로 爲阱於國中이니 民以爲大 不亦宜乎잇가

○ 囿 동산 유: 芻 꼴 추: 蕘 땔나무 요: 雉 꿩 치: 麋 큰사슴 미: 阱 함정 정
○ 제선왕이 물었다. "문왕의 동산의 넓이는 사방이 70리였다고 하는데 그랬습니까?" 맹자가 대답하였다. "전해 내려오는 말에 그런 말이 있습니다." 왕이 말하였다. "그렇게까지 컸습니까?" 맹자께서 말씀하셨다. "백성들은 그래도 그것이 작다고 생각하였습니다." "과인의 동산은 사방이 40리인데 백성들이 오히려 그것이 크다고 생각하는 것은 어째서입니까?" "문왕의 동산은 사방이 70리였으나 풀 베고 나무하는 사람들과 꿩과 토끼 잡는 사람들이 그곳에 가서 그곳을 백성들과 함께 썼으니 백성들이 그것을 작다고 한 것이 당연하지 않습니까? 제가 처음 제나라의 국경에 도달하였을 때 제나라에서 금하는 것을 물어본 후에 들어갔습니다. 제가 듣건대 교외 관문 안에 동산이 있었는데 사방이 40리로 거기에 사는 크고 작은 사슴을 잡는 자는 사람을 죽인 죄와 동일하게 다룬다는 것입니다. 그렇다면 그것은 사방 40리가 나라 가운데의 함정이 되는 것이니 백성들이 그것을 크다고 생각하는 것이 또한 당연하지 않겠습니까?"

(3) 참다운 용맹은 백성들이 좋아한다

齊宣王이 問日 交鄰國이 有道乎잇가 孟子對日 有하니 惟仁者라야 爲能以大事小하나니 是故로 湯이 事葛하시고 文王이 事昆夷하시니이다 惟智者라야 爲能以小事大하나니 故로 大王이 事獯鬻(훈육)하시고 句踐事吳하나이다 以大事小者는 樂天者也요 以小事大者는 畏天者也니 樂天者保天下하고 畏天者는 保其國하나이다 詩云 畏天之威하여 于時保之라하나이다

○獯 오랑캐 훈
○제선왕이 물었다. "이웃 나라와 사귀는데 방법이 있습니까?" 맹자께서 말씀하셨다. "있습니다. 오직 인자한 사람만이 큰 나라로서 작은 나라를 섬겨낼 수 있습니다. 그렇기 때문에 탕 임금은 갈 나라를 섬겼고 문왕은 곤이를 섬겼습니다. 오직 지혜로운 사람만이 작은 나라로서 큰 나라를 섬길 수 있습니다. 그래서 태왕은 훈육을 섬겼고 구천은 오나라를 섬겼던 것입니다. 큰 나라로서 작은 나라를 섬기는 것은 하늘의 뜻을 즐기는 것이고 작은 나라로서 큰 나라를 섬기는 것은 하늘의 뜻을 두려워하는 것입니다. 하늘의 뜻을 즐기는 사람은 천하를 편안하게 하고 하늘의 뜻을 두려워하는 사람은 자기 나라를 보전합니다. 〈시경, 아장〉에 이르기를 '하늘의 위엄을 두려워하나니 이리하여 나라를 보전하도다.'라고 하였습니다."

王曰 大哉라 言矣여 寡人이 有疾하니 寡人은 好勇하노이다 對日 王은 請無好小勇하소서 夫撫劍疾視 曰 彼惡(오)敢當我哉리오하나니 此는 匹夫之勇이라 敵一人者也니 王請大之하소서 詩云 王赫斯怒하사 爰整其旅하여 以遏徂莒(조려)하여 以篤周祜하여 以對于天下라하니 此는 文王之勇也니 文王이 一怒而安天下之民하시니이다

○徂 갈 조
○왕이 말하였다. "훌륭하십니다. 말씀하시는 것이. 과인은 한 가지 병이 있습니다. 과인은 용기 있는 것을 좋아합니다." 맹자께서 대답하셨다. "왕께서는 조그마한 용기를 좋아하시는 일이 없으시기를 바랍니다. 칼을 잡고 험상궂은 눈초리를 하고 '저자가 어찌 나를 당해내랴!'라고

말한다면 그것은 필부의 용기이니 한 사람을 대적하는 것입니다. 왕께서는 용기를 크게 가지시기 바랍니다. 〈시경, 황의〉에 '왕께서 불끈하고 성을 있는 대로 내셔서 이에 그의 군대를 정비하여, 침략하러 가는 무리를 막아서 주나라의 복을 두터이 하여, 온 천하에 보답하였도다.'라고 하였는데 이것은 문왕의 용기입니다. 문왕은 한번 노하시어 온 천하의 백성을 편안하게 하여 주었습니다.

書曰 天降下民하여 作之君하고 作之師나 惟曰其助上帝라사 寵之하나니라 四方有罪無罪는 惟我在니 天下曷敢有越厥志리오 一人이 衡行於天下를 武王이 恥之하니 此武王之勇也요 而武王이 亦一怒而安天下之民하니이다 今王이 亦一怒而安天下之民하시면 民이 惟恐王之不好勇也리이다

- ○ 寵 총애할 총
- ○ 〈서경, 태서〉에 이르기를 '하늘에서 땅에다 백성을 내면서, 그들을 위해 임금을 만들어 주고, 스승을 만들어 준 것은, 그가(임금 겸 스승) 상제를 돕기 때문에 그를 특별히 총애하는 것이다. 사방에 죄가 있고 죄가 없는 것은 오직 내가 살피나니, 온 천하의 사람들이 어찌 감히 그(하늘의) 뜻을 무시할 수 있겠는가?' 하였습니다. 폭군인 주왕(紂王) 한 사람이 천하를 횡행하는 것을 무왕은 부끄러워하였으니, 이것이 무왕의 용기입니다. 무왕 역시 한번 성을 내어 온 천하의 백성들을 편안하게 하여 주었습니다. 이제 왕께서도 역시 한번 성을 내셔서 온 천하의 백성들을 편안하게 하여 주신다면 백성들은 왕께서 용기 있는 것을 좋아하지 않으실까 염려할 것입니다."

(4) 백성들과 함께 즐기고 함께 근심하라

齊宣王이 見孟子於雪宮이러시니 王曰 賢者도 亦有此樂乎잇가 孟子對曰 有하니 人不得이면 則非其上矣니이다 不得而非其上者며 非也며 爲民上而不與民同樂者도 亦非也니이다 樂民之樂者는 民亦樂其樂하고 憂民之憂者는 民亦憂其憂하나니 樂以天下하며 憂以天下하고 然而不王者는 未之有也니이다

○ 제선왕이 맹자를 설궁에서 만났다. 왕이 "어진 사람도 역시 이러한

즐거움이 있습니까?" 하고 말하자, 맹자께서 대답하셨다. "있습니다. 사람들은 이러한 즐거움을 얻지 못하면 윗사람을 비난합니다. 이러한 즐거움을 얻지 못한다고 윗사람을 비난하는 것은 옳지 않습니다. 백성들의 윗사람이 되어 백성들과 즐거움을 같이 하지 않는 것 역시 옳지 않습니다. 임금이 백성들이 즐거워하는 것을 즐거워한다면 백성들 역시 임금이 즐거워하는 것을 즐거워하고, 임금이 백성들이 근심하는 것을 근심하면 백성들 역시 임금이 근심하는 것을 근심합니다. 천하의 일을 가지고 즐기고, 천하의 일을 가지고 근심하고, 그러고서도 천하에 왕도정치를 하지 못한 사람은 여태껏 있어 본 일이 없습니다.

昔者에 **齊景公**이 **問於晏子曰 吾欲觀於轉附朝儛**하여 **遵海而南**하여 **放于瑯邪**(야)하노니 **吾何脩而可以比於先王觀也**오 **晏子對曰 善哉**라 **問也**여 **天子適諸侯**를 **曰巡狩**니 **巡狩者**는 **巡所守也**오 **諸侯朝於天子曰述職**이니 **述職者**는 **述所職也**니 **無非事者**요 **春省耕而補不足**하며 **秋省斂而助不給**하나니 **夏諺曰 吾王**이 **不遊**면 **吾何以休**며 **吾王**이 **不豫**면 **吾何以助**리오 **一遊一豫 爲諸侯度**라하니이다

○ 儛 춤출무: 琅 옥소리 랑
○ 옛날에 제경공이 안자에게 묻기를, '내가 전부산과 조무산을 구경하고 바다를 따라서 남쪽으로 가서 낭야 읍까지 가고 싶은데, 내가 어떻게 하여야 선왕들이 구경한 것과 견줄 수 있게 될까요?' 하였더니 안자가 다음과 같이 대답하였습니다. '정말 좋으신 질문입니다. 천자가 제후에게로 가는 것을 순수(巡狩)라고 합니다. 순수라는 것은 지키고 있는 경내를 돌아보는 것입니다. 제후가 천자를 찾아가 보는 것을 술직(述職)이라고 합니다. 술직이라는 것은 맡은 바의 직책을 보고하는 것입니다. 그러니 순수와 술직은 모두 정사 아닌 것이 없습니다. 임금이 봄에는 밭 가는 것을 살펴서 부족한 것을 보충해 주고, 가을에는 거둬들이는 것을 살펴서 모자라는 곳을 도와줍니다. 하나라 속담에 「우리 임금께서 봄 농사 유람을 하지 않으시면 우리가 어떻

게 쉬며, 우리 임금께서 즐기지 않으시면 우리가 어떻게 도움을 받겠는가?」라고 하셨습니다. 천자가 한번은 봄 농사를 유람하고 한번은 추수를 즐기는 것이 제후들의 법도가 되었던 것입니다.

今也에는 **不然**하여 **師行而糧食**하여 **飢者弗食**하며 **勞者弗息**하여 **睊睊胥讒**하여 **民乃作慝**이어늘 **方命虐民**하여 **飲食若流**하며 **流連荒亡**하여 **爲諸侯憂**하나니이다 **從流下而忘反**을 **謂之流**요 **從流上而忘反**을 **謂之連**이요 **從獸無厭**을 **謂之荒**이요 **樂酒無厭謂之亡**이니 **先王**은 **無流連之樂**과 **荒亡之行**하시니 **惟君所行也**니이다

- ○睊 흘겨볼 견: 讒 참소할 참
- ○지금은 그렇지 않아서, 군대를 데리고 다니면서 양식을 다 먹어, 굶주린 사람은 먹지 못하고, 일하는 사람은 쉬지 못해, 흘겨보면서 서로를 헐뜯어 백성들은 나쁜 짓을 저지릅니다. 그리고 임금은 선왕의 교훈을 버리고 백성들을 학대하며, 음식을 물같이 낭비하고 뱃놀이와 사냥과 음주에 빠져 제후들의 걱정거리가 되고 있습니다. (뱃놀이에) 물흐름에 따라 배를 타고 내려가며 돌아가기를 잊는 것을 유(流)라고 합니다. 물길을 거슬러 배를 타고 올라가면서 돌아가기를 잊는 것을 연(連)이라고 합니다. 짐승을 쫓아 사냥에 만족할 줄 모르는 것을 황(荒)이라고 합니다. 술을 좋아하여 만족할 줄을 모르는 것을 망(亡)이라 합니다. 선왕들은 뱃놀이나 사냥과 술에 빠지는 행실은 없으셨으니, 오직 임금께서 행하시는 바에 달려 있습니다.'

景公이 **說**(열)하여 **大戒於國**하고 **出舍於郊**하여 **於是**에 **始興發**하여 **補不足**하고 **召大師**하여 **曰 爲我**하여 **作君臣相說之樂**하라하니 **蓋徵招**(치소)**角招是也**라 **其詩曰 畜君何尤**리오하니 **畜君者**는 **好君也**니이다

- ○畜 그칠 축: 尤 허물 우
- ○경공이 기뻐하여 대대적으로 명령을 내리고 준비시키고 나서 교회에 나가 머물면서 좋은 정치를 시작하고 양곡을 풀어서 부족한 것을 보급해 주었습니다. 그리고 태사(太師)를 불러서 '나를 위해 임금과 신하

가 기뻐하는 음악을 만들어 주오.' 하고 말했습니다. 치소와 각소가 그 음악입니다. 그 가사에 '임금의 욕심을 막는 것을 어찌 허물이라 하리오?'라는 말이 있습니다. 임금의 욕심을 막는다는 것은 임금을 사랑하는 것입니다."

(5) 백성들과 함께 재물과 색을 즐겨라

齊宣王이 問曰 人皆謂我毁明堂이라하나니 毁諸잇가 已乎잇가? 孟子對曰 夫明堂者는 王者之堂也니 王欲行王政이면 則勿毁之矣하소서

- ○ 毁 헐 훼
- ○ 제선왕이 "사람들이 모두 나에게 천자가 제후들에게 조회 받는 명당을 헐어 버리라고 말합니다. 그것을 헐어 버릴까요, 그만둘까요?" 하고 묻자, 맹자께서 대답하셨다. "명당이라는 것은 왕자의 당입니다. 왕께서 왕도에 따른 정치를 하시기를 원한다면 그것을 헐어 버리지 마십시오."

王曰 王政을 可得聞與잇가 對曰 昔者文王之治岐也에 耕者를 九一하며 仕者를 世祿하며 關市를 譏而不征하며 澤梁을 無禁하며 罪人을 不孥하시니 老而無妻曰鰥이요 老而無夫曰寡요 老而無子曰獨이요 幼而無父曰孤니 此四者는 天下之窮民而無告者어늘 文王이 發政施仁하사되 必先斯四者하시니 詩云 哿矣富人이어니와 哀此煢獨이라하니이다

- ○ 岐 산 이름 기: 孥 처자식 노: 鰥 홀아비 환: 寡 과부 과: 哿 가할 가: 煢 외로울 경
- ○ 왕이 "왕도정치에 관해서 말씀을 들어 볼 수 있겠습니까?" 하고 말하자 맹자께서 대답하셨다. "옛날에 문왕이 기(岐)를 다스릴 때는 경작자에게는 9분의 1의 과세를 하였고, 벼슬하는 사람에게는 그 녹을 대대로 주었으며, 관문과 시장에서 사정을 살피기는 하였으나 세를 징수하지는 않았고, 물고기를 잡는 보를 쓰는 것을 금하지 않았고, 죄인을 처벌하는 데는 당사자의 처자에까지는 벌이 미치지 않았습니다. 늙고 아내 없는 것을 홀아비라고 하고, 늙고 남편 없는 것을 과부라고

하고, 늙고 자식 없는 사람을 무의탁자라고 하고, 어리고 부모 없는 사람을 고아라고 합니다. 이 네 부류의 사람들은 천하의 궁박한 백성으로서 호소할 데 없는 사람들입니다. 문왕은 선정을 펴고 인을 베푸시되 반드시 이 네 부류의 사람들을 먼저 돌보았던 것입니다. 〈시경, 정월〉에 '괜찮다. 부유한 사람들은, 이 외로운 사람들이 불쌍하구나.'라고 하였습니다."

王曰 善哉라 言乎여 曰 王如善之시면 則何爲不行이시니잇고 王曰 寡人이 有疾하니 寡人은 好貨하노이다 對曰 昔者에 公劉好貨하더시니 詩云 乃積乃倉이어늘 乃裹餱糧을 于橐于囊이요 思戢用光하여 弓矢斯張하여 干戈戚揚을 爰方啟行이라하니 故로 居者有積倉하며 行者有裹糧也然後에야 可以爰方啟行이니 王如好貨어시든 與百姓同之하시면 於王에 何有리잇고

○ 餱 말린 밥 후: 稷 농관 직
○ 왕이 말하였다. "좋습니다, 그 말씀은." 맹자께서 말씀하셨다. "왕께서 좋게 여기신다면 무엇 때문에 실행하지 않으십니까?"라고 말씀하셨다. 왕이 말하였다. "과인은 한 가지 병통이 있습니다. 과인은 재물을 좋아합니다."라고 하자, 맹자께서 대답하셨다. "옛날에 후직의 증손인 공유가 재물을 좋아하였습니다. 〈시경, 공유〉에 이르기를 '집에 남아있는 자들을 위해서는 노적가리에 쌓아 놓고, 창고에 저장하였고, 길을 떠나는 자들을 위해서는 마른 양식을 쌓는 데는 전대에 담고 자루에 담았나니 백성들을 편안하게 하고 나서 나라를 빛내려고 생각하여서 활과 화살을 펴놓으며 방패와 창과 도끼를 들고 그제야 비로소 길을 떠났다.'라고 하였습니다. 그러므로 남아 있는 사람들을 위해서는 쌓아 놓고 창고에 저장한 양식이 있고, 길을 떠나는 사람을 위해서는 양식을 싼 자루를 가진 연후에 비로소 떠나갈 수 있었던 것입니다. 왕께서 만약에 재물을 좋아하시되 그것을 백성들과 더불어 함께 가지신다면 왕도정치를 하는데 무슨 어려움이 있겠습니까?"

王曰 寡人이 有疾하니 寡人은 好色하노이다 對曰 昔者에 大(太)王이 好色

하여 **愛厥妃**하더시니 **詩云 古公亶父**(단보) **來朝走馬**하여 **率西水滸**하여 **至于 岐下**하여 **爰及姜女**로 **聿來胥宇**라하니 **當是時也**하여 **內無怨女**하며 **外無曠 夫**하니 **王如好色**이어시든 **與百姓同之**하시면 **於王**에 **何有**리잇고

- ○ 亶 믿을 단: 滸 물가 호: 聿 드디어 율: 胥 볼 서: 曠 빌 광
- ○ 왕이 말하였다. "과인은 병통이 있습니다. 과인은 여색을 좋아합니다." 맹자께서 대답하셨다. "옛날에 공유의 9세 손인 태왕이 색을 좋아하셔서 그의 왕비를 사랑하셨습니다. 〈시경, 면〉에 '고공단보(古公亶父)가 아침에 말을 달려와서, 서쪽 물가를 따라 가서 기산 밑에 이르렀네. 그제 서야 강 씨의 딸과 함께 그곳에 와서 같이 살았도다.'라고 하였습니다. 이런 시대에는 안으로는 원망하는 여인이 없었고 밖으로는 아내 없는 사나이가 없었던 것입니다. 왕께서 색을 좋아하시되 백성들과 더불어 함께 좋아하신다면 왕도정치를 하는데 무슨 어려움이 있겠습니까?"

(6) 위정자의 책임

孟子謂齊宣王曰 王之臣이 **有託其妻子於其友 而之楚遊者比其反也**하여 **則凍餒其妻子**어든 **則如之何**잇고 **王曰 棄之**니이다 **曰 士師不能治士**어든 **則如之何**잇고 **王曰 已之**니이다 **曰 四境之內不治**어든 **則如之何**잇고 **王**이 **顧左右而言他**하시다

- ○ 맹자께서 제선왕을 보고 말씀하시기를, "왕의 신하 중에서 자기의 처자를 친구에게 맡기고 초나라에 놀러 가서 돌아다니던 사람이 있는데 그 사람이 돌아와 보니 그 친구가 자기의 처자를 춥고 굶주리게 하고 있다면 어떻게 하겠습니까?" 하시자 왕이 말하였다 "그와 끊어 버리겠습니다." 하고 말했다. 맹자께서 말씀하셨다. "사사(士師)가 그 사(士)들을 다스리지 못한다면 어떻게 하겠습니까?" 왕이 말하였다. "그만두게 하겠습니다."라고 말했다. 맹자께서 "사방의 국경 안이 다스려지지 않는다면 어떻게 하겠습니까?"라고 말씀하시자, 왕은 좌우에 있는 사람들을 돌아보고 다른 말을 하였다.

(7) 백성들의 여론을 존중하라

孟子見齊宣王曰 所謂故國者는 **非謂有喬木之謂也**라 **有世臣之謂也**니 **王無親臣矣**로소이다 **昔者所進**을 **今日**에 **不知其亡也**온여 **王曰 吾何以識其不才而舍之**리잇고 **曰 國君**이 **進賢**호되 **如不得已**니 **將使卑踰尊**하며 **疏踰戚**이니 **可不愼與**잇가

○ 맹자께서 제선왕을 만나 말씀하셨다. "이른바 역사가 오랜 나라라는 것은 교목(喬木)이 있는 것을 두고서 하는 말이 아니고, 대대로 공훈을 세워 내려온 신하들이 있는 것을 두고 하는 말입니다. 그런데 왕께서는 신임할 신하가 없으십니다. 전일에 등용한 사람들이 오늘 와서 도망간 것도 모르고 계십니다."라고 하였다. 왕이 말하였다. "내가 어떻게 하면 그들이 재주가 없음을 가려내어 버릴 수 있겠습니까?" 하고 말했다. 그러자 맹자께서 말씀하셨다. "나라의 임금은 현량한 인물을 등용할 때는 부득이 한 것처럼 매우 신중히 해야 합니다. 신분이 친한 사람을 높은 지위에 앉게 하기도 하고, 관계가 먼 사람을 친한 사람의 윗자리에 있게도 하는 것이니 신중히 하지 않을 수 있겠습니까?

左右皆曰賢이라도 **未可也**하며 **諸大夫皆曰賢**이라도 **未可也**하고 **國人皆曰賢然後**에 **察之**하여 **見賢焉然後**에 **用之**하며 **左右皆曰不可**라도 **勿聽**하며 **諸大夫皆曰不可**라도 **勿聽**하고 **國人皆曰不可然後**에 **察之**하여 **見不可焉然後**에 **去之**하며 **左右皆曰可殺**이라도 **勿聽**하며 **諸大夫皆曰可殺**이라도 **勿聽**하고 **國人皆曰可殺然後**에 **察之**하여 **見可殺焉然後**에 **殺之**니 **故**로 **曰國人殺之也**라 하나이다 **如此然後**에 **可以爲民父母**니이다

○ 踰 넘을 유: 疏 트일 소
○ 좌우의 사람들이 모두(그를) 현명하다고 말해도 그를 등용하지 마시고, 대부들이 모두 현명하다고 말해도 등용하지 마십시오. 국민이 모두 현명하다고 말한 후에 그를 살펴서 현명한 점을 발견한 후에 등용하십시오. 신하들이 모두 불가하다고 말하더라도 듣지 마시고 대부들이 모두 불가하다고 말하더라도 듣지 마십시오. 나라 사람들이 모두 불가하다고 말한 뒤에 그를 살펴보아서 불가한 점을 알게 된 연후

에 그를 버리십시오. 좌우의 사람들이 모두 죽여야 한다고 말하더라도 듣지 마시고, 대부들이 모두 죽여야 한다고 말하더라도 듣지 마십시오. 나라 사람들이 모두 죽여야 한다고 말한 뒤에 그 사람을 살펴보아서 그에게서 죽일 만한 점을 발견한 후에 그를 죽이십시오. 그러므로 나라 사람들이 그를 죽었다고 말하는 것입니다. 그렇게 한 후에야 백성들의 부모가 될 수 있는 것입니다."

(8) 인과 의를 해치는 임금은 하나의 필부

齊宣王이 **問曰 湯**이 **放桀**하시고 **武王**이 **伐紂**라하니 **有諸**잇가 **孟子對曰 於傳**에 **有之**하니이다 **曰 臣弑其君**이 **可乎**잇가 **曰 賊仁者**를 **謂之賊**이요 **賊義者**를 **謂之殘**이요 **殘賊之人**을 **謂之一夫**니 **聞誅一夫紂矣**요 **未聞弑君也**니이다

○ 賊 해칠 적: 殘 해칠 잔
○ 제선왕이 물었다. "탕 임금이 폭군 걸왕을 쫓아내고 무왕이 폭군 주왕을 정벌했다는데 그런 일이 있었습니까?"라고 묻자, 맹자께서 말씀하셨다. "전해 내려오는 책에 그 일이 실려 있습니다."라고 대답하셨다. 왕이 말하였다. "신하가 자기의 임금을 시해해도 괜찮습니까?" 맹자께서 말씀하셨다. "인을 해치는 자를 적(賊, 흉포)하다고 하고, 의를 해치는 자를 잔(殘, 잔학)하다고 합니다. 흉포하고 잔학한 사람은 일부(一夫)라고 합니다. 일부(一夫)인 주(紂)를 죽였다는 말은 들었어도 임금을 살해했다는 말은 듣지 못했습니다."

(9) 옥은 옥 다듬는 사람에게 맞겨야한다

孟子見齊宣王曰 為巨室인댄 **則必使工師**로 **求大木**하시리니 **工師得大木**이면 **則王喜**하여 **以為能勝其任也**라하시고 **匠人斲而小之**면 **則王怒**하여 **以為不勝其任矣**라하시리니 **夫人**이 **幼而學之**는 **壯而欲行之**니 **王曰 姑舍女所學**하고 **而從我**라하시면 **則何如**하니잇고

○ 맹자께서 제선왕을 보고 이렇게 말씀하셨다. "큰 궁전을 지으시려면 반드시 도목수(都木手)를 시켜서 큰 나무를 구해 오실 것입니다. 도

목수가 큰 나무를 얻게 되면 왕께서는 기뻐하시고 그 나무가 구실을 해낼 수 있다고 생각하실 것입니다. 목수가 그 나무를 깎아서 작게 만들면 왕께서는 화를 내시고 (이 작은 나무로는) 제구실을 해내지 못한다고 생각하실 것입니다. 사람이 어려서 배워 장성해서 그 배운 것을 실행하려고 하는데 왕께서 '잠시 네가 배운 것을 버려두고 나를 따르라.'라고 말씀하신다면 어떻겠습니까?

今有璞玉於此하면 **雖萬**이라도 **必使玉人彫琢之**하시리니 **至於治國家**하여는 **則曰 姑舍女所學**하고 **而從我**라하시면 **則何以異於敎玉人彫琢玉哉**잇고

- 璞 옥돌 박: 鎰 무게 이름 일
- 이제 여기에 박옥(璞玉, 옥 덩어리)이 있다면 그것이 만일(萬鎰)이나 된다고 하더라도 반드시 옥 다루는 사람을 시켜서 다듬게 하실 것입니다. 국가를 다스리는 데 이르러서 '잠시 네가 배운 것을 버려두고서 나를 따르라.'라고 하신다면 옥 다루는 사람에게 옥 다듬는 방법을 가르쳐 주는 것과 무엇이 다르겠습니까?"

(10) 연나라 백성들이 기뻐하면 빼앗으라

齊人이 **伐燕 勝之**어늘 **宣王**이 **問曰 或謂寡人勿取**라하고며 **或謂寡人取之**라하며 **以萬乘之國**으로 **伐萬乘之國**하되 **五旬而擧之**하니 **人力**으론 **不至於此**니 **不取**면 **必有天殃**이러니 **取之何如** 하니잇고

- 殃 재앙 앙
- 제나라 사람들이 연나라를 쳐서 이겼다. 제나라 선왕이 물었다. "어떤 사람은 과인에게 연나라를 빼앗지 말라고 하고, 어떤 사람은 빼앗아 버리라고 합니다. 만승의 나라로서 만승의 나라를 쳐서 50일 동안 해치웠으니, 사람의 힘으로는 이렇게까지는 되지 않았을 것이므로, 빼앗아 버리지 않으면 반드시 하늘이 내리는 재앙이 있을 것입니다. 빼앗아 버리는 것이 어떻겠습니까?"

孟子對曰 取之而燕民悅이어든 **則取之**하소서 **古之人**이 **有行之者**하니 **武**

王이 是也니이다 取之而燕民不悅이어든 則勿取하소서 古之人이 有行之者하니 文王이 是也니이다 以萬乘之國으로 伐萬乘之國이어늘 簞食(사)壺漿으로 以迎王師는 豈有他哉리오 避水火也니 如水益深하여 如火益熱이면 亦運而已矣니이다

　　○壺 병 호: 漿 장물 장
　　○맹자께서 이렇게 대답하셨다. "빼앗아서 연나라의 백성들이 기뻐한다면 빼앗아 버리십시오. 옛날 사람 중에 그렇게 한 사람이 있었습니다. 무왕이 그분입니다. 빼앗아서 연나라의 백성들이 기뻐하지 않는다면 빼앗지 마십시오. 옛날 사람 중에 그렇게 한 사람이 있었습니다. 문왕이 그분입니다. 만승의 나라로 만승의 나라를 쳐들어 오는데 연나라 백성들이 대그릇에 담은 밥과 물그릇에 담은 음료를 가지고 왕의 군대를 환영한 것에 어찌 다른 이유가 있었겠습니까? 물불의 재난을 피하려고 하여서입니다. 그런데 만약에 물이 더욱 깊어지고 불이 더욱 뜨거워진다면 민심은 다른 데로 옮겨갈 뿐입니다."

(11) 인정으로 연나라 백성들의 마음을 사라

齊人이 伐燕 取之한대 諸侯將謀救燕이러니 宣王曰 諸侯多謀伐寡人者하니 何以待之잇고 孟子對曰 臣聞七十里로 爲政於天下者는 湯이 是也니 未聞以千里畏人者也니이다

　　○제나라 사람들이 연나라를 쳐서 빼앗아 버렸다. 제후들은 서로 계획하여 연나라를 구해주려고 했다. 선왕이 말하였다 "제후들 가운데 과인을 정벌하려고 도모하는 자들이 많사온데 이것을 어떻게 대처할까요?"하고 말하자, 맹자께서 이렇게 대답하셨다. "저는 70리의 작은 나라를 가지고 온 천하를 다스렸다는 말을 들었습니다. 탕 임금이 그분입니다. 그러나 천 리의 땅을 가지고 남을 두려워했다는 것은 여태껏 들어보지 못했습니다.

書曰 湯이 一征을 自葛始하신대 天下信之하여 東面而征에 西夷怨하며 南面而征에 北狄怨하여 曰 奚爲後我오하여 民이 望之하되 若大旱之望雲霓也

하여 **歸市者不止**하며 **耕者不變**이라 **誅其君而弔其民**하신대 **若時雨降**이라 **民**이 **大悅**이라 **書曰 徯我后**하나니 **后來**하시니 **其蘇**라하니이다

○〈서경, 중훼지고〉에 이르기를 '탕 임금의 최초 정벌을 갈 나라에서부터 시작하였는데 온 천하가 그를 믿었다. 그가 동쪽으로 향하여 정벌하면 서쪽 오랑캐가 원망하였고, 남쪽으로 향하여 정벌하면 북쪽 오랑캐가 원망하였는데, 그들은 '왜 우리나라를 뒤에 정벌하시는가?' 하고 말하는 것이었다. 백성들이 탕왕이 정벌해 주기 바라기를 큰 가뭄에 구름과 무지개를 바라는 것 같이하였던 것입니다. 그리하여 시장으로 물건 사러 가는 사람들이 그치지 않았고, 밭 가는 사람들은 동요하지 않았으니, 나라의 포악한 임금을 죽여서 백성들을 위로해 주는 것이 제 때에 비가 내리는 것 같아서 백성들은 대단히 기뻐하였던 것입니다. 〈서경, 중훼지고〉에 이르기를 '우리 임금님을 기다리나니, 임금님께서 오셔서 소생하게 되었도다.'라고 하였습니다.

今에 **燕虐其民**이어늘 **王**이 **往而征之**하시니 **民以爲將拯己於水火之中也**라하여 **簞食壺漿**으로 **以迎王師**어늘 **若殺其父兄**하여 **係累其子弟**하며 **毁其宗廟**하며 **遷其重器**하면 **如之何其可也**리오 **天下固畏齊之彊也**니 **今又倍地而不行仁政**이면 **是**는 **動天下之兵也**니이다 **王速出令**하사 **反其旄倪**하시며 **止其重器**하시고 **謀於燕衆**하여 **置君而後**에 **去之**면 **則猶可及止也**리이다

○拯 건질 증: 旄 늙은이 모
○지금 연나라가 자기 백성들에게 포악하게 하거늘 왕께서 가서서 정벌하시니 그곳의 백성들은 자기네들을 물불의 재난 속에서 구해내 줄 것으로 생각하여서 대그릇에 담은 밥과 물그릇에 담은 음료수를 가지고 왕의 군대를 환영하였던 것입니다. 만약에 왕의 군대가 부형들을 죽이고 그들의 자제들을 잡아가며 그들의 종묘를 허물고 그들의 귀중한 기물을 옮긴다면 어떻게 괜찮을 수 있겠습니까? 천하는 본래부터 제 나라의 강한 것을 두려워하고 있습니다. 이제 또 땅을 배로 넓히고서 인정을 하지 않는다면 그것은 온 천하의 군대를 움직이게 하는 것입니다. 왕께서는 속히 명령을 내리셔서 그들의 노약자들을 돌려보내시고

그들의 귀중한 기물을 그곳에 두게 하고 연나라의 대중들과 의논하여서 임금을 세워놓은 후에 그곳을 떠나신다면 전란이 일어나기 전에 중지시킬 수 있게 될 것입니다."

(12) 악을 뿌린 자는 악을 거둔다

鄒與魯鬨이러니 穆公이 問曰 吾有司死者三十三人이로되 而民은 莫之死也하니 誅之則不可勝誅요 不誅則疾視其長上之死而不救하니 如之何則可也잇고 孟子對曰 凶年饑歲에 君之民이 老弱은 轉乎溝壑하고 壯者는 散而之四方者幾千人矣요 而君之倉廩實하며 府庫充이어늘 有司莫以告하니 是는 上慢而殘下也라 曾子曰 戒之戒之하라 出乎爾者反乎爾者也라하시니 夫民이 今而後에 得反之也로소니 君無尤焉하소서 君行仁政하시면 斯民이 親其上하여 死其長矣리이다

- ○ 鬨 싸울 홍: 穆 화목할 목
- ○ 추나라가 노나라와 싸움을 일으켰다. (추나라) 목공이 물었다. "내 유사들은 죽은 것이 33명이나 되지만 백성들은 죽지를 않았습니다. 그들을 죽이자니 이루 다 죽일 수가 없고 죽이지 않으면 백성들이 자기 윗사람들을 보고도 구해주지 않는 것을 분해합니다. 어떻게 하면 좋겠습니까?" 맹자께서 대답하셨다. "흉년과 기근이 든 해에 임금님의 백성 중에는 노약자들이 전전하다가 죽어서 시신이 골짜기에 굴러가 죽고 장정들이 흩어져 사방으로 가버린 것이 천명에 달합니다. 그런데 임금님의 양곡 창고는 가득 차 있었고 재물 창고는 꽉 차 있었지만, 유사들은 이 사정을 임금님께 말씀드리지 않았으니 이것은 윗사람들이 태만해서 아랫사람을 해친 것입니다. 증자께서 말씀하시기를 '경계할지라, 경계할지라. 너에게서 나온 것이 너에게로 돌아가느니라.' 하셨으니, 백성들은 지금부터 자기네가 당한 것을 되갚을 수 있게 된 것이니, 임금님께서는 그들을 허물하지 마십시오. 임금님께서 인정을 행하시면 그때에는 백성들이 윗사람들을 친애해서 그들의 윗사람을 위해 죽을 것입니다."

(13) 제(齊) 초(楚)를 섬기느니 백성들과 같이 사력으로 방위하라

滕文公問이 曰 滕은 小國也로 間於齊楚하니 事齊乎잇가 事楚乎잇가 孟子對曰 是謀는 非吾所能及也로소이다 無已則有一焉하니 鑿斯池也하며 築斯城也하여 與民守之하여 效死而民弗去면 則是可爲也니이다

○滕 물 솟을 등: 鑿 팔 착
○등나라 문공이 물었다 "등나라는 작은 나라인데 제나라와 초나라 사이에 끼어 있으니, 제나라를 섬겨야 합니까? 초나라를 섬겨야 합니까?"라고 묻자, 맹자께서 대답하셨다. "그러한 계책은 제가 어떻다고 할 수 있는 일이 아닙니다. 부득이 말하라고 하다면 한 가지가 있습니다. 나라의 못을 깊이 파고 성을 높이 쌓아 백성들과 함께 그것을 지켜서, 백성들이 목숨을 바치고 떠나가 버리지 않게 된다면 그것은 해볼 만한 일입니다"

(14) 오직 선정(善政)을 베풀라

滕文公이 問曰 齊人이 將築薛하니 吾甚恐하노니 如之何則可잇고 孟子對曰 昔者에 大王居邠하실새 狄人이 侵之어늘 去하시고 之岐山之下하사 居焉하시니 非擇而取之라 不得已也니시이다 苟爲善이면 後世子孫必有王者리니 君子創業垂統하여 爲可繼也라 若夫成功則天也니 君如彼에 何哉리오 彊爲善而已矣니이다

○薛 성씨 설: 邠 땅이름 빈
○등나라 문공이 물었다. "제나라 사람들이 설(薛) 땅에다가 성을 쌓으려고 합니다. 나는 무척 두려운데 어떻게 하면 좋겠습니까?"라고 묻자 맹자께서 대답하셨다. "옛날에 태왕께서 빈(邠)에서 살 적에 적인(狄人)들이 침입해 와서, 그곳을 버리고 기산(岐山) 밑에 가서 살았습니다. 그곳을 택해서 취했던 것은 아니고 부득이해서 그랬던 것입니다. 진실로 선한 일 한다면 후세의 자손 중에서 반드시 왕자가 생겨날 것입니다. 군자가 나라를 세워 국통을 전하는 것은 그것을 계승해 나갈 수 있게 하기 위함입니다. 성공하는 것은 하늘에 달려 있습

니다. 임금님께서 제나라 사람들을 어찌하시렵니까? 힘써 선을 행하실 따름입니다."

(15) 군자는 땅보다 백성을 더 귀히 여긴다

滕文公이 問曰 滕은 小國也라 竭力하여 以事大國이라도 則不得免焉이로소니 如之何則可잇고 孟子對曰 昔者에 大王居邠하실새 狄人이 侵之어늘 事之以皮幣라도 不得免焉하며 事之以犬馬라도 不得免焉하며 事之以珠玉이라도 不得免焉하여 乃屬(촉)其耆老而告之曰 狄人之所欲者는 吾土地也라 吾聞之也하니 君子不以其所以養人者로 害人이라 二三는 子는 何患乎無君이리오 我將去之하리라하시고 去邠하시고 踰梁山하사 邑于岐山之下하여 居焉하신대 邠人曰 仁人也라 不可失也라하고 從之者如歸市하니이다

○俟 기다릴 사: 屬 모을 촉: 踰 넘을 유

○등나라 문공이 "등은 작은 나라입니다. 힘을 다해서 큰 나라를 섬겨도 그 압박을 면할 수 없으니 이 노릇을 어떻게 하였으면 좋겠습니까?"라고 묻자 맹자께서 대답하셨다. "옛날에 태왕이 빈에서 살 적에 적인(狄人)들이 침입해 와서 가죽과 비단으로 그들을 섬겼으나 그들의 침입을 면할 수 없었습니다. 개와 말로 그들을 섬겼으나 그들의 화를 면할 수 없었습니다. 구슬과 옥으로 그들을 섬겼으나 그들의 화를 면할 수 없었습니다. 그래서 태왕께서 원로들을 모아 놓고서 '적인들이 원하는 것이 내 토지입니다. 내가 듣건대, 군자는 사람을 먹여 살리는 토지 때문에 사람을 해치지는 않는다고 합니다. 당신들은 임금이 없다 한들 무슨 걱정이 있겠소? 나는 여기서 떠나가 버리겠소.'라고 일러 주고, 빈을 떠나 양산을 넘어서 기산 밑에 다가 읍을 차라고 거기서 살았습니다. 빈에 살던 사람들 가운데는 '인자한 사람이니 놓쳐서는 안 된다.'라고 말하며 그를 따르는 사람들이 시장에 가듯이 줄을 이었던 것입니다.

或曰 世守也라 非身之所能為也니 效死勿去라하나니 君은 請擇於斯二者하소서

○어떤 사람은 '대대로 지켜온 땅이므로 혼자서 마음대로 할 수 있는 것이 아니니, 죽는 한이 있어도 떠나지 말자.' 라고도 말할 것입니다. 임금님께서는 이 두 가지 가운데서 한 가지를 택하도록 하십시오."

(16) 하나의 인간이 어찌 천의를 막으랴

魯平公이 **將出**할새 **嬖人臧倉者請曰 他日**에 **君出**이면 **則必命有司所之**러시니 **今**에 **乘輿已駕矣**로되 **有司未知所之**하니 **敢請**하노이다 **公曰 將見孟子**하리라 **曰 何哉**잇고 **君所為輕身**하여 **以先於匹夫者**는 **以為賢乎**잇가 **禮義**는 **由賢者出**이어늘 **而孟子之後喪**이 **踰前喪**하니 **君無見焉**하소서 **公曰 諾**다

○노평공, 노경공의 아들 숙(叔), 평은 시(諡): 嬖 총애할 폐: 臧 어질 장: 乘輿 임금이 타는 수레: 踰 지날 유, 어머니의 상을 후하게 하고 아버지의 상을 박하게 한 것:

有司 단체의 사무를 맡아 보는 사람

○노나라 평공이 외출하려고 하자 애첩 장창이 "다른 날 임금님께서 나가실 적이면 반드시 유사에게 가시는 곳을 말씀하셨는데, 지금 수레에는 이미 말을 매어 놓았는데도 아직 유사가 가시는 곳을 모르니 말씀 해주시기를 감히 청합니다."라고 말하자 평공이 "맹자를 만나려는 것이다."라고 말했다. "어째서입니까? 임금님께서 자신을 낮추시고 필부에게 먼저 찾아가시는 것은 그 사람이 현자라고 생각하시는 것입니까? 예의는 현자로부터 나오는 것인데, 맹자는 뒤의 상례(어머니)를 전의 상례(아버지)보다 지나치게 잘 치렀습니다. 임금님께서는 그를 만나지 마십시오." 하고 말하니 평공은 "그러지요." 하고 말했다.

樂正子入見(현) **曰 君**이 **奚為不見孟軻也**잇고 **曰 或**이 **告寡人曰 孟子之後喪**이 **踰前喪**이라할새 **是以不往見也**하라 **曰 何哉**잇고 **君所謂踰者**는 **前以士**요 **後以大夫**며 **前以三鼎 而後以五鼎與**잇가 **曰 否**라 **謂棺槨衣衾之美也**니라 **曰 非所謂踰也**라 **貧富不同也**니이다

○樂正子 맹자의 제자: 鼎 솥 정: 棺 널 관: 槨 널 곽: 衾 이불 금

○맹자의 제자로서 노나라에서 벼슬하고 있던 악정자가 들어가 평공을 만나서 "임금님께서는 왜 맹자를 만나 보시지 않는 겁니까?"라고 말했다. 평공이 말하였다. "어떤 사람이 과인에게 맹자의 뒤(어머니)의 상례가 앞(아버지)의 상례보다 지나치다고 일러주기에 가서 만나지 않았소." "무슨 말씀입니까? 임금님께서 더 성대하였다고 하시는 것은? 아버지상은 사(士의) 예로 하였고 어머니상은 대부(大夫)의 예로 하였으며, 아버지상은 삼정의 제물을 썼고 어머니상은 오정의 제물을 쓴 것 말씀입니까?." "아니요. 관곽과 수의와 이불을 아름답게 한 점을 말한 것이오." "그것은 성대하다고 할 것은 아닙니다. 빈부의 정도가 달랐기 때문입니다."

樂正子見(현)孟子曰 克이 告於君하니 君이 爲來見也러시니 嬖人有臧倉者沮君이라 君是以不果來也하시니이다 曰 行或使之며 止或尼(닐)之나 行止는 非人所能也라 吾之不遇魯侯는 天也니 臧氏之子焉能使予로 不遇哉리오

○沮 막을 저: 尼 말릴 닐
○악정자가 맹자를 뵙고 말하였다. "제가 임금께 여쭈어서, 임금께서 와 만나 뵈옵기로 하였던 것이온데, 애첩 중에 장창이라는 자가 있어 임금이 오시는 것을 만류하였습니다. 임금께서는 그래서 오시지 못하고 말았습니다."라고 말하자, 맹자께서 말씀하셨다. "갈 때는 혹 누가 시켜 가게 하는 수가 있고, 멈출 때는 누가 시켜 멈추게 하는 수가 있으나, 가고 멎는 것은 사람이 시킬 수 있는 것이 아니다. 내가 노나라의 임금을 만나지 못하는 것은 하늘의 뜻이지, 장 씨의 딸이 어찌 나로 하여금 만나지 못하게 만들 수 있겠느냐?"(성현의 출처는 시운의 성쇄에 관계되니 바로 천명이 하는 것이요, 인력으로 미칠 수 있는 것이 아님을 말씀한 것임)

제 2편 3. 공손추장구 상(公孫丑章句 上)

이 장구는 9장으로 앞 편과는 달리 제자 공손추가 스승인 맹자에게 질문

하고 맹자의 답변을 듣는 방식이다. 이편에서는 왕도 정치를 설명하고 무력에 의한 정치보다는 마음을 얻는 정치를 하라는 내용을 담고 있다.

(1) 인정(仁政)을 베풀면 천하를 얻는다

公孫丑(추) 問曰 夫子當路於齊하시면 管仲晏子之功을 可復許乎잇가 孟子曰 子誠齊人也로다 知管仲晏子而已矣온여 或이 問乎曾西曰 吾子與子路孰賢고 曾西蹴然曰 吾先子之所畏也니라 曰 然則吾子與管仲孰賢고 曾西艴然不悅曰 爾何曾比予於管仲고 管仲得君이 如彼其專也며 行乎國政이 如彼其久也로되 功烈이 如彼其卑也하니 爾何曾比予於是오하니라 曰 管仲은 曾西之所不爲也어늘 而子爲我願之乎아

- 공손추 공손은 복성, 추는 이름, 맹자의 제자로 제나라 사람: 丑 소 축, 수갑 추, 맺을 추: 蹴 삼갈 축, 찰 축
- 맹자의 제자 공손추가 묻기를 "선생님께서 제나라의 요직을 맡아 보신다면, 관중과 안자가 세운 공적을 다시 이룩하실 자신이 있으십니까? 라고 말하자, 맹자께서 대답하셨다." 자네는 정말로 제나라 사람이로다. 관중과 안자만을 알 뿐이로다. 어떤 사람이 증자의 손자인 증서에게 '선생과 자로는 누가 더 훌륭합니까?'라고 묻자, 증서는 불안해하며 말하기를 '그 분은 내 선친께서 존경하셨던 분이네.'라고 말했다. '그러시면 선생과 관중은 누가 더 훌륭합니까? 라고 말하자, 증서는 불쾌한 얼굴을 하고 기분 나빠하면서 이렇게 말했다. '자네는 어떻게 나를 관중에게 비교하려 드는 건가? 관중은 그처럼 군주의 신임을 얻어 나랏일을 그토록 오래 하였는데도 그의 공적은 그토록 보잘것없으니, 자네는 어떻게 나를 관중에게 비교하려 드는 건가?' 이어 말씀하셨다. "관중은 증서마저도 그렇게 비교되기를 원하지 않았던 사람인데 그대는 내가 그 사람처럼 되기를 원한단 말인가?"라고 하셨다.

曰 管仲은 以其君霸하고 晏子는 以其君顯하니 管仲晏子도 猶不足爲與잇가 曰 以齊로 王이 由反手也니라 曰 若是則弟子之惑이 滋甚케이다 且以文王之德으로 百年而後崩하사되 猶未洽於天下어시늘 武王周公이 繼之然後

에 **大行**하니 **今言王若易然**하시니 **則文王不足法與**잇가

- 滋 더욱 자: 崩 죽을 붕
- 그 말씀을 들은 공손추가 말하였다. "관중은 자기 임금에게 천하에 패자가 되게 해주었고, 안자는 자기 임금을 유명하게 해주었습니다. 그래도 관중과 안자는 따라 할 만하지 못합니까?"라고 말하자 맹자께서 말씀하셨다. "제나라에서 왕 노릇 하기는 손을 뒤집는 것처럼 쉬운 일입니다."라고 말씀하셨다. 공손추가 말하였다. "그러하시다면 저의 의혹은 더 커집니다. 문왕께서는 훌륭한 덕으로 백 년을 산후에 세상을 떠나셨는데도 여전히 그 덕이 천하에 흡족하게 퍼지지 않았고, 무왕과 주공이 그 사업을 계승해서 해나간 후에야 그 덕이 크게 퍼지게 되었던 것입니다. 이제 왕 노릇을 하는 것이 그같이 쉽다면 문왕은 본받을 게 못 된다는 말입니까?"라고 말했다.

曰 文王을 **何可當也**리오 **由湯**으로 **至於武丁**히 **賢聖之君**이 **六七**이 **作**하여 **天下歸殷**이 **久矣**니 **久則難變也**라 **武丁**이 **朝諸侯有天下**하되 **猶運之掌也**하시니 **紂之去武丁**이 **未久也**라 **其故家遺俗**과 **流風善政**이 **猶有存者**하며 **又有微子 微仲 王子比干 箕子 膠鬲**이 **皆賢人也**니 **相與輔相之**라 **故**로 **久而後**에 **失之也**하니 **尺地**도 **莫非其有也**며 **一民**도 **莫非其臣也**어늘 **然而文王**이 **猶方百里起**하시니 **是以難也**니라

- 鬲 막을 격: 箕 키 기
- 맹자께서 말씀하셨다. "문왕을 어떻게 당할 수 있겠는가? 은나라는 탕왕부터 무정(武丁)까지 성스러운 임금이 육칠 명이나 나왔으니, 온 천하의 민심이 은나라로 돌아가 버린 지가 오래되었고, 오래되면 변하기가 어렵다. 그러므로 무정이 제후들의 조회를 받고 천하를 차지하는 것이 손바닥에서 움직이는 것처럼 쉬웠다. 폭군 주왕은 무정 때로부터 시간적 거리가 얼마 떨어져 있지 않았으므로 집안에 남아 있는 습속과 아름다운 기풍과 좋은 정치는 여전히 남아 있는 것이 있고, 또 미자와 미중과 왕자 비간과 기자와 교격은 모두 현능한 인물들이었는데 그들이 함께 도와주었기 때문에 오래 지탱하다가 나

라를 잃게 된 것이다. 한자의 땅 이라도 주왕의 소유가 아닌 것이 없었고, 한 사람의 백성이라도 그의 신하가 아닌 것이 없었는데, 그러한 상황에서 문왕은 사방 100리 되는 나라를 가지고 일어나셨으니 이 때문에 힘이 들었던 것이다.

齊人有言曰 雖有智慧나 **不如乘勢**며 **雖有鎡基**나 **不如待時**라하니 **今時則易然也**니라 **夏后殷周之盛**에 **地未有過千里者也**하니 **而齊有其地矣**며 **雞鳴狗吠相聞而達乎四境**하니 **而齊有其民矣**니 **地不改辟矣**며 **民不改聚矣**라도 **行仁政而王**이면 **莫之能禦也**리라

- ○慧 슬기로울 혜: 鎡 호미 자: 吠 짖을 폐: 辟 열 벽
- ○제나라 사람들의 말에 '지혜가 있다 하더라도 형세를 타느니만 못하고 농기구가 있다 하더라도 제때를 맞추어 경작하느니만 못하다.' 하였으니, 지금이야말로 왕도정치를 하기 쉬운 때이다. 하후와 은과 주가 흥할 때에도 땅은 1,000리 이상을 차지한 경우가 없었는데 제나라는 그만한 땅을 차지하고 있습니다. 인가가 많으면 닭이 울고 개가 짖는 소리를 들으면서 사방의 국경지대에 갈 수 있는데 제나라가 이만한 백성을 가지고 있으니, 땅을 더 넓힐 것도 없고 백성들을 더 모을 것도 없이 인정을 실시하여 왕도정치를 한다면 그것을 막지도 못할 것입니다.

且王者之不作이 **未有疏於此時者也**하며 **民之憔悴於虐政**이 **未有甚於此時者也**하니 **飢者易為食**하며 **渴者易為飲**이라 **孔子曰 德之流行**이 **速於置郵而傳命**이라 **當今之時**하야 **萬乘之國行仁政**이면 **民之悅之猶解倒懸也**러니 **故事半古之人**이오 **功必倍之**는 **惟此時為然**이라

- ○憔 파리할 초: 悴 마를 췌: 渴 목마를 갈: 郵 역마 우: 倒 거꾸로 도: 懸 매달 현
- ○거기에다 왕자 낳은 지가 이때보다 오랜 적이 없었고 백성들이 포악한 정치에 시달림이 이보다 심한 적이 없었으며 굶주린 사람에게는 먹을 것을 장만해주기가 쉽고 목마른 사람에게는 마실 것을 장만해주

기가 쉬울 때입니다. 공자께서 말씀하시기를, '덕이 퍼져 나가는 것은 역마를 갈아타고 명령서를 전달하는 것보다 빠르다.' 하였으니 지금 이때 만승의 나라에서 인정을 실시하면 백성들이 기뻐하는 것은 마치 거꾸로 매달린 것을 풀어주는 것 같이 기뻐할 것입니다. 그러므로 일은 옛날 사람들의 반만 하고도 공은 반드시 그 배가 될 것이므로 오로지 지금만이 그렇게 할 수 있을 것입니다."

(2) 호연지기에 대한 설명

公孫丑問曰 夫子加齊之卿相하사 得行道焉하시면 雖由此霸王이라도 不異矣리니 如此則動心이릿가 否乎잇가 孟子曰 否라 我는 四十에 不動心호라 曰 若是則夫子過孟賁이 遠矣로소이다 曰 是不難하니 告子도 先我不動心하니라

- ○霸 으뜸 패: 賁 클 분
- ○공손추가 묻기를, "선생님께서 제나라 경상의 자리에 오르셔서 도를 행할 수 있게 되시어, 패업(霸業)을 이루거나 왕업(王業)을 이루신다고 하더라도 이상할 것이 없습니다. 그렇게 될 경우라면 마음이 동요하게 되지 않으실까요?"라고 말하자 맹자께서 말씀하셨다. "아닙니다. 나는 40이 되어서부터는 마음이 동요하지 않았습니다(부동심, 不動心)."라고 말씀하셨다. 공손추가 말하였다. "그러시다면 선생님께서는 옛날 용맹하기로 이름난 맹분(孟賁)보다 훨씬 뛰어나십니다." 맹자께서 말씀하셨다. "그것은 어렵지 않으니, 고자(告子)도 나보다 먼저 마음이 동요하지 않았습니다."

曰 不動心이 有道乎잇가 曰 有하니라 北宮黝之養勇也는 不膚撓하며 不目逃하며 思以一豪挫於人이어든 若撻之於市朝하며 不受於褐寬博하며 亦不受於萬乘之君하여 視刺(척)萬乘之君하되 若刺褐夫하여 無嚴諸侯하여 惡聲이 至어든 必反之하니라

- ○黝 검을 유: 撓 흔들 요: 撻 종아리 달: 刺 찌를 자(척): 褐 털옷 갈
- ○공손추가 말하였다. "마음이 동요하지 않게 하는데 방법이 있습니까?"

맹자께서 말씀하셨다. "있습니다. 북궁유(北宮黝)라는 사람은 용기를 기르는 방법은 피부가 찔려도 꼼짝하지 않고, 눈을 찔려도 깜박이지 않았을 뿐만 아니라, 남에게 털끝만큼이라도 모욕을 당하면 마치 장터에서 매 맞는 것같이 여겼습니다. 미천한 사람에게도 모욕을 당하지 않고, 만승의 군주에게도 모욕을 당하지 않았으며, 만승의 군주를 찔러 죽이기를 마치 필부(匹夫)를 찔러 죽이는 것처럼 생각하며, 제후도 두려워하지 않았으며, 험담하는 소리가 들려오면 반드시 그 소리에 보복하였습니다.

孟施舍之所養勇也는 曰 視不勝호되 猶勝也로니 量敵而後進하며 慮勝而後會하면 是畏三軍者也니 舍豈能為必勝哉리오 能無懼而已矣라하니라 孟施舍는 似曾子하고 北宮黝는 似子夏하니 夫二子之勇이 未知其孰賢이어니와 然而孟施舍守約也니라

○ 맹시사가 용기를 기르는 방법에 대하여 이렇게 말했습니다. '이기지 못하는 것 보기를 이기는 것 같이 여기노니, 적의 많고 적은 것을 헤아려 본 후에야 전진하고, 이기리라고 생각한 후에야 맞서 싸운다면 그것은 삼군을 두려워하는 자의 짓이지요. 내 어찌 꼭 이길 수 있겠는가마는 두려워하지 않을 수 있을 뿐이다.'라는 것입니다. 맹시자의 기상은 증자 같고 복궁유의 기상은 자하와 유사하니 이 두 사람의 용기는 어느 쪽이 나은가는 모르겠네마는, 맹시자가 지키는 것에 더 요점이 있습니다.

昔者에 曾子謂子襄曰 子好勇乎아 吾嘗聞大勇於夫子矣로니 自反而不縮이면 雖褐寬博이라도 吾不惴焉이리오 自反而縮이면 雖千萬人이라도 吾往矣라 하시니라 孟施舍之守는 氣라 又不如曾子之守約也니라

○ 縮 곧을 축: 惴 두려워할 췌
○ 옛날에 증자께서 제자인 자양(子襄)에게 말씀하시기를 '자네는 용기를 좋아하는가? 일찍이 내가 선생님(공자)에게 큰 용기에 관해서 들은 일이 있습니다. 스스로 돌이켜 보아서 의롭지 않으면 비록 상대

가 미천한 사람에 대해서라 할지라도 내가 그를 두려워하지 않을 수 있겠는가? 그러나 스스로 돌이켜 보아서 의롭다면 천만 사람 앞이라 할지라도 나는 겁내지 않고 갈 것이다.'라고 하셨다. 맹시자가 지키는 것은 한 몸의 기(氣)이니 증자가 자기를 돌이켜보아 의를 지키는 것의 요점을 얻은 것만은 못하다."

曰 敢問夫子之不動心과 **與告子之不動心**을 **可得聞與**잇가 **告子曰 不得於言**이어든 **勿求於心**하며 **不得於心**이어든 **勿求於氣**라하니 **不得於心**이어든 **勿求於氣**는 **可**커니와 **不得於言**이어든 **勿求於心**은 **不可**하니 **夫志**는 **氣之帥**(수)**也**요 **氣**는 **體之充也**니 **夫志至焉**이요 **氣次焉**이라 **故**로 **曰 持其志**오도 **無暴其氣**라 하니라

○ 공손추가 말하였다. "감히 여쭈어보겠습니다. 선생님께서 마음이 동요하지 않으시는 것(부동심)과 고자가 마음이 동요하지 않는 것에 대해서 말씀을 들어볼 수 있겠습니까?" 맹자께서 말씀하셨다 "'고자가 말하기를 남의 말이 이해가 안 가도 마음속으로 알려고 하지 말 것이고 마음에 (편안함을) 얻지 못하여도 기운에 도움을 구하지 말 것이다.'라고 하였는데, 마음에 편안함을 얻지 못해도 기운에 호소하지 말라는 것은 괜찮으나, 남의 말에 이해가 안 가도 마음속으로 알려고 하지 말라는 것은 안 될 말입니다. 심지(心志)는 기의 통솔자이고 기는 몸을 채워주는 것입니다. 심지가 나타나면 기가 그 뒤를 따라서는 것이기 때문에 자기의 심지를 올바로 지키고 자기의 기를 해치는 일이 없도록 하라고 말하는 것입니다."

既曰 志至焉이요 **氣次焉**이라 하시고 **又曰 持其志**오도 **無暴其氣者**는 **何也**잇고 **曰 志壹則動氣**하고 **氣壹則動志也**니 **今夫蹶者趨者 是氣也而反動其心**이니라

○ 蹶 넘어질 궐
○ 공손추가 말하였다. "심지가 나타나면 기가 그 뒤를 따라 선다고 말씀하시고 나서 또 자기의 심지를 올바로 지키고 자기의 기를 자극함

제2부 고전 독해 **157**

이 없도록 하라고 말씀하신 것은 무슨 뜻입니까?" 맹자께서 말씀하셨다. "심지가 한결같으면 기를 움직이고 기가 한결같으면 심지를 움직입니다. 예를 들어 넘어지고 달리고 하는 것이 기이기는 하나 그것이 도리어 마음을 동요 시키게 됩니다."

敢問夫子는 **惡**(오)**乎長**이시니잇고 **曰 我**는 **知言**하며 **我**는 **善養吾浩然之氣**하노라 **敢問何謂浩然之氣**니잇고 **曰 難言也**니라 **其爲氣也 至大至剛**하니 **以直養而無害**면 **則塞于天地之間**이니라 **其爲氣也 配義與道**하니 **無是**면 **餒也**니라

  ○浩 클 호: 餒 굶주릴 뇌: 塞 가득할 색
  ○공손추가 말하였다. "감히 여쭈어보겠습니다. 선생님께서는 어떤 점을 잘하십니까?" 맹자께서 말씀하셨다. "나는 남의 말을 잘 알며, 내 호연지기를 잘 기릅니다." 공손추가 말하였다. 감히 여쭈어보겠습니다. "무엇을 호연지기라고 합니까?" 맹자께서 말씀하셨다. "말로 설명하기는 힘듭니다. 호연지기는 그 기됨이 지극히 크고 굳센 것인데 그것을 곧게 길러서 해침이 없으면 하늘과 땅 사이에 가득 차게 됩니다. 이 호연지기는 의와 도에 배합(配合)하는 것으로 그것이 없으면 호연지기가 위축됩니다."

是集義所生者라 **非義襲而取之也**니 **行有不慊於心**이면 **則餒矣**라 **我故曰 告子未嘗知義**라하노니 **以其外之也**일새니라

  ○襲 엄습할 습: 慊 만족할 겸
  ○호연지기는 의가 많이 모여서 생겨나는 것이며 나의 어떤 행위가 우연히 한 번의 의에 부합되었다고 해서 취해지는 것은 아닙니다. 나의 행위가 마음에 들지 않은 점이 있으면 호연지기는 위축되고 마는 것입니다. 나는 그래서 '고자는 일찍이 의를 안적이 없다.'라고 말하는 것으로서 이는 그가 의를 밖에 있는 것이라고 하기 때문입니다.

必有事焉而勿正하여 **心勿忘**하며 **勿助長也**하며 **無若宋人然**이어다 **宋人有**

閔其苗之不長而揠之者러니 **芒芒然歸**하여 **謂其人曰 今日病矣**로라 **予助苗長矣**로라 하여늘 **其子趨而往視之**하니 **苗則槁矣**러라 **天下之不助苗長者寡矣**니 **以為無益而舍之者**는 **不耘苗者也**요 **助之長者揠苗者也**니 **非徒無益**이라 **而又害之**니라

○閔 근심할 민: 苗 벼싹 묘: 揠 뽑을 알: 芒 아득할 망: 病 피곤할 병: 耘 김맬 운: 徒 한갓 도

○사람은 반드시 호연지기를 기르되 의로운 일이 있다면 갑자기 이루어지기를 기대하지 말아야 합니다. 마음으로 잊지 말고 무리하게 잘되게 하려고 하지 말아야 합니다. 송나라 사람이 한 것 같이하지 말아야 합니다. 송나라 사람 중에 자기가 심은 묘가 자라지 않는 것을 안타깝게 여겨 싹을 뽑아 올린 사람이 있었습니다. 그 사람은 피곤해하면서 집으로 돌아가 집 안 사람들에게 '오늘은 피곤하다, 나는 싹이 자라나는 것을 도와주었다.'라고 말했는데 그 사람의 아들이 뛰어가 보았더니 싹은 말라 버렸습니다. 이처럼 천하에는 싹이 자라는 것을 도와주지 않는 사람은 적습니다. 호연지기를 무익하다고 하는 사람은 벼의 싹을 김매주지 않는 사람이요, 호연지기를 억지로 조장하는 사람은 벼의 싹을 크게 하려고 싹을 뽑아 올리는 사람은 같으니, 무익할 뿐만 아니라 도리어 해치는 것입니다."

何謂知言이니 잇고 **曰 詖辭**에 **知其所**하며 **淫辭**에 **知其所陷**하여 **邪辭**에 **知其所離**하며 **遁辭**에 **知其所窮**이니 **生於其心**하여 **害於其政**하며 **發於其政**하여 **害於其事**하나니 **聖人復起**사도 **必從吾言矣**시리라

○詖 편벽될 피: 淫 방탕할 음: 遁 도망할 둔

○공손추가 말하였다 "남이 하는 말을 안다는 것은 무슨 말씀입니까." 맹자께서 말씀하셨다. "공정하지 않은 말(편벽함)을 들으면 그 사람의 마음을 가리고 있는 것이 무엇인가를 알며, 방탕한 말을 들으면 그 사람이 무엇에 빠져 있는지를 알며, 사악한 말을 들으면 그 사람이 도(道)에서 괴리된 바를 알며, 꾸며서 하는 말을 들으면 그가 논리의 궁함에 몰려 있는 것을 알 수 있습니다. 이 네 가지의 말은 악한 마음에

서 생겨나 정치를 해치고, 정치에 그러한 생각이 나타나면 일을 해치는 것으로서, 성인이 다시 나오셔도 반드시 내 말에 따르실 것입니다."

宰我 子貢은 **善爲說辭**하고 **冉牛 閔子 顔淵**은 **善言德行**이러니 **孔子兼之**하시되 曰 '**我於辭命則不能也**로라하시니 **然則夫子**는 **旣聖矣乎**인저

○ 공손추가 말하였다. "재아와 자공은 말을 잘했고, 염우와 민자건과 안연은 덕행을 말하기를 잘했는데, 공자께서는 두 가지를 겸하시고서도 '나는 사명(辭命)에는 능하지 못하다' 하고 말씀하셨습니다. 그러고 보면 선생님께서는 이미 성인이 되신 것입니다."

曰 **惡**(오)라 **是何言也**오 **昔者子貢**이 **問於孔子曰 夫子**는 **聖矣乎**인저 **孔子曰 聖則吾不能**이어니와 **我**는 **學不厭而敎不倦也**로라 **子貢曰 學不厭**은 **智也**요 **敎不倦**은 **仁也**니 **仁且智**하시니 **夫子**는 **旣聖矣**신저하니 **夫聖**은 **孔子도 不居**하시니 **是何言也**오

○ 맹자께서 말씀하셨다. "아 그게 무슨 말입니까? 옛적에 자공이 공자께 '선생님께서는 성인이시지요?' 하고 여쭈어보자. 공자께서는 '내가 성인이라고 하기엔 가능하지 않다. 나는 배우기를 싫어하지 않고, 가르치는 것을 게을리하지 않는다.'라고 말씀하셨습니다. 자공이 '배우기를 싫어하지 않는 것이 지혜로운 것이고, 가르치는데 게을리하지 않는 것은 인자한 것입니다. 인자하시고 거기에 지혜로우시니 선생님께서는 이미 성인이십니다.' 하고 말씀드렸습니다. 공자께서도 성인으로는 자처하지 않으셨는데, 그게 무슨 말씀입니까?"

昔者에 **竊聞之**하니 **子夏 子游 子張**은 **皆有聖人之一體**하고 **冉牛 閔子 顔淵**은 **則具體而微**라하니 **敢問所安**하노이다 曰 **姑舍是**하라

○ 공손추가 말하였다. "옛적에 제가 들은 이야기지만 자하, 자유, 자장은 모두 성인의 일부분만 가지고 있었고, 염우, 민자건, 안연은 전부를 갖추고 있었으나 미약했다는 것입니다. "선생님께서는 이 중에 어느 쪽에 해당된다고 생각하시는지 감히 여쭈어보겠습니다." 맹자께

서 말씀하셨다. "그 이야기는 그만두십시오."

曰 伯夷 伊尹은 何如하니잇고 曰 不同道하니 非其君不事하며 非其民不使하며 治則進하고 亂則退는 伯夷也요 何事非君이며 何使非民이리오하여 治亦進하며 亂亦進은 伊尹也요 可以仕則仕하며 可以止則止하며 可以久則久하며 可以速則速은 孔子也시니 皆古聖人也라 吾未能有行焉이어니와 乃所願則學孔子也로라

○ 공손추가 말하였다. "백이(伯夷)와 이윤(伊尹)은 어떻게 생각하십니까?" 맹자께서 말씀하셨다. "처세하는 방법이 같지 않습니다. 자기가 좋아하지 않는 임금이면 섬기지 않고, 부릴만한 백성이 아니면 부리지 않아서, 세상이 다스려 지면 나아가고 어려워지면 물러감은 백이였고, 어느 누구를 섬긴들 임금이 아니겠는가, 어느 누구를 부린들 백성이 아니겠는가 하고, 다스려져도 나아가고, 혼란해도 나아가는 것이 이윤이였고, 벼슬을 살만하면 벼슬살이를 하고 그만두어야 할 계제가 되면 그만두고, 오래 머물러 있을 만하면 오래 있고, 빨리 나가야 할 계제가 되면 빨리 떠나가는 것이 공자였습니다. 모두 옛날의 성인들이었습니다. 나는 아직 그 사람들처럼 할 수 없지만, 공자를 본받는 것이 소원입니다."

伯夷 伊尹이 於孔子에 若是班乎잇가 曰 否라 自有生民以來로 未有孔子也시니라 曰 然則有同與잇가 曰 有하니 得百里之地而君之면 皆能以朝諸侯有天下어니와 行一不義하며 殺一不辜而得天下는 皆不爲也니 是則同하니라

○ 辜 죄 고
○ 공손추가 말하였다. "백이와 이윤이 그토록 공자와 대등합니까?" 맹자께서 말씀하셨다. "아닙니다. 이 세상에 사람이 생겨난 이래로 공자만 한 인물은 아직까지 나오지 않았습니다." 공손추가 말하였다. "그러면 세분들 사이에는 같은 점은 있습니까?" 맹자께서 말씀하셨다. "있습니다. 백 리가 되는 땅을 얻어서 그곳의 임금이 된다면 다들 제

후들이 와서 만나게 하여 천하를 차지할 수 있었을 것이고, 한 가지라도 불의한 일을 행하고 한 사람이라도 무죄한 이를 죽이고서 천하를 얻음은 다들 하지 않았을 것입니다. 이런 점에서 같습니다."

曰 敢問其所以異하노이다 **曰 宰我 子貢 有若**은 **智足以知聖人**이니 **汗**(와)**不至阿其所好**니라 **宰我曰 以予觀於夫子**컨대 **賢於堯舜**이 **遠矣**삿다 **子貢曰 見其禮而知其政**하며 **聞其樂而知其德**이니 **由百世之後**하여 **等百世之王**컨대 **莫之能違也**니 **自生民以來**로 **未有夫子也**시니라

○ 공손추가 말하였다. "그분들이 서로 다른 점을 감히 여쭈어보겠습니다." 맹자께서 말씀하셨다. "재아와 자공과 유약은 그들의 지혜가 성인의 위대함을 알아볼 만하였으므로, 이들의 지혜가 낮다 해도 이들이 좋아하는 사람에 아첨하기까지는 이르지 않았을 것입니다." 재아가 말하기를 '내가 선생님을 살펴본 것으로 요임금 순임금보다 더 훌륭하시다.'라고 하였고 자공이 말하기를 '예(禮)를 보면 그 나라의 정치 수준을 알 수 있고, 음악을 들으면 그 군주의 덕을 알 수 있으니, 백 대 후인 오늘날 지나간 백 대의 왕들을 등급 매겨보아도 군주 중에 이 기준을 어길 수 있는 사람은 없다. 그런데 이 세상에 사람이 생겨난 이래로 공자님 같은 인물은 아직 나오지 않았다.'라고 말했다.

有若曰 豈惟民哉리오 **麒麟之於走獸**와 **鳳凰之於飛鳥**와 **太山之於丘垤**과 **河海之於行潦**에 **類也**며 **聖人之於民**에 **亦類也**시니 **出於其類**하며 **拔乎其萃**나 **自生民以來**로**, 未有盛於孔子也**시니라

○ 垤 개미둑 질: 潦 장마 물 료(로): 萃 모을 췌
○ 유약이 말하였다. '어찌 사람만이 그러하겠는가? 뛰어다니는 짐승 중에 기린, 날아다니는 새 중에 봉황, 언덕 중에 태산, 도랑에 흐르는 물 중에 황하나 바다가 같은 종류의 것들이다. 일반 백성 중에 성인도 역시 이와 같다, 같은 종류에서 빼어나고 같은 무리 중에 뛰어나 있다. 이 세상에 사람이 생겨난 이래로 (뛰어난 정도가) 공자보다 더 대단했던 인물은 아직은 나오지 않았다.'라고 하였다."

(3) 왕도정치와 패도정치

孟子曰 以力假仁者는 霸니 霸必有大國이요 以德行仁者王는 王이니 不待大라 湯以七十里하시고 文王以百里하시니라 以力服人者는 非心服也라 力不贍也요 以德服人者는 中心悅而誠服也니 如七十子之服孔子也라 詩云自西自東하며 自南自北이 無思不服이라하니 此之謂也니라

- 贍 넉넉할 섬
- 맹자께서 말씀하셨다. "힘으로 인을 가장하는 것은 패도다. 패자는 반드시 큰 나라가 있어야 한다. 덕으로 인을 행하는 것은 왕도다. 왕도를 펴는 데는 큰 나라여야 할 것은 없다. 탕왕은 70리로 그것을 해냈고, 문왕은 100리로 그것을 해냈다. 힘으로 남을 복종시킨다면 그것은 마음속으로 복종하는 것이 아니고 힘이 모자라서이다. 덕으로 남을 복종시킨다면 그것은 마음속으로부터 기뻐서 정말로 복종하는 것으로 그것은 70명의 제자가 공자에게 복종하는 것과 같은 것이다. 〈시경, 문왕유성〉에 '서쪽에서 동쪽에서 남쪽에서 그리고 북쪽에서 마음속으로 복종하지 않는 사람이 없었노라'라고 한 것은 이런 것을 두고 한 말이다."

(4) 인정을 베풀면 큰 나라도 두려워 한다

孟子曰 仁則榮하고 不仁則辱하나니 今惡(오)辱而居不仁이면 是猶惡濕而居下也니라 如惡之인댄 莫如貴德而尊士니 賢者在位하며 能者在職하여 國家閒暇어든 及是時하여 明其政刑이면 雖大國이라도 必畏之矣리라

- 猶 같을 유: 濕 습할 습: 閒 한가할 한: 暇 한가할 가
- 맹자께서 말씀하셨다. "어진 정치를 하면 번영하고 어진 정치를 펴지 않으면 치욕을 당한다. 지금의 임금은 치욕을 당하는 것을 싫어하면서도 어진 정치를 펴지 않으니, 이것은 마치 습한 것을 싫어하면서도 낮은 곳에 있는 것과 같다. 만약 치욕을 당하는 것을 싫어한다면 덕을 귀하게 여기고 선비를 존중해야 하니 현자가 벼슬자리에 있고 유능한 인재가 직책을 맡게 되면 국가가 태평하게 된다. 그렇게 된 때에 이르러 그 나라의 정사와 형벌을 명백하게 한다면 큰 나라라 할지라도 반드

시 그 나라를 두려워할 것이다."

詩云 迨天之未陰雨하여 徹彼桑土(두)하여 綢繆牖戶면 今此下民이 或敢侮予아하여늘 孔子曰 爲此詩者인저 其知道乎 能治其國家면 誰敢侮之리오 하시니라 今에 國家閒暇어든 及是時般樂怠敖하나니 是自求禍也니라 禍福이 無不自己求之者니라 詩云 永言配命이 自求多福이라하며 太甲曰 天作孼은 猶可違어니와 自作孼은 不可活이라하니 此之謂也니라

○迨 미칠 태: 綢 얽을 주: 繆 얽을 무: 孼 재앙 얼
○〈시경, 치효〉에 '하늘에 구름이 끼고 비가 내리기 전에 저 뽕나무 뿌리를 캐어다가 살창과 지게문을 단단히 엮었나니 이제 백성들이 감히 나를 모욕할 수 있으랴'라고 하였는데 공자께서는 '이 시를 지은 사람은 도를 알고 있었을 것이다. 자기의 나라를 잘 다스릴 수 있다면야 누가 감히 그를 모욕하겠는가?' 하고 말씀하셨다. 국가가 태평하더라도 그때 대대적으로 즐기고 태만하고 오만한 짓을 한다면 그것은 스스로 재앙을 구하는 것이다. 화와 복은 자신으로부터 그것을 구하지 않은 예가 없다. 〈시경, 문왕〉에 '돌아온 천명을 영속시키기 위해 자진해서 많은 복을 찾을지어다'라고 말하였고 〈서경, 태갑〉에서는 '하늘이 만든 재앙은 그래도 피할 수 있으나 자기가 만든 재앙에서는 피할 수 없다'라고 하였는데 모두 이점을 두고 한 말씀이시다."

(5) 천하에 적이 없게 하려면

孟子曰 尊賢使能하며 俊傑이 在位면 則天下之士皆悅而願立於其朝矣리라 市廛而不征하며 法而不廛이면 則天下之商이 皆悅而願藏於其市矣리라 關에 譏而不征이면 則天下之旅皆悅而願出於其路矣리라 耕者를 助而不稅면 則天下之農이 皆悅而願耕於其野矣리라 廛無夫里之布면 則天下之民이 皆悅而願爲之氓矣리라

○傑 호걸 걸: 廛 자리 전: 征 세금 낼 정: 譏 살필 기
○맹자께서 말씀하셨다. "현자를 존중하고 유능한 인재를 부리며 걸출한 인물이 벼슬자리에 있으면 온 나라의 선비들이 모두 기뻐하여 그

나라의 조정에서 벼슬하기를 원하게 될 것이다. 시장에서는 자릿세는 징수하나 물품세는 징수하지 않거나 법대로 하여 자릿세도 징수하지 않으면 온 나라의 상인들이 모두 기뻐하여 그 나라의 시장에다 상품을 두기를 원하게 될 것이다. 관문에서는 사정을 살피기만 하고 통행세를 징수하지 않으면 온 나라의 여행자들이 모두 그 나라의 길로 다니기를 원하게 될 것이다. 농사짓는 사람들에게는 공전을 도와서 경작하게 하고 사전에는 세금을 거두지 않는다면 온 나라의 농민들이 모두 기뻐하여 그 나라의 들에서 농사짓기를 원하게 될 것이다. 주거지에 대해서는 부포(夫布)와 이포(里布)를 없애면 온 나라의 백성들이 모두 기뻐하여 그 고장의 주인이 되기를 원하게 될 것이다.

信能行此五者면 **則鄰國之民仰之若父母**리니 **率其子弟**하여 **攻其父母**는 **自生民以來**로 **未有能濟者也**니 **如此則無敵於天下**하리니 **無敵於天下者**는 **天吏也**니 **然而不王者未之有也**니라

- ○信 진실로 신: 率 거느릴 솔: 濟 이룰 제
- ○이 다섯 가지를 잘 시행한다면 이웃 나라의 백성들이 그 나라의 임금을 부모같이 우러러보게 될 것이니 자제들을 거느리고 가서 그들의 부모를 공격하는 일은 이 세상에 사람이 생겨난 이래로 성공해 본 일이 없으니, 그와 같이 된다면 천하에 대적할 자가 없을 것이다. 천하에 대적할 사람이 없는 사람은 하늘의 일꾼이다. 그렇게 되고서도 왕업을 이루지 못한 사람은 있지 아니하다."

(6) 인의예지(仁義禮智)는 누구나 가지고 있는 정서

孟子曰 人皆有不忍人之心하니라 **先王有不忍人之心**하사 **斯有不忍人之政矣**시니 **以不忍人之心**으로 **行不忍人之政**이면 **治天下**는 **可運之掌上**이니라

- ○忍 차마 할 인
- ○맹자께서 말씀하셨다. "사람마다 모두 차마 남을 해하지 못하는 마음을 지니고 있다. 선왕께서는 차마 남을 해하지 못하는 마음을 가지시고 인정(仁政)을 하셨던 것이다. 차마 남에게 해하지 못하는 마음을

가지고 정사를 한다면 천하를 다스리는 것은 손바닥 위에서 움직이는 것처럼 쉬울 것이다.

所以謂人皆有不忍人之心者는 今人이 乍見孺子將入於井하고 皆有怵惕惻隱之心하나니 非所以內交於孺子之父母也며 非所以要譽於鄕黨朋友也며 非惡(오)其聲而然也니라 由是觀之컨덴 無惻隱之心이면 非人也며 無羞惡之心이면 非人也며 無辭讓之心이면 非人也며 無是非之心이면 非人也니라

○乍 갑자기 사: 孺 어릴 유: 怵 두려워할 출: 惕 두려워할 척: 內, 納 드릴 납: 要 구할 요: 羞 부끄러워할 수: 忽 갑자기 홀

○사람들이 모두 차마 남에게 해하지 못하는 마음이 있다고 말하는 까닭은, 이제 사람들이 어린아이가 우물에 빠지려고 하는 것을 갑자기 보게 되면 모두 깜짝 놀라고 측은한 마음이 생기는데 그것은 그 어린아이의 부모와 교분을 맺으려고 하기 때문도 아니고 동네 사람들과 벗들로부터 칭찬을 받으려고 하기 때문도 아니고 그 아이가 지르는 소리가 듣기 싫어서 그러는 것도 아니다. 이런 점에서 본다면 측은해하는 마음(惻隱之心)이 없는 사람들은 사람이 아니고, 악을 부끄러워하는 마음(羞惡之心)이 없는 사람들은 사람이 아니고, 사양하는 마음(辭讓之心)이 없는 사람들은 사람이 아니고 시시비비를 가리는 마음(是非之心)이 없는 사람들은 사람이 아니다.

惻隱之心은 仁之端也요 **羞惡之心**은 義之端也요 **辭讓之心**은 禮之端也요 **是非之心**은 智之端也니라 人之有是四端也 猶其有四體也니 有是四端而 **自謂不能者**는 自賊者也요 **謂其君不能者**는 賊其君者也니라

○端 끝 단: 賊 해칠 적

○측은해하는 마음은 인(仁)의 단서이고 부끄러워하는 마음은 의(義)의 단서이고 사양하는 마음은 예(禮)의 단서이고 시시비비를 가리는 마음은 지(智)의 단서이다. 사람들이 이 네 가지 단서(四端)를 가지고 있는 것은 그들이 사지(四肢)를 가진 것과도 같다. 이 네 가지 단서를 지니고 있으면서 인의를 행하지 못한다고 말하는 것은 스스로 해치는

사람이고 자기 임금이 인의를 행할 수 없다고 하는 것은 임금을 해치는 사람이다.

凡有四端於我者를 **知皆擴而充之矣**면 **若火之始然**하며 **泉之始達**이니 **苟能充之**면 **足以保四海**요 **苟不充之**면 **不足以事父母**니라

- ○ 然 불탈 연, 燃과 같음
- ○ 이 네 가지 단서가 있는 사람이면 그것을 넓힐 줄 안다. 이 네 가지 단서는 불이 처음 타오르고 샘이 처음 솟아나는 것과 같아서 진실로 그것을 넓힐 수 있기만 하면 사해를 편하게 하기에 충분하고 진실로 그것을 넓히지 못한다면 부모조차도 섬길 수 없을 것이다."

(7) 직업을 잘 선택하라

孟子曰 矢人이 **豈不仁於函人哉**리오마는 **矢人**은 **唯恐不傷人**하고 **函人**은 **唯恐傷人**하나니 **巫匠**도 **亦然**하니 故로 **術不可不愼也**니라 **孔子曰 里仁爲美**하니 **擇不處**면 **焉得智**리오하시니 **夫仁**은 **天之尊爵也**며 **人之安宅也**어늘 **莫之禦而不仁**하니 **是不智也**니라

- ○ 矢 화살 시: 函 갑옷 함: 巫 무당 무: 匠 목수 장: 術 재주 술
- ○ 맹자께서 말씀하셨다. "화살 만드는 사람이 어찌 갑옷 만드는 사람보다 인자하지 않겠느냐마는 화살 만드는 사람은 행여 사람을 해치지 못하게 될까 두려워하고, 갑옷 만드는 사람은 행여 사람을 해치게 될까 두려워한다. 무당과 관 만드는 목수 역시 그렇다. 그러므로 기술을 선택함에는 신중을 기하지 않을 수 없다. 공자께서 말씀하시기를 '거처를 택하여 인후한 고장에 살지 않는다면 어찌 지혜로운 사람이 될 수 있겠는가?' 하셨으니, 인은 하늘이 준 벼슬이고 인간의 편안한 집이다. 이것을 못 하게 막지도 않는데 어질지 못하니 이는 지혜롭지 않은 것이다.

不仁不智라 **無禮無義**면 **人役也**니 **人役而恥爲役**은 **由弓人而恥爲弓**하며 **矢人而恥爲矢也**니라 **如恥之**인댄 **莫如爲仁**이니라 **仁者**는 **如射**하니 **射者**는

正己而後하여 發而不中이라도 不怨勝己者요 反求諸己而已矣니라

○ 役 사역할 역
○ 어질지 못하여 지혜롭지 않고 예의와 의리가 없으면 남에게 부림을 받게 된다. 남에게 부림을 받으면서 부림을 받는 것을 부끄러워하는 것은 마치 활 만드는 사람이 화살 만들기를 부끄러워하는 것과 같다. 만약에 부림을 받는 것을 부끄러워한다면 무엇보다도 인을 실천할 일이다. 인을 실천하는 것은 활 쏘는 것과 같다. 활 쏘는 사람은 자기를 바로 잡고 난 후에 쏜다. 쏘아서 과녁에 맞지 않아도 자기를 이긴 사람을 원망하지 않고 돌이켜 자기한테서 결점을 찾을 따름이다."

(8) 선한 일은 남과 같이 하라

孟子曰 子路는 人이 告之以有過則喜하니라 禹는 聞善言則拜러시다 大舜은 有大焉하시니 善與人同하사 舍己從人하시며 樂取於人하여 以為善이러시다 自耕 稼 陶 漁로 以至為帝히 無非取於人者러시다 取諸人以為善이 是與人為善者也라 故君子莫大乎與人為善이니라

○ 맹자께서 말씀하셨다. "자로(子路)는 사람들이 그에게 잘못이 있다고 일러주면 기뻐했고 우임금은 좋은 말을 들으면 절을 했다. 위대한 순임금은 그보다도 더 대단했다. 선(善)을 남들과 함께하여 자기 불선(不善)을 버리고 남의 의견에 따라 선을 행하기를 좋아했다. 농사짓고 질그릇 굽고 물고기 잡는 데서부터 황제가 되기까지 남의 선을 취해서 하지 않은 것이라고는 없었다. 남의 선을 취해서 선을 행하는 것은 남이 선을 행하도록 도와주는 것이다. 그러므로 군자에게는 남이 선을 행하도록 도와주는 것보다 더 훌륭한 일은 없다."

(9) 백이(伯夷)와 유하혜(柳下惠)

孟子曰 伯夷는 非其君不事하며 非其友不友하며 不立於惡人之朝하며 不與惡人言하더니 立於惡人之朝와 與惡人言을 如以朝衣朝冠으로 坐於塗炭하며 推惡惡(오악)之心하여 思與鄕人立에 其冠不正이어든 望望然去之하여 若將浼焉하니 是故로 諸侯雖有善其辭命而至者라도 不受也하니 不受也者

는 **是亦不屑就已**니라

○ 塗 진흙 도: 炭 숯불 탄: 浼 더럽힐 매: 屑 깨끗할 설
○ 맹자께서 말씀하셨다. "백이는 섬길만한 군주가 아니면 섬기지 않았고, 벗할 만한 친구가 아니면 벗하지 않았으며, 악한 사람이 있는 조정에는 서지 않았고, 악한 사람과는 말을 하지 않았다. 악한 사람과 조정에 서고 악한 사람과 이야기하는 것을 조정에서 입는 옷을 입고 조정에서 쓰는 관을 쓰고서 진흙과 숯 구덩이에 앉는 것같이 여겼다. 악을 미워하는 마음을 미루어서 향리의 사람과 같이 서 있을 때 그 사람이 쓴 관이 바르지 않으면 부끄러운 기색을 하고 돌아보지 않고 가버려 장차 그것에 더럽혀지기나 할 것같이 여겼다. 그렇기 때문에 제후들이 초빙하는 글을 좋게 써서 와도 받아들이지 않았던 것이다. 받아들이지 않는 것은 또한 벼슬에 나가는 것을 떳떳하게 여기지 않은 것이다.

柳下惠는 **不羞汙君**하여 **不卑小官**하여 **進不隱賢**하여 **必以其道**하며 **遺佚而不怨**하며 **阨窮而不憫**하더니 **故曰 爾爲爾**요 **我爲我**니 **雖袒裼裸裎於我側**인들 **爾焉能浼我哉**리오하니 **故**로 **由由然與之偕而不自失焉**하여 **援而止之而止**하니 **援而止之而止者**는 **是亦不屑去已**니라 **孟子曰 伯夷**는 **隘**하고 **柳下惠不恭**하니 **隘與不恭**은 **君子不由也**니라

○ 羞 부끄러워할 수, 바칠 수: 汙 땀 한, 汚와 같음: 佚 빠뜨릴 일: 阨 곤궁할 액: 憫 근심할 민: 裼 벗을 석: 袒 벗을 단: 偕 함께 해: 援 당길 원: 隘 좁을 애
○ 노나라 대부 유하혜는 더러운 군주 섬기기를 부끄럽게 여기지 않았고 작은 벼슬자리를 하찮게 여기지 않았다. 벼슬하여 나아가면 자기의 현명함을 숨기지 않고 반드시 자기 도리를 다했으며 벼슬에서 버림받아도 원망하지 않았고 곤궁에 빠져도 성내지 않았다. 그래서 '너는 너고 나는 난데 네가 내 곁에서 옷을 벗고 몸뚱어리를 내놓고 있은들 네가 어찌 나를 더럽힐 수 있겠느냐?' 하고 말했던 것이다. 그래서 느긋하게 남들과 함께 있으면서도 그 자신의 올바름을 잃지 않았던 것이다. 떠나려고 하다가도 만류하여 머물러 있게 하면 멈추었으니, 머물러 있

는 것은 떠나는 것이 떳떳하다고 여기지 않기 때문이었다." 맹자께서 말씀하셨다. "백이는 도량이 좁고 유하혜는 공손하지 못하다. 도량이 좁은 것과 공손하지 못한 것을 군자는 따르지 않는다."

4. 공손추장구 하(公孫丑章句 下)

이 장구는 14장으로 맹자가 자신의 정치관을 언급하고 있다.

(1) 인화(人和)는 천시(天時)와 지리(地利)에 앞선다

孟子曰 天時不如地利요 **地利不如人和**니라 **三里之城**과 **七里之郭**을 **環而攻之而不勝**하나니 **夫環而攻之**에 **必有得天時者矣**언마는 **然而不勝者**는 **是天時不如地利也**니라

- ○郭 성 곽: 環 포위할 환
- ○맹자께서 말씀하셨다. "천시는 지리적 이로움만 못하고 지리적 이로움이 인화만 못 하다. 3리 되는 내성과 외성이 7리 되는 작은 성의 외곽을 완전히 포위하고 공격하여도 이기지 못하는 경우가 있다. 완전히 포위하고 공격하게 되면 반드시 천시를 얻은 점이 있게 마련이지만 그리고서도 이기지 못하는 것이 천시가 지리적인 이로움만 못해서이다.

城非不高也며 **池非不深也**며 **兵革**이 **非不堅利也**며 **米粟**이 **非不多也**로되 **委而去之**하나니 **是地利不如人和也**니라

- ○革 갑옷 혁: 粟 곡식 속: 委 버릴 위
- ○성이 높지 않은 것도 아니고, 해자(垓字)가 깊지 않은 것도 아니며, 무기와 갑옷이가 견고하고 예리하지 않은 것도 아니고, 곡식이 많지 않은 것은 아니지만 내버리고 가는 것은 지리적 이로움이 인화만 못해서이다.

故로 **曰 域民**하되 **不以封疆之界**하며 **固國不以山谿之險**하며 **威天下**하되

不以兵革之利니 得道者는 多助하고 失道者는 寡助라 寡助之至에는 親戚이 畔之하고 多助之至에는 天下順之니라 以天下之所順으로 攻親戚之所畔이라 故로 君子有不戰이언정 戰必勝矣니라

○ 域 지경 역: 疆 지경 강: 谿 시내 계: 畔 배반할 반
○ 그래서 옛말에 이르기를 '백성들을 살게 하는데 영토의 경계를 가지고 하지 않고 나라의 방위를 견고하게 하는 데 산과 골짜기의 험준함으로 하지는 않고 천하의 위세를 떨치는 데 병기와 갑옷의 예리함으로 하지 않는다.'라고 하는 것이다. 도를 얻은 사람은 도와주는 사람이 많고 도를 잃은 사람은 도와주는 사람이 적다. 도와주는 사람이 적은 경우에는 친척마저 배반하고, 도와주는 사람이 많은 경우에는 온 천하가 따른다. 온 천하가 따르는 힘을 가지고 친척에게까지 배반당하는 힘을 가진 사람을 공격하기 때문에 군자는 싸움을 하지 않는 수는 있어도 싸우면 반드시 이기는 것이다."

(2) 임금은 군자에게 도를 배운 후 신하로 삼으라

孟子將朝王이러시니 王使人來曰 寡人이 如就見者也러니 有寒疾이라 不可以風일새 朝將視朝하리니 不識케이다 可使寡人得見乎잇가 對曰 不幸而有疾이라 不能造朝로소이다 明日에 出吊於東郭氏러시니 公孫丑曰 昔者에 辭以病하시고 今日吊 或者不可乎인저 曰 昔者疾이 今日愈어니 如之何不吊리오

○ 맹자께서 제나라 왕에게 문안하러 가려고 하였을 때 왕이 사람을 보내서 말을 전해왔다. "과인이 마땅히 가서 뵈어야 할 것이나 갑자기 감기가 들어서 찬 바람을 쐴 수가 없습니다. 조정에 나오시면 만나 뵈려고 합니다. 과인이 만나 뵐 수 있게 해주실는지요?"하고 말했다. 맹자께서 대답하셨다. "불행하게도 몸이 아파서 조정에 나갈 수 없습니다."라고 대답하였다. 그 이튿날 맹자께서 제나라 대부 집안인 동곽씨를 조문하였다. 공손추가 말하였다. "어제는 몸이 아파서 나가시는 것도 사양하시고 오늘 조문을 하신 것은 옳지 않은 듯합니다." 맹자께서 말씀하셨다. "어제 아팠던 것이 오늘 나았으니 어떻게 조문을 가지 않겠습니까?"

王使人問疾하시고 醫來어늘 孟仲子對曰 昔者에 有王命이어시늘 有采薪之憂라 不能造朝러시니 今病小愈어시늘 趨造於朝하더시니 我는 不識케이다 能至否乎아 하고 使數人으로 要於路 曰 請必無歸而造於朝하소서

　　○采 캘 채: 薪 나무섶 신: 愈 병나을 유
　　○왕이 사람을 시켜서 문병하게 하고 의원을 보내왔다. 맹자의 종형제인 맹중자가(문병 온 사람에게) "어제는 들라는 왕명이 계셨으나 몸이 불편하여 조정에 나가지 못하셨습니다. 오늘은 병이 좀 나아서 조정으로 가셨는데 도착하셨는지 모르겠습니다." 하고 대답하고는 여러 사람을 시켜 길에서 맹자를 만나게 하여 "돌아오시지 마시고 지금 조정으로 꼭 가십시오." 하고 이르게 했다.

　　不得已而之景丑(추)氏하여 宿焉이러시니 景子曰 內則父子요 外則君臣이 人之大倫也니 父子는 主恩하고 君臣主敬하니 丑見王之敬子也요 未見所以敬王也니이다 曰 惡(오)라 是何言也오 齊人이 無以仁義與王言者는 豈以仁義為不美也리오 其心曰 是何足與言仁義也云爾면 則不敬이 莫大乎是하니 我非堯舜之道어든 不敢以陳於王前하노니 故齊人莫如我敬王也니라

　　○이에 맹자는 부득이 대부 집안인 경추씨 집에 가서 유숙하였다. 경자가 말하였다. "집안에는 부자간, 밖에는 군신 간 도리, 이것이 인륜 중의 큰 것입니다. 부자간에는 은혜가 중심이고, 군신 간에는 공경심이 중심입니다. 저는 왕께서 선생을 공경하는 것은 보았지마는 선생께서 왕을 공경하시는 경우는 보지 못하였습니다." 맹자께서 말씀하셨다. "아, 이게 무슨 말씀이십니까? 제나라 사람 중에 인의를 가지고 왕에게 말해주는 사람이 없는데 그것이 어찌 인의를 좋지 않게 여기기 때문이겠습니까? 마음속으로 '이 임금과 함께 인의를 이야기할 수 있겠는가?'라고 하는 것인데 그렇게 말한다면 불경이 그것보다 더 클 수가 없을 것입니다. 나는 요임금과 순임금의 도가 아니면 감히 왕 앞에서 말씀드리지 않습니다. 그러니 제나라 사람들 가운데 나처럼 왕을 공경하는 사람은 없을 것입니다."

景子曰 否라 **非此之謂也**라 **禮曰 父召**어시든 **無諾 君命召**어시든 **不俟駕**라 하니 **固將朝也**라가 **聞王命而遂不果**하시니 **宜與夫禮若不相似然**하이다

○ 경자가 말하였다. "아닙니다. 그런 것을 두고 한 말이 아닙니다. 예(禮)에 이르기를 '아버지가 부르면 '예' 하고 대답만 하고 마는 일이 없고, '임금이 명령을 내려서 부르면 수레에 말을 달기를 기다리지 않고 나선다.'라고 하였는데 장차 조회하려고 하셨다가 왕명을 듣고 마침내 가시지 않으셨으니 아마도 그 예와는 다른 것 같습니다."

曰 豈謂是與리오 **曾子曰 晉楚之富**는 **不可及也**나 **彼以其富**어든 **我以吾仁**이요 **彼以其爵**이어든 **我以吾義**니 **吾何慊乎哉**리오하시니 **夫豈不義**를 **而曾子言之**시리오 **是或一道也**니라 **天下有達尊**이 **三**이니 **爵一齒一德一朝廷**엔 **莫如爵**이요 **鄕黨**엔 **莫如齒**요 **輔世長民**엔 **莫如德**이니 **惡**(오)**得有其一**하여 **以慢其二哉**리오

○ 맹자께서 말씀하셨다. "어찌 그런 것을 두고 말하는 것이겠습니까? 증자께서 '진나라와 초나라의 부유함은 내가 따라가지 못한다. 그들은 부유함을 가지고 대하나 나는 내 인자함을 가지고 대하며 그들은 그들의 관작(官爵)을 가지고 대하나 나는 내 의를 가지고 상대하는데 내가 어찌 부족할 것이 있겠습니까?' 하고 말씀하셨으니 어찌 의롭지 않은 것을 증자에게 말씀하셨겠습니까? 이것도 하나의 도리입니다. 천하에는 보편적으로 존경받는 것이 세 가지가 있는데, 관작이 그 하나이고 연령이 그 하나이고 덕망이 그 하나입니다. 존경받기로는 조정에서는 관작만 한 것이 없고 향리에서는 연령 만한 것이 없고 세상을 돕고 백성들의 어른 노릇을 하는 데는 덕망만 한 것이 없는데 어찌 그 중의 관작 하나를 가지고 있다고 나머지 두 가지를 소홀히 할 수 있겠습니까?

故로 **將大有為之君**은 **必有所不召之臣**이라 **欲有謀焉**이면 **則就之**하나니 **其尊德樂道 不如是**면 **不足與有為也**니라 **故**로 **湯之於伊尹**에 **學焉而後臣之**라 **故**로 **不勞而王**하시고 **桓公之於管仲**에 **學焉而後臣之**라 **故**로 **不勞而霸**하니라

○ 그러므로 장차 큰일을 하려는 군주는 반드시 함부로 부르지 못하는

신하가 있게 마련입니다. 그래서 그와 의논하고 싶은 일이 있으면 자기가 찾아갑니다. 덕을 존중하고 도를 즐기기를 이와 같이 하지 않으면 함께 큰일을 할 수 없는 것입니다. 그래서 탕 임금은 이윤에게 배운 후에 그를 신하로 삼았기 때문에 힘들이지 않고 왕업을 이루셨고 제나라 환공은 관중에게 배운 뒤에 그를 신하로 삼았기 때문에 힘들이지 않고 패업을 이루셨던 것입니다.

今天下地醜德齊하여 **莫能相尙**은 **無他**라 **好臣其所敎而不好臣其所受敎**니라 **湯之於伊尹**과 **桓公之於管仲**에 **則不敢召**하니 **管仲且猶不可召**하니 **而況不爲管仲者乎**아

- ○醜 같을 추
- ○지금은 천하의 제후들이 차지한 영토도 비슷하고 정치상황도 비슷하여 서로 간에 월등하게 뛰어나지 못하는 이유가 다른 것은 없고, 자기가 가르치는 사람을 신하로 삼기를 좋아하고 자기가 가르침을 받아야 할 사람을 신하로 삼기에 좋아하지 않기 때문입니다. 탕 임금은 이윤을, 환공은 관중을 감히 부르지 못하였습니다. 관중조차도 오히려 임금이 불러서 볼 수 없었는데 하물며 관중 같은 사람이 되기를 원하지 않는 나의 경우에 있어서는 더 말할 나위가 있겠습니까?"

(3) 군자는 뇌물을 받지 않는다

陳臻이 **問曰 前日於齊**에 **王**이 **餽兼金一百而不受**하시고 **於宋**에 **餽七十鎰而受**하시고 **於薛**에 **餽五十鎰而受**하시니 **前日之不受是**면 **則今日之受非也**요 **今日之受是**면 **則前日之不受非也**니 **夫子必居一於此矣**시리이다

- ○진진, 맹자의 제자: 臻 이를 진: 餽 줄 궤: 鎰 스물네 냥 일
- ○진진이 물었다. "지난날에 제나라에서는 왕께서 좋은 황금 100일(鎰)을 보내 왔음에도 받지 않으셨습니다. 송나라에서는 70일을 보내 왔는데 받으시고 설나라에서는 50일을 보내왔는데 받으셨습니다. 지난날에 받지 않으신 것이 옳았다면 오늘날에 와서 받으신 것이 그릇된 것이고 오늘날에 와서 받으신 것이 옳다면 지난날에 받지 않으신 것이 그

릇된 것입니다. 선생님께서는 반드시 이 두 가지 중에 하나에 해당 되였을 것입니다.

孟子曰 皆是也니라 **當在宋也**하여는 **予將有遠行**이러니 **行者必以贐**이라 **辭曰 餽贐**이어니 **予何爲不受**리오 **當在薛也**하여는 **予有戒心**이러니 **辭曰 聞戒故**로 **爲兵餽之**니 **予何爲不受**리오 **若於齊則未有處也**하니 **無處而餽之**면 **是貨之也**니 **焉有君子而可以貨取乎**리오

○맹자께서 말씀하셨다. "안 받고, 받고 한 것은 다 옳았습니다. 송나라에 있을 적에는 내가 먼길을 떠나려고 하였다. 길가는 사람에게는 반드시 전별금을 주게 마련인데 보내온 말에 '전별금을 보내드립니다.' 하였으니 내가 무엇 때문에 그것을 받지 않겠습니까? 설나라에 있을 적에 나는 의외의 변고를 경계하자는 마음이 있었는데 임금께서 보내온 말에 '경비하신다는 말을 들었기 때문에 무기를 장만하시라고 이 돈을 보내드립니다.'라고 했으니 내가 무엇 때문에 그것을 받지 않겠습니까? 제나라에서 같으면 받을 일이 없었다. 받을 일이 없는데 주는 것은 재물로 환심을 사려는 것이다. 어찌 군자이면서 환심을 사려는 재물을 받을 수가 있겠는가?"

(4) 임금은 백성의 목자

孟子之平陸하사 **謂其大夫曰 子之持戟之士**가 **一日而三失伍**면 **則去之**아 **否乎**아 **曰 不待三**이니이다 **然則子之失伍也亦多矣**로다 **凶年饑歲**에 **子之民**이 **老羸**는 **轉於溝壑**하고 **壯者**는 **散而之四方者 幾千人矣**오 **曰 此非距心之所得爲也**니이다

○伍 항오 오: 羸 파리할 리: 溝 도랑 구: 壑 구렁 학
○맹자가 제나라 변경의 평륙에 가서서 그곳을 다스리는 대부 공거심(孔距心)에게 말씀하셨다. "당신의 창을 든 병정이 세 차례씩이나 자기의 대오를 이탈한다면 제거해 버리겠습니까? 그냥 두시겠습니까?" 하시자 공거심이 대답하였다. "세 차례까지 기다리지 않겠습니다." 하고 대답하였다. 맹자께서 말씀하셨다. "그렇다면 당신이 대오

를 이탈하는 일이 많았습니다. 흉년 기근이 든 해에 당신의 백성 중에 노약자들은 떠돌다 죽어 시신이 도랑에 굴러 들어가고 장정들은 흩어져 사방으로 떠나가 버린 것이 몇천 명이나 되지 않습니까?" 공거심이 대답하기를 "그것은 제가 어떻게 해볼 수 있는 일이 아니었습니다." 하였다.

曰 今有受人之牛羊而爲之牧之者면 則必爲之求牧與芻矣리니 求牧與芻而不得이면 則反諸其人乎아 抑亦立而視其死與아 曰 此則距心之罪也로소이다 他日에 見(현)於王曰 王之爲都者를 臣知五人焉이로니 知其罪者는 惟孔距心이러이다하시고 爲王誦之하신대 王曰 此則寡人之罪也로소이다

○ 芻 꼴 추: 誦 외울 송
○ 맹자께서 말씀하셨다. "지금 남의 소와 양을 받아서 그것들을 길러주는 사람이 있다면 반드시 소와 양을 위해 목장과 풀을 찾아야 할 것이고, 목장과 풀을 찾아도 얻지 못하면 그 소와 양을 그 사람에게 돌려보내야 합니까? 그렇지 않으면 우두커니 서서 그 소와 양이 죽는 것을 보고 있어야 하겠습니까?" 대부가 말하기를 "그것은 저의 잘못입니다." 하였다. 후일에 맹자께서 왕을 뵙고서 말씀하시기를 "왕의 도읍을 다스리는 사람으로 제가 다섯 사람을 알고 있습니다. 그 가운데에서 자신의 죄를 아는 사람은 오직 공거심 뿐입니다." 하고 말씀하시고 그 이야기를 해 주셨다. 왕이 말하기를 "이는 과인의 죄입니다." 하였다.

(5)직책을 완수하지 못하면 관직을 떠나야 한다

孟子謂蚔䵷(지와)曰 子之辭靈丘而請士師 似也는 爲其可以言也니 今旣數月矣로되 未可以言與아 蚔䵷諫於王而不用이어늘 致爲臣而去한대 齊人曰 所以爲謂蚔則善矣어니와 所以自爲則吾不知也로라

○ 蚔 개미알 지
○ 맹자께서 제나라 대부 지와에게 말씀하셨다. "당신이 영구의 읍재를 그만두고서 사사(士師)의 자리를 청한 것은 일리가 있는 것 같습니다. 사사라는 자리는 임금에게 간언할 수 있기 때문입니다. 그런데 지금

벌써 여러 달이 되었는데도 간언을 할 수 없었습니까?" 지와가 왕에게 간하였으나 왕이 그 말을 들어주지 않자 벼슬자리를 내놓고 물러나 버렸다. 제나라 사람들이 말했다. "맹자가 지와를 위해서 자신의 직책을 충실히 하도록 말해준 것은 좋았으나 맹자 자신은 도가 행하여지지 않는데도 거취를 분명히 하지 않으니 도대체 이해할 수가 없다."

公都子以告한대 **曰 吾聞之也**하니 **有官守者不得其職則去**하고 **有言責者不得其言則去**라하니 **我無官守**하며 **我無言責也**하니 **則吾進退豈不綽綽然有餘裕哉**리오

- ○綽 넉넉할 작: 裕 넉넉할 유
- ○맹자의 제자 공도자가 그 이야기를 맹자에게 고했더니 이렇게 말씀하셨다. "내가 듣기로는 벼슬자리를 가진 사람은 그 직책을 수행할 수 없으면 그 자리에서 물러나야 하고, 간언해야 할 책임을 지닌 사람은 자기의 말이 받아들여지지 않으면 그 자리에서 물러나야 하는 것이다. 나는 벼슬자리도 없고 말할 책임도 없으니 내가 나가고 물러나고 하는데 어찌 여유가 있지 않겠는가?"

(6) 맹자는 소인과는 의논하지 않았다

孟子爲卿於齊하사 **出弔於滕**하실새 **王**이 **使蓋**(합)**大夫王驩**으로 **爲輔行**이러시니 **王驩朝暮見**(현)이어늘 **反齊滕之路**토록 **未嘗與之言行事也**하시다 **公孫丑曰 齊卿之位 不爲小矣**며 **齊滕之路 不爲近矣**로되 **反之而未嘗與言行事**는 **何也**잇고 **曰 夫旣或治之**이니 **予何言哉**리오

- ○驩 기쁠 환
- ○맹자께서 제나라의 객경(客卿)이 되셔서 등 나라로 조문을 갔다. 왕이 개읍의 대부 왕환을 부사로 따라가게 했다. 왕환은 아침저녁으로 맹자를 만났는데, 제나라와 등나라 사이의 길을 왕복하는 동안에 그 와는 조문사로 가는 길을 한 번도 말씀하신 일이 없었다. 공손추가 "제나라 경의 지위는 작지 않습니다. 제나라와 등 나라 사이의 길은 가깝지는 않습니다. 그 길을 왕복하시면서 그 사람과 조문사로 가시는 일을 한

번도 말씀하지 않으신 것은 무슨 일이십니까?"하고 말하니 맹자께서 말씀하셨다. "이미 그 일을 처리할 사람이 있는데 내가 무슨 말을 하겠는가?"하셨다.

(7) 친상(親喪)에 재물을 아끼면 예가 아니다

孟子自齊葬於魯하시고 **反於齊**하실새 **止於嬴**(영)이러시니 **充虞請曰 前日**에 **不知虞之不肖**하사 **使虞敦匠事**어시는 **嚴**하여 **虞不敢請**하니 **今願竊有請也**하오니 **木若以美然**하더이다

○ 嬴 땅이름 영: 虞 나라 우
○ 맹자가 제나라에서 노나라로 가셔서 어머니 장례를 치르고 제나라로 돌아오다가 영읍에 머물렀다. 제자 충우가 여쭈었다. "전일에는 저의 불초함을 헤아리지 않으시고 저에게 관 만드는 일을 감독하게 하셨는데 경황중이라 제가 감히 말씀을 여쭈어보지를 못했습니다. 이제 외람되이 좀 여쭈어보았으면 합니다. 관목이 너무 좋았던 것 같습니다."

曰 古者에 **棺槨**이 **無度**하더니 **中古**에 **棺**이 **七寸**이요 **槨**을 **稱之**하여 **自天子達於庶人**하니 **非直爲觀美也**라 **然後**에 **盡於人心**이니라 **不得**이란(이면) **不可以爲悅**이며 **無財**란(면)**不可以爲悅**이니 **得之爲有財**하여는 **古之人皆用之**하니 **吾何爲獨不然**이리오

○ 맹자께서 말씀하셨다. "옛날에는 관곽에 일정한 한도가 없었다. 중고(中古)시대에는 관의 두께가 일곱 치이고 외관도 그것에 맞춰서 썼다. 천자로부터 서인에 이르기까지 단지 보이기 좋게 하기 위해서 뿐이 아니었고 그렇게 쓴 후라야 사람의 마음을 다하는 것이었다. 그렇게 할 수 없으면 자식의 마음을 기쁘게 해줄 수 없고 그렇게 만들 만한 재물이 없어도 자식의 마음을 기쁘게 해줄 수 없다. 그렇게 할 수 있고 또 그렇게 만들 만한 재물이 있으면 옛날 사람들은 다 그러한 관곽을 썼던 것이니 낸들 무엇 때문에 유독 그렇게 하지 않을 것인가?

且比化者하여 **無使土親膚**면 **於人心**에 **獨無恔乎**아 **吾聞之也**하니 **君子**는

不以天下儉其親이니라

○ 또 시체가 변화해 버릴 때까지는 흙이 살에 닿지 않게 하는 것이 사람의 마음엔들 좋지 않겠는가? 내가 듣기로는 '군자는 천하 때문에 자기 어버이를 장사하는데 물건을 아끼지는 않는다.'라고 했다"

(8) 하늘의 일군이라야 공벌(攻伐)할 수 있다

沈同이 **以其私問曰 燕可伐與**잇가 **孟子曰 可**하니라 **子噲**(쾌)도 **不得與人燕**이며 **子之不得受燕於子噲**니 **有仕於此**어든 **而子悅之**하여 **不告於王而私與之吾子之祿爵**이어든 **夫士也 亦無王命而私受之於子**면 **則可乎**라 **何以異於是**리오

○ 沈同 제나라 신하: 噲 목구멍 쾌: 子噲 자쾌, 연왕의 이름: 子之 자지, 연나라의 재상

○ 제나라 신하 심동이 왕명이 아니고 개인적으로 "연나라를 정벌도 좋겠습니까?" 하고 묻자 맹자께서 말씀하셨다. "정벌해도 좋겠지요. 연나라의 왕인 자쾌(子噲)는 남에게 연나라를 내줄 수가 없었던 것이고 연나라 재상인 자지(子之)도 자쾌한테서 연나라를 받을 수 없었던 것인데 받았습니다(그래서 연나라에 대혼란을 가져 왔습니다). 여기에 벼슬할 만한 사람이 있는데 당신이 그를 좋아해서 왕에게 고하지 않고서 마음대로 당신의 봉록과 작위를 그 사람에게 주고 그 사람 역시 왕의 명령 없이 마음대로 당신한테서 그것을 받는다면 괜찮겠습니까?"

齊人이 **伐燕**이어늘 **或問曰 勸齊伐燕**이라하니 **有諸**잇가 **曰 未也**라 **沈同**이 **問 '燕可伐與**하라여늘 **吾應之曰 可**라하니 **彼然而伐之也**로다 **彼如曰 孰可以伐之'**오하면 **則將應之曰 爲天吏則可以伐之**라하리라 **今**에 **有殺人者**어든 **或問之曰 人可殺與**아하면 **則將應之曰 可**라하리니 **彼如曰 孰可以殺之**오하면 **則將應之曰 爲士師則可以殺之**라하리라 **今**에 **以燕伐燕**이어니 **何爲勸之哉**리오

○ 제나라 사람들이 연나라를 정벌하자, 어떤 사람이 물었다. "제나라 사람들에게 권해서 연나라를 정벌했다는데 그런 일이 있었습니까?" 하

고 묻자 맹자께서 이렇게 말씀하셨다. "아닙니다. 심동이 '원나라를 정벌해도 좋겠습니까?' 하고 개인 자격으로 묻기에 나는 '좋겠지요.' 하고 대답하였더니 그 사람이 내 말을 옳다고 생각하고 정벌한 것이지요. 그가 만약에 '누가(어느 나라) 정벌할 수 있을까요' 하고 묻는다면 '하늘의 명을 받은 사람(天吏)이라면 정벌할 수 있겠지요.' 하고 대답할 것입니다. 여기에 살인자가 있어서 어떤 사람이 '그 사람을 죽여도 좋겠지요?' 하고 물으면 '좋겠지요.' 하고 대답할 것입니다. 그가 만약에 '누가 죽일 자격이 있을까요?' 하고 묻는다면 '옥사를 담당하는 사사(士師)라면 죽일 수 있습니다.'라고 대답할 것입니다. 지금은 연나라나 다름없이 무도한 입장에서 연나라를 정벌한 격이니 무엇 때문에 정벌하라고 권하였겠습니까?"

(9) 과오는 고치고 변명하지 말라

燕人이 **畔**이어늘 **王曰 吾甚慚於孟子** 하노라 **陳賈曰 王無患焉**하소서 **王**이 **自以為與周公孰仁且智**니잇고 **王曰 惡**(오) **是何言也**오 **曰 周公**이 **使管叔監殷**이시어늘 **管叔**이 **以殷畔**하니 **知而使之**면 **是不仁也**요 **不知而使之**면 **是不智也**니 **仁智**는 **周公**도 **未之盡也**시니 **而況於王乎**잇가 **賈請見而解之**하리이다

○ 畔 배반할 반: 慚 부끄러워할 참
○ 연나라 사람들이 제나라를 배반하자, 왕이 말하였다. "내가 맹자에게 대단히 부끄럽다"라고 말하자 제나라 대부 진가가 "왕께서는 그런 것 근심하실 것 없습니다. 왕께서는 주공에 비해서 어느 쪽이 인자하고 또 지혜롭다고 생각하십니까?"라고 말하였다. 왕이 말하였다. "아, 그것이 무슨 소리입니까?" 진가가 말하였다. "주공이 관숙을 시켜서 은나라를 감독하게 하였는데 관숙이 은나라를 근거로 반기를 들었습니다. 주공께서 그럴 줄 알고서 시켰다면 그것은 인자하지 못한 것이고 그럴 줄 모르고서 시켰다면 그것은 지혜롭지 못한 것입니다. 인자함과 지혜로움은 주공조차도 부족한 점이 있었는데 하물며 왕께서야 말할 것이 있겠습니까? 제가 맹자를 만나 뵙고 해명하겠습니다."

見孟子하고 問曰 周公은 何人也잇고 曰 古聖人也시니라 曰 使管叔監殷이시어늘 管叔이 以殷畔也라하니 有諸잇가 曰 然하다 曰 周公이 知其將畔而使之與잇가 曰 不知也시니라 然則聖人도 且有過與잇가 曰 周公은 弟也 管叔은 兄也니 周公之過 不亦宜乎아

○ 진가가 맹자를 뵙고 물었다. "주공은 어떤 인물입니까?" 하고 묻자 "옛날의 성인이십니다."라고 대답하셨다. "관숙을 시켜 나라를 감독하게 하였는데 관숙은 은나라를 가지고 반기를 들었다 하는데 그런 일이 있었습니까?" "그랬었지요." "주공은 관숙이 반기를 들리라는 것을 알고서 시켰습니까?" "몰랐었죠" "그렇다면 성인에게도 과오가 있습니까?" "주공은 동생이었고 관속은 형이었으니 주공의 과오 또한 있을 법한 일이 아니겠습니까?

且古之君子는 過則改之러니 今之君子는 過則順之로다 古之君子는 其過也如日月之食이라 民皆見之하고 及其更(경)也하여는 民皆仰之러니 今之君子는 豈徒順之리오 又從爲之辭로다

○ 豈徒 ~뿐만 아니라, 徒는 但의 뜻과 같음
○ 옛날의 군자들은 과오를 범하면 그것을 고쳤는데, 지금의 군자들은 과오를 범하면 그것을 따르면서 그대로 행합니다. 옛날의 군자들은 그들의 과오는 일식, 월식과 같아서 백성들이 다 그것을 보았고 그들의 과오를 고치게 되면 백성들이 다 그들을 우러러보았습니다. 지금의 군자들은 어찌 그대로 행할 뿐이겠습니까? 과오에 따라서 변명까지 합니다."

(10) 제왕의 청을 거절한 맹자

孟子致爲臣而歸하실새 王이 就見孟子 曰 前日에 願見而不可得이라가 得侍하여는 同朝甚喜러니 今又棄寡人而歸하시니 不識케이다 可以繼此而得見乎잇가 對曰 不敢請耳언정 固所願也니이다

○ 맹자께서 벼슬을 그만두고 떠나가실 때 왕이 나와서 맹자를 만나 "지난날에 만나 뵈옵기를 원했으나 만나 뵐 수 없었는데 모시고 조정에

있을 수 있게 되자 조정에 함께 있는 사람들이 대단히 기뻐했습니다. 이제 또 과인을 버리고 돌아가시니 금후에도 계속해서 만나 뵐 수 있을지 모르겠습니다." 맹자께서 대답하셨다. "감히 청하지는 못할지언정 저도 진실로 원하는 바입니다."

他日에 **王謂時子曰 我欲中國而授孟子室**하고 **養弟子以萬鍾**하여 **使諸大夫國人**으로 **皆有所矜式**하노니 **子盍為我言之**오 **時子因陳子而以告孟子**어늘 **陳子以時子之言**으로 **告孟子**한대 **孟子曰 然**하다 **夫時子惡**(오)**知其不可也**리오 **如使予欲富**인댄 **辭十萬而受萬**이 **是為欲富乎**아

○時子, 제나라 신하: 陳子, 陳臻(진진): 鍾, 6斛 4斗: 斛 휘(열말) 곡
○그 후 어느 날 왕이 신하인 시자에게 "내가 맹자에게 나라 한가운데 맹자에게 집을 마련 주고 만종의 녹을 지급하여 그의 제자들을 기르게 하여 대부들과 나라 사람들이 다 공경하고 본받을 데가 있게 하여 주고 싶은데 그대는 어찌 나를 위해 이야기를 해주지 않습니까?"라고 말씀하셨다. 시자가 맹자의 제자인 진자를 통해서 그 이야기를 맹자에게 전달하였다. 진자가 시자의 말을 맹자에게 고하자 맹자께서 이렇게 말씀하셨다. "그러하다. 시자가 어떻게 그러한 일을 해낼 수 없음을 알겠는가? 만약에 내가 부유해지기를 원하게 만들겠다는 거라면 내가 지난날 경이 되었을 때 십만 종의 녹을 사양하고서 인제 와서 만종을 녹을 받겠는가? 이것이 부유해지기를 원하는 것이겠는가?

季孫曰 異哉라 **子叔疑**여 **使己為政**하되 **不用 則亦已矣**어늘 **又使其子弟為卿**하니 **人亦孰不欲富貴**리오마는 **而獨於富貴之中**에 **有私龍斷焉**이라하니라

○계손이 이런 말을 했다. '이상하다. 자숙의여! 군주가 자신에게 정사를 맡겼다가 자신의 의견을 사람이 누구인들 받아들여지지 않았으면 그만두고 말 것이지 또 자기 자제에게 경 노릇을 시키다니. 사람이 누구인들 누가 부귀를 원하지 않겠는가? 그런데 혼자서 부귀 안에서 우뚝한 높은 지점(龍斷)을 자기 것으로 차지하려는 이가 있다.' 하였다.

古之爲市也 以其所有易其所無者어든 有司者治之耳러니 有賤丈夫焉하니 必求龍斷而登之하여 以左右望而罔市利어늘 人皆以爲賤이라 故從而征之하니 征商이 自此賤丈夫始矣니라

○ 옛날의 시장이란 자기가 가진 것을 가지고 자기한테 없는 것을 바꾸는 것이었고 유사(有司)는 그것을 관리할 뿐이었습니다. 그러던 것이 한 천박한 사나이가 나와서 우뚝하게 높은 지점을 찾아 그곳에 올라가서는 좌우로 바라보면서 시장의 이익을 싹 거두어 가버리고 하여 사람들이 모두 그것을 천하게 생각하였다. 그래서 그런 행위에 따라 세금을 징수하게 된 것이다. 상인한테 세를 징수하게 된 것은 이 천한 사나이로부터 시작된 것이다."

(11) 군자를 설득하는 방법

孟子去齊하실새 宿於晝러시니 有欲爲王留行者 坐而言이어늘 不應하시고 隱几而臥하신대 客이 不悅曰 弟子齊(재) 宿而後에 敢言이어늘 夫子臥而不聽하시니 請勿復敢見矣로이다 曰 坐하라 我明語子호리라 昔者에 魯繆(목)公無人乎子思之側이면 則不能安子思하고 泄柳 申詳이 無人乎繆公之側이면 則不能安其身이러니라 子爲長者慮 而不及子思하니 子絶長者乎 長者絶子乎아

○ 隱 기댈 은
○ 맹자가 제나라를 떠나 주읍에 머무셨는데 왕을 위해 맹자가 가는 것을 만류하겠다는 사람이 있어 꿇고 앉아서 말을 했다. 맹자께서는 그 말에 응하지 않고 안석에 기대고 누우셨다. 그 사람이 불쾌해하며 "이 제자가 재숙(오랫동안 공경함)하고 하루를 묵고 난 후에 감히 말씀드리는데, 선생님께서는 누우시고 듣지 않으시니 다시는 뵈옵지 않아야 하겠습니다." 하고 말하자 맹자께서 말씀하셨다. "앉으십시오. 내가 분명하게 당신한테 말하겠습니다. 옛날에 노나라 목공은 자사를 대우함에 자사의 곁에(자기의 성의를 전달할) 사람이 없으면 자사께서 떠나가실까 염려하였고, 이와는 대조적으로 설류와 신상은 목공의 곁에 보좌하여 줄 만한 사람이 없으면 그들은 마음을 편안하게 할 수 없었습니다. 당신이 나를 위해 염려하였으나 목공이 자사에 대하는 정도까지는 미

치지 못했으니 당신이 나를 거절한 것이겠습니까? 내가 당신을 거절한 것이겠습니까?"

(12) 소인이 어찌 나를 알겠는가

孟子去齊하실새 **尹士語人曰 不識王之不可以爲湯武**면 **則是不明也**요 **識其不可**요 **然且至**면 **則是干澤也**니 **千里而見王**하여 **不遇故**로 **去**호되 **三宿而後**에 **出晝**하니 **是何濡滯也**호 **士則茲不悅**하노라

- 濡 지체할 유
- 맹자께서 제나라를 떠나시자 제나라 사람 윤사가 사람들한테 이렇게 말하였다. "맹자가, 왕이 탕왕이나 무왕같이 될 수 없다는 것을 몰랐다면 그것은 명철하지 못한 것이다. 그렇게 될 수 없다는 것을 알면서 그래도 왔었다면 그것은 은택을 바란 것이다. 천 리 길을 와서 왕을 만났다가 뜻이 맞지 않았기 때문에 사흘 저녁을 머물고 난 후에 주읍을 떠났으니 어찌 이리도 오랫동안 체류한단 말인가? 나는 그런 일이 못마땅하다."

高子以告한대 **曰 夫尹士惡**(오)**知予哉**리오 **千里而見王**은 **是予所欲也**니 **不遇故**로 **去**가 **豈予所欲哉**리오 **予不得已也**로라 **予三宿而出晝**호되 **於予心**에 **猶以爲速**하노니 **王庶幾改之**니 **王如改諸**시면 **則必反予**시리라

- 고자가 이 이야기를 고했더니 맹자께서 이렇게 말씀하셨다. "그 윤사가 나를 어떻게 알겠는가? 천 리 길을 와서 왕을 만났으니 그것은 내가 원해서 한 것이고, 맞지 않았기 때문에 떠나가는 것이야 어찌 내가 원해서 한 것이겠는가? 나는 부득이해서 그랬던 것이다. 내가 사흘 저녁을 머물고서 주읍을 떠난 것은 내 마음에는 그래도 빨랐다고 여겨진다. 왕이 마음을 고치기를 바랐고 왕이 만약에 마음을 고친다면 반드시 나를 되돌아오게 하였을 것으로 생각하였기 때문이다.

夫出晝而王不予追也하실새 **予然後**에 **浩然有歸志**호니 **予雖然**이나 **豈舍王哉**리오 **王由**(猶)**足用爲善**하시리니 **王如用予**시면 **則豈徒齊民安**이리오 **天**

下之民이 **擧安**하리니 **王庶幾改之**를 **予日望之**하노라

  ○ 그런데 주읍을 떠나도 왕이 만류하기 위해 나를 쫓아오지 않았다. 그렇게 된 후에야 나는 마음이 담담하여 떠나가 버릴 생각을 갖게 된 것이다. 내가 그렇다고 어찌 왕을 버리기야 하겠는가? 왕은 그래도 그 힘으로 좋은 정치를 해낼 만하다. 왕이 만약 나를 등용하신다면야 어찌 제나라 백성들만이 편안해질 뿐이겠는가? 온 천하의 백성들이 다 편안해질 것이다. 왕이 마음을 고치기를 바라거니와 나는 매일 같이 그것을 바라고 있다.

予豈若是小丈夫然哉라 **諫於其君而不受則怒**하여 **悻悻然見**(현)**於其面**하여 **去則窮日之力而後**에 **宿哉**리오 **尹士聞之**하고 **曰士**는 **誠小人也**로다

  ○ 悻 성낼 행
  ○ 내가 어찌 그 같은 일에 소인배처럼 굴겠는가? 자기 임금에게 간해서 받아들여지지 않는다고 성을 내어 노기를 얼굴에 나타낸다거나, 종일 있는 힘을 다하고 간 후에야 머물겠는가? "윤사가 이 말씀을 듣고는 "나는 정말로 소인이다."라고 말했다.

(13) 나 아니면 누가 그 일을 감당 하리오

孟子去齊하실새 **充虞路問曰 夫子若有不豫色然**하시니이다 **前日**에 **虞聞諸夫子**호니 **曰 君子**는 **不怨天**하며 **不尤人**이라하시니이다 **曰 彼一時**면 **此一時也**니라 **五百年**에 **必有王者興**하나니 **其間**에 **必有名世者**니라

  ○ 충우, 맹자의 제자: 尤 허물 우
  ○ 맹자가 제나라를 떠나실 때에 충우가 도중에서 물었다. "선생님께서는 불유쾌한 기색이 있으신 것 같습니다. 전에 제가 선생한테서 들은 말씀입니다만 '군자는 하늘을 원망하지 않고 사람을 탓하지 않는다.'라고 하셨는데요." 맹자께서 말씀하셨다. "그때는 그때이고 지금은 지금이다. 500년이 되면 반드시 왕업을 이루는 자가 나타나고 그러한 무렵에는 반드시 세상에 이름을 떨치는 사람이 나오기 마련이다.

由周而來로 **七百有餘歲矣**니 **以其數則過矣**요 **以其時考之則可矣**니라 **夫天**이 **未欲平治天下也**시니 **如欲平治天下**인댄 **當今之世**하여 **舍我**요 **其誰也**리오 **吾何為不豫哉**리오

- 주나라가 흥성한 이래로 700년이 되었다. 년 수를 가지고 본다면 왕자가 일어날 시기가 지났고 그 시기를 가지고 본다면 왕자가 일어날 수 있는 시기이다. 저 하늘이 아직 천하를 평화롭게 다스리고자 하려 들지 않는 것이지, 만약에 천하를 평화롭게 다스리고자 한다면야 오늘날의 세상에서 나 말고 누가 그 일을 담당하겠는가? 내 어찌 기뻐하지 않겠는가?"

(14) 벼슬을 그만두려면 녹을 받지 않는다

孟子去齊居休러시니 **公孫丑問曰 仕而不受祿**이 **古之道乎**잇가 **曰 非也**라 **於崇**에 **吾得見王**하고 **退而有去志**하니 **不欲變**이라 **故**로 **不受也**로라 **繼而有師命**이라 **不可以請**이언정 **久於齊**는 **非我志也**니라

- 휴(休) 지명: 崇 제나라에 있던 땅 이름
- 맹자께서 제나라를 떠나 추나라로 가시면서 휴 땅에 에서 머물렀는데 공손추가 물었다. "벼슬을 살면서 녹을 받지 않는 것은 옛날 사람의 도리입니까?" 맹자께서 말씀하셨다. "아닙니다. 숭(崇) 땅에서 내가 왕을 만나 볼 수 있었는데 그때 물러 나와서 제나라를 떠날 생각이 들었던 것입니다. 그 생각을 바꾸고 싶지 않았기 때문에 녹봉을 받지 않았던 것입니다. 그런데 계속해서 군대를 동원 시키는 명령이 내려서 떠나겠다고 청할 수가 없었던 것입니다. 제나라에 오랫동안 머문 것은 내 본의가 아니었습니다."

제 3편 5. 등문공장구 상(滕文公章句 上)

이 장구는 맹자 전체 중에서 가장 짧은 장구로 5장으로, 등나라 문공과 관련된 내용으로 맹자는 문공이 인정(仁政)을 행하고 있다고 보고 인정에

관한 여러 가지 사례에 대하여 이야기하고 있다.

(1) 도(道)는 하나뿐이다

　滕文公이 為世子에 將之楚할새 過宋而見孟子한대 孟子道性善하사되 言必稱堯舜이러시다 世子自楚反하여 復見孟子한대 孟子曰 世子는 疑吾言乎잇가 夫道는 一而已矣니이다 成覵이 謂齊景公曰 彼丈夫也며 我丈夫也니 吾何畏彼哉리오하며 顏淵曰 舜何人也며 予何人也오 有為者亦若是라하며 公明儀曰 文王은 我師也라하시니 周公이 豈欺我哉시리오하나이다 今滕을 絕長補短이년 將五十里也나 猶可以為善國이니 書曰 若藥이 不瞑眩이면 厥疾不瘳라 하나이다

- ○滕은 姬姓의 후국으로 주나라 문왕의 아들 조숙주(錯叔綢)를 봉했던 나라, 그 후 31대 만에 제나라에게 멸망: 文은 諡, 公은 국인들의 國君에 대한 칭호: 覵 엿볼 간: 瞑 어지러울 명: 眩 어지러울 현: 厥 그 궐: 瘳 병 나을 추
- ○등나라 문공이 세자였을 때 초나라로 가는 길에 송나라를 지나다 맹자를 만났다. 맹자는 인간의 본성이 선함을 일러주었는데 말끝마다 요임금과 순임금을 들어서 말씀하셨다. 세자가 초나라에서 돌아오는 길에 또 맹자를 만났다. 맹자께서 이렇게 말씀하셨다. "세자께서는 내 말을 의심하십니까? 도는 하나뿐입니다. 성간이 제경공에게 말하였습니다. 저 성현(聖賢)도 장부이고, 저도 장부인데 어찌 저 성현을 두려워하겠습니까? 안연이 말하였습니다. '순임금은 무슨 사람이고, 나는 무슨 사람이란 말인가? 훌륭한 일하는 사람이라면 순임금과 같아질 수 있다.' 노나라의 현인 공명의가 말하기를, '주공이 「문왕은 내 스승이다.」라고 말씀하셨으니, 주공이 어찌 나를 속이랴.' 하고 말하였습니다. 이제 등나라는 이리저리 두루 모으면 거의 오 십 리가 되니 그래도 좋은 나라로 만들 수 있습니다. 〈서경, 열명〉에 이르기를 '만약에 약이 독해서 정신을 어지럽게 만들지 않는다면 그 병은 낫지 않는다.'라고 하였습니다."

(2) 친상(親喪)은 스스로 마음을 다할 뿐이다

滕定公이 薨이어늘 世子謂然友曰 昔者에 孟子嘗與我言於宋이어시늘 於心에 終不忘이러니 今也에 不幸하여 至於大故호니 吾欲使子로 問於孟子에 然後行事하노라

　　○薨 죽을 훙
　　○등나라 정공이 죽자 세자가 사부(師傅)인 연우에게 말하였다. "지난번에 맹자가 저와 송나라에서 이야기한 일이 있었는데 제 마음에서 끝내 잊을 수가 없습니다. 지금 불행히도 상(喪)을 당하였으니 제가 사부를 시켜서 맹자에게 물어보고 난 후에 장례를 치르고 싶습니다."

然友之鄒하여 問於孟子한대 孟子曰 不亦善乎아 親喪은 固所自盡也니 曾子曰 生事之以禮하여 死葬之以禮하며 祭之以禮면 可謂孝矣라하시니 諸侯之禮는 吾未之學也어느와 雖然이나 吾嘗聞之矣로니 三年之喪에 齊(자)疏之服과 飦粥之食은 自天子達於庶人하여 三代共之하니라

　　○飦 미음 전: 粥 죽 죽
　　○연우가 추나라에 가서 맹자에게 묻자, 맹자께서 말씀하셨다. "역시 잘 하시는 것입니다. 친상이란 본래 스스로 정성을 다하는 것입니다. 증자께서 말씀하시기를 '어버이가 살아 계실 때에는 예로서 섬기고, 돌아가시면 예로서 장례를 치르고, 예로서 제사 지내면 효성스럽다고 할 수 있다.'라고 말씀하셨습니다. 제후의 예는 내가 아직 배운 적이 없으나 내가 전에 들은 바에 의하면, 삼 년 동안에 거친 베로 만든 옷을 입고, 미음과 죽을 먹는 것은 천자로부터 서인에 이르기까지 하·은·주 삼대 아래로 공통으로 지켜왔던 것입니다."

然友反命하여 定為三年之喪한대 父兄百官이 皆不欲曰 吾宗國魯先君도 莫之行하시고 吾先君도 亦莫之行也하시니 至於子之身而反之不可하나이다 且志曰 喪祭는 從先祖라하니 曰吾有所受之也니이다

　　○연우가 돌아와 보고하여 삼년상을 치르기로 하였는데 종친과 백관들이 다들 그렇게 하려고 하지 않고 "우리들의 종국인 노나라의 선군들

도 그렇게 하지 않고 우리나라의 선군들도 그것을 하지 않았는데 당신의 대에 와서 전례를 어긴다는 것은 안됩니다. 또 옛 기록에는 '상례와 제례는 선조에 따른다.'라고 하였습니다.'라고 하였으니 이것은 우리가 전수받은 바가 있어서 그러는 것입니다."라고 말했다.

謂然友曰 吾他日에 **未嘗學問**이요 **好馳馬試劍**하더니 **今也**에 **父兄百官**이 **不我足也**하니 **恐其不能盡於大事**하노니 **子爲我問孟子**하라 **然友復之鄒**하여 **問孟子**한대 **孟子曰 然**하다 **不可以他求者也**라 **孔子曰 君薨**커시든 **聽於冢宰**하나니 **歠粥**하고 **面深墨**하여 **卽位而哭**이어든 **百官有司 莫敢不哀**는 **先之也**라 **上有好者**면 **下必有甚焉者矣**니 **君子之德**은 **風也**요 **小人之德**은 **草也**니 **草尙之風**이면 **必偃**이라 하시니 **是在世子**하니라

○ (세자가) 연우에게 말하였다. "내가 지난날 학문을 하지 않고 말달리고 칼 쓰기를 좋아하여서 지금에 와서 종친과 모든 백관이 나를 부족하게 생각하여 대사를 제대로 다 치러낼 수 없을까 두려워하는 것입니다. 사부는 나를 위해 맹자에게 다시 여쭈어 주십시오." 연우가 다시 추나라로 가서 맹자에게 물었다. 맹자께서 이렇게 말씀하셨다. "그리하겠습니다. 그러나 다른 데서는 해결책을 구할 수 없는 것입니다. 공자께서 말씀하시기를 '임금이 죽으면 세자는 국정을 총재(冢宰)에게 맡겨버리면 백관들은 총재의 명령을 듣는다. 그리하여 세자가 죽을 마시고 얼굴이 짙은 흑색이 되어 상주 자리에 나아가 곡하면 모든 백관과 유사들이 감히 슬퍼하지 않을 사람이 없을 것이니 그것은 윗사람이 솔선하기 때문입니다. 윗사람이 좋아하는 것이 있으면 아랫사람들은 그것을 쫓아 그보다 더 좋아하게 된다. 군자의 덕은 바람이고 소인의 덕은 풀과 같으니 풀은 바람이 그 위에서 불어오면 반드시 눕게 마련이다.'라고 하셨습니다. 이번 일은 세자 하시기에 달려 있습니다."

然友反命한대 **世子曰 然**하다 **是誠在我**라하고 **五月居廬**하여 **未有命戒**어늘 **百官族人**이 **可謂曰知**라하며 **及至葬**하여 **四方**이 **來觀之**하더니 **顔色之戚**과 **哭泣之哀**에 **弔者大悅**하더라

○연우가 보고하자 세자는 "그렇습니다. 이번 일은 나 하기에 달렸습니다."라고 말하고 오 개월 동안 여막(廬幕)에 거처하면서 명령이나 경계를 내리지 않았다. 그러자 백관과 친족들이 "잘하는 일이다. 세자가 예를 안다."고들 말했다. 장례를 치르게 되자 사방에서 와 보았는데 세자의 얼굴빛은 슬펐고 그가 곡하고 우는 것이 애절하여 조문 온 사람들이 모두 흡족해하였다.

(3) 정치는 민생을 안정시키는 데서부터

滕文公問為國한대 **孟子曰 民事不可緩也**니 **詩云 晝爾于茅**요 **宵爾索綯**하여 **亟其乘屋**이오사 **其始播百穀**이라 하나이다

○緩 늦출 완: 于 가서 취할 우: 茅 띠풀 모: 宵 밤 소: 索 쌔끼줄삭: 綯 새끼꼴 도: 亟 빠를 극: 播 뿌릴 파
○등문공이 나라를 다스리는 데 대하여 묻자, 맹자께서 말씀하셨다. "백성들의 일을 늦추어서는 안 됩니다. 〈시경, 칠월〉에 이르기를 '7월 낮에는 가서 띠풀을 베어오고 밤에는 새끼를 꼬아서 빨리 지붕을 이어라. 그리고서 온갖 곡식을 뿌려라.'라고 하였습니다.

民之為道也 有恆產者有恆心이요 **無恆產者無恆心**이니 **苟無恆心**이면 **放辟邪侈**를 **無不為已**니 **及陷乎罪然後 從而刑之**면 **是罔民也**니 **焉有仁人在位**하여 **罔民而可為也**리오 **是故賢君必恭儉禮下**하며 **取於民有制**니이다 **陽虎曰 為富**면 **不仁矣**요 **為仁**이면 **不富矣**라 하나이다

○恒 항상 항: 辟 간사할 벽: 侈 사치할 치: 罔 속일 망
○백성들이 사는 방법은 일정한 생업이 있는 사람은 변하지 않는 떳떳한 마음을 지니고, 일정한 생업이 없는 사람은 변치 않는 떳떳한 마음이 없습니다. 변치 않는 떳떳한 마음이 없게 되면 방탕, 편벽, 사악, 사치 등 못 하는 일이 없습니다. 죄에 빠진 후에 따라가서 처벌한다면 그것은 백성들을 그물로 잡는 것입니다. 어찌 인자한 사람이 임금의 자리에 있으면서 백성들을 그물로 잡는 일을 할 수 있겠습니까? 그렇기 때문에 현명한 임금은 반드시 공손하고 검약하며 아랫사람을 예

우하고 백성들로부터 세금을 취함에 절제가 있는 것입니다. 노나라 계씨의 가신 양호가 말하기를, '부를 이루려면 인자하지 않게 되고 인자하게 살면 부유해지지 않는다(부를 이루는데 인이 장애가 된다)'라고 하였습니다.

夏后氏는 **五十而貢**하고 **殷人**은 **七十而助**하고 **周人**은 **百畝而徹**하니 **其實**은 **皆什一也**니 **徹者**는 **徹也**요 **助者**는 **藉也**니이다

○ 하나라 때에는 한 가장에게 50무를 경작시키고서 공법을 실시하였고, 은나라 사람들은 한 가장에게 70무를 경작시키고서 조법을 실시하였고 주나라는 한 가장에게 100무를 경작시키고서 철법을 실시하였는데 모두 10분의 1을 세금으로 거두었으니, 철(徹)이라는 것은 힘을 합하여 함께 일하고 균등하게 나눈다는 뜻이고, 조(助)라는 것은 백성들의 힘을 빌려 공전을 경작한다는 뜻입니다.

龍子曰 治地는 **莫善於助**요 **莫不善於貢**이라하니 **貢者**는 **校數歲之中**하여 **以爲常**하나니 **樂歲**엔 **粒米狼戾**하여 **多取之而不爲虐**이라도 **則寡取之**하고 **凶年**엔 **糞其田而不足**이라도 **則必取盈焉**하나니 **爲民父母**하여 **使民盻盻然 將終歲勤動**하여 **不得以養其父母**하고 **又稱貸而益之**하여 **使老稚**로 **轉乎溝壑**이면 **惡**(오)**在其爲民父母也**리오

○ 옛 현인 용자가 말하기를 '농지를 다스리는 데는 조법보다 좋은 것이 없고, 공법보다 나쁜 것이 없다.' 하였으니, 공법이란 여러 해의 평균 소출을 계산하여 일정한 납부 기준으로 삼는 것입니다. 풍년에는 곡식이 많아 많이 받아가도 포악한 것이 되지 않는데 적게 받아가고, 흉년에는 소출이 적어 밭에다 거름을 할 비용도 모자라는데 반드시 정한 액수를 채워서 받아 갑니다. 백성들의 부모가 되어 가지고 백성들이 원망스러운 마음으로 거의 일 년 내내 쉴새 없이 일하게 만들고, 그들의 수입으로는 자기의 부모조차도 봉양할 수 없게 되고, 또 빚을 내어 모자란 양을 보태서 세금을 내게 하여, 늙은이와 어린 것들이 굶어 죽어서 시신이 구덩이에 버려지게 만든다면 백성들의 부모 된 도리가

어디에 있겠습니까?

夫世祿은 滕이 固行之矣니이다 詩云 雨我公田하여 遂及我私라하니 惟助에 爲有公田하니 由此觀之컨대 雖周나 亦助也니이다 設爲庠序學校하여 以敎 之하니 庠者는 養也요 校者는 敎也요 序者는 射也라 夏曰校요 殷曰序요 周 曰庠이요 學則三代共之하니 皆所以明人倫也라 人倫이 明於上이면 小民이 親於下니이다

　○세습하는 봉록은 등나라에서는 물론 실시하는 것입니다. 〈시경, 대전〉 에 '우리 공전에 먼저 비를 내리고 나서 우리 개인 땅에까지 오게 하소 서'라고 하였습니다. 조법에만 공전이 있으니 이 시를 보면 주나라에 서도 역시 조법을 시행한 것입니다. 상(庠)·서(序)·학(學)·교(敎)를 설 치 운영하여서 그들을 가르칠 것입니다. 상은 기른다는 뜻이고 교는 가르친다는 뜻입니다. 서는 활을 쏜다는 뜻입니다. 하나라에서는 교 라고 하였고 은나라에서는 서라고 하였고 주나라에서는 상이라고 하 였으며, 학(學, 太學)은 삼대가 이름이 같았으니 그것은 모두 인륜을 밝히기 위한 것이었습니다. 인륜이 위에서 밝혀지면 일반 백성들은 아 래에서 친해집니다.

有王者起면 必來取法하리니 是爲王者師也니라 詩云 周雖舊邦이나 其命 維新이라하며 文王之謂也니 子力行之하시면 亦以新子之國하시리이다

　○이상에서 말씀드린 인정(仁政)을 등나라에서 시행한다면 왕업을 이룰 자가 나타날 경우에는 반드시 등나라로 와서 그 법을 취하게 될 것이 니, 그렇게 되면 이는 왕업을 이룬자의 스승이 되는 것입니다. 〈시경, 문왕〉에 '주나라는 비록 오래된 나라이기는 하나 그 받은바 천명은 새 롭도다.'라고 하였는데 문왕을 두고 한 말입니다. 임금께서 힘써 인정 을 행하시면 또한 등나라를 새롭게 만드실 것입니다."

使畢戰으로 問井地한대 孟子曰 子之君이 將行仁政하여 選擇而使子하시니 子必勉之어다 夫仁政은 必自經界始니 經界不正이면 井地不均하며 穀祿不

平하리니 是故로 暴君汙吏는 必慢其經界하나니 經界旣正이면 分田制祿은 可坐而定也니라

○등나라 문공이 신하 필전(畢戰)을 시켜서 정전법(井田法)에 관해서 묻자, 맹자께서는 이렇게 말씀하셨다. "당신의 군주가 장차 인정을 실시하려고 사람을 골라서 선생을 보내셨으니 당신은 반드시 노력하셔야 합니다. 인정은 반드시 토지의 경계를 바르게 구획하는 데서부터 시작합니다. 경계를 구획하는 것이 바르지 않으면 경지가 고르지 못하고 산출되는 곡식도 공평하지 않게 됩니다. 그렇기 때문에 포악한 군주와 탐관오리는 그들이 경계를 다스리는 일을 게을리하는 것입니다. 토지의 경계를 구획하는 일이 바르게 되면 토지를 백성들에게 나누어 주고 관리들의 녹봉을 제정하는 일은 앉아서도 정할 수 있습니다.

夫滕이 壤地褊小하나 將爲君子焉이며 將爲野人焉이니 無君子면 莫治野人이요 無野人이면 莫養君子니라 請野에 九一而助하고 國中에 什一하여 使自賦하라 卿以下는 必有圭田하니 圭田五十畝니라 餘夫는 二十五畝니라

○등나라는 땅은 작으나 거기에는 군자들도 있고 야인들도 있습니다. 군자들이 없으면 야인들을 다스리지 못하고 야인들이 없으면 군자들을 먹여 살리지 못합니다. 바라 건대는 지방에는 9분의 1 세법을 써서 조법을 실시하고 수도에서는 10분의 1 세법을 써서 직접 납부하게 하십시오. 경 이하의 관리들에게는 제사를 지내기 위해 별도로 규전(圭田)을 갖게 하는데 규전은 50 묘로 하며, 아직 가정을 이루지 못한 여부(餘夫)에게는 25 묘를 주십시오.

死徙에 無出鄕이니 鄕田同井이 出入相友하며 守望에 相助하며 疾病에 相扶持하면 則百姓이 親睦하리라 方里而井하니 井이 九百畝니 其中이 爲公田이라 八家皆私百畝하여 同養公田하여 公事畢然後에 敢治私事하니 所以別野人也니라 此其大略也니 若夫潤澤之는 則在君與子矣니라

○백성들이 죽거나 이사를 해도 마을을 떠나가 버리는 일이 없게 해야 하니, 마을의 정전(井田)을 함께 경작하는 사람들이 드나들면서 서로

친밀하여지고, 도적을 지키고 망볼 때 서로 도와주고, 병이 들었을 때 서로 부축해주면 백성들은 서로 친근하고 화목해집니다. 사방 일리에 한 경전을 두는데 한 경전은 900묘입니다. 그 가운데를 공전으로 하고 여덟 가구가 다들 100묘씩을 사유하고 함께 공전을 가꿉니다. 공전의 일이 끝난 후에는 사유지를 돌아보는데 이것은 야인들을 군자와 구별하기 위한 것입니다. 이것은 정전법의 대략이니, 이것을 적절히 보완해 나가는 것은 군주와 당신에게 달려 있습니다."

(4) 허행의 학설을 배격한 맹자

有爲神農之言者許行이 **自楚之滕**하여 **踵門而告文公曰 遠方之人**이 **聞君行仁政**하고 **願受一廛而爲氓**하노이다 **文公**이 **與之處**하니 **其徒數十人**이 **皆衣褐**하고 **捆屨織席**하여 **以爲食**하더라

- ○踵 발꿈치 종: 廛 자리 전: 氓 백성 맹: 捆 두드릴 곤: 屨 신 구
- ○신농(新農)의 가르침을 실천하는 허행(許行)이라는 사람이 있었는데 초나라에서 등나라로 갔다. 그가 군주의 문에 이르러서 문공에게 "먼 곳의 사람이 임금님께서 인정을 실시하신다고 들었습니다. 거처를 받고 백성이 되기를 원합니다."고하자 문공은 그에게 거처할 곳을 주었다. 그의 따르는 수십 명이 모두 갈옷을 입고 짚신 삼고 자리를 짜서 먹고 살았다.

陳良之徒陳相이 **與其弟辛**으로 **負耒耜而自宋之滕**하여 **曰 聞君行聖人之政**하니 **是亦聖人也**시니 **願爲聖人氓**하노이다 **陳相**이 **見許行而大悅**하여 **盡棄其學而學焉**이러니 **陳相**이 **見孟子**하여 **道許行之言曰 滕君則誠賢君也**어니와 **雖然**이나 **未聞道也**로다 **賢者**는 **與民並耕而食**하며 **饔飧而治**하나니 **今也滕有倉廩府庫**하니 **則是厲民而以自養也**니 **惡得賢**이리오

- ○飧 저녁밥 손
- ○초나라 유자(儒者) 진량(陳良)의 제자인 진상(陳相)이 그의 동생 진신(陳辛)과 함께 농구를 짊어지고서 송나라로부터 등나라로 가서 "임금님께서 성인의 정치를 하신다고 들었는데 그렇게 하신다면 역시 성

인이십니다. 성인의 백성이 되기를 원합니다." 하고 말했다. 진상이 허행을 만나보고서는 대단히 기뻐하여 자기가 배운 것은 모두 버리고 그에게 배웠다. 진상이 맹자를 만나 허행의 가르침을 받고 나서 이렇게 전하였다. "등나라의 임금은 정말로 현명한 임금입니다. 그렇기는 하지만 아직 올바른 도리를 알지 못하고 있습니다. 현명한 사람은 백성들과 함께 농사를 짓고, 아침저녁을 손수 지어 먹고서 나라를 다스립니다. 그런데 지금 등나라에는 양곡창고와 재물 창고가 있습니다. 이는 백성들을 해쳐서 자신을 살리는 것이니 어찌 현명한 임금이라고 할 수 있습니까?"

孟子曰 許子는 **必種粟而後食乎**아 曰 **然**하다 **許子必織布而後**에 **衣乎** 曰 **否**라 **許子**는 **衣褐**이니라 **許子**는 **冠乎**아 曰 **冠**이니라 曰 **奚冠**고 曰 **冠素**니라 曰 **自織之與**아 曰 **否**라 **以粟易之**니라 **許子**는 **奚為不自織**고 曰 **害於耕**이니라 曰 **許子**는 **以釜甑爨**하며 **以鐵耕乎**아 曰 **然**하다 **自為之與**아 曰 **否**라 **以粟易之**니라

　○ 甑 시루 증: 爨 불땔 찬
　○ 맹자께서 물으셨다. "허자는 반드시 곡식 농사를 지어서야 먹습니까?" 진상이 대답하였다. "그렇습니다." "허자는 반드시 천을 짜 가지고서야 옷을 입습니까?" "아닙니다. 허자는 갈옷을 입습니다." "허자는 관을 씁니까?" "관을 씁니다." "어떤 관을 씁니까." "흰 비단으로 만든 관을 씁니다." "자기가 그것을 짭니까?" "아닙니다. 곡식을 주고 바꿔서 씁니다." "허자는 왜 그것을 직접 짜지 않습니까?" "농사일에 방해가 되기 때문입니다." "허자는 가마솥과 시루로 밥을 짓고 쇠 쟁기로 농사를 짓습니까?" "그렇습니다." "자기가 그것을 만듭니까?" "아닙니다. 곡식을 가지고 바꿔다 씁니다."

以粟易械器者 不為厲陶冶니 **陶冶亦以其械器易粟者** **豈為厲農夫哉**리오且 **許子**는 **何不為陶冶**하여 **舍皆取諸其宮中而用之**하고 **何為紛紛然與百工交易**고 **何許子之不憚煩**고 曰 **百工之事**는 **固不可耕且為也**니라

○厲 해칠 려

○(맹자께서 말씀하셨다.) "곡식을 가지고 쟁기와 기물을 바꿔다 쓰는 것은 도공과 야공을 괴롭히는 것이 아니고, 도공과 야공 역시 그들의 쟁기와 기물을 가지고 곡식을 바꿔다 먹는 것이 어찌 농부를 괴롭히는 것이 되겠습니까? 또 허자는 도공과 야공의 일을 하여 모든 것을 자기 집안에서 만들어 쓰지 않고 번거롭게 여러 장인과 교역을 하는 것입니까? 어떻게 허자는 그리도 번거로운 일을 꺼리지 않습니까?" 진상이 대답하였다. "여러 백공이 하는 일은 본래 농사지으면서 같이 할 수 없는 것입니다."

然則治天下는 獨可耕且爲與아 有大人之事하고 有小人之事하며 且一人之身而百工之所爲備하니 如必自爲而後에 用之면 是는 率天下而路也니라 故曰 或勞心하며 或勞力하며 勞心者는 治人하고 勞力者는 治於人 이라하니 治於人者는 食(사)人하고 治人者는 食사(사)於人이 天下之通義也니라

○맹자께서 말씀하셨다. "그렇다면 천하를 다스리는 일은 유독 농사를 지으면서 같이 할 수 있다는 것입니까? 대인이 할 일이 있고 소인이 할 일이 있습니다. 또 한 사람의 몸에 백공들이 만든 모든 것이 필요한데, 만일 반드시 모두 직접 만들어 쓴다면 이는 천하 사람을 몰아 길에서 분주하게 왕래하게 만드는 것입니다. 그래서 옛말에 이르기를 '어떤 사람은 마음을 수고롭게 하고 어떤 사람은 몸을 수고롭게 하니, 마음을 수고롭게 하는 사람은 남을 다스리고, 몸을 수고롭게 하는 사람은 남에게 다스림을 받는다.'라고 하였으니 남의 다스림을 받는 사람은 남을 먹여 주고, 남을 다스리는 사람은 남한테서 얻어먹는 것이 온 천하에 통용되는 도리입니다.

當堯之時하여 天下猶未平하여 洪水橫流하여 氾濫於天下하여 草木暢茂하여 禽獸繁殖이라 五穀不登하며 禽獸偪人하여 獸蹄鳥跡之道가 交於中國이어늘 堯獨憂之하사 擧舜而敷治焉이어시늘 舜이 使益掌火하신대 益이 烈山澤而焚之하니 禽獸逃匿이어늘 禹疏九河하며 瀹濟漯而注諸海하시며 決汝漢하

며 排淮泗而注之江하시니 然後에 中國이 可得而食也하니 當是時也하여 禹 八年於外에 三過其門而不入하시니 雖欲耕이나 得乎아

- ○氾 넘칠 범: 偪 핍박할 핍: 瀹 소통할 약
- ○요임금 때에는 천하가 아직 안정되지 않았습니다. 큰물이 마구 흘러나 온 천하가 범람하고 초목이 멋대로 무성하고 새와 짐승이 온통 번식하였으며, 오곡은 여물지 않고 새와 짐승은 사람에게 달려들고 짐승의 발굽과 새의 발자국과 다니는 길이 나라 복판에 얽혀 있었습니다. 요임금은 혼자서 그것을 근심하다가 순을 등용해서 그것을 다스렸습니다. 순은 익(益)을 시켜서 불을 맡아보게 하였는데 익이 산과 물에 크게 자라난 초목에다 불을 질러서 태우자 새와 짐승이 도망쳐 버렸습니다. 우(禹)는 아홉 강물을 뚫고 제수와 탑수를 훑어내어 그물을 바다로 뽑고 여수와 한수를 트고 회수와 사수를 밀어내어 그물을 장강으로 뽑아냈으니 그런 뒤부터 곡식을 먹을 수가 있었습니다. 그때 우는 외지에서 8년이나 살았고 세 차례나 자기 집 문 앞을 지나가면서도 들어가지 아니하였으니 그가 농사를 지으려고 했다고 한들 지을 수가 있었겠습니까?

后稷이 教民稼穡하여 樹藝五穀한대 五穀熟而民人育하니 人之有道也에 飽食煖衣하여 逸居而無教면 則近於禽獸일새 聖人有憂之하사 使契爲司徒하여 教以人倫하시니 父子有親하며 君臣有義하며 夫婦有別하며 長幼有序며 朋友有信이니라 放勳曰 勞之來之하며 匡之直之하며 輔之翼之하여 使自得之하고 又從而振德之라 하시니 聖人之憂民이 如此하시니 而暇耕乎아

- ○煖 따뜻할 난: 契 이름 설
- ○후직은 백성들에게 농사를 가르치고 오곡을 심고 가꾸게 하여 오곡이 잘 여물어 백성들이 살게 되었습니다. 사람에게 도리가 있음에 배불리 먹고 따뜻이 입어 편안히 살기만 하고 가르침이 없으면 금수에 가깝게 된다. 그러므로 성인이 이를 근심하시어 설(契)을 사도로 삼아 인륜을 가르치게 하셨으니, 부자간에는 친함이 있으며 군신 간에는 의리가 있으며 부부간에는 각별함이 있으며 장유 간에는 질서

가 있으며 붕우 간에는 의리가 있어야 하는 것이다. 방훈이 말하기를 '백성들을 위로해주고 그들을 따라오게 하고 그들을 바로 잡아주고 그들을 곧게 만들고 그들을 도와주고 그들을 부축해주어서 스스로 선한 본성을 드러내게 하여주고 또 사정에 따라서 그들을 구호해 주고 은덕을 베풀어 주라고' 하였으니, 성인이 백성을 위해 근심한 것이 이러하였는데 농사지을 겨를이 있었겠습니까?

堯는 **以不得舜爲己憂**하시고 **舜以不得禹皐陶**(요)로 **爲己憂**하시니 **夫以百畝之不易**(이)로 **爲己憂者**는 **農夫也**니라 **分人以財**를 **謂之惠**요 **敎人以善**을 **謂之忠**이요 **爲天下得人者**를 **謂之仁**이니 **是故**로 **以天下與人**은 **易**하고 **爲天下得人**은 **難**하니라

○ 요임금은 순과 같은 사람을 얻지 못함을 가지고 자기의 근심거리로 삼았고 순임금은 우와 고요 같은 사람을 얻지 못하는 것을 자기의 근심으로 삼았습니다. 100 묘의 밭이 가꾸어지지 않는 것을 가지고 근심거리로 삼는 사람은 농부입니다. 사람들에게 재물을 나누어 주는 것을 혜(惠)라하고 사람들에게 선을 가르치는 것을 충(忠)이라 하며 천하를 위하여 인재를 얻는 것을 인(仁)이라고 합니다. 그렇기 때문에 천하를 남에게 주기는 쉽고 천하를 위해 인물을 얻기는 어렵습니다.

孔子曰 大哉라 **堯之爲君**이여 **惟天**이 **爲大**어시늘 **惟堯則**(칙)**之**하시니 **蕩蕩乎民無能名焉**이로다 **君哉**라 **舜也**여 **巍巍乎有天下而不與**(예)**焉**이라하시니 **堯舜之治天下**에 **豈無所用其心哉**시리오마는 **亦不用於耕耳**시니라

○ 공자께서 말씀하시기를 '위대하다. 요 임금이시어! 오직 위대한 것은 하늘뿐인데, 요 임금만이 그것을 본받았다. 그 덕이 한없이 넓고 커서 백성들이 그것을 형용할 수가 없도다. 아름답다, 순임금이시어! 그 덕이 높고 높아 천하를 가지고서도 그것에 관여하지 않으셨다.'라고 하셨습니다. 요임금과 순임금이 천하를 다스리는데 어찌 마음을 쓰지 않았겠는가마는 그들이 몸소 농사짓는 데에다 마음을 쓰지 않았을 뿐입니다.

吾聞用夏變夷者요 未聞變於夷者也로라 陳良은 楚産也니 悅周公仲尼之
道하여 北學於中國이어늘 北方之學者 未能或之先也하니 彼所謂豪傑之士
也라 子之兄弟事之數十年이라가 師死而遂倍之온여

　　○나는 중화의 문명한 가르침을 가지고 오랑캐를 변화시킨다는 말은
　　들었어도 여지껏 오랑캐에 의해서 변화되었다는 말은 듣지 못했습니
　　다. 진량은 초나라 태생이면서 주공과 공자의 도를 좋아하여 북으로
　　중국에 와서 공부하였는데 북방의 학인들도 그보다 앞서지 못했으니
　　그 사람은 이른바 걸출한 선비입니다. 당신들의 형제들이 그를 수십
　　년 동안 섬기다가 스승이 죽자 마침내 그를 배반하는구나.

昔者에 孔子沒커시늘 三年之外에 門人이 治任將歸할새 入揖於子貢하고
相向而哭하여 皆失聲然後에 歸어늘 子貢反하여 築室於場하여 獨居三年에
然後歸하니라 他日에 子夏子張子游以有若似聖人이라하여 欲以所事孔子
로 事之하여 彊曾子한대 曾子曰 不可하니 江漢以濯之며 秋陽以暴(폭)之라
皜皜乎不可尚已라하시니라

　　○皜 흴 호
　　○옛날에 공자께서 돌아가시자 삼 년이 지나 제자들이 짐을 꾸리고 집
　　으로 돌아가려고 자공한테 들어가서 읍을 하고서 마주 보고 울었는데
　　다들 목이 쉬어 버린 후에야 돌아갔습니다. 자공은 다시 돌아와 공자
　　의 무덤에 제단 있는 터에다 집을 짓고 삼 년을 지내고 난 후에 돌아갔
　　습니다. 그 후에 자하와 자장과 자유가 유약이 성인을 닮았다고 해서
　　공자를 섬기던 것같이 섬기려고 증자께 그렇게 하기를 강요하였는데
　　증자께서는 '안됩니다. (공자의 덕은) 장강과 한수의 물로 씻은 것 같
　　고, 가을 햇볕에 쬔 것과 같아서 희고 또 힘이 이보다 더할 수가 없었
　　습니다.'라고 말씀하셨습니다.

今也에 南蠻鴃舌之人이 非先王之道어늘 子倍子之師而學之하니 亦異於
曾子矣로다 吾聞出於幽谷하여 遷于喬木者요 未聞下喬木而入於幽谷者로
라 魯頌曰 戎狄是膺이라하니 荊舒是懲이라하니 周公이 方且膺之어시늘 子是

之學하니 **亦爲不善變矣**로라

○膺 칠 응: 敽 때까치 격
○지금 남쪽 오랑캐의 왜가리 같이 지껄이는 사람이 선왕의 도를 비난하는데, 당신은 당신의 스승을 배반하고서 그 사람한테 배우니 역시 증자와는 다르십니다. 나는 깊은 산골짜기에서 나와 높은 나무가 서 있는 데로 옮겨갔다는 사람 이야기는 들었어도 높은 나무가 서 있는 데서 내려와서 깊은 골짜기로 들어갔다는 사람의 이야기는 듣지 못했습니다. 〈시경, 노송〉에 이르기를 '오랑캐인 융과 적을 공격하니, 남쪽의 초나라와 서나라가 징계되었다.'라고 하였으니, 주공께서도 바야흐로 이들을 응징하셨는데, 당신은 그것을 배우니 역시 잘 변화하지 못한 것이군요."

從許子之道땐 **則市賈(價)不貳**하여 **國中**이 **無僞**하여 **雖使五尺之童**으로 **適市**라도 **莫之或欺**니 **布帛長短同**이면 **則賈相若**하여 **麻縷絲絮輕重同**이면 **則賈相若**하며 **五穀多寡同**이면 **則賈相若**하며 **屨大小同**이면 **則賈相若**이니라

○絮 솜 서: 屨 신 구
○(진상이 말하였다) "허자의 도에 따르면 시장의 물가가 서로 다르지 않아 온 나라 안에 거짓이 없어질 것이니 5척의 동자를 시장에 보내어도 그 아이를 속이는 일이 없을 것입니다. 베와 비단의 길이가 같으면 값이 서로 같고, 삼 실과 명주 솜의 무게가 같으면 값이 서로 같고 오곡의 양이 같으면 값이 같으며, 신은 크기가 같으면 값이 서로 같습니다."

曰 夫物之不齊는 **物之情也**니 **或相倍蓰**하며 **或相什伯(百)**하며 **或相千萬**이어늘 **子比而同之**하니 **是亂天下也**로다 **巨屨小屨同賈**면 **人豈爲之哉**리오 **從許子之道**면 **相率而爲僞者也**니 **惡(오)能治國家**리오

○蓰 다섯 갑절 사
○(맹자께서 말씀하셨다) "대체로 물품의 질이 같지 않다는 것은 물품의 실상입니다. 값의 차이가 혹은 배가 되고 다섯 배가 되며. 혹은 십 배나 백 배, 혹은 천 배나 만 배의 차이가 나는데 당신은 질적인 차이

를 무시하고 무게와 길이 같은 양만 맞춰서 값을 같게 하니 이는 천하를 어지럽히는 것입니다. 큰 신과 작은 삼은 신이 값이 같다면 사람들이 어찌 그런 것을 만들겠습니까? 허자의 도에 따른다면 서로 이끌고서 서로서로 속이게 하는 것이니 어떻게 국가를 다스릴 수 있겠습니까?"

(5) 묵자는 이단자다

墨者夷之 因徐辟而求見孟子한대 **孟子曰 吾固願見**이러니 **今吾尚病**이라 **病愈**어든 **我且往見**하리니 **夷子**는 **不來**니라

- 墨子(묵자) 검약, 겸애, 비전(非戰), 상현(上賢), 우귀(右鬼) 상동(上同) 등을 주장한 묵적(墨翟)의 가르침을 신봉하는 사람들로 묵가는 당시 일종의 종교단체와 유사한 조직이 있었고 사상계에서 유가와 맞설 만한 세력을 지니고 있었음: 夷之 夷는 성, 之는 이름: 서벽, 맹자의 제자
- 묵자의 사상을 따르는 사람인 이지(夷之)가 맹자의 제자 서벽(徐辟)을 통해서 맹자를 만나기를 요청해오자 맹자께서 "나는 물론 만나기를 원하지만 지금 나는 아직 병중인 자라, 병이 나으면 내가 가서 만나겠으니 이지를 오지 말게 하여라."라고 말씀하셨다.

他日에 **又求見孟子**한대 **孟子曰 吾今則可以見矣**어니와 **不直則道不見**(현)하나니 **我且直之**호리라 **吾聞夷子**는 **墨者**라하니 **墨之治喪也**는 **以薄爲其道也**라 **夷子**는 **思以易天下**하나니 **豈以爲非是而不貴也**리오 **然而夷子葬其親**이 **厚**하니 **則是以所賤事親也**로다

- 훗날 또 이지가 맹자 만나기를 요청해오자 맹자께서 "나는 이제 만날 수 있다. 그의 잘못을 바로 잡지 않으면 도가 나타나지 않는다. 나는 나는 우선 할 말을 다하여 그의 잘못을 바로잡겠다. 나는 이지가 묵자의 사상을 추종하는 사람이라고 들었다. 묵자의 사상을 추종하는 사람들은 장사를 검소하게 하는 것을 도로 삼는다. 이지는 그렇게 하는 것으로 천하의 풍속을 바꾸려 하는 것이니 그가 그렇게 하는 것을 어

찌 옳지 않다고 여기거나, 존중하지 않거나 하겠습니까? 그러면서도 이자는 자기의 어버이를 후하게 장사지냈으니 이것이야말로 자기가 천하게 여기는 것으로 어버이를 섬긴 것이다."라고 말씀하셨다.

徐子以告夷子한대 **夷子曰 儒者之道**에 **古之人**이 **若保赤子**라하니 **此言**은 **何謂也**오 **之則以為愛無差等**이요 **施由親始**라하노라 **徐子以告孟子**한대 **孟子曰 夫夷子**는 **信以為人之親其兄之子**가 **為若親其鄰之赤子乎**아 **彼有取爾也**니 **赤子匍匐將入井**이 **非赤子之罪也**라 **且天之生物也 使之一本**이어늘 **而夷子二本故也**로다

○ 匍 기어갈 포: 匐 기어갈 복
○ 서자가 이 말씀을 이자에게 일러 주었더니 이자가 말하였다. "유자(儒子)의 도에, '옛사람이 백성을 사랑하기를 갓난아기를 보살펴 주는 것같이 했다.' 하였는데, 이 말은 무엇을 두고 한 말입니까? 나는 그것이 사랑에는 차등이 없고 사랑을 베푸는 것은 어버이로부터 시작해야 한다는 뜻이라고 생각한다." 서자가 이 말을 듣고 맹자에게 아뢰자, 맹자께서 이렇게 말씀하셨다. "이자는 정말로 사람들이 자기 형의 아들 사랑하기를 자기 이웃집 아기를 사랑한다는 것같이 한다고 생각한단 말입니까? 저 〈서경〉의 말은 비유를 취한 뜻이 따로 있다. 어린아이가 엉금엉금 기어서 우물로 들어가려는 것이 어린아이의 죄가 아니듯이 백성들이 무지하여 법을 어기는 것이 백성들의 잘못이 아니라는 뜻이다. 또 하늘이 만물 낼 적에 만물로 하여금 근본(부모)이 하나이게 하였는데 이자는 내 부모와 남의 부모를 똑같이 보았으니 이는 근본이 둘인 것이니 잘못 이해한 것이다.

蓋上世에 **嘗有不葬其親者**러니 **其親**이 **死**어늘 **則擧而委之於壑**하고 **他日**에 **過之**할새 **狐狸食之**하며 **蠅蚋姑嘬之**어늘 **其顙有泚**하여 **睨而不視**하니 **夫泚也**는 **非為人泚**라 **中心**이 **達於面目**이니 **蓋歸反虆梩而掩之**하니 **掩之誠是也**면 **則孝子仁人之掩其親**이 **亦必有道矣**라 **徐子以告夷子**한대 **夷子憮然爲閒曰 命之矣**샷다

○ 狸 살 괭이 리: 蠅 파리 승: 蚋 모기 예: 嘬 모여서 파먹을 최
　顙 이마 상: 泚 땀 흥건할 자: 睨 흘겨볼 예: 掩 가릴 엄
○ 상고 시대에 자기 어버이를 매장하지 않은 사람이 있었는데 자기 어버이가 죽자 들어다가 골짜기에다 버렸다. 훗날 그가 그곳을 지나가자니까 여우와 너구리가 어버이의 시체를 뜯어먹고 파리와 모기가 그것을 빨아먹고 있는지라 그의 이마에 진땀이 솟고 시선을 돌려 그것을 보지 않았던 것이다. 이마에 진땀이 난 것은 남들이 보기 때문에 그런 것이 아니고 속마음이 얼굴에까지 나타난 것이다. 그래서 그는 집에 돌아가 삼태기와 들것에 흙을 담아 가지고 와서 그 시체를 덮었던 것이다. 이렇게 시신을 흙으로 덮는 것이 정말로 옳다면 효자와 인자한 사람이 그들의 어버이를 장사 지내는 것은 반드시 당연한 도리일 것이다." 서자가 이 말씀을 이자에게 전하니, 이자가 한참 동안 있다가 말하였다. "맹자께서 나를 가르쳐 주셨다."

6. 등문공장구 하(滕文公章句 下)

이 장구는 10장으로 앞의 〈등문공장구 상〉과 달리 문공과 관련된 내용이라기보다는 맹자가 생각하는 삶의 방식이 수록되어 있다.

(1) 자기를 굽히는 자는 남을 바로 잡지 못한다

陳代曰 不見諸侯 宜若小然하니이다 **今一見之**하시면 **大則以王**이요 **小則以霸**니이다 **且志曰 枉尺而直尋**이라하니 **宜若可爲也**로소이다

○ 진대 맹자의 제자, 陳은 성 代는 이름: 枉 굽힐 왕: 尋 길 심
○ 맹자의 제자 진대가 맹자에게 말하였다. "선생님께서 제후를 안 만나시니 선생님은 생각이 좁으신 것 같습니다. 이제 한번 제후를 만나신다면 크게는 왕업을 이룰 수 있고, 작게될 경우라도 패업을 이룰 수 있으실 것입니다. 예전 기록에도 '한자를 굽혀서 여덟 자를 곧게 한다(枉尺直尋).'라고 하였으니 해보셔도 좋을 듯합니다."

孟子曰 昔에 齊景公이 田할새 招虞人以旌한대 不至어늘 將殺之러니 志士는 不忘在溝壑하고 勇士는 不忘喪其元이라하시니 孔子奚取焉고 取非其招不往也시니 如不待其招而往엔 何哉오 且夫枉尺而直尋者는 以利言也니 如以利면 則枉尋直尺而利라도 亦可爲與아

- ○旌 깃발 정: 溝 도랑 구: 尋 길 심
- ○맹자께서 말씀하셨다. "옛날에 제경공이 사냥을 나갔을 때, 대부를 부를 때 쓰는 정(旌)이라는 기를 가지고 우(虞)인을 불렀더니 그가 오지 않아서 그를 죽이려고 했었다. 공자께서는 우인을 칭찬하시기를 '지사(志士)는 자신의 시신이 도랑에 던져질 각오를 언제나 하고 있고, 용사(勇士)는 전투하다가 자기 목숨을 잃더라도 돌아보지 않을 것을 생각한다.'라고 하셨는데 공자께서는 우인의 어떤 점에 대단한 칭찬을 하신 것이겠나? 자기 신분에 맞는 부름이 아니면 가지 않는 점을 높이 사신 것이다. 만약에 내가 올바를 부름을 기다리지 않고서 간다면 어떻겠는가? 또 그 한자를 굽히고 여덟 자를 곧게 한다는 것은 이해타산에서 나온 말이니, 만약에 이익을 가지고 하자면 여덟 자를 굽히고 한자를 곧게 하여서라도 이롭다면 할 것인가?(그런 일은 할 수 없을 것입니다)

昔者에 趙簡子使王良으로 與嬖奚乘한대 終日而不獲一禽하고 嬖奚反命曰 '天下之賤工也러이다 或以告王良한대 良曰 請復(부)之호리라 彊而後에 可라하여늘 一朝而獲十禽하고 嬖奚反命曰 天下之良工也러이다 簡子曰 我使掌與女(汝)乘호리라하고 謂王良한대 良이 不可曰 吾爲之範我馳驅호니 終日不獲一하고 爲之詭遇호니 一朝而獲十하니 詩云 不失其馳어늘 舍矢如破라하니 我는 不貫與小人乘호니 請辭라하니라

- ○조간자, 진나라 대부: 嬖 총애할 폐
- ○옛날에 진나라 대부 조간자가 왕량을 시켜서 자신이 총애하는 신하인 해와 함께 수레를 타고 사냥하게 하였는데, 종일토록 한 마리의 새도 잡지 못했다. 폐해가 복명 하기를 '왕량은 천하에 형편없는 마부입니다.'라고 하였다. 어떤 사람이 그 이야기를 왕량에게 일러 주었더니 왕

량이 조간자에게 '다시 한번 수레를 몰게 하여주십시오.' 하였는데, 강요하다시피 한 후에야 응했다. 이번에는 아침나절에 열 마리의 새를 잡았다. 해가 복명하기를 '천하에 다시없는 훌륭한 마부입니다.'라고 말했다. 조간자가 '내가 그 사람을 네 수레를 전담하여 맡아서 몰도록 하여주겠다.' 하고 왕량에게 말했더니 왕량은 그렇게 하려 들지 않고, '내가 그를 위해서 법대로 말을 몰았더니 한 마리의 새도 잡지 못하고, 그를 위해 법도에 어긋나게 몰았더니 아침나절까지 열 마리를 잡았습니다. 〈시경, 거공〉에 「수레 달리는 법도를 잃지 않아서, 화살을 쏘아서 새를 터뜨리는 것 같이 새를 잡는다.」라고 하였습니다마는, 저는 소인과 함께 수레 타는 데는 익숙하지 않으니 그만두게 하여주십시오.' 라고 말하였다.

御者도 **且羞與射者比**하여 **比而得禽獸 雖若丘陵**이라도 **弗爲也**하니 **如枉道而從彼**엔 **何也**오 **且子過矣**로다 **枉己者 未有能直人者也**니라

- 比 아첨할 비
- 마부조차도 활 쏘는 사람에게 아부하기를 부끄러워하여, 아부해서 새와 짐승을 산더미처럼 많이 잡는다고 하더라도 하지 않았는데, 선비가 어떻게 도를 굽혀서 그런 제후를 따라가겠는가? 자네는 잘못입니다. 자기를 굽히는 사람 중에서는 남을 곧게 할 수 있는 사람은 아직 없습니다."

(2) 참다운 대장부란

景春曰 公孫衍 張儀는 **豈不誠大丈夫哉**리오 **一怒而諸侯懼**하고 **安居而天下熄**하나이다 **孟子曰 是焉得爲大丈夫乎**리오 **子未學禮乎**아 **丈夫之冠也**에 **父命之**하고 **女子之嫁也**에 **母命之**하나니 **往**에 **送之門**할새 **戒之曰 往之女家**하여 **必敬必戒**하여 **無違夫子**라 하나니 **以順爲正者**는 **妾婦之道也**니라

- 경춘 맹자 때의 종횡가, 종횡가는 열국 간의 이해를 이용하여 제후를 설복시켜 영달을 추구하는 사람들로 국제 정세에 관한 통찰력과 변설(辯說)에 능난함: 熄 꺼질식

○경춘이 말하였다. 공손연과 장의는 어찌 진정한 대장부가 아니겠습니까? 그들이 한번 노하면 제후들이 두려워하고, 그들이 편안히 들어앉아 있으면 온 천하가 잠잠해집니다. 맹자께서 말씀하셨다. "그렇게 해서 어찌 대장부가 될 수 있겠습니까? 당신들은 예를 배우지 않았습니까? 남자가 관례를 할 때는 부친이 훈계하여 주고, 여자가 출가할 때는 모친이 훈계하여 주고 문까지 가서 보내주며, '네 시집에 가서는 반드시 공경하고 반드시 조심하여서 남편의 뜻을 어기지 말라'고 이야기해 주니, 순종하는 것을 올바른 것으로 여기는 것은 부인네가 따르는 도리입니다.

居天下之廣居하며 **立天下之正位**하며 **行天下之大道**하여 **得志**하여는 **與民由志**하고 **不得志**하여는 **獨行其道**하여 **富貴不能淫**하며 **貧賤不能移**하며 **威武不能屈**이 **此之謂大丈夫**니라

○由 행할 유: 淫 음탕할 음
○천하라는 넓은 집인 인(仁)에 살고, 천하의 올바른 자리인 예(禮)에 서서 천하의 큰 도리인 의(義)를 실천하여, 뜻을 이루면 백성과 함께 더불어 도를 행하고, 뜻을 이루지 못하면 홀로 그 도를 행하여, 부귀가 마음을 혼란하게 하지 못하게 하고, 빈천이 절개를 바꾸지 못하게 하며, 무서운 무력도 그를 굴복시키지 못하는 것, 이것을 대장부라 이른다."

(3) 선비는 벼슬을 해야 한다

周霄問曰 古之君子仕乎잇가 **孟子曰 仕**니라 **傳曰 '孔子三月無君則皇皇如也**하사 **出疆**에 **必載質**(지)라하고 **公明儀曰 古之人**이 **三月無君則弔**라하니라

○주소, 위나라 사람
○위나라 사람 주소가 물었다. "옛날의 군자는 벼슬을 하였습니까?" 맹자께서 대답하셨다. "벼슬을 하였습니다. 전해 내려오는 글에 '공자께서는 석 달 동안 섬길 임금이 생기지 않으면 안타까워하고 국경을 나갈 때는 폐백을 싣고 갔다.'라고 하였고 공명의는 '옛날 사람들은 석 달

동안 섬길 임금이 생기지 않으면 위로해주었다.'라고 말했습니다."

三月無君則弔 不以急乎잇가 曰 士之失位也니 猶諸侯之失國家也니 禮曰 諸侯耕助하여 以供粢盛하고 夫人蠶繅하여 以爲衣服하나니 犧牲이 不成하며 粢盛不潔하며 衣服이 不備하면 不敢以祭하고 惟士無田이면 則亦不祭라 하니 牲殺器皿衣服이 不備하여 不敢以祭면 則不敢以宴이니 亦不足弔乎아

○粢 기장 자
○주소가 말하였다. "석 달 동안 섬길 임금이 생기지 않으면 위로해준다는 것은 너무 조급하게 구는 것이 아닙니까?" 맹자께서 말씀하셨다. "선비가 벼슬자리를 잃는 것은 제후가 그의 나라를 잃는 것과도 같습니다. 예(禮)에 이르기를 '제후가 밭을 갈면 백성들이 도와 경작하여 제사에 바칠 곡식인 자성(粢盛)을 장만하고, 제후의 부인은 누에치고 실을 뽑아서 제사 때 입는 의복을 만드는데, 희생(犧牲)에 쓸 가축이 잘 자라지 않고, 제사에 바칠 곡식이 깨끗하지 않고, 의복이 갖추어지지 않으면 감히 제사를 올리지 못한다.'라고 했습니다. 선비가 제전(祭田)이 없으면 역시 제사를 지내지 못한다. 희생과 그릇과 의복이 갖추어지지 않으면 감히 제사를 올리지 못하는데, 그렇게 되면 제사 뒤의 잔치도 하지 못하게 되니 또한 위로할 만한 일이 아니겠습니까?"

出疆에 **必載質**는 何也잇고 曰 士之仕也 猶農夫之耕也니 農夫豈爲出疆舍其耒耜哉리오 曰 晉國이 亦仕國也로되 未嘗聞仕如此其急호니 仕如此其急也인댄 君子之難仕는 何也잇고 曰 丈夫生而願爲之有室하며 女子生而願爲之有家는 父母之心 人皆有之언마는 不待父母之命과 媒妁之言하고 鑽穴隙相窺하며 踰牆相從하면 則父母國人이 皆賤之하나니 古之人이 未嘗不欲仕也언마는 又惡(오)不由其道하니 不由其道而往者는 與鑽穴隙之類也니라

○媒 중매 매: 耒 가래 뢰
○주소가 말하였다. "국경을 나갈 때 반드시 폐백을 싣고 가는 것은 무엇 때문입니까?" 맹자께서 말씀하셨다. "사(士)가 벼슬 사는 것은 농부가 농사짓는 것과 같으니, 농부가 어찌 국경을 나가기 위해서 밭 가

제2부 고전 독해 **207**

는 쟁기를 버리겠습니까?" 주소가 말하였다. "진나라도 벼슬할만한 나라이지만, 벼슬하는 것이 그렇게까지 급한 일이라고는 들어보지 못했습니다. 벼슬하는 것이 그렇게 급한 일인데 군자가 벼슬하기 어려운 것은 무엇 때문입니까?" 맹자께서 말씀하셨다. "사나이가 태어나면 그가 아내를 얻게 되기를 바라고, 여자가 나면 그가 남편을 얻게 되기를 바라는 것은 부모의 마음인데 사람마다 모두 그런 마음을 가지고 있습니다. 그러나 부모의 마음과 중매의 말을 기다리지 않고 구멍을 뚫고서 들여다보고 담을 넘어서 서로 만난다면 부모와 나라 사람들이 모두 천하게 여길 것입니다. 옛날 사람들은 벼슬을 살려고 하지 않은 적은 없었지만, 정당한 방법에 따르지 않는 것을 싫어하였습니다. 정당한 방법에 따르지 않고서 벼슬하러 가는 것은 구멍을 뚫고 서로 들여다보는 것과 같은 것입니다."

(4) 공이 있는 사람은 먹을 권리가 있다

彭更(경)이 **問日 後車數十乘**과 **從者數百人**으로 **以傳食於諸侯 不以泰乎**잇가 **孟子曰 非其道**인댄 **則一簞食**(사)라도 **不可受於人**이어니와 **如其道**인댄 **則舜受堯之天下**하사되 **不以爲泰**하시니 **子以爲泰乎**아 **日 否**라 **士無事而食**이 **不可也**니이다

○ 맹자의 제자 팽경이 "뒤따르는 수레 수십 량에 수행하는 자 수백 명을 거느리고서 제후들을 찾아다니며 녹을 먹는 것은 너무 지나치지 않습니까?" 하고 묻자 맹자께서 말씀하셨다. "정당한 도리에 의한 것이 아니라면 한 그릇의 밥도 남한테서 받아서는 안 되나, 만약에 정당한 도리라면 순임금이 요임금의 천하를 받는 것도 지나치다고 하지 않는데 자네는 그것을 가지고 지나치다고 하는 건가?" 팽경이 말하였다. "그런 말씀이 아닙니다. 선비가 하는 일도 없이 녹을 먹는 것은 안 된다는 것입니다."

日 子不通功易事하여 **以羨**(연)**補不足**이면 **則農有餘粟**하며 **女有餘布**어니와 **子如通之**면 **則梓匠輪輿皆得食於子**하리니 **於此**에 **有人焉**하니 **入則孝**하

고 **出則悌**하여 **守先王之道**하여 **以待後之學者**호되 **而不得食於子**하리니 **子何尊梓匠輪輿而輕爲仁義者哉**오

○梓 목수 재: 輿 남을 연: 輿 수레 여
○맹자께서 말씀하셨다. "그대가 공(功)을 통하여 만들어진 물건을 교역하고 일을 바꿔서, 남는 것으로 부족한 것을 보충하지 않는다면 농부에게는 남아 돌아가는 곡식이 생기고, 여인에게는 남아 돌아가는 베가 생기게 될 것이고, 그대가 만약에 그런 일을 교역한다면 목수와 수레 만드는 사람도 모두 자네한테서 먹을 것을 얻게 될 것입니다. 여기 어떤 사람이 있는데 집에 들어가면 어버이를 효성으로 섬기고 밖에 나가면 어른을 공경하며 선왕의 도를 지켜서 후세에 배울 사람들을 기다리면서도, 자네한테서 먹을 것을 얻지 못한다면 그것은 잘못된 일이 아닐 수 없습니다. 자네는 어찌 그리도 목수와 수레 만드는 사람은 존중하면서 인과 의를 실천하는 사람은 경시하는 것입니까?"

曰 **梓匠輪輿**는 **其志將以求食也**어니와 **君子之爲道也**도 **其志亦將以求食與**잇가 曰 **子何以其志爲哉**오 **其有功於子**하여 **可食而食**(사)**之矣**니 **且子**는 **食志乎 食**(사)**功乎**아 曰 **食志**니이다 曰 **有人於此**하니 **毀瓦畫**(획)**墁**이요 **其志將以求食也**면 **則子食**(사)**之乎**아 曰 **否**니이다 曰 **然則子非食志也**라 **食功也**로다

○墁 담장에 회칠할 만
○팽경이 물었다. "목수와 수레 만드는 사람들의 목적은 그들의 기술을 가지고 먹을 것을 얻자는 것입니다. 군자가 정도를 실천하는 것도 역시 그렇게 함으로써 먹을 것 얻자는 것입니까?" 맹자께서 말씀하셨다. "자네는 왜 그 뜻을 가지고 따지는가? 자네한테 해준 일이 있으면, 먹여 줄만 하고, 그리고 먹여 주는 것입니다. 자네는 그 사람이 가지고 있는 뜻에 의해서 먹여주는 건가? 해준 일에 의해서 먹여 주는 건가?" 팽경이 대답하였다. "뜻에 의해서 먹여 줍니다." 맹자께서 말씀하셨다. "어떤 사람이 여기에서 기왓장을 깨뜨리고 담벼락 칠을 잘 못 하면서도 그 뜻이 먹는 것을 얻는 것이라면 자네는 그 사람을 먹여 주겠나?"

팽경이 답하였다. "아닙니다." 그러자 맹자께서 말씀하셨다. "그러면 자네는 뜻에 의해서 밥을 먹여 주는 것이 아니고 해놓은 일의 공과에 따라 먹여 주는 것입니다."

(5) 왕도를 베풀면 큰 나라도 따라 온다

萬章이 **問曰 宋**은 **小國也**라 **今**에 **將行王政**하나니 **齊楚惡**(오)**而伐之**면 **則如之何**니잇고 **孟子曰 湯**이 **居亳**하실새 **與葛為鄰**이러시니 **葛伯**이 **放而不祀**어늘 **湯**이 **使人問之曰 何為不祀**오 **曰 無以供犧牲也**로이다 **湯**이 **使遺之牛羊**하신대 **葛伯**이 **食之**하고 **又不以祀**어늘 **湯又使人問之曰 何為不祀**오 **曰 無以供粢盛也**로이다

○粢 기장 자
○맹자의 제자 만장이 물었다. "송나라는 소국입니다. 이제 왕도정치를 실시하려는데 제나라나 초나라가 그것을 미워해서 송나라를 공격한다면 어떻게 하겠습니까?" 맹자께서 말씀하셨다. "탕 임금께서 박읍에 도읍하고 계실 때 갈 나라와는 이웃이었다. 갈 나라 임금 갈백이 방탕하여 제사를 지내지 않아서 탕임금이 사람을 시켜서 '왜 제사를 지내지 않습니까?' 하고 물었더니 '희생(犧牲)이 없기 때문입니다.'라고 말했다. 탕임금은 사람을 시켜 그에게 소와 양을 보내주었더니 갈나라 임금 갈백이 그것을 먹어 버리고 또 제사를 지내지 않았다. 탕임금은 또 사람을 시켜서 '왜 제사를 지내지 않습니까?' 하고 물었더니 '제물로 바칠 곡식이 없기 때문입니다.'라고 말했다.

湯이 **使亳眾**으로 **往為之耕**이어시늘 **老弱**이 **饋食**(사)러니 **葛伯率其民**하여 **要其有酒食**(사)**黍稻者**하여 **奪之**호되 **不授者**를 **殺之**하더니 **有童子以黍肉餉**이어늘 **殺而奪之**하니라 **書曰 葛伯**이 **仇餉**이라시니 **此之謂也**니라 **為其殺是童子而征之**하신대 **四海之內皆曰 非富天下也**라 **為匹夫匹婦**하여 **復讎也**라하니라

○饋 먹일 궤: 餉 먹일 향: 仇 원수 구
○탕 임금이 박읍의 사람들을 시켜서 갈 나라에 가서 농사를 지어 주게 하고 노약자들이 먹을 것을 날라다 주게 하였더니 갈 임금(갈백)

은 자기 백성들을 거느리고 나와 술과 밥을 내온 사람들을 불러다 그들이 가진 것을 빼앗고 주지 않는 사람들은 죽였다. 한 어린이가 기장밥과 고기를 날아갔었는데 그 아이를 죽이고서 가진 것을 빼앗았다. 〈서경, 중훼지고〉에 '갈백이 밥을 먹이는 사람을 원수로 여겼다.'라고 한 것은 이것을 두고 한 말이다. 갈 나라 임금이 그 어린아이를 죽였기 때문에 탕임금이 그를 토벌했는데, 온 천하의 사람들은 모두 '천하를 탐내서가 아니고 일반 남녀백성을 위해 원수를 갚아 준 것이다.'라고 말했던 것이다.

湯이 始征을 自葛載하사 十一征而無敵於天下하니 東面而征에 西夷怨하여 南面而征에 北狄怨하여 曰 奚爲後我오하여 民之望之 若大旱之望雨也하여 歸市者弗止하여 芸(耘)者不變이어늘 誅其君 弔其民하신대 如時雨降이라 民이 大悅하니 書曰 徯我后하노니 后來하시면 其無罰아하니라

○ 徯 기다릴 혜
○ 탕 임금이 최초의 정벌을 갈 나라로부터 시작하여 11개국을 정벌하였는데 천하에 그를 대적할 상대가 없었다. 그가 동쪽으로 향하여 정벌하면 서쪽의 오랑캐가 원망하였고, 남쪽으로 향하여 정벌하면 북쪽의 오랑캐가 원망하여 말하기를 '왜 우리나라를 나중에 정벌하시나?' 하고 말했다. 백성들이 탕왕의 정벌을 바라기를 큰 가물에 비를 바라는 것같이 하였던 것이다. 전쟁 중에도 시장으로 가는 사람들은 그치지 않았고, 김매는 사람들은 동요하지 않았으니, 탕왕께서 포악한 군주를 죽여서 그 나라의 백성들을 위로해주는 것이 제 때에 비가 내리는 것 같아서 백성들이 대단히 기뻐하였던 것이다. 〈서경, 태갑〉에 '우리 임금님을 기다리나니, 임금님께서 오셔야 형벌이 없어질 것이다' 라 하였다.

有攸不惟臣이어늘 東征하사 綏厥士女하신대 匪(篚)厥玄黃하여 紹我周王 見休하여 惟臣附于大邑周라하니 其君子는 實玄黃于匪以迎其君子하고 其小人은 簞食(사)壺漿으로 以迎其小人하니 救民於水火之中하여 取其殘而已矣일새니라

○綏 편안할 수: 匪 광주리 비: 休 아름다울 휴
○〈서경, 무성〉에 이르기를 '주나라에 복종하지 않는 자가 있자 무왕께서 동쪽으로 가서 정벌하여 그곳의 남녀백성들을 편안하게 하여주었다. 그곳의 남녀백성들이 검은 비단과 황색 비단을 광주리에 가지고 우리 주왕을 섬겨 복을 받아 큰 나라인 주에 예속되기를 바랐다.'라고 하였다. 그곳의 군자들은 검은 비단과 황색 비단을 광주리에 채워서 주나라의 군자들을 맞이하였고 소인들은 대그릇의 밥과 주전자의 음료를 가지고서 주나라의 소인들을 맞이한 것이다. 백성들을 도탄에서 구해주고 잔학한 것을 제거하였을 따름이었다.

太誓曰 我武를 **惟揚**하여 **侵于之疆**하여 **則取于殘**하여 **殺伐**이 **用張**하니 **于湯**에 **有光**이라하니라 **不行王政云爾**언정 **苟行王政**이면 **四海之內皆擧首而望之**하여 **欲以爲君**하리니 **齊楚雖大**나 **何畏焉**이리오

○〈서경, 태서〉에 이르기를 '우리 무왕께서 위엄을 떨쳐 폭군(주왕, 紂王)의 국경을 침공하였다. 그것은 잔악한 자를 제거한 것으로 살벌의 무공을 발휘하였나니 탕임금보다도 더 빛나도다.'라고 하였다. 왕도정치를 실시하지 않아서 그렇지 진실로 왕도정치를 실시하기만 하면 온 천하의 사람들이 모두 고개를 들어서 바라보고 그를 임금으로 삼으려고 할 것인데 제나라와 초나라가 크다고는 하지만 무엇이 두렵겠습니까?"

(6) 혼자의 힘으로 임금을 선도할 수는 없다

孟子謂戴不勝曰 子欲子之王之善與아 **我明告子**하리라 **有楚大夫於此**하니 **欲其子之齊語也**인댄 **則使齊人傅諸** **使楚人傅諸**아 **曰 使齊人傅之**아 **曰 一齊人傅之**니이다 **衆楚人**이 **咻之**면 **雖日撻而求其齊也**라도 **不可得矣**어니와 **引而置之莊嶽之間數年**이면 **雖日撻而求其楚**라도 **亦不可得矣**리라

○咻 떠들 휴
○맹자께서 송나라의 신하 대불승(戴不勝)에게 말씀하였다. "당신은 당신의 왕이 선하여지기를 원하고 있습니까? 내가 명백히 알려드리겠습니다. 여기 초나라의 대부가 있어 자기 아들이 제나라 말을 하기를 원한

다면 제 나라 사람을 시켜서 그를 가르치게 하겠습니까? 초나라 사람을 시켜서 그를 가르치게 하겠습니까?" 대불승이 대답하였다. "제나라 사람을 시켜서 그를 가르치게 할 것입니다." 맹자께서 말씀하셨다. "한 명의 제나라 사람이 그를 가르치는데, 초나라 사람이 여럿이 떠들어 댄다면, 매일같이 종아리를 치면서 그가 제나라 말을 하기를 요구한다고 하더라도 해내지 못할 것입니다. 그를 데려다가 수년 동안 제나라의 번화한 거리인 장악 어귀에 놔두고 매일같이 종아리를 때려주면서 그가 초나라 말을 하기를 요구한다고 하더라도 해내지는 못할 것입니다.

子謂薛居州를 **善士也**라 하여 **使之居於王所**하나니 **在於王所者 長幼卑尊**이 **皆薛居州也**면 **王誰與為不善**이며 **在王所者 長幼卑尊**이 **皆非薛居州也**면 **王誰與為善**이리오 **一薛居州 獨如宋王**에 **何**리오

○ 薛 맑은 대쑥 설
○ 당신이 송나라 신하 설거주(薛居州)를 선한 선비라고 하여 그를 왕이 있는 곳에 거처하게 하였습니다. 왕이 있는 곳에 있는 사람들이 어른이나 아이나 지위가 높든 낮든 다 설거주와 같은 사람이라면 왕이 누구하고 불선(不善)한 일을 하겠으며, 왕 있는 곳에 사람들이 어른이나 아이나 지위가 높든 낮든 다 설거주와 같은 사람이 아니라면 왕이 누구하고 아니라면 왕이 누구와 함께 선한 일을 하겠습니까? 설거주 한 사람이 혼자서 송나라의 왕을 어떻게 하겠습니까?"

(7) 예의가 아니어든 찾아보지 말라

公孫丑問曰 不見諸侯 何義잇고 **孟子曰 古者**에 **不為臣**하여는 **不見**하더이다 **段干木**은 **踰垣而辟**(피)**之**하고 **泄柳閉門而不內**(납)하니 **是皆已甚**하니 **迫**이어든 **斯可以見矣**니라

○ 垣 담 원: 단간목 위나라 때 사람: 세류 노나라의 현사(賢士)
○ 공손추가 물었다. "제후를 만나지 않는 것은 무슨 이유에서입니까?" 맹자께서 말씀하셨다. "옛날에는 그 신하가 되지 않으면 (가서) 만나지는 않았다. 단간목(段干木)은 위나라 문후가 만나러 오자 담을 넘어서 피

했고 설유(泄柳)는 노나라 목공이 만나러 오자 문을 닫고서 받아들이지 않았는데, 그것은 모두 너무 심했고 제후가 만나보려는 정성이 간절하면 만나 볼 수 있을 것이다.

陽貨欲見(현) **孔子而惡**(오)**無禮**하여 **大夫有賜於士**어든 **不得受於其家**면 **則往拜其門**일새 **陽貨瞯孔子之亡**(무)**也**하여 **而饋孔子蒸豚**한대 **孔子亦瞯其亡也**하여 **而往拜之**하시니 **當是時**하여 **陽貨先**이면 **豈得不見**이시리오

- 瞯 엿볼 감
- 양화(陽貨)는 공자께서 자기를 찾아와 만나게 하고 싶었으나, 그렇게 할 경우 남들이 자기더러 무례하다고 비난하는 것이 싫었다. 대부가 사에게 물건을 내려 줄 경우에 그것을 자기 집에서 받지 못했을 경우에는 그 대부의 집에 가서 문에 가서 절하는 것이 예의였다. 양화는 공자께서 댁에 계시지 않은 것을 틈타서 공자께 삶은 새끼 고기를 보냈는데 공자께서도 역시 양화가 집에 없는 것을 틈타 가서 사례하였던 것이다. 그때 양화가 먼저 찾아 왔더라면 공자께서 어찌 만나 보지 않으실 수 있으셨겠는가?

曾子曰 脅肩諂笑, 病于夏畦라하며 **子路曰 未同而言**을 **觀其色**컨대 **赧赧然**이라 **非由之所知也**라하니 **由是觀之**면 **則君子之所養**을 **可知已矣**니라

- 脅 위협할 협: 肩 어깨 견: 赧 부끄러울 난: 諂 아첨할 첨
- 증자께서 말씀하시기를 '어깨를 올리고 아첨하고 웃는 것이 여름에 밭일하는 것보다 더 힘들다.' 고 하셨고 자로는 '생각이 같지 않으면서 어울려서 말하는 그런 얼굴빛을 보면 무안하여 붉어지는데 그렇게 하는 것이 내 알 바가 아니다.'라고 말했다. 이런 것을 통해서 보면 군자가 기르는 것이 무엇인가를 알 수 있게 될 것이다."

(8) 옳은 일이면 내일로 미루지 말아라

戴盈之曰 什一去關市之征을 **今茲未**인대 **請輕之**하여 **以待來年然後已**하되 **何如**하니잇고 **孟子曰 今有人日攘其鄰之雞者**어늘 **或告之曰 是非君子**

之道라 한대 曰 請損之하여 月攘一雞하여 以待來年然後已로다 如知其非義인댄 斯速已矣니 何待來年이리오

- 茲 이 자: 已 그만둘 이: 損 덜 손: 攘 훔칠 양
- 송나라 대부 대영지(戴盈之)가 말하였다. 10분의 1을 세금으로 징수하는 정전법과 관문과 시장에서의 징세를 폐지하는 것은 금년에는 시행할 수 없으니, 징세를 경감해서 내년까지 기다린 후에 폐지하도록 하면 어떻겠습니까? 맹자께서 말씀하셨다. "이제 어떤 사람이 매일 이웃의 닭을 훔치는데 어떤 사람이 그에게 '그것은 군자가 할 짓이 아니다.'라고 일러 주자 '그러면 수효를 줄여서 한 달에 닭 한 마리씩 훔치고 내년까지 기다린 후에 그만두도록 하겠습니다.'라고 하는 것과 같은 것입니다. 만약에 그것이 옳지 않다면 당장에 빨리 그만둘 것이지 왜 내년까지 기다리겠습니까?"

(9) 내가 어찌 논쟁을 좋아하랴

公都子曰 外人이 皆稱夫子好辯하나니 敢問何也잇고 孟子曰 予豈好辯哉리오 予不得已也로라 天下之生久矣니 一治一亂이니라 當堯之時하여 水逆行하여 氾濫於中國하여 蛇龍이 居之하니 民無所定하여 下者는 爲巢하고 上者는 爲營窟이니 書曰 洚水警余라하니 洚水者는 洪水也니라

- 洚 물가없을 홍(강)
- 맹자의 제자 공도자가 물었다. "외부의 사람들은 모두 선생님께서 논쟁하시기를 좋아하신다고 하는데 왜들 그러는지 감히 여쭈어보겠습니다." 맹자께서 말씀하셨다. "내가 어찌 논쟁하기를 좋아하겠는가? 나는 어쩔 수 없어서 그러는 것이다. 천하에 사람이 생겨난 지가 오래되었는데, 세상은 한 번 다스려졌다가 한번 어지러워졌습니다. 요임금 때는 물이 역행하여 중국이 범람해서 뱀과 용이 사람 사는 곳에 우글거리고 백성들은 정착할 곳이 없어서 낮은 지역에 있는 사람들은 나무 위에 둥지를 만들었고 높은 지역에 있는 사람들은 굴을 파고 살았던 것입니다. 〈서경, 대우모〉에 '홍수가 나의 경각심을 불러일으킨다.' 하였는데 홍수(洚水)란 홍수(洪水)입니다.

使禹治之시어늘 禹掘地而注之海하시고 驅蛇龍而放之菹하신대 水由地中行하니 江淮河漢이 是也라 險阻旣遠하며 鳥獸之害人者消然後에 人得平土而居之하니라

  ○驅 몰 구: 菹 수초 우거질 저
  ○그래서 순임금께서 우(禹)를 시켜서 그 홍수를 다스리게 하였다. 우는 땅을 파서 홍수를 바다로 뽑았고 뱀과 용을 몰아다가 풀이 난 늪으로 쫓아냈다. 물이 땅 사이의 골짜기를 흘러가게 되었으니 양자강 회수(淮水) 황하 한 수가 그것이다. 그리하여 홍수의 해가 적어지고, 새와 짐승들이 사람을 해치는 일이 없어져 사람들이 평지에서 살게 되었다.

堯舜이 旣沒하시니 聖人之道衰하여 暴君이 代作하여 壞宮室以爲汙池하여 民無所安息하며 棄田以爲園囿하여 使民不得衣食하고 邪說暴行이 又作하여 園囿汙池沛澤多而禽獸至하니 及紂之身하여 天下又大亂하니라

  ○囿 동산 유
  ○요임금 순임금이 돌아가시고 성인의 도가 쇠퇴하여 포악한 임금이 뒤따라 나와서 집을 허물어서 못을 만들어 백성들이 편히 쉴 곳이 없어졌고, 밭을 파괴하여 웅덩이와 못을 만들어 백성들이 편히 쉴 곳이 없었고, 농지를 폐하여 동산으로 만들어서 백성들이 의식을 얻을 수 없었으며, 포악한 행실이 또 일어나고, 동산과 늪지대와 연못이 많아지자 새와 짐승이 많이 왔다. 폭군 주왕의 대에 와서 천하가 또다시 크게 혼란하였다.

周公이 相武王하사 誅紂하시고 伐奄 三年에 討其君하시고 驅飛廉於海隅而戮之하시니 滅國者五十이요 驅虎豹犀象而遠之하신대 天下大悅하니 書曰 丕顯哉라 文王謨이 丕承哉라 武王烈이여 佑啓我後人하사되 咸以正無缺이라하니라

  ○戮 죽일 육: 豹 표범 표: 犀 물소 서
  ○주공이 무왕을 도와서 주왕을 죽이고 엄나라를 정복하였는데 삼년에 걸쳐 그 임금을 죽이고 주왕의 신하인 비렴을 바다 모퉁이로 몰아다

가 죽였다. 나라를 멸망시킨 것이 50개에 달했고 뱀과 표범과 외뿔소와 코끼리를 몰아다가 멀리 쫓아 버리자 온 천하가 크게 기뻐하였다. 〈서경, 군아〉에 '위대하도다. 뚜렷하도다. 문왕의 책모는 위대하도록 (하늘의 뜻을) 계승한 것이로다. 무왕의 빛나는 공적이여! 우리 후인을 도와 길을 열어주시되 모두 정도로 하시고 결함이 없게 하여주었도다.'라고 하였다.

世衰道微하여 **邪說暴行**이 **有(又)作**하여 **臣弑其君者有之**하며 **子弑其父者有之**하니라 **孔子懼**하사 **作春秋**하시니 **春秋**는 **天子之事也**라 **是故**로 **孔子曰 知我者**도 **其惟春秋乎**며 **罪我者**도 **其惟春秋乎**인저하시니라

○그 후 세상의 풍속이 쇠퇴하고 인간의 도리가 미약해져서 부정한 학설과 포악한 행실이 또 일어나, 신하로서 자신의 임금을 시해하는 자가 있었으며, 자식으로서 아버지를 시해하는 자가 있었다. 공자께서 이를 두려워하시고 〈춘추〉를 지으셨다. 〈춘추〉는 천자의 일을 다룬 것이다. 그렇기 때문에 공자께서 '나를 이해하는 것도 오직 춘추를 통해서일 것이고 나를 죄주는 것도 오직 춘추를 통해서일 것이다.'라고 말씀하신 것이다.

聖王이 **不作**하여 **諸侯放恣**하며 **處士橫議**하여 **楊朱墨翟之言**이 **盈天下**하여 **天下之言**이 **不歸楊則歸墨**하니 **楊氏**는 **爲我**하니 **是無君也**요 **墨氏**는 **兼愛**하니 **是無父也**니 **無父無君**은 **是禽獸也**니라

○성왕(聖王)이 나오지 않고 제후들이 방자하고 초야에 있는 선비들이 멋대로 의론을 내세워 양주(楊朱)와 묵적(墨翟)의 학설이 천하에 가득해서, 천하의 학설이 양주에게 돌아가지 않으면 묵적으로 돌아갔다. 양씨는 자신의 지조만을 위하는 위아(爲我) 설을 주장하였으니 그것은 자기 임금을 무시하는 것이고, 묵씨는 겸애(兼愛)설을 주장하였으니 그것은 자기 부친을 무시하는 것이다. 자기 부친을 무시하고 자기 임금을 무시한다면 그것은 금수다.

公明儀曰 庖有肥肉하며 廐有肥馬하고 民有飢色하며 野有餓莩면 此는 率獸而食人也라하니 楊墨之道不息하면 孔子之道不著하리니 是는 邪說이 誣民하여 充塞仁義也니 仁義充塞이면 則率獸食人하다가 人將相食하리라

- 庖 부엌 포: 廐 마구간 구:莩 굶어 죽을 표
- 공명의가 말하기를 '임금의 푸줏간에는 살찐 고기가 있고 마구간에는 살찐 말이 있는데도 백성은 굶주린 기색이 있고 들에는 굶어 죽은 시체가 있다면 그것은 짐승을 몰아다가 사람을 잡아먹게 하는 것이다.' 라고 하였다. 양주와 묵적의 도는 없어지지 않고 공자의 도는 드러나지 않으니 그것은 부정한 학설이 백성들을 속여 인의를 꽉 막아버리는 것이다. 인의가 꽉 막혀버리면 짐승을 몰아다가 사람을 먹게 하고 사람이 서로 잡아먹게 될 것이다.

吾爲此懼하여 閑先聖之道하여 距楊墨하며 放淫辭하여 邪說者不得作케하노니 作於其心하여 害於其事하며 作於其事하여 害於其政하나니 聖人이 復起사도 不易吾言矣시리라 昔者에 禹抑洪水而天下平하고 周公이 兼夷狄驅猛獸而百姓寧하고 孔子成春秋而亂臣賊子懼하니라

- 내가 이 때문에 두려워하여 돌아가신 성인들의 도를 지키고 양주와 묵적의 학설을 막으며, 방탕한 말을 몰아내서 부정한 학설을 내세우는 자가 나오지 못하게 하는 것이다. 부정한 학설이 마음에 작용하게 되면 인에 해롭게 되고, 일에 작용하게 되면 정사에 해를 끼치게 되는 것으로, 성인이 다시 나오시더라도 내 말을 바꾸지 않을 것이다. 옛날에 우임금은 홍수를 막아서 천하가 화평해졌고 주공은 이적(夷狄)을 겸병(兼幷)하고 맹수를 몰아내서 백성들이 편안해졌고 공자께서는 춘추를 완성시켜서 난신적자들이 두려워하게 되었다.

詩云 戎狄是膺하니 荊舒是懲하여 則莫我敢承이라하니 無父無君은 是周公所膺也니라 我亦欲正人心하여 息邪說하며 距詖行하며 放淫辭하여 以承三聖者로니 豈好辯哉리오 予不得已也니라 能言距楊墨者는 聖人之徒也니라

- 戎 오랑캐 융: 狄 오랑캐 적: 荊 가시 형 膺: 膺 응징할 응: 詖 편벽될 피

○〈시경, 비궁〉에 이르기를 '오랑캐인 융적을 공격하니 남쪽의 초나라와 서(舒)나라가 다스려져 감히 우리를 저지하지 못하리라.'라고 하였거니와 자기 부친을 무시하고 자기 임금을 무시하는 것은 주공의 정벌 대상이었다. 내가 또 사람들의 마음을 바로잡고 부정한 학설을 없애고 편벽된 행동을 막고 방탕한 말을 몰아내, 우임금과 주공과 공자 세 성인을 계승하려고 하는 것이니, 내가 어찌 논쟁하기를 좋아하겠습니까? 나는 어쩔 수 없어서 그러는 것이다. 말로서 양주와 묵적을 막아낼 수 있는 사람은 성인의 무리인 것이다."

(10) 진중자의 청렴은 지렁이와 같은 것

匡章曰는 陳仲子豈不誠廉士哉리오 居於(오)陵할새 三日不食하여 耳無聞하며 目無見也러니 井上有李 螬食實者過半矣어늘 匍匐往將食之하여 三咽(연)然後에야 耳有聞하며 目有見하니이다

○匡章 陳仲子 제나라 사람: 螬 굼벵이 조: 匍 기어갈 포: 匐 기어갈 복
○제나라 사람 광장(匡章)이 말하였다. "진중자(陳仲子)는 어찌 참다운 청렴한 인물이 아니겠습니까? 오릉에 살면서 사흘 동안 먹지 못하여 귀가 들리지 않고 눈이 보이지 않았습니다. 우물가에 오얏나무가 있었고 (거기서 떨어진 오얏은) 굼벵이가 파먹은 것이 태반이었습니다. 그가 기어가서 그것을 집어 먹었는데 세 번을 삼킨 후에 귀가 들리고 눈이 보였습니다."

孟子曰 於齊國之士에 吾必以仲子로 爲巨擘焉이어니와 雖然이나 仲子惡(오)能廉이리오 充仲子之操면 則蚓而後에 可者也니라 夫蚓은 上食槁壤하고 下飮黃泉하나니 仲子所居之室은 伯夷之所築與아 抑亦盜跖之所築與아 所食之粟은 伯夷之所樹與아 抑亦盜跖之所樹與아 是未可知也로다 曰 是何傷哉리오 彼身織屨하고 妻辟纑하여 以易之也니이다

○蚓 지렁이 인
○이에 맹자께서 말씀하셨다. "제나라의 선비 중에서 나는 반드시 중자를 첫째로 여깁니다. 그렇기는 하지만 중자가 어떻게 청렴하다고 할 수

야 있겠습니까? 중자의 지조를 충족시키려면 지렁이가 된 후에야 가능합니다. 지렁이는 위에서는 메마른 흙을 먹고 아래에서는 지하수를 마십니다. (지렁이는 아무것도 의지하는 바가 없으나 중자는 지렁이와는 달라서 사람이 지은 집에서 살고 사람이 기른 곡식을 먹고 삽니다) 중자가 사는 집은 백이가 지은 것 인가요 그렇지 않으면 도척이 지은 것입니까? 그가 먹은 곡식은 백이가 심은 것 인가요 그렇지 않으면 도척이 심은 것 인가요 그 점은 알 수 없는 노릇입니다."라고 말씀하셨다. 광장이 말하였다. "그런 것이 무슨 상관이 있겠습니까? 그 사람은 몸소 신을 삼고 그의 처는 삼 실을 뽑고 다듬고 하여 곡식과 바꿔다 먹습니다."

曰 仲子는 齊之世家也라 兄戴蓋(합)祿이 萬鍾이러니 以兄之祿으로 爲不義之祿而不食也하며 以兄之室爲不義之室而不居也하고 辟(피)兄離母하여 處於於陵이러니 他日歸하니 則有饋其兄生鵝者어늘 己頻顣曰 惡(오)用是鶃鶃者爲哉리오하니라 他日에 其母殺是鵝也하여 與之食之러니 其兄이 自外至曰 是鶃鶃之肉也라한대 出而哇之니라

- ○ 鶃 거위소리 예: 哇 토할 와
- ○ 맹자께서 말씀하셨다. "중자는 제나라에서 대대로 큰 벼슬을 한 집 안 사람입니다. 그의 형인 대(戴)는 합(蓋) 땅에서 받는 녹이 만종입니다. 형의 녹이 의롭지 않은 녹이라 하여 그것을 먹지 않고 형의 집이 의롭지 않은 집이라 하여 살지 않고 형을 피해 모친을 떠나서 오릉에 거처하였습니다. 훗날 그가 형의 집에 돌아갔더니 그의 형에게 산 거위를 선사한 사람이 있었는데 그는 이맛살을 찌푸리고서 '이 꽥꽥거리는 것을 무엇에다 쓰자는 것입니까?' 하고 말했다. 훗날 그의 어머니가 그 거위를 잡아서 그에게 먹게 하였다. 그의 형이 밖에서 들어와서 '그것은 꽥꽥하는 것의 고기다.'라고 말하자 나가서 그것을 토해 버렸습니다.

以母則不食하고 以妻則食之하며 以兄之室則弗居하고 以於陵則居之하니

是尙爲能充其類也乎아 **若仲子者**는 **蚓而後**에 **充其操者也**니라

○ 어머니가 주면 불의하다 하여 먹지 않고 아내가 주면 먹고 형의 집이면 불의하다 하여 살지 않고 오릉이면 사니 이러고도 자신의 지조를 완벽하게 충족시켰다고 할 수 있겠습니까? 진중자 같은 사람은 지렁이나 된 후라야 그 지조를 충족시킬 수 있을 것입니다."

제 4편 7. 이루장구 상(離婁章句 上)

이 장구는 28장으로 이편의 이름은 黃帝(황제)때 눈이 밝기로 유명한 전설상의 이름인 이루(離屢)의 이름을 딴 것이다. 단편적인 내용이 많은데 이편에서도 어진 정치의 중요성과 군주에게 간언하는 신하가 어떤 방식으로 무엇을 간언해야 하는지를 이야기하고 있다.

(1) 윗사람과 아랫사람이 법도를 지키면 천하가 태평하다

孟子曰 離婁之明과 **公輸子之巧**로도 **不以規矩**면 **不能成方員(圓)**이요 **師曠之聰**으로도 **不以六律**이면 **不能正五音**이요 **堯舜之道**로도 **不以仁政**이면 **不能平治天下**니라 **今有仁心仁聞**이로되 **而民不被其澤**하여 **不可法於後世者**는 **不行先王之道也**니라

○ 離婁 이름을 주(朱)라고도 함, 黃帝때에 눈이 무섭게 밝았다는 전설의 인물: 공수자(公輸子)는 노나라의 솜씨있는 사람: 婁 끌 루: 輸 실을 수: 規 둥근 그릇 규: 矩 곡척 구: 員 둥글 원: 曠 빌 광

○ 맹자가 말씀하셨다. "이루의 밝은 시력과 공수자의 정교한 기술로도 그림쇠와 곡척을 쓰지 않으면 네모와 원을 그리지 못한다. 악사인 사광(師曠)의 예민한 청력으로도 육률을 쓰지 않으면 오음을 바로 다루지 못한다. 요임금과 순임금의 도로도 인정(仁政)을 하지 않으면 천하를 화평하게 다스리지 못한다. 이제 인자한 마음과 인자하다는 소문이 있으면서도 백성들이 그 혜택을 입지 못해서 후세의 법도로 삼을 수 없는 것은 선왕의 도를 실천하지 않기 때문이다.

故曰 徒善不足以爲政이요 徒法不能以自行이라 하니라 詩云 不愆不忘 率由舊章이라 하니 遵先王之法而過者 未之有也니라 聖人旣竭目力焉하시고 繼之以規矩準繩하시니 以爲方員平直에 不可勝用也며 旣竭耳力焉하시고 繼之以六律하시니 正五音에 不可勝用也며 旣竭心思焉하시고 繼之以不忍人之政하시니 而仁覆(부)天下矣시니라

- ○徒 한갓 도: 愆 허물 건: 率 따를 솔: 準 수평기 준: 繩 먹줄 승: 覆 덮을 부
- ○그래서 단지 선하기만 한 것으로는 정사를 할 수 없고 또 단지 법도만으로는 그것이 스스로 행하여지지 못하는 것이다. 〈시경, 가락〉에 이르기를 '잘못되지 않고 잊지도 않는 것은 선왕의 옛법에 따라 쓰기 때문이다.'라고 하였다. 선왕의 법도를 따르고서 과오를 저지른 사람은 아직 없었다. 성인이 이미 시력을 다하여 잣대, 그림쇠, 수평기, 먹줄 같은 표준을 사용하여 네모, 원, 수평, 직선을 만들었으니 그것을 이루 다 사용할 수 없으며, 청력을 다하여 그로써 육률을 사용하여 오음을 바로 잡았으니 그것을 전부 다 사용할 수 없는 것이다. 이미 마음과 생각을 다하고 그것을 계승하여 백성들로 하여금 차마 (악독하게) 굴지 못하는 정치를 계속하시니 인자함이 천하를 덮은 것이다.

故曰 爲高必因丘陵하며 爲下必因川澤이라 하니 爲政不因先王之道면 可謂智乎아 是以惟仁者宜在高位니 不仁而在高位면 是播其惡於衆也니라 上無道揆也하며 下無法守也하여 朝不信道하며 工不信度하여 君子犯義요 小人犯刑이면 國之所存者幸也니라

- ○揆 헤아릴 규: 度 헤아릴 탁, 법도 도
- ○그래서 말하기를 '높은 것을 만들려면 반드시 언덕을 이용하고 낮은 것을 만들 때는 반드시 개울과 못을 이용하라.' 하였으니 정치하는데 선왕의 도를 따르지 않는다면 지혜롭다고 할 수 있겠는가? 이러한 까닭으로 오직 인자한 사람만이 높은 지위에 있어야 한다. 인자하지 않으면서 높은 지위에 있다면 그것은 그의 악을 여러 사람에게 퍼뜨리는 것이다. 위에 있는 사람이 도로서 하늘의 뜻을 헤아리는 일을 하지 않

고, 아래에 있는 백성들이 법도를 지키는 일을 하지 않고, 조정에서는 도를 믿지 않고 공인들은 척도를 믿지 않고, 군자는 의리를 어기고, 소인이 형법을 어기면서 나라가 존속되는 것은 요행일 뿐이다.

故曰 城郭不完하며 **兵甲不多非國之災也**며 **田野不辟**하며 **貨財不聚非國之害也**라 **上無禮**하며 **下無學**이면 **賊民興**하여 **喪無日矣**라 하니라

○ 辟 개간할 벽: 賊 해칠 적
○ 그래서 말하기를 '성곽이 안전하지 않고 무기가 많지 않은 것은 나라의 재앙이 아니고, 밭과 들이 개간되지 않고 재물이 모여지지 않는 것이 나라의 해는 아니다. 위에 있는 사람이 무례하고 아래에 있는 백성들이 배움이 없으면, 사람을 해치는 무리가 나오고 나라의 멸망이 곧 닥쳐온다.'라고 한 것이다.

詩曰 天之方蹶시니 **無然泄泄**라 하니 **泄泄猶沓沓也**니라 **事君無義**하며 **進退無禮**하고 **言則非先王之道者猶沓沓也**니라 **故曰 責難於君謂之恭**이요 **陳善閉邪謂之敬**이요 **吾君不能謂之賊**이라 하니라

○ 蹶 넘어질 궤: 沓 말 잘할 답
○ 〈시경, 판〉에 '하늘이 바야흐로 주나라를 넘어뜨리려 하니, 신하들은 그렇게 태평하지 말지어다.' 하였거니와 태평해 하다는 것은 답답(沓沓)하다는 것과 같다. 임금 섬기는데 의가 없고 물러감에 예가 없고 말만 하면 선왕의 도를 비난하는 것은 '답답하게 군다'는 것과 같다. 그래서 옛말에 이르기를 '임금에게 어려운 것을 책하는 것을 공손하다고 하고, 선한 것을 말하여 사악한 것을 막는 것을 공경한다고 하고, 우리 임금은 해내지 못한다고 하는 것을 임금을 해친다(적, 賊).'라고 하는 것이다."

(2) 훌륭한 임금과 훌륭한 신하가 되는 방법

孟子曰 規矩는 **方員之至也**요 **聖人**은 **人倫之至也**니라 **欲為君**인댄 **盡君道**니 **欲為臣**인댄 **盡臣道**니 **二者**를 **皆法堯舜而已矣**니 **不以舜之所以事堯**로 **事**

君이면 不敬其君者也요 不以堯之所以治民으로 治民이면 賊其民者也니라

> ○ 맹자께서 말씀하셨다. "규구(그림쇠, 곡척)는 네모와 원의 궁극적인 표준이고 성인은 인륜의 표준이다. 임금 노릇을 하고자 하면 임금의 도리를 다할 것이고, 신하 노릇을 하고자 하면 신하의 도리를 다할 것인데, 이 두 가지는 모두 요순을 본받을 뿐이다. 순임금이 요임금을 섬기던 방법으로 임금을 섬기지 않으면 그 임금을 공경하지 않는 것이고, 요임금께서 백성을 다스리던 방법으로 백성을 다스리지 않으면, 그것은 자기 백성을 해치는 것이다.

孔子曰 道二니 仁與不仁而已矣라하시니라 暴其民이 甚則身弑國亡하고 不甚則身危國削하나니 名之曰幽厲면 雖孝子慈孫이라도 百世에 不能改也니라 詩云 殷鑒不遠하여 在夏后之世라하니 此之謂也니라

> ○ 厲 사나울 려
> ○ 공자께서 말씀하시기를 '길은 둘이니, 인자함과 인자하지 않은 것뿐이다.'라고 하셨다. 자기 백성에게 포악하게 하면 심할 경우에는 몸이 시해되고 나라가 망하고 심하지 않을 경우에는 몸이 위험해지고 나라가 줄어든다. 그러므로 유(幽), 혹은 여(厲)라는 나쁜 시호가 붙여지면 비록 효자나 효손이라 할지라도 백대를 두고도 그 이름을 고치지 못하게 된다. 〈시경, 탕〉에 '은나라가 거울로 삼아야 할 것이 멀리 있지 않나니, 하(夏)나라 시대에 있다.'라고 하였는데 곧 이것을 두고 한 말이다."

(3) 인은 천하와 국가와 자신을 보전한다

孟子曰 三代之得天下也는 以仁이요 其失天下也는 以不仁이니라 國之所以廢興存亡者도 亦然하니라 天子不仁이면 不保四海하고 諸侯不仁이면 不保社稷하고 卿大夫不仁이면 不保宗廟하고 士庶人不仁이면 不保四體니라 今에 惡死亡而樂不仁하나니 是猶惡醉而强酒니라

> ○ 맹자께서 말씀하셨다. "하(夏), 은(殷), 주(周) 삼대 때에 천하를 얻은 것은 인했기 때문이고 천하를 잃은 것은 불인했기 때문이다. 제후국이 피폐하고 흥성하고 존속하고 멸망하는 것 역시 그러하다. 천자가 불인하

면 천하를 보존하지 못하고, 제후가 불인하면 나라를 보존하지 못하며, 경대부(卿大夫)가 불인하면 종묘를 보존하지 못하고 선비와 백성이 불인하면 한몸을 보전하지 못한다. 죽고 멸망하는 것을 싫어하면서 불인하지 못한 것을 좋아한다면, 그것은 취하는 것을 싫어하면서 무리하게 술을 마시는 것과 같은 것이다."

(4) 부족함의 원인은 모두 자신에게 있다

孟子曰 愛人不親이어든 反其仁하고 治人不治어든 反其智하고 禮人不答이어든 反其敬이니라 行有不得者어든 皆反求諸己니 其身正而天下歸之니라 詩云 永言配命이 自求多福이라 하니라

○ 맹자께서 말씀하셨다. "남을 사랑해도 친해지지 않는 것은 자기의 인함을 돌이켜 보라. 남을 다스리는데 다스려지지 않는 것은 자기 지혜가 모자라지 않는가 돌이켜 보라. 남을 예로서 대하는 데 답례가 없으면 자기의 공경하는 태도를 돌이켜보라. 행하고서 얻지 못하면 돌이켜 자기 자신에게서 그 원인을 찾아라. 자기 자신이 올바르면 천하가 돌아오는 것이다. 〈시경, 문왕〉에 이르기를 '영원히 천명을 받들어 스스로 많은 복을 구하는 길이다.'라고 하였다."

(5) 먼저 그 근본을 올바르게 하라

孟子曰 人有恆言호되 皆曰天下國家라 하나니 天下之本은 在國하고 國之本은 在家하고 家之本在身하니라

○ 恒 항상 항
○ 맹자께서 말씀하셨다. "사람들은 항상 하는 말이 있는데, 모두 '천하와 나라와 집안'이라고 한다. 천하의 근본은 나라에 있고, 나라의 근본은 가정에 있고, 가정의 근본은 내 몸에 있다."

(6) 큰 가문이 따르면 천하도 따른다

孟子曰 為政이 不難하니 不得罪於巨室이니 巨室之所慕를 一國이 慕之하

고 **一國之所慕**를 **天下慕之**하나니 **故**로 **沛然德教**가 **溢乎四海**하나니라

○沛 성할 패: 溢 넘칠 일
○맹자께서 말씀하셨다. "정치하는 것은 어렵지 않다. 큰 가문(대신의 집안)에게 죄가 없으면 된다. 큰 가문이 따르는 것은 온 나라가 따르고, 온 나라가 따르는 것은 온 천하가 따른다. 그래서 임금의 성대한 덕교가 사해에 넘쳐 흐르게 되는 것이다."

(7) 인정(仁政)에는 천하에 대적할 자가 없다

孟子曰 天下有道에는 **小德**이 **役大德**하며 **小賢**이 **役大賢**하고 **天下無道**에는 **小役大**하며 **弱役強**하나니 **斯二者**는 **天**이니 **順天者**는 **存**하고 **逆天者**는 **亡**이니라

○맹자께서 말씀하셨다. "천하에 도가 있을 때는 덕이 적은 사람이 덕이 큰 사람에게 부림을 당하며, 현명하지 못한 사람이 현명한 사람에게 부림을 당한다. 천하에 도가 없을 때는 힘이 적은 사람이 큰 사람에게 부림을 당하고, 세력이 약한 사람이 강한 사람에게 부림을 당한다. 이 두 가지는 하늘의 이치이니 하늘에 순종하는 자는 보존되고 하늘에 거역하는 자는 망한다.

齊景公曰 既不能令하고 **又不受命**이면 **是**는 **絶物也**라하고 **涕出而女於吳**하니라 **今也小國師大國而恥受命焉**하나니 **是猶弟子而恥受命於先師也**니라 **如恥之**인덴 **莫若師文王**이니 **師文王**이면 **大國五年**이요 **小國七年**에 **必為政於天下矣**니라

○제나라 경공이 말하기를 '이미 나라의 형세가 약하여 남에게 명령하지도 못하는 데다가 또 남의 명령을 받지도 않으면 그것은 남과의 관계를 단절하는 것이다.'라고 말하고 눈물을 흘리면서 오나라로 딸을 시집보냈다. 지금은 작은 나라가 큰 나라의 소행을 그대로 따라 하면서 큰 나라의 명령받기를 부끄러워하니, 그것은 마치 제자가 스승한테 명령받기를 부끄러워하는 것과 같다. 만약에 큰 나라의 명령받는

일을 부끄러워한다면 문왕을 본받는 것만 못하니, 문왕을 본받으면 큰 나라는 5년 작은 나라는 7년이면 반드시 온 천하에 정사를 펴게 될 것이다.

詩云 商之孫子 其麗不億이언마는 **上帝既命**이라 **侯于周服**이로다 **侯服于周**하니 **天命靡常**이라 **殷士膚敏**이 **裸將于京**이라하여늘 **孔子曰 仁不可為眾也**니 **夫國君**이 **好仁**이면 **天下無敵**이라하시니라 **今也**에 **欲無敵於天下而不以仁**하나니 **是猶執熱而不以濯也**니 **詩云 誰能執熱**하여 **逝不以濯**이리오 하니라

- ○ 麗 숫자 려: 靡 아닐 미: 膚 클 부: 裸 강신제 관
- ○ 〈시경, 문왕〉에 이르기를 '상(商)나라의 자손들은 그 수가 10만 명을 넘었지만 상제가 이미 그들에게 명하여 주나라에 복종하게 하였도다. 주나라에 복종하게 한 것은 천명이 일정하지 않은 것이로다. 은나라의 인물들은 훌륭하고 활달하나 주나라의 수도에서 울창주를 붓고 제사 지내는 것을 돕는 도다.'라고 하였는데 공자께서 말씀하시기를 '인정에는 아무리 많은 사람도 당할 수 없는 것이다. 임금이 인정을 좋아하면 천하에 대적할 만한 상대가 없게 된다.'라고 말씀하셨다. 이제 천하에 무적하기를 원하면서도 인정으로 다스리지 않는다면 그것은 마치 뜨거운 것을 잡고서도 물에 담그지 않는 것과 같다. 〈시경, 상유〉에 그 누가 뜨거운 것을 잡고서도 물에 담그지 않을 수 있겠는가?'라고 하였다."

(8) 천재(天災)는 도피해도 자신이 저지른 일은 피하지 못한다

孟子曰 不仁者는 **可與言哉**아 **安其危而利其菑(災)**하여 **樂其所以亡者**하나니 **不仁而可與言**이면 **則何亡國敗家之有**리오 **有孺子歌曰 滄浪之水清兮**어든 **可以濯我纓**이요 **滄浪之水濁兮**어든 **可以濯我足**이라

- ○ 菑 재앙 재: 孺 어릴 유: 滄 물이름 창: 浪 물결 랑: 纓 갓끈 영
- ○ 맹자께서 말씀하셨다. "인하지 않은 사람과 함께 이야기할 수 있겠는가? 위태로워질 일을 편안하게 여기고 재앙이 될 것을 이롭게 여기고 망하게 될 일을 좋아하는데, 인하지 않은 데도 함께 이야기할 수 있다

면 어떻게 나라를 멸망시키고 가문을 망하게 하는 일이 생기겠는가? 어린아이가 노래하기를 '창랑(滄浪)의 물 맑으면 내 갓끈 담글 것이고' 창랑의 물 흐리면 내 발을 담그리로다.' 하였다.

孔子曰 小子聽之하라 **清斯濯纓**이요 **濁斯濯足矣**로소니 **自取之也**라 하시니라 **夫人必自侮然後人侮之**하며 **家必自毀而後人毀之**하며 **國必自伐而後**에 **人伐之**하나니라 **太甲曰 天作孼**은 **猶可違**어니와 **自作孼**은 **不可活**이라 하니 **此之謂也**니라

- 毀 훼방할 훼: 自毀 스스로 없신여김
- 공자께서 말씀하셨다. '소자들아 저 노래를 들어보아라. 물이 맑으면 갓끈을 담글 것이고 물이 흐리면 내 발을 담그는 것이니 이는 물이 스스로 취하는 것이다.' 하셨다. 사람은 반드시 그 자신을 업신여긴 후에야 남이 그를 업신여기게 마련이다. 한 집안은 반드시 스스로 그 집안을 망하게 한 후에야 남이 그 집안을 망하게 한다. 나라는 반드시 스스로 자기 나라를 망하게 한 후에야 남이 그 나라를 망하게 한다. 〈서경, 태갑〉에 '하늘이 지어낸 재앙은 그래도 피할 수 있으나 자기가 지어낸 재앙은 모면하지 못한다.'라고 하였는데 이런 점을 두고 한 말이다."

(9) 백성들의 마음을 잃으면 천하도 잃는다

孟子曰 桀紂之失天下也는 **失其民也**니 **失其民者**는 **失其心也**라 **得天下有道**하니 **得其民**이면 **斯得天下矣**리라 **得其民有道**하니 **得其心**이면 **斯得民矣**리라 **得其心有道**하니 **所欲與之聚之**요 **所惡**(오)**勿施爾也**니라 **民之歸仁也 猶水之就下**며 **獸之走壙也**니라

- 聚 모을 취: 壙 들 광
- 맹자께서 말씀하셨다. "폭군 걸(桀)과 주(紂)가 천하를 잃은 것은 그들이 백성을 잃었기 때문이다. 백성을 잃은 것은 백성들의 마음을 잃는 것이다. 천하를 얻는 데는 방법이 있으니, 백성들을 얻으면 곧 천하를 얻게 되는 것이다. 백성들을 얻는데 방법이 있으니, 그들의 마

음을 얻으면 백성들을 얻게 되는 것이다. 마음을 얻는 데에 방법이 있으니, 원하는 것은 그들을 위해 모아주고 싫어하는 것은 시행하지 않는 것이다. 백성들이 인자한 데로 돌아가는 것은 마치 물고기가 아래로 흘러가고 짐승이 넓은 들로 달려나가는 것과 같다.

故로 **為淵敺(驅)魚者**는 **獺也**요 **為叢敺爵(雀)者**는 **鸇也**요 **為湯武敺民者**는 **桀與紂也**니라 **今天下之**이 **君有好仁者**면 **則諸侯皆為之敺矣**리니 **雖欲無王**이나 **不可得已**니라 **今之欲王者**는 **猶七年之病求三年之艾**(애)**也**니 **苟為不畜**이면 **終身不得**하리니 **苟不志於仁**이면 **終身憂辱**하며 **以陷於死亡**하리라 **詩云 其何能淑**이리오 **載胥及溺**이라하니 **此之謂也**니라

  ○ 獺 수달 달: 鸇 새매 전
  ○ 연못으로 물고기를 몰아주는 것은 수달이고, 숲속으로 새를 몰아주는 것은 새매이고, 탕 임금과 무왕에게 백성들을 몰아준 것은 걸과 주이다. 온 천하의 군주들 가운데 인을 좋아하는 사람이 생기면 제후들이 모두 그를 위해 백성들을 몰아다 주게 될 것이다. 그렇게 되면 왕자가 되고 싶지 않다고 하더라도 안 되고는 못 배길 것이다. 지금의 왕자가 되려는 사람들은 마치 7년 묵은 병을 고치려고 3년 말린 쑥을 구하는 것과 같다. (지금 약쑥을 뜯어) 미리 쑥을 준비하지 않고서는 죽을 때까지 그것을 얻지 못할 것이다. 진실로 인에 뜻을 두지 않는다면 죽을 때까지 근심하고 치욕을 보다가 죽음의 구렁텅이에 빠질 것이다. 〈시경, 상유〉에 '어떻게 잘 될 수 있겠는가? 서로를 모두 멸망 속에 빠져버리리라.' 한 것은 이점을 두고 한 말이다."

(10) 자포자기(自暴自棄) 하는 사람

孟子曰 自暴者는 **不可與有言也**요 **自棄者不可與有為也**니 **言非禮義**를 **謂之自暴也**요 **吾身不能居仁由義**를 **謂之自棄也**니라 **仁人之安宅也**요 **義人之正路也**라 **曠安宅而弗居**하며 **舍正路而不由**하나니 **哀哉**라

  ○ 曠 빌 광, 밝을 광 : 舍 버릴 사
  ○ 맹자께서 말씀하셨다. "스스로 자기를 해치는 사람과는 함께 도를 이

야기 할 수 없고, 스스로 자기를 버리는 사람과는 함께 도를 행할 수 없다. 말로 예의를 비방하는 것을 스스로 자기를 해친다고 하는 것이며(自暴) 인을 행하거나 의를 따르지 못한다고 하는 것은 스스로 자기를 버리는 것이다(自棄). 인은 사람의 편안한 집이요 의는 사람의 올바를 길이다. 편안한 집을 두고 거처하지 않고 올바를 길을 두고 따라가지 않으니 슬프도다."

(11) 효제의 도를 지키면 세계가 평화롭다

孟子曰 道在爾而求諸遠하며 **事在易而求之難**하나니 **人人親其親**하며 **長其長而天下平**하리라

○ 爾 가까울 이
○ 맹자께서 말씀하셨다. "도가 가까운 곳에 있는 데도 먼 곳에서 구하며, 일이 쉬운 게 있는데도 어려운 데서 찾는다. 사람마다 자기 어버이를 어버이로 섬기고 어른을 어른으로 받들면 천하가 화평하여질 것이다.

(12) 윗사람의 신임을 얻는 방법

孟子曰 居下位而不獲於上이면 **民不可得而治也**리라 **獲於上有道 不信於友**면 **弗獲於上矣**리라 **信於友有道**하니 **事親弗悅**이면 **弗信於友矣**리라 **悅親有道**하니 **反身不誠**이면 **不悅於親矣**리라 **誠身有道**하니 **不明乎善**이면 **不誠其身矣**리라

○ 獲 얻을 획
○ 맹자께서 말씀하셨다. "아래에 있으면서 윗사람의 신임을 얻지 못하면 백성을 다스릴 수 없다. 윗사람의 신임을 얻는 데에 방법이 있으니 벗들에게 신임을 얻지 못하면 윗사람에게 신임을 받지 못한다. 벗들에게 신임을 얻는 데는 방법이 있으니 어버이를 섬겨서 기뻐하지 않으면 벗들에게 신임을 얻지 못한다. 어버이를 기쁘게 하는 데는 방법이 있으니 자신을 반성하여서 진실하지 않은 점이 있으면 어버이를 기쁘게 하지 못한다. 자신을 반성하여 진실하게 하는 데에 방법이 있으니 선을 밝

히어 알지 못하면 자신을 진실하게 하지 못한다.

是故誠者天之道也요 **思誠者人之道也**니라 **至誠而不動者 未之有也**니 **不誠**이면 **未有能動者也**니라

○ 그러므로 성실한 것은 하늘의 도리이고 성실해지려고 하는 것은 사람의 도리이다. 지극히 성실한데도 그것에 감동되지 않는 사람은 아직 없었고 성실하지 않고서 남을 감동시킨 사람도 없는 것이다."

(13) 문왕을 따라간 백이와 강태공

孟子曰 伯夷辟(避)紂하여 **居北海之濱**이러니 **聞文王作**하고 **興曰 盍歸乎來**리오 **吾聞西伯**은 **善養老者**라하며 **太公辟紂**하여 **居東海之濱**이러니 **聞文王作**하고 **興曰 盍歸乎來**리오 **吾聞西伯**은 **善養老者**라하니라

○ 맹자께서 말씀하셨다. "백이는 폭군 주왕(紂王)을 피해 북쪽의 바닷가 언저리에서 살다가 문왕이 일어나 인정을 편다는 소문을 듣고는 '왜 그에게로 돌아가지 않겠는가? 내 들으니 서백(문왕)은 노인을 잘 봉양한다고 하던데.'라고 말했다. 강태공이 주를 피해 동쪽의 바닷가 언저리에서 살다가 문왕이 일어나 인정을 편다는 소문을 듣고는 '왜 그에게로 돌아가지 않겠는가? 서백은 노인을 잘 봉양한다고 하던데.'라고 말했다.

二老者는 **天下之大老也而歸之**하니 **是**는 **天下之父歸之也**라 **天下之父歸之**어니 **其子焉往**이리오 **諸侯有行文王之政者**면 **七年之內**에 **必爲政於天下矣**리라

○ 이 두 노인은 천하의 훌륭한 원로들이었는데 그에게로 돌아갔으니 그것은 온 천하의 아버지가 그에게로 돌아간 것이다. 온 천하의 아버지가 그에게로 돌아갔으니 자제들이 문왕에게 돌아가지 않고 어디로 가겠는가? 제후 중에서 문왕이 실시하였던 정치를 행하는 사람이 나온다면 7년 이내에 반드시 온 천하를 다스리게 될 것이다.

(14) 전쟁을 좋아하는 자는 극형에 처함이 마땅하다

孟子曰 求也爲季氏宰하여 **無能改於其德**이요 **而賦粟**이 **倍他日**한대 **孔子曰 求**는 **非我徒也**로소니 **小子**아 **鳴鼓而攻之可也**라하시니라

○맹자께서 말씀하셨다. "공자의 제자 염구(冉求)가 노나라 대부 계씨(季氏)의 가신이 되어 계씨의 부덕함을 고쳐주지는 못하고 세금을 그전보다 배로 늘렸다. 공자께서 말씀하시기를 '구는 내 제자가 아니다. 너희들은 북을 울려가며 그를 성토하여도 좋다.'라고 말씀하셨다.

由此觀之컨대 **君不行仁政而富之**면 **皆棄於孔子者也**니 **況於爲之強戰**에 **爭地以戰**에 **殺人盈野**하며 **爭城以戰**에 **殺人盈城**이온여 **此所謂率土地而食人肉**이라 **罪不容於死**니라 **故**로 **善戰者服上刑**하고 **連諸侯者次之**하고 **辟草萊任土地者次之**니라

○辟 개간할 벽: 萊 쑥 래
○이것을 가지고 보자면 군주가 인정을 실시하지 않는데 그를 부유하게 해주는 것은 모두 공자에게 버림받게 되었던 것이다. 하물며 그를 위해 무리하게 전쟁을 하여 땅을 빼앗느라 싸워서 사람을 죽여서 죽은 시체가 성에 가득하게 하였으니, 이것은 이른바 토지로 하여금 사람의 고기를 먹게 하는 것이니 그 죄는 사형에 처해도 모자랄 것이다. 그러므로 전쟁을 잘 하는 사람은 극형을 받도록 해야 할 것이고, 말로 제후들에게 유세하여 연합시키는 자는 그다음의 형을 받아야 하고, 풀밭과 쑥밭을 개간하여 백성들에게 주고 세금을 거두는 자는 또 그다음의 형을 받도록 하여야 할 것이다."

(15) 마음이 올바르면 그 눈동자가 맑고 밝다

孟子曰 存乎人者 莫良於眸子하니 **眸子不能掩其惡**하나니 **胸中**이 **正**이면 **則眸子瞭焉**하고 **胸中**이 **不正**이면 **則眸子眊焉**이니라 **聽其言也**요 **觀其眸子**면 **人焉廋哉**리오

○眸 눈동자 모: 瞭 맑을 료: 眊 흐릴 모: 廋 숨길 수

○맹자께서 말씀하셨다. "사람의 마음을 살피는 데는 눈동자보다 더 좋은 것이 없다. 눈동자는 자기의 악을 숨기지 못한다. 마음이 바르면 눈동자가 맑고 마음이 올바르지 않으면 눈동자가 흐리다. 그 사람의 말을 듣고 그 눈동자를 보면 사람이 어찌 자기의 마음을 감추겠는가?"

(16) 공손하고 검소한 신하를 얻으려면 군주가 먼저 공검하라

孟子曰 恭者不侮人하고 **儉者不奪人**하나니 **侮奪人之君惟恐不順焉**이어니 **惡**(오)**得爲恭儉**이리오 **恭儉豈可以聲音笑貌爲哉**아

○侮 업신여길 모
○맹자께서 말씀하셨다. "공손한 사람은 남을 업신여기지 않고 검소한 사람은 남의 것을 빼앗지 않는다. 남을 업신여기고 남의 것을 빼앗는 임금은 오직 자기에게 순종하지 않을까 두려워하니 어떻게 공손하고 검소할 수 있겠는가? 공손함과 검소함을 어찌 목소리와 웃는 모습으로 꾸며서 할 수 있겠는가?"

(17) 예와 권도(權道)의 구분

淳于髡曰 男女授受不親禮與잇가 **孟子曰 禮也**니라 **曰 嫂溺則援之以手乎 曰 嫂溺不援**이면 **是豺狼也**니 **男女授受不親禮也**요 **嫂溺援之以手者權也**니라 **曰 今天下溺矣**어늘 **夫子之不援何也**잇고 **曰 天下溺**이어늘 **援之以道**요 **嫂溺**이어든 **援之以手**니 **子欲手援天下乎**아

○髡 머리 깎을 곤: 嫂 아주머니 수: 溺 빠질 익: 援 구원할 원
○제나라의 변론가 순우곤(淳于髡)이 물었다. "남자와 여자가 직접 물건을 주고받지 않는 것이 예입니까?" 맹자께서 말씀하셨다. "예입니다." "그렇다면 제수가 물에 빠지면 손으로 끌어당겨 줍니까?" 맹자께서 말씀하셨다. "제수가 물에 빠졌는데 끌어당겨 주지 않는다면 그것은 이리와 같고, 남녀가 물건을 주고받는데 직접 하지 않는 것은 예이고, 제수가 물에 빠진 것을 손으로 끌어당겨 주는 것을 권도(權道)입니다." 순우곤이 말하였다. "지금 천하가 도탄에 빠졌는데 선생께서

끌어당겨 주시지 않는 것은 무슨 까닭입니까?" 맹자께서 말씀하셨다. "천하가 도탄에 빠지면 도로서 구하고, 제수가 물에 빠지면 손으로 구해주는 것이니, 선생은 천하를 손으로 구원하고자 합니까?"

(18) 군자는 직접 자기 자식을 가르치지 않는다

公孫丑曰 君子之不敎子何也잇고 孟子曰 勢不行也니라 敎者必以正이니 以正不行이어든 繼之以怒하고 繼之以怒면 則反夷矣니 夫子敎我以正하사되 夫子未出於正也라 하면 則是父子相夷也니 父子相夷則惡矣니라

- 夷 상할 이
- 공손추가 말하였다. "군자가 직접 자기 자식을 가르치지 않는 것은 무엇 때문입니까?" 맹자께서 말씀하셨다. "힘이 통하지 않기 때문이다. 가르치는 사람은 반드시 바른 것을 가지고 해서 통하지 않으면 그것에 노하게 되는데 노하게 되면 도리어 자식의 마음을 상하게 한다. 아버지는 나를 가르치는데 올바른 것을 가지고 한다지만 아버지가 하는 행실도 반드시 바르지 않다고 하게 되면 그것은 부자가 서로 의가 상하는 것이다. 부자가 서로 의가 상하면 나쁘다.

古者 易子而敎之하니라 父子之間不責善이니 責善則離하나니 離則不祥莫大焉이니라

- 祥 길할 상
- 그러므로 옛날에는 자식을 서로 바꿔서 가르쳤고, 부자간에는 선 하라고 요구하지는 않았으니, 선 하라고 요구하면 사이가 멀어지고 사이가 멀어지면 상서롭지 못하기가 그보다 큰 게 없다."

(19) 어버이를 섬기는 가장 큰 근본

孟子曰 事孰爲大오 事親이 爲大하니라 守孰爲大오 守身이 爲大하니라 不失其身而能事其親者를 吾聞之矣요 失其身而能事其親者를 吾未之聞也로라 孰不爲事리오마는 事親이 事之本也요 孰不爲守리오마는 守身이 守之本也니라

○ 맹자께서 말씀하셨다. "섬기는 일에는 어느 것이 가장 중요한가? 어버이를 섬기는 일이 중요한 일이다. 지키는 일에는 어느 것이 중요한가? 몸을 지키는 것이 중요하다. 자기 몸을 불의에 빠뜨리지 않고서 어버이를 섬길 수 있었다는 사람의 이야기는 들었으나, 자기 몸을 불의 속에 빠뜨리고서 어버이를 섬길 수 있었다는 사람의 이야기는 여태껏 들은 일이 없다. 섬김의 일 중에 어떠한 것인들 섬기는 일이 아니겠는가마는, 어버이를 섬기는 것은 모든 섬기는 일의 근본이다. 지키는 일 중에 그 무엇이 지키는 일이 되지 않겠는가마는, 몸을 지키는 일이 모든 지키는 일의 근본이다.

曾子養曾晳하사되 **必有酒肉**이러시니 **將徹**할새 **必請所與**하시며 **問有餘**어든 **必曰有**라 하더이다 **曾晳**이 **死**커늘 **曾元養曾子**호되 **必有酒肉**하더니 **將徹**할새 **不請所與**하여 **問有餘**어시든 **曰亡**(무)**矣**라 하니 **將以復進也**라 **此所謂養口體者也**니 **若曾子**면 **則可謂養志也**니라 **事親**을 **若曾子者可也**니라

○ 증자가 아버지 증석을 봉양할 적에 밥상에 반드시 술과 고기를 차려 내놓고는 하였다. 상을 물리려 할 때는 반드시 '남긴 것을 누구에게 주시겠습니까?' 하고 물으셨고 아버지가 '남은 것이 또 있느냐?' 하고 물으면 반드시 '있습니다.' 하고 대답하였다. 증석이 죽자 증원이 아버지 증자를 봉양하였는데, 밥상에 반드시 술과 고기를 차려 놓았다. 밥상을 치우려고 할 때 증원은 '남은 것을 누구에게 주시겠습니까?'라고 묻지 않았고, 증자가 '남은 것이 있느냐'고 물으시면 '없습니다.' 하고 대답하였다. 남은 음식을 나중에 또 차려 드리려고 하는 것이었다. 이것은 이른바 '어버이의 입과 몸만을 받들어 모신다.'라는 것이니, 증자와 같이해야 어버이의 뜻을 받들어 모신다고 할 수 있다. 어버이를 섬기는 데는 증자같이 하는 사람이면 된다."

(20) 임금이 올바르면 온 백성이 올바르게 된다

孟子曰 人不足與適也며 **政不足間也**라 **惟大人爲能格君心之非**니 **君仁莫不仁**이요 **君義莫不義**요 **君正莫不正**이니 **一正君而國定矣**니라

○適 허물할 적: 間 흠잡을 간: 格 바로잡을 격
○맹자께서 말씀하셨다. "등용한 사람을 상대로 일일이 허물을 지적할 수도 없고 잘못된 정사를 일일이 논란할 수도 없다. 다만 큰 덕을 지닌 사람만이 군주의 마음속의 잘못된 것을 바로잡을 수 있다. 군주가 인자하면 모두 인자하지 않음이 없고 군주가 의로우면 모두 의롭지 않음이 없다. 군주가 바르면 모두 바르지 않음이 없다. 한번 군주를 바르게 만들면 나라가 안정된다."

(21) 남의 칭찬이나 비방에 개의치 말아라

孟子曰 有不虞之譽하며 有求全之毁하니라

○虞 헤아릴 우
○맹자께서 말씀하셨다. "예상치 않은 칭찬이 있을 수도 있고 온전하기를 바라다가 비방을 받을 수도 있다"

(22) 자기의 말에 대한 책임

孟子曰 人之易其言也는 無責耳矣니라

○맹자께서 말씀하셨다. "사람들이 말을 쉽게 하는 것은 그 책임을 지지 않는다는 것을 의미할 뿐이다."

(23) 사람들의 병폐

孟子曰 人之患在好爲人師니라

○맹자께서 말씀하셨다. "사람의 병폐 중의 하나는 남의 스승 노릇 하기를 좋아하는 것이다."

(24) 스승을 섬기는 도리

樂正子從於子敖하여 之齊러니 樂正子見(현)孟子한대 孟子曰 子亦來見我乎아 曰 先生은 何爲出此言也 曰 子來幾日矣 曰 昔昔°曰 昔昔, 則我出此言也, 不亦宜乎아 曰 舍館을 未定이러시다 曰 子聞之也아 舍館을 定然後

에 求見長者乎아 曰克이 有罪호이다

○ 맹자의 제자 악정자가 제나라 왕이 총애하는 신하 자오를 따라 제나라에 갔다. 악정자가 맹자를 찾아뵙자 맹자께서 말씀하셨다. "자네도 와서 나를 만납니까?" 악정자가 대답하였다. "선생님께서는 어찌 그런 말씀을 하십니까?" "자네가 이곳에 온 지 며칠이나 되나?" "어제 왔습니다." "어제 왔다면 내가 그 말 하는 것이 당연하지 않은가?" "머무를 숙소가 정해지지 않아서 그랬습니다." "자네가 듣기로는 숙소가 정해진 후에야 어른을 찾아본다고 하던가?" 낙정자가 말하였다. "제가 잘못했습니다."

(25) 군자는 먹고 마시는 일에 그쳐서는 안 된다

孟子謂樂正子曰 子之從於子敖來는 徒餔啜也로다 **我不意子學古之道而以餔啜也**하라

○ 飽 먹을 포: 啜 마실 철
○ 맹자께서 말씀하셨다. "자네가 자오(子敖)를 따라 제나라에 온 것은 한갓 먹고 마시는 벼슬자리를 구하기 위한 것이다. 나는 자네가 옛 성인의 도를 배워서 그것으로 먹고 마시는데 그치리라고는 생각하지 못하였네."

(26) 가장 큰 불효는 후사가 없는 것이다

孟子曰 不孝有三하니 **無後為大**하니라 **舜不告而娶為無後也**시니 **君子以為猶告也**라 하니라

○ 娶 장가들 취
○ 맹자께서 말씀하셨다. "불효에는 세 가지가 있으니 그중에서 뒤를 이을 자식이 없는 것이 가장 중하다. 순임금이 부모에게 고하지 않고 아내를 맞이한 것은 뒤를 이을 자식이 없었기 때문이다. 군자는 그것을 '어버이에게 고한 것과 같다.'라고 여긴다."

(27) 인과 의의 기본은 효와 제(悌)에 있다

孟子曰 仁之實事親是也요 **義之實從兄是也**요 **智之實知斯二者弗去是也**요 **禮之實節文斯二者是也**요 **樂之實樂斯二者**니 **樂則生矣**니 **生則惡**(오)**可已也**리오 **惡可已**면 **則不知足之蹈之手之舞之**니라

- 蹈 밟을 도: 舞 춤출 무
- 맹자께서 말씀하셨다. "인의 실제는 어버이를 섬기는 것이고, 의의 실제는 형에게 순종하는 것이다. 지의 실제는 이 두 가지를 알아서 벗어나지 않는 것이고, 예의 실제는 이 두 가지를 절도에 맞게 조절하고 수식하는 것이다. 음악의 실제는 이 두 가지를 즐거워하는 것으로, 즐거워하면 이 두 가지의 마음이 생기게 된다. 그 마음이 생기면 어찌 그만둘 수 있겠는가? 그만둘 수 없는 경지에 이르면 좋아서 자신도 모르게 발로 뛰고 손으로 춤을 추게 될 것이다."

(28) 위대한 효에는 천하가 감화된다

孟子曰 天下大悅而將歸己어늘 **視天下悅而歸己**호되 **猶草芥也**는 **惟舜爲然**하시니 **不得乎親**이면 **不可以爲人**이요 **不順乎親**이면 **不可以爲子**러시다 **舜**이 **盡事親之道而瞽瞍底**(지)**豫**하니 **瞽瞍底豫而天下化**하며 **瞽瞍底豫而天下之爲父子者定**하니 **此之謂大孝**니라

- 草芥 초개 풀이나 잎 검불: 瞽瞍 고수 순임금의 아버지: 底 이를 지
- 맹자께서 말씀하셨다. "온 천하가 대단히 기뻐하여 자기에게 돌아오려고 했는데, 온 천하가 기뻐하여 자기에게 돌아오는 것 보기를 마치 초개같이 여긴 것은 오직 순임금이 그렇게 했을 뿐이다. 어버이를 기쁘게 하지 못하면 사람 노릇을 할 수 없다. 어버이를 도리에 순응하게 하지 못하면 자식 노릇을 할 수 없다. 순임금이 어버이 섬기는 도리를 다하여 아버지 고수가 기뻐하기에 이르렀다. 고수가 기뻐하기에 이르러서 온 천하가 교화되었고, 고수가 기뻐하게 되자 천하의 부자 간이 안정되었으니, 이런 것을 일러 대효(大孝)라고 하는 것이다."

8. 이루장구 하(離婁章句 下)

이 장구는 33개의 장으로 7장과 마찬가지로 일관된 주제보다 단편 위주의 내용이 많다. 대인(大人)이라는 개념이 등장하고 그에 관한 언급이 많이 나오는데 기본적인 의미는 도덕적 인격을 갖춘 사람을 말한다.

(1) 순임금과 문왕의 법도는 같았다.

孟子曰 舜은 **生於諸馮**하사 **遷於負夏**하사 **卒於鳴條**하시니 **東夷之人也**시니라 **文王**은 **生於岐周**하사 **卒於畢郢**하시니 **西夷之人也**시니라 **地之相去也 千有餘里**며 **世之相後也 千有餘歲**로되 **得志**하여 **行乎中國**하사는 **若合符節**하니라 **先聖後聖**이 **其揆一也**니라

- ○제풍 산동성 지명: 부하 하남성 지명: 명조 산동성 자명: 기주 서주의 故地: 필영 합(陜)서성 지명: 馮 성 풍: 郢 땅이름 영: 畎 밭이랑 견
- ○맹자께서 말씀하셨다. "순임금께서는 제풍(諸馮)에서 태어나시어 부하(負夏)로 옮겨 갔다가 명조(鳴條)에서 돌아가셨으니 동이(東夷) 사람이시다. 문왕께서는 기주(岐周)에서 태어나시어 필영(畢郢)에서 돌아가셨으니 서이(西夷) 사람이시다. 순임금과 문왕께서는 사셨던 지역의 거리가 천 여리나 되고 서로의 세대 차이가 천여 년이나 되지만 뜻을 이루어 중국에서 왕도정치를 행하였으니, 마치 부절(符節)을 맞춘 것 같다. 선대의 성인과 후대의 성인은 헤아려 보면 그 행한 법도가 같다."

(2) 은혜와 정치

子産이 **聽鄭國之政**할새 **以其乘輿**로 **濟人於溱洧**한대 **孟子曰 惠而不知爲政**이로다 **歲十一月**에 **徒杠成**하여 **十二月**에 **輿梁**이 **成**하면 **民未病涉也**니라 **君子平其政**이면 **行辟人**도 **可也**니 **焉得人人而濟之**리오 **故**로 **爲政者 每人而悅之**면 **日亦不足矣**리라

- ○溱 물 이름 진: 洧 물 이름 유: 杠 작은 다리 강: 辟 불리칠 벽

○정나라 대부 자산(子産)이 정나라의 정치를 맡고 있을 때, 자기가 다니는 수레에다 사람들을 태워 진수(溱水)와 유수(洧水)를 건네준 일이 있었다. 맹자께서 말씀하셨다. "은혜스러우나 정사는 할 줄 모른다. 11월에 인도교를 완성하고, 12월이면 차교를 완성한다면 백성들은 물 건널 것을 근심하지 않게 된다. 군자가 정사를 공평하게 하려면 길을 가면서 물 건너는 사람을 피하게 하여도 좋은 것이다. 어떻게 한 사람 한 사람을 건너 주는 일을 할 수 있겠는가? 정사를 하는 사람이 사람마다 모두 기뻐하게 해주려 든다면 날마다 그 일만 하여도 부족할 것이다."

(3) 임금이 신하를 대하는 도리이다

孟子告齊宣王曰 君之視臣如手足이면 **則臣視君如腹心**하고 **君之視臣如犬馬**면 **則臣視君如國人**하고 **君之視臣如土芥**면 **則臣視君如寇讎**니이다

○芥 지푸라기 개: 寇 도적 구: 讎 원수 수
○맹자가 제나라 선왕에게 말씀하셨다. "임금이 신하 보기를 자기의 수족과 같이 한몸으로 여기면 신하는 임금보기를 자기의 배나 심장처럼 소중히 여기고, 임금이 신하 보기를 개나 말처럼 하찮게 보면, 신하는 임금보기를 자신과 상관없는 길 가는 사람처럼 여기며, 임금이 신하 보기를 흙이나 지푸라기처럼 천하게 보면 신하는 임금을 원수처럼 여길 것입니다."

王曰 禮에 **為舊君有服**하니 **何如斯可為服矣**니잇고 **曰 諫行言聽**하여 **膏澤**이 **下於民**이요 **有故而去**어든 **則君使人導之出疆**하고 **又先於其所往**하며 **去三年不反然後收其田里**하나니 **此之謂三有禮焉**이니 **如此則為之服矣**니이다 **今也**엔 **為臣**하여 **諫則不行**하며 **言則不聽**하여 **膏澤不下於民**이요 **有故而去**어든 **則君**이 **搏執之**하고 **又極之於其所往**하며 **去之日**에 **遂收其田里**하나니 **此之謂寇讎**니 **寇讎何服之有**리잇고

○膏 윤택할 고: 搏 잡을 박
○왕이 말씀하셨다. "예법에 전에 섬기던 임금을 위해 상복을 입는다고

하였는데 어떻게 하여야 상복을 입어주게 됩니까?" 맹자께서 말씀하셨다. "간(諫)한 것이 행하여지고 말이 받아들여져서 은택이 백성들에게 내려가고, 신하가 일이 생겨 떠나가게 되면 임금이 사람을 시켜 그를 인도하여 국경을 내보내 주고, 그가 가려는 곳에 전에 먼저 기별하여 그의 현명함을 칭찬해주고, 떠난 지 3년이 되어도 돌아오지 않은 후에야 그에게 주었던 토지를 회수합니다. 이것을 일러 세 번 예를 갖추었다고 합니다. 임금이 이렇게 신하를 대하면 신하가 예전에 대하던 임금을 위해 상복을 입습니다. 지금은 신하가 되어서 간하면 그것이 행하여지지 않고, 말을 하면 그것이 받아들여지지 않아서 은택이 백성들에게 내려가지 않고, 신하가 일이 생겨 떠나가게 되면 임금이 그 식구를 속박하고, 또 그가 가는 곳에 험담하여 곤궁하게 만들며, 떠나가는 날로 그에게 주었던 토지와 거처를 환수해 버립니다. 이것을 원수라 하는 것입니다. 원수를 위해 무슨 상복을 입어준단 말입니까?"

(4) 죄 없는 사람을 벌하지 말아라

孟子曰 無罪而殺士면 則大夫可以去요 無罪而戮民이면 則士可以徙니라

- 戮 죽일 육
- 맹자께서 말씀하셨다. "죄 없는 선비를 죽이면 화가 대부에게 미치게 되어 그 나라를 떠나게 될 것이고, 죄 없는 백성을 죽이면 화가 선비에게 미치게 되므로 선비가 그 나라를 떠나 버릴 것입니다."

(5) 임금이 인의로우면 온 백성이 인의롭게 된다

孟子曰 君仁이면 莫不仁이오 君義면 莫不義니라

- 맹자께서 말씀하셨다. "임금이 인하면 모두 인자하여지고 임금이 의로우면 모두 의로워진다."

(6) 진의를 벗어난 예를 행하지 말아라

孟子曰 非禮之禮와 非義之義를 大人이 弗爲니라

○맹자께서 말씀하셨다. "(예인 듯 하나)예 아닌 예와 (의인 듯 하나) 의 아닌 의를 대인은 행하지 않는다."

(7) 자기보다 못한 사람을 길러야 한다

孟子曰 中也養不中하며 **才也養不才**라 **故人樂有賢父兄也**니 **如中也棄 不中**하며 **才也棄不才**면 **則賢不肖之相去**가 **其間不能以寸**이니라

○肖 어질 초, 닮을 초
○맹자께서 말씀하셨다. "중용의 도를 갖춘 사람은 그렇지 못한 사람을 길러주고, 재능 있는 사람은 그렇지 못한 사람을 길러준다. 그래서 사람들은 훌륭한 부형이 있음을 즐거워한다. 만약 중용의 도를 실천하는 사람이 그렇지 못한 사람을 길러주지 않고 버리고, 재능 있는 사람이 재능 없는 사람을 길러주지 않고 버린다면 현명한 사람과 그렇지 못한 사람의 차이가 한 치도 못 될 것이다."

(8) 나쁜 일을 하지 않는 자

孟子曰 人有不為也而後에 **可以有為**니라

○맹자께서 말씀하셨다. "사람은 하지 않는 일이 있는 후에야 훌륭한 일을 할 수 있다."

(9) 남의 결점을 말하지 말라

孟子曰 言人之不善하다가 **當如後患**에 **何**오

○맹자께서 말씀하셨다. "남의 불선(不善)을 말하다가 후환을 만나면 어찌 하려는가?"

(10) 공자는 지나친 일을 하지 않았다

孟子曰 仲尼는 **不為已甚者**러시다

○맹자께서 말씀하셨다. "공자께서는 지나치게 심한 일은 하지 않으셨

다."

(11) 대인의 길

孟子曰 大人者는 言不必信이며 行不必果요 惟義所在니라

  ○ 必 기필할 필: 果 결행할 과
  ○ 맹자께서 말씀하셨다. "대인은 말을 함에 반드시 믿게 하지는 않으며, 행한다고 반드시 목표했던 데까지 하지는 않는다. 오직 의가 있는 곳으로 따라갈 뿐이다."

(12) 대인은 동심을 지킨다

孟子曰 大人者는 不失其赤子之心者也니라

  ○ 맹자께서 말씀하셨다. "대인이란 어린아이 때의 마음을 잃지 않은 사람이다."

(13) 친상은 인간의 대사(大事)

孟子曰 養生者不足以當大事요 惟送死라야 可以當大事니라

  ○ 맹자께서 말씀하셨다. "살아 계실 때에 봉양하는 것은 큰 일이라고 할 것이 못 된다. 다만 돌아가신 부모를 정성껏 장례 하여 보내드리는 것이라야 큰 일에 해당될 수 있다."

(14) 군자는 학문을 함에 스스로 체득할 수 있어야 한다

孟子曰 君子深造之以道는 欲其自得之也니 自得之則居之安하고 居之安則資之深하고 資之深則取之左右에 逢其原이니 故君子는 欲其自得之也니라

  ○ 造 나아갈 조
  ○ 맹자께서 말씀하셨다. "군자가 학문에 깊이 나아가기를 힘쓰되 반드시 도로서 하는 것은 자신이 스스로 터득하고자 해서이니, 스스로 터득하

면 사물에 대처하는 것이 편안하고, 사물에 대처하는 것이 편안하게 되면, 일에서 이용하는 바가 깊고, 일에서 이용하는 바가 깊으면 날마다 쓰는 사이에 자기 가까이에서 취하여 쓰고 이용하는 바의 근원을 파악하게 된다. 그래서 군자는 자신이 스스로 터득하고자 하는 것이다."

(15) 학문의 요점

孟子曰 博學而詳說之는 將以反說約也니라

○ 맹자께서 말씀하셨다. "널리 배워 상세하게 설명하는 것은 그렇게 함으로써 장차 그것을 돌이켜보고 요약해서 설명하고자 함이니라."

(16) 먼저 선을 행하라

孟子曰 以善服人者는 未有能服人者也니 以善養人然後能服天下하나니 天下不心服而王者 未之有也니라

○ 맹자께서 말씀하셨다. "선으로만 남을 복종시키려는 사람은 남을 복종시킬 수 없다. 선으로 남을 길러준 후라야 남을 복종시킬 수 있다. 천하 사람이 마음으로 복종하지 않는데도 왕업을 이룬 사람은 아직 있지 않다."

(17) 남의 현량함을 가리지 말라

孟子曰 言無實不祥하니 不祥之實은 蔽賢者當之니라

○ 맹자께서 말씀하셨다. "말에 진실성이 없으면, 상서롭지 못하니, 상서롭지 못한 말의 실제는 어진이를 은폐하는 것이 이에 해당한다."

(18) 근원이 있는 물은 마르지 않는다

徐子曰 仲尼亟(기)稱於水 曰 水哉水哉여 하시니 何取於水也시니잇고 孟子曰 原泉이 混混하야 不舍晝夜하여 盈科而後進하여 放乎四海하나니 有本者如是라 是之取爾시니라

○亟 자주 기: 果 구덩이 과: 混 용솟음칠 혼
○맹자의 제자 서자(徐子)가 말하였다. "중니께서는 자주 물을 칭송하시어 물이어! 물이어! 하셨는데 물에서 어떤 점을 높이 사신 것입니까?" 맹자께서 말씀하셨다. "근원이 좋은 물은 철철 밤낮없이 흘러 구덩이를 채우고 난 후에 나아가 사해(四海) 도달한다. 근본이 있는 것은 이와 같으므로 그 점을 높이 사신 것이다.

苟爲無本이면 **七八月之間雨集**하야 **溝澮皆盈**이나 **其涸也**는 **可立而待也**니 **故**로 **聲聞過情**을 **君子恥之**니라

○澮 도랑 회: 涸 마를 학
○만일 근원이 없으면 7, 8월에 빗물이 모여서 크고 작은 도랑이 모두 차지만, 그 물이 말라 버리는 것은 서서 기다릴 수 있을 정도로 짧다. 그래서 명성이 실제보다 지나치는 것을 군자는 부끄러워하는 것이다."

(19) 사람이 금수와 다른 점은 인과 의가 있기 때문이다

孟子曰 人之所以異於禽獸者幾希하니 **庶民去之**하고 **君子存之**니라 **舜明於庶物**하고 **察於人倫**하니 **由仁義行**이라 **非行仁義也**니라

○希 드물 희: 庶 많을 서
○맹자께서 말씀하셨다. "사람이 금수와 다른 점은 극히 적은 것이다. 서인(庶人)들은 이것마저 버리고 군자는 이것을 지니고 있다. 순 임금께서는 여러 사물의 이치를 밝게 아시고 인륜에 특히 밝으시어, 인과 의에 따라 자연스럽게 행동한 것이지 인과 의를 억지로 행하려고 한 것은 아니다."

(20) 주공은 삼왕의 법도를 따랐다

孟子曰 禹는 **惡**(오)**旨酒而好善言**이러시다 **湯**은 **執中**하시며 **立賢無方**이러시다 **文王視民如傷**하시며 **望道而**(如)**未之見**이러시다 **武王**은 **不泄邇**하시며 **不忘遠**이러시다 **周公**은 **思兼三王**하사 **以施四事**하사되 **其有不合者**어든 **仰而思之**하여 **夜以繼日**하사 **幸而得之**어시든 **坐以待旦**이러시다

○맹자께서 말씀하셨다. "우 임금은 맛있는 술을 싫어하시고 선한 말을 좋아하셨다. 탕왕은 중용을 지키고 현량한 인재를 벼슬자리에 등용하는 데 그 부류를 따지지 않았다. 문왕은 백성들 보기를 다친 사람 보듯 가엽게 여기셨고 도를 바라보시면 그것을 보지 못했던 것 같이 간절히 구하셨다. 무왕은 가까이 있는 사람을 함부로 대하지 않았고 멀리 떨어져 있는 사람을 잊지 않았다. 주공께서는 위의 세 왕의 좋은 점을 모두 겸해서 그 분들이 하셨던 네 가지의 일에 적용하려고 생각하였다. 그 중에 실제에 맞지 않는 점이 있으면 하늘을 우러러 생각하는데 밤을 새우셨다. 다행히 그 도리를 터득하게 되면 빨리 실행하기 위해 앉아서 날이 새기를 기다리셨다."

(21) 춘추의 경위와 내용

孟子曰 王者之跡이 **熄而詩亡**하니 **詩亡然後**에 **春秋作**하니라 **晉之乘**과 **楚之檮杌**과 **魯之春秋**가 **一也**니라 **其事則齊桓晉文**이요 **其文則史**니 **孔子曰 其義則丘竊取之矣**로라

○熄 꺼질 식: 檮 악한 짐승 이름 도: 杌 악한 짐승 이름 올
○맹자께서 말씀하셨다. "왕도정치를 한 성왕들의 자취가 사라지고 난 뒤에 시(시경)가 없어졌고, 시가 없어지고 난 뒤에 〈춘추, 春秋〉가 지어졌다. 진나라의 〈승, 乘〉과 초 나라의 〈도올, 檮杌〉과 노나라의 춘추는 똑같이 당시의 역사를 기록한 책이다. 거기에 다룬 일은 제나라 환공, 진나라 문공 등에 관한 것이고 그 글은 사관의 문체이다. 공자께서 말씀하시기를 '그 의의는 내가 외람되게 취해서 썼다.'라고 말씀하셨다."

(22) 맹자는 공자의 도를 받들다

孟子曰 君子之澤도 **五世而斬**이요 **小人之澤**도 **五世而斬**이니라 **予未得為孔子徒也**나 **予私淑諸人也**로라

○斬 끊을 참
○맹자께서 말씀하셨다. "군자의 유택(遺澤)도 오 세대면 끊어지고 소인의 유택도 오 세대면 끊어진다. 나는 공자의 문도(門徒)가 되지는 못

하였으나 사람들을 통해서 공자의 도를 듣고 사숙(私淑)하였다."

(23) 두 가지 모두 가(可) 할때에는 의에 따르라

孟子曰 可以取며 可以無取에 取면 傷廉이오 可以與며 可以無與에 與면 傷惠요 可以死며 可以無死에 死면 傷勇이니라

- ○廉 청렴할 염
- ○맹자께서 말씀하셨다. "받아도 되고 받지 않아도 될 때 받으면 청렴을 해치고, 주어도 되고 주지 않아도 될 때 주면 은혜를 해치며, 죽어도 되고 죽지 않아도 될 때 죽으면 용기를 해친다."

(24) 벗이나 제자를 올바로 택하라

逢(방)蒙이 學射於羿하여 盡羿之道하고 思天下에 惟羿為愈己라하여 於是에 殺羿한대 孟子曰 是亦羿有罪焉이니라 公明儀曰 宜若無罪焉하니이다 曰 薄乎云爾언정 惡(오)得無罪리오

- ○逢 성 방: 羿 夏末 유궁국의 군주로 활을 잘 쏨, 이름 예: 愈 나을 유
- ○방몽이 예(羿) 한테서 활쏘기를 배워 예의 활 쏘는 방법을 모두 습득하였다. 그는 온 천하에 예만이 활 쏘는 재주가 나보다 낫다고 생각한 끝에 예를 죽여버렸다. 맹자께서 이를 평하시기를 "그렇게 된 데는 또 예에도 죄가 있다."라고 말씀하셨다. 공명의는 "그에게는 죄가 없는 것 같습니다."라고 말했다. 맹자께서 말씀하셨다. "죄가 대단하지 않다는 것뿐이지 어찌 죄가 없을 수 있겠는가?

鄭人이 使子濯孺子로 侵衛어늘 衛使庾公之斯로 追之러니 子濯孺子曰 今日에 我疾作이라 不可以執弓이로소니 吾死矣夫 인저하고 問其僕曰 追我者는 誰也오 其僕曰 庾公之斯也로소이다 曰 吾生矣로다 其僕曰 庾公之斯는 衛之善射者也어늘 夫子曰 吾生 은 何謂也 잇고 曰 庾公之斯는 學射於尹公之他하고 尹公之他는 學射於我하니 夫尹公之他는 端人也라 其取友必端矣리라 庾公之斯至하여 曰 夫子는 何為不執弓고 曰에 今日我疾作이라 不可以執弓이로라 曰 小人은 學射於尹公之他하고 尹公之他는 學射於夫子하니

我不忍以夫子之道로 反害夫子하노라 雖然이나 今日之事는 君事也라 我不敢廢라하고 抽矢扣輪하여 去其金하고 發乘矢而後에 反하니라

○庾 창고 유: 유공지사 유는 성, 공은 존칭, 지는 어조사, 사는 이름
○정(鄭)나라 사람들이 자탁유자를 시켜서 위나라를 침범하게 하였는데 위나라에서는 유공 사를 시켜서 그를 추격하게 하였다. 자탁유자가 말하기를 '오늘 나는 병이 나서 활을 잡지 못하겠으니 나는 죽었다.'라고 말하고 그의 마부에게 '나를 추격하는 자가 누구냐?'라고 물었다. 그의 '마부는 유공 사입니다.'라고 말하자 '나는 살았다.'라고 말했다. 그의 마부가 '유공 사는 위나라의 활 잘 쏘는 명사수인데 선생님께서 '나는 살았다.'라고 말씀하시는 것이 무슨 말씀입니까?'라고 하자 그가 대답하기를 '유공 사는 활쏘기를 윤공 타에게 배웠고 윤공 타는 나한테서 활쏘기를 배웠다. 윤공 타는 단정한 사람이니 그가 사귄 벗도 반드시 단정할 것이다.'라고 말했다. 유공 사가 와서 '선생님께서는 왜 활을 잡지 않으십니까?'라고 말하자 자탁유자는 '오늘 나는 병이 나서 활을 잡지 못합니다.'라고 말했다. 유공 사가 말하기를 '소인은 활쏘기를 윤공 타한테서 배웠고 윤공 타는 활쏘기를 선생한테서 배웠습니다. 저는 차마 선생님의 재주를 가지고 선생님을 해치지는 못하겠습니다. 그러나 오늘의 일은 나라의 일이어서 제가 감히 그만두어 버릴 수도 없습니다.'라고 말하고 화살을 뽑아서 수레바퀴에 두들겨 화살촉을 빼버린 다음 화살 네 개를 쏜 후에 돌아갔다."

(25) 불결한 미와 선한 추

孟子曰 西子蒙不潔 則人皆掩鼻而過之니라 雖有惡人이나 齊戒沐浴 則可以祀上帝니라

○서자 미부인: 掩 가릴 엄: 冒 뒤집어쓸 모
○맹자께서 말씀하셨다. "서자(西子, 西施) 같은 미인이라도 더러운 것을 머리에 뒤집어쓰고 있으면 사람들은 모두 코를 막고 지나갈 것이며, 비록 추한 사람이라 하더라도 재계하고 목욕하면 상제에게 제사 지낼 수 있을 것이다."

(26) 본성을 순리로 추구하라

孟子曰 天下之言性也는 **則故而已矣**니 **故者以利為本**이니라 **所惡**(오)**於智者**는 **為其鑿也**니 **如智者若禹之行水也**면 **則無**(오)**惡於智矣**리라 **禹之行水也**는 **行其所無事也**시니 **如智者亦行其所無事**면 **則智亦大矣**리라 **天之高也**와 **星辰之遠也**나 **苟求其故**면 **千歲之日至**를 **可坐而致也**니라

- 鑿 뚫을 착, 穿鑿 구멍을 뚫음, 학문을 깊이 연구함
- 맹자께서 말씀하셨다. "천하 사람들이 본성이라고 말하는 것은 이미 드러난 일을 법칙으로 따르는 것뿐이니, 이미 드러난 일을 추구하는 것은 순리로 하는 것을 기본으로 한다. 지혜로운 사람을 미워하는 것은 지혜로 지나치게 천착(穿鑿)하기 때문이다. 만약 지혜로운 사람이 우임금이 물을 다스리는 것같이 한다면 지혜로움을 미워할 것이 없다. 우임금이 물을 다스린 것은 자연의 형세를 따라 아무 탈이 없는 바를 행하신 것이니, 만일 지혜로운 사람이 자연의 형세를 따라 아무 탈이 없는 바를 행한다면 그 지혜가 또한 클 것이다. 하늘이 높고 별이 멀지마는 진실로 이미 드러난 자취를 따진다면 천년 뒤의 동지(冬至)날도 가만히 앉아서 미루어 알 수 있다."

(27) 맹자는 왕환을 예절로 제재하다

公行(항)**子有子之喪**이어늘 **右師往弔**할새 **入門**커늘 **有進而與右師言者**하며 **有就右師之位而與右師言者**러니 **孟子不與右師言**하신대 **右師不悅曰 諸君子皆與驩言**이어늘 **孟子獨不與驩言**하시니 **是**는 **簡驩也**로다 **孟子聞之**하시고 **曰 禮**에 **朝廷**에 **不歷位而相與言**하며 **不踰階而相揖也**하나니 **我欲行禮**어늘 **子敖以我為簡**하니 **不亦異乎**아

- 공항자 제나라 대부로 우사는 王驩임: 驩 기뻐할 환
- 제나라 대부 공항자(公行子)가 아들의 상을 당하자 우사의 지위에 있는 왕환이 조문하러 갔는데, 우사가 문에 들어가자 앞으로 나와서 우사와 이야기하는 사람이 있었고, 우사가 자기 자리로 가자 우사의 자리로 가서 그와 함께 말하는 자가 있었다. 그러나 맹자는 우사와 말씀을 나누지 않자, 우사가 좋아하지 않으며 말했다. "군자들은 모두 나와

이야기하는데 맹자만은 나와 이야기하지 않으니 이는 나를 무시하는 것이다." 맹자께서 이 말을 듣고서 말씀하셨다. "예법에, 조정에서는 남의 자라를 지나가서 서로 이야기하지 않고 품계를 뛰어 넘어 서로 읍하지는 않는 것이다. 나는 이 예를 행하려고 하는데 자오(왕환)는 내가 자기를 무시했다고 하니 이상하지 않은가?"

(28) 자기의 비판을 먼저하라

孟子曰 君子所以異於人者는 以其存心也니 君子以仁存心하며 以禮存心이니라 仁者愛人하고 有禮者敬人하나니 愛人者人恒愛之하고 敬人者人恒敬之니라

○ 恒 항상 항
○ 맹자께서 말씀하셨다. "군자가 일반 사람과 다른 것은 그가 마음에 지니고 있는 것 때문이다. 군자는 인을 마음에 지니고 예를 마음에 지닌다. 인한 사람은 남을 사랑하고 예가 있는 사람은 남을 공경한다. 남을 사랑하는 사람은 남이 늘 그를 사랑해주고 남을 공경하는 사람은 남도 항상 그를 공경해준다.

有人於此하니 其待我以橫逆이어든 則君子必自反也하여 我必不仁也며 必無禮也로다 此物이 奚宜至哉오 하나니라 其自反而仁矣며 自反而有禮矣로되 其橫逆由是也어든 君子必自反也하여 我必不忠이로다 하나니라 自反而忠矣로되 其橫逆이 由是也어든 君子曰 此亦妄人也已矣로다 하나니 如此면 則與禽獸奚擇哉리오 於禽獸又何難焉이리오

○ 여기에 어떤 사람이 있는데, 자신을 함부로 대하면 군자는 반드시 스스로 돌이켜 보고 이렇게 반성한다. '내가 틀림없이 인자하지 않고 또 틀림없이 무례한 것일 것이다. 그렇지 않다면 이러한 일이 어떻게 닥쳐온 것인가?' 이렇게 스스로 반성하여 인자하도록 노력하였고, 예를 차리도록 하였는데도 여전히 함부로 대하면 군자는 반드시 이렇게 반성한다. '내가 틀림없이 진실하지 않은 것일 것이다.' 이렇게 반성하여 보고, 진실하도록 노력한다. 그래도 그가 나를 함부로 대하면 군자가 말하기를

'이 사람은 망령된 자이다.' 이와 같이 한다면 금수와 무엇이 다르겠는가? 금수에 대해서 또 무엇을 따지겠는가?

是故로 **君子有終身之憂**요 **無一朝之患也**니 **乃若所憂則有之**하니 **舜**도 **人也**며 **我亦人也**로되 **舜**은 **爲法於天下**하사 **可傳於後世**어시늘 **我由(猶)未免爲鄕人也**하니 **是則可憂也**라 **憂之如何**오 **如舜而已矣**니라 **若夫君子所患則亡**(무)**矣**니 **非仁無爲也**며 **非禮無行也**라 **如有一朝之患**이라도 **則君子不患矣**니라

　○그렇기 때문에 군자는 평생토록 하는 근심은 있으나 하루아침의 일시적인 걱정은 없는 것이다. 군자가 평생 근심하는 것이라면 이런 것이 있다. 순임금도 사람이고 나도 사람이다. 순임금은 천하에 법도를 펴서 후세에 전해지는데 나는 여전히 향리의 평범한 사람 노릇을 하는 것을 면하지 못하고 있다. 이것은 근심할만한 일이다. 그것을 근심하면 어떻게 할 것인가? 순임금과 같아지도록 하는 것뿐이다. 군자는 일시적으로 걱정하는 일이 없으니, 인이 아니면 하지 않고 예가 아니면 행하지 않으면 된다. 혹 하루아침에 걱정거리가 있다 해도 군자는 걱정하지 않는다."

(29) 성현들은 행동은 다르나 근본 된 도(道)는 같았다

禹稷이 **當平世**하여 **三過其門而不入**하신대 **孔子賢之**하시니라 **顔子當亂世**하여 **居於陋巷**하사 **一簞食**(사)와 **一瓢飮**을 **人不堪其憂**어늘 **顔子不改其樂**하신대 **孔子賢之**하시니라

　○巷 골목 항
　○우왕(禹王)과 후직(后稷)은 태평한 세상에 자기 집 문 앞을 세 차례씩이나 지나면서도 홍수를 다스리는 일이 바빠 집에 들어가지 않았는데 공자께서는 그것을 훌륭하다고 칭찬하셨다. 안자(顔子)는 어지러운 세상을 당하여 누추한 골목에서 거처하고, 밥 한 그릇과 물 한 바가지로 끼니를 때우고 살았다. 남들은 가난을 견디지 못하는데 안자는 자기가 즐거워하는 것을 바꾸지 않았다. 공자께서는 그들을 어질다고 하셨다.

孟子曰 禹稷顏回同道하니라 禹는 思天下有溺者어든 由(猶)己溺之也하시며 稷은 思天下有飢者, 由己飢之也어든 是以로 如是其急也시니라 禹稷顏子易地則皆然이시리라 今有同室之人이 鬪者어든 救之호되 雖被髮纓冠而救之라도 可也니라 鄕鄰에 有鬪者어든 被髮纓冠而往救之면 則惑也니 雖閉戶라도 可也니라

　　○ 被 산발할 피: 纓 갓끈 영
　　○ 맹자께서 말씀하셨다. "우왕과 후직과 안회는 도가 같았다. 우왕은 천하에 물에 빠진 사람이 있으면 마치 자기가 물에 빠진 것 같이 생각하였고, 후직은 천하에 굶주리는 사람이 있으면 마치 자기가 굶긴 것 같이 생각하였기 때문에 급하게 백성들을 구제하여 주셨던 것이다. 우와 직과 안자가 처지를 바꾼다면 모두 그렇게 하였을 것이다. 지금 한 집안 사람끼리 싸우면 그를 말리기 위해 머리털을 풀어헤치고 갓끈으로 갓을 싸매고 그를 구해준다고 하더라도 괜찮을 것이다. 그러나 동네 이웃에 싸우는 사람이 있어서 머리를 풀어헤치고 갓끈만 매고 그를 구해준다면 잘못 생각한 것이다. 그런 경우에는 문을 닫고 모른 체하더라도 괜찮을 것이다."

(30) 다섯 가지의 불효란

公都子曰 匡章을 通國이 皆稱不孝焉어늘 夫子與之遊하시고 又從而禮貌之하시니 敢問何也잇고

　　○ 貌 모양 모
　　○ 공도자가 말하였다. "광장(匡章)은 온 나라 사람들이 모두 불효하다고 하는데 선생님께서는 그와 교유하시고 또 그와 교우하시면서 예우까지 하시니 왜 그러시는지 감히 여쭈어보겠습니다."

孟子曰 世俗所謂不孝者五니 惰其四支하여 不顧父母之養이 一不孝也요 博弈好飮酒하여 不顧父母之養이 二不孝也요 好貨財하며 私妻子하여 不顧父母之養이 三不孝也요 從耳目之欲하여 以爲父母戮이 四不孝也요 好勇鬪很하여 以危父母가 五不孝也니 章子有一於是乎아

○狠 사나울 한
○맹자께서 이렇게 말씀하셨다. "세속에서 말하는 불효에는 다섯 가지가 있다. 사지를 게을리하여 부모의 봉양을 돌아보지 않는 것이 첫째의 불효이다. 장기와 바둑을 놀며 술 마시기를 좋아하고 부모의 봉양을 돌보지 않는 것이 둘째의 불효다. 재물을 좋아하고 처자식만 사랑하여 부모의 봉양을 돌아보지 않는 것이 셋째의 불효다. 귀와 눈이 하고자 하는 대로 하여 부모를 욕되게 하는 것이 넷째의 불효다. 용맹한 것을 좋아하며 싸우고 성을 내고 하여 부모를 위험하게 하는 것이 다섯째의 불효다. 광장이 이 중에서 한 가지라도 저질렀는가?

夫章子는 **子父責善而不相遇也**니라 **責善**은 **朋友之道也**니 **父子責善**은 **賊恩之大者**니라 **夫章子**는 **豈不欲有夫妻子母之屬哉**리오마는 **爲得罪於父**하여 **不得近**이라 **出妻屛子**하여 **終身不養焉**하니 **其設心**에 **以爲不若是**면 **是則罪之大者**라하니 **是則章子已矣**니라

○屛 물리칠 병
○광장의 경우는 아들과 아버지가 선하기를 요구하다가 서로 맞지 않게 된 것이다. 선을 요구하는 것은 친구들 사이에 할 일이지 아버지와 아들이 선을 요구하는 것은 은혜를 크게 해치는 일이다. 저 광장인들 어찌 부부와 자모 등의 봉양을 받고 싶지 않았겠는가마는, 아버지에게 잘못하여 가까이할 수 없었기 때문에 아내를 내보내고 자식들을 물리치고서 죽을 때까지 그들의 봉양을 받지 않게 된 것이다. 그가 생각하기를 '그렇게 하지 않는다면 이는 죄가 더욱 커지는 것'이라고 여겼던 것이다. 이러한 사람이 광장일 뿐이다."

(31) 도는 경우에 따라 달리 표현된다

曾子居武城하실새 **有越寇**러니 **或曰 寇至**하나니 **盍去諸**리오 **曰 無寓人於我室**하여 **毁傷其薪木**하라 **寇退 則曰 修我牆屋**하라 **我將反**호리라 **寇退**어늘 **曾子反**하신대 **左右曰 待先生**이 **如此其忠且敬也**어늘 **寇至則先去**하여 **以爲民望**하시고 **寇退則反**하시니 **殆於不可**로소이다 **沈猶行曰 是**는 **非汝所知也**라

昔에 沈猶有負芻之禍어늘 從先生者七十人이 未有與(예)焉이라하니라

○증자께서 무성(武城)에 가 계실 때 월(城)나라의 침입군이 들어왔다. 어떤 사람이 "침입군이 왔는데 왜 이곳을 물러나지 않으십니까?"라고 말씀드렸다. 증자께서 말씀하시기를 "내가 떠난 다음에 내 집에 다른 사람을 들리지 말고 집의 풀과 나무를 망가뜨리지 말아라."라고 말씀하시고 피난 갔다. 침입군이 물러가자 "내 담과 집을 수리하여라. 내가 돌아가겠다."라고 말씀하셨다. 침입군은 물러가고 증자께서 돌아오셨는데 측근의 사람들이 "무성의 대부가 선생님을 대우하는 것이 그처럼이나 성실하고 공경스러웠는데 침입군이 오자 먼저 떠나시어 백성들이 따라 하게 만드시고 침입군이 물러나자 돌아오시니 그렇게 하여서는 안 될 듯합니다."라고 말하자 증자의 제자 심유행(沈猶行)이 말하였다. "그것을 너희들은 모른다. 전에 심유씨 집안이 부추(負芻)의 난으로 화를 당했었는데 선생을 따라다니던 제자 70인 중에서 그 환난을 같이 겪은 사람은 없었다."라고 말했다.

子思居於衛하실새 有齊寇러니 或曰 寇至하나니 盍去諸리오 子思曰 如伋이 去면 君誰與守리오하시니라 孟子曰 曾子子思同道하니 曾子는 師也며 父兄也요 子思는 臣也며 微也니 曾子子思易地則皆然이시니라

○伋 으름 급: 微 천할 미
○자사(子思)께서 위나라에 계실 적에 제나라의 침입군이 들어 왔다. 어떤 사람이 "침입군이 들어 왔는데 왜 이곳을 물러가지 않으십니까?"라고 말씀드리자 자사께서는 "만약에 내가 물러간다면 군주는 누구와 함께 나라를 지키겠느냐?"라고 말씀하셨다. 맹자께서 이에 대해 말씀하셨다. "증자와 자사는 도가 같았다. 증자께서는 스승이셨고 부형(父兄)이셨다. 자하께서는 신하이셨고 낮은 지위였다. 증자가 자사가 처지를 바꾼다면 모두 그렇게 하셨을 것이다."

(32) 요·순도 다 같은 사람이다

儲子曰 王이 使人瞷夫子하시나니 果有以異於人乎잇가 孟子曰 何以異於

人哉리오 堯舜與人同耳시니라

- ○ 儲 쌓을 저: 瞯 엿볼 간
- ○ 제나라 재상 저자가 물었다. "왕께서 사람을 시켜 선생님을 몰래 보게 하셨는데 과연 일반 사람들과 다른 점이 있으십니까?"라고 말하자 맹자께서 말씀하셨다. "어떻게 일반 사람들과 다르겠습니까? 요임금과 순임금도 일반 사람들과 같습니다."

(33) 부귀를 구걸하지 말라

齊人이 有一妻一妾而處室者러니 其良人이 出이면 則必饜酒肉而後에 反이어늘 其妻問所與飮食者하니 則盡富貴也라 其妻告其妾曰 良人이 出이면 則必饜酒肉而後에 反할새 問其與飮食者호니 盡富貴也로되 而未嘗有顯者來하니 吾將瞯良人之所之也하리라하고 蚤(早)起하여 施從良人之所之하니 遍國中호되 無與立談者러니

- ○ 饜 배부를 염: 瞯 엿볼 간
- ○ 제나라 사람 중에 아내와 첩 하나를 데리고 사는 사람이 있었다. 남편이 나가면 반드시 술과 고기를 배불리 먹고 나서 돌아오곤 하였다. 그의 아내가 함께 먹고 마신 사람을 물으면 모두 돈 많고 벼슬 높은 사람들이었다. 그의 아내가 첩에게 "주인이 나가면 반드시 술과 고기를 먹고 나서 돌아오고는 하고 함께 먹은 사람들을 물어보면 모두 돈 많고 높은 벼슬 사람들인데 아직 이름난 사람들이 와본 일이 없으니 내가 남편이 가는 곳을 알아보려고 하네."라고 말하고 아침 일찍 일어나 남편 가는 곳을 미행하여 따라갔는데 온 도성을 두루 다녀도 같이 서서 이야기하는 사람이라고는 없었다.

卒之東郭墦間之祭者하여 乞其餘하고 不足이어든 又顧而之他하니 此其爲饜足之道也라 其妻歸告其妾曰 良人者는 所仰望而終身也어늘 今若此라하고 與其妾으로 訕其良人而相泣於中庭이어늘 而良人이 未之知也하여 施施(시시)從外來하여 驕其妻妾하더라

- ○ 墦 무덤 번: 訕 꾸짖을 산

○그러더니 마침내 동쪽 성곽의 무덤에서 제사 지내는 사람에게로 가서 그들이 먹고 남은 것을 구걸하고 모자라면 또 돌아보고서는 다른 곳으로 가곤 하였다. 이것이 그가 배불리 먹는 방법이었다. 그의 아내가 돌아와서 첩에게 "남편은 우러러보고서 평생을 살 사람인데 지금 그는 이 모양일세."라고 말하고 그의 첩과 함께 자기 마당 한가운데서 서로 울었다. 그런데도 남편은 그러한 사실을 알지 못하고 의기양양하게 집으로 들어와 자기 아내와 첩에게 여전히 거드름을 피웠다.

由君子觀之한대 **則人之所以求富貴利達者 其妻妾**이 **不羞也而不相泣者幾希矣**리라

○군자의 입장에서 볼 때 사람들이 부귀와 영달을 찾아다니는 방법을 그들의 아내와 첩이 보면 부끄러워하지 않고 서로 울지 않는 일이 별로 없을 것이다.

제 5편　9. 만장장구 상(萬章章句 上)

이 장구는 9장으로 맹자의 제자들 가운데 가장 뛰어나 그 밑에 제자들도 두었던 만장과의 대화를 중심으로 기록하였다.

(1) 순임금의 지극한 효

萬章이 **問曰 舜**이 **往于田**하사 **號泣于旻天**하시니 **何為其號泣也**잇고 **孟子曰 怨慕也**시니라

○萬章 만은 성이고 장은 이름으로 맹자의 제자: 旻 하늘 민
○만장이 물었다. "순임금은 밭에 나가서 하늘을 보고 소리쳐 울었아온데 무엇 때문에 그렇게 소리쳐 울었습니까?" 맹자께서 말씀하셨다. "어버이에게 사랑받지 못하는 자신을 원망하면서도 어버이를 사모하여서이다."

萬章曰 父母愛之어시든 喜而不忘하고 父母惡(오)之어시든 勞而不怨이니 然則舜은 怨乎잇가 曰 長息이 問於公明高曰 舜이 往于田은 則吾旣得聞命矣어니와 號泣于旻天과 于父母는 則吾不知也로이다 公明高曰 是는 非爾所知也라 하니 夫公明高는 以孝子之心이 爲不若是恝이라 我竭力耕田하여 共爲子職而已矣니 父母之不我愛는 於我何哉오하니라

- 恝 무관심할 괄
- 만장이 말하였다. "부모가 사랑하면 기뻐하면서도 잊지 않고, 부모가 미워하면 더욱 노력하고 원망하지 않는 것입니다. 그렇다면 순임금은 원망하였겠습니까?" 하고 말하자 맹자께서 대답하셨다. "장식(長息)이 스승 공명고(公明高)에게 묻기를 '순임금이 밭에 나갔다는 것은 내가 이미 알아들었습니다. 하늘을 보고 그리고 부모에게 소리쳐 울었다는 것은 저는 알지 못하였습니다.' 공명고가 말하기를 '그것은 네가 알 일이 아니다.' 하니, 공명고는 순임금 같은 효자의 마음이란 '나는 힘을 다해서 밭을 갈아 공손히 자식 된 직분을 다했을 따름이다. 부모가 나를 사랑하지 않는 것이 나한테 무슨 죄가 있어서일까?' 하고 근심하였던 것이다.

帝使其子九男二女로 百官牛羊倉廩을 備하여 以事舜於畎畝之中하시니 天下之士多就之者어늘 帝將胥天下而遷之焉이러시니 爲不順於父母라 如窮人無所歸러시다

- 廩 창고 름: 畎 밭이랑 견
- 요임금이 자신의 남녀 9남 2녀로 하여금 관원들과 소와 양과 양곡창고를 갖추어 순을 밭 가운데서 섬기게 하였다. 천하의 선비들이 그에게로 많이 따라갔고, 이에 요임금께서 장차 천하의 민심을 살펴보아 그에게 제위를 물려주려고 하였다. 그런데도 그는 부모에게 사랑을 받지 못하였기 때문에 곤궁한 사람이 갈 곳이 없어 하는 것과 같았다.

天下之士悅之는 人之所欲也어늘 而不足以解憂하시며 好色은 人之所欲이어늘 妻帝之二女하사되 而不足以解憂하시며 富는 人之所欲이어늘 富有天

下하사되 **而不足以解憂**하시며 **貴**는 **人之所欲**이어늘 **貴爲天子**하사되 **而不足以解憂**하시니 **人悅之**와 **好色**과 **富貴**에 **無足以解憂者**요 **惟順於父母**라야 **可以解憂**러시다

○ 천하의 선비들이 기뻐해 주는 것은 사람들이 원하는 바인데도 그것으로는 그의 근심을 풀기에는 부족하였으며, 아름다운 여인은 사람들이 원하는 것이지만, 요임금의 두 딸을 아내로 삼았는데도 그것으로는 그의 근심을 풀기에는 부족하였다. 부유함은 사람들이 원하는 것이지만 온 천하의 재부를 차지하였는데도 그것으로는 그의 근심을 풀기에는 부족했다. 존귀해지는 것은 사람들이 원하는 것이지만 천자로까지 존귀하여졌는데도 그것으로는 그의 근심을 풀기에 부족했다. 사람들이 기뻐해 주는 것, 아름답게 생긴 여인, 부귀에도 순임금의 근심을 풀어줄 만한 것이 없었고, 부모에게 사랑을 받는 것만이 그의 근심을 풀어줄 수 있는 것이었다.

人이 **少則慕父母**하다가 **知好色則慕少艾**(애)하고 **有妻子則慕妻子**하고 **仕則慕君**하고 **不得於君則熱中**이니 **大孝**는 **終身慕父母**하나니 **五十而慕者**를 **予於大舜**에 **見之矣**로다

○ 艾 예쁠 애
○ 사람들이 어려서는 부모를 사모하다가 여색을 알게 되면 예쁜 소녀를 사모하고 처자가 생기면 처자를 사랑하고 벼슬을 하게 되면 군주를 사모하고 군주에게 신임을 받지 못하면 속을 태운다. 그러나 큰 효는 종신토록 부모를 사모하는 것이다. 50세가 되어서도 부모를 사모하는 것을 나는 위대한 순임금에서 보았다."

(2) 사리에 맞지 않으면 군자를 속일 수 없다

萬章이 **問曰 詩云 娶妻如之何**오 **必告父母**라하니 **信斯言也**인댄 **宜莫如舜**이니 **舜之不告而娶**는 **何也**잇고 **孟子曰 告則不得娶**하시리니 **男女居室**은 **人之大倫也**니 **如告則廢人之大倫**하여 **以懟父母**라 **是以**로 **不告也**시니라

○ 娶 장가들 취 : 懟 원망할 대

○만장이 물었다. "〈시경, 남산〉에 '아내를 얻을 때는 어떻게 할 것인가? 반드시 부모에게 아뢰어야 한다.' 이 말을 믿는다면 순임금 같이 하여서는 아니 될 것 이온데 순임금이 아뢰지 않고서 아내를 얻은 것은 어찌 된 일입니까?" 맹자께서 말씀하셨다. "아뢰면 얻을 수 없었기 때문이다. 남자와 여자가 같이 사는 것은 인간의 중대한 일인데 만약에 아뢴다면 인간의 중대한 일을 폐하여 부모를 원망하게 되었을 것이다. 그래서 아뢰지 않은 것이다."

萬章曰 舜之不告而娶는 **則吾旣得聞命矣**어니와 **帝之妻舜而不告**는 **何也**잇고 **曰 帝亦知告焉**이면 **則不得妻也**시니라

○만장이 말하였다. "순임금이 아뢰지 않고 아내를 얻은 것은 제가 알아들었지만, 요임금이 순임금에게 딸을 시집보내시면서 순임금의 부모에게 아뢰지 않은 것은 어찌 된 일입니까?" 맹자께서 말씀하셨다. "요임금 역시 아뢰면 딸을 시집보낼 수 없다는 것을 아셨기 때문입니다."

萬章曰 父母使舜으로 **完廩捐階**하고 **瞽瞍焚廩**하며 **使浚井**하여 **出**커시늘 **從而揜之**하고 **象曰 謨蓋都君**은 **咸我績**이니 **牛羊父母**요 **倉廩父母**요 **干戈朕**이요 **琴朕**이요 **弤朕**이요 **二嫂**는 **使治朕棲**호리라 하고 **象**이 **往入舜宮**한대 **舜**이 **在床琴**이어시늘 **象曰 鬱陶思君爾**라 하고 **忸怩**한대 **舜曰 惟玆臣庶**를 **汝其于予治**라 하시니 **不識**케이다 **舜**이 **不知象之將殺己與**잇가 **曰 奚而不知也**시리오마는 **象憂亦憂**하시고 **象喜亦喜**하시니라

○梯 사다리 제
○만장이 말하였다. "전설에 순임금의 부모가 순임금에게 양곡 창고의 지붕을 고치게 하고서는 사다리를 치우고 순임금의 아버지 고수(瞽瞍)가 양곡 창고에 불을 질렀습니다. 또 한번은 순임금에게 우물을 치게 하고서 거기서 나오는데 그대로 묻어 버렸습니다. 그러고 나서 이복 동생인 상(象)이 순임금이 죽은 줄 알고 말하기를 '꾀를 내어 도군(순의 별칭)을 생매장한 것은 다 내 공로이다. 소와 양은 부모의 것이고, 양곡 창고도 부모의 것이고, 방패와 창은 내 것이고 거문고도 내 것이고, 아

로새긴 활도 내 것이고, 두 형수는 내 잠자리를 시중들게 하겠다.' 하고는 상이 순임금의 집에 들어가 보니 순임금이 평상에서 거문고를 타고 있었습니다. 이에 놀란 상이 둘러대기를 '형님이 너무 그리워서 왔습니다.'라고 말하고 부끄러워하였습니다. 순임금이 말하기를 '너는 내게 와서 이곳의 신하와 많은 백성을 다스려라.'라고 하였다고 합니다. 잘 모르겠습니다마는 순임금은 상이 자기를 죽이려는 것을 몰랐을까요? 맹자께서 말씀하셨다. '왜 몰랐겠는가마는 동생인 상이 근심하면 자기도 근심하고 상이 기뻐하면 자기도 기뻐한 것이다.'라고 말씀하셨다."

曰 然則舜은 **僞喜者與**잇가 **曰 否**라 **昔者**에 **有饋生魚於鄭子產**이어늘 **子產**이 **使校人**으로 **畜**(혹)**之池**한대 **校人**이 **烹之**하고 **反命曰 始舍之**하니 **圉圉焉**이러니 **少則洋洋焉**하여 **攸**(유)**然而逝**하더이다 **子產曰 得其所哉**인저 **得其所哉**인저하니 **校人**이 **出曰 孰謂子產智**오 **予旣烹而食之**어늘 **曰 得其所哉**인저 **得其所哉**인저하니 **故**로 **君子可欺以其方**이어니와 **難罔以非其道**니 **彼以愛兄之道來**라 **故**로 **誠信而喜之**시니 **奚僞焉**이시리오

○ 烹 삶을 팽: 圉 어릿어릿할 어
○ 만장이 말하였다. "그렇다면 순임금은 거짓으로 기뻐한 척한 것입니까?" 맹자께서 말씀하셨다. "아니다. 옛날에 어떤 사람이 정나라 대부 자산에게 산 물고기를 선사하였는데 자산은 연못 관리인을 시켜 그것을 못에다 기르라고 하였다. 연못 관리인은 그 물고기를 삶아 먹고는 돌아와서 '처음에 고기를 놓아주니까 빌빌하더니 조금 있다가는 꼬리를 치고 획 하니 깊은 데로 들어가 버렸습니다.'라고 복명하였다. 자산은 말하기를 '제가 살 곳으로 갔구먼, 제가 살 곳으로 갔어.' 연못 관리인이 물러 나와서 말하기를 '누가 자산이 지혜롭다고 하였을까? 내가 삶아서 먹어 버렸는데 자산은 「제 살 곳으로 갔구먼, 제 살 곳으로 갔어.」라고 하던데.' '그러므로 군자는 그럴듯한 방법을 가지고 속일 수는 있어도 터무니없는 방법으로 그를 속이기 힘든 것이다. 상이 형을 사랑하는 도리를 내세우고 왔으므로 정말로 믿고서 기뻐한 것이지 어찌 거짓으로 그랬겠냐?"

(3) 성인은 사은(私恩)과 공의(公義)를 분명히 한다

萬章이 **問曰 象**이 **日以殺舜爲事**어늘 **立爲天子則放之**는 **何也**잇고 **孟子曰 封之也**어시늘 **或曰放焉**이라하니라

○ 만장이 물었다. "상은 매일 같이 순임금을 죽이는 것을 자기의 일로 삼고 있었는데 순임금이 천자가 되어서는 그를 죽이지 않고 먼 곳으로 쫓아냈으니 어찌 된 일입니까?" 맹자께서 말씀하셨다. "그를 제후로 봉해주었다. 어떤 사람은 그를 쫓아냈다고도 한다."

萬章曰 舜이 **流共工于幽州**하시고 **放驩兜于崇山**하시고 **殺三苗于三危**하시고 **殛鯀于羽山**하사 **四罪**하신대 **而天下咸服**은 **誅不仁也**니 **象**이 **至不仁**이어늘 **封之有庳**하시니 **有庳之人**은 **奚罪焉**고 **仁人**도 **固如是乎**잇가 **在他人則誅之**하고 **在弟則封之**온여 **曰 仁人之於弟也**에 **不藏怒焉**하며 **不宿怨焉**이요 **親愛之而已矣**니 **親之**인댄 **欲其貴也**요 **愛之**인댄 **欲其富也**니 **封之有庳**는 **富貴之也**시니 **身爲天子**요 **弟爲匹夫**면 **可謂親愛之乎**아

○ 驩 즐길 환: 殛 죽일 극
○ 만장이 말하였다. "순임금께서 공공(共工)을 유주(幽州)에 유배하시고 환두(驩兜)를 숭산(崇山)으로 쫓아내시고 삼묘(三苗)의 군주를 삼위(三危)에서 죽이시고 곤(鯀)을 우산(羽山)에서 죽이시어 네 사람을 처벌하시자, 천하가 다 복종하게 된 것은 인자하지 않은 자를 처벌했기 때문입니다. 상은 지극히 인자하지 않은데 그를 유비(有庳) 땅에 봉해주었으니 유비 백성들은 무슨 죄가 있겠습니까? 어진 사람도 진실로 이렇단 말입니까? 다른 사람인 경우에는 죽이고 동생이면 봉해주었으니 말입니다." 맹자께서 말씀하셨다. "인자한 사람은 동생에 대해서는 노여움을 감춰 두지도 않고, 원망을 묵혀 두지도 않으며, 그를 내 몸처럼 여기고 사랑할 뿐이다. 그를 내 몸처럼 여긴다면 그가 존귀해지기를 원하고 그를 사랑한다면 그를 부유하게 해주고자 합니다. 상을 유비에 봉해주신 것은 그를 부유하고 존귀하게 하여준 것입니다. 자신은 천자인데 아우는 평민이라면 아우를 내 몸처럼 여기고 사랑한다고 할 수 있겠습니까?"

敢問或曰放者는 何謂也잇고 曰 象이 不得有爲於其國하고 天子使吏로 治其國而納其貢稅焉이라 故謂之放이니 豈得暴彼民哉리오 雖然이나 欲常常而見之라 故로 源源而來하니 不及貢하여 以政接于有庳라하니 此之謂也니라

○ 만장이 말하였다. "감히 여쭈어보겠습니다. 어떤 사람은 '순임금께서 상을 쫓아냈다'고 하는데 그것은 무슨 말씀이신지요?" 맹자께서 말씀하셨다. "상이 그 나라를 다스리지 못해서 천자가 관원들을 시켜서 그 나라를 다스리게 하고 그곳의 세금만 상에게 바치게 하였던 것이다. 그래서 '상을 쫓아냈다.'고 하는 것이다. 그러니 어찌 상이 그 나라의 백성들을 마구 다룰 수 있겠느냐? 그렇기는 하지만 항상 상을 만나고 싶어 하였기 때문에 끊임없이 오게 하셨으니 '조공(朝貢) 기일이 되지 않았는데도 정사로서 유비에서 군주를 접견하였다.'라고 한 것이 이것을 두고 한 말이다."

(4) 백성에게는 두 임금이 없다

咸丘蒙이 問曰 語云 盛德之士는 君不得而臣하며 父不得而子라 舜이 南面而立이어시늘 堯帥(솔)諸侯北面而朝之하시고 瞽瞍亦北面而朝之어늘 舜이 見瞽瞍하시고 其容有蹙이라하여늘 孔子曰 於斯時也에 天下殆哉岌岌乎인저하시니 不識케이다 此語誠然乎哉잇가

○ 蹙 찌푸릴 축
○ 맹자의 제자 함구몽(咸丘蒙)이 물었다. "전해 내려오는 말에 '덕이 뛰어난 인물은 임금도 그를 신하로 삼을 수 없고, 아버지도 그를 아들로 삼을 수 없다. 순임금이 천자가 되시어 남쪽을 향하여 서 계시자 요임금께서 제후들을 거느리고 북쪽을 향해서 그를 뵈었고, 아버지 고수 역시 북쪽을 향해서 그를 뵈었는데, 순임금이 고수를 보자 불안하여 얼굴을 찌푸리셨다.' 하였습니다. 이를 두고 공자께서 '그때는 천하가 위태롭고 불안했다.'라고 말씀하셨습니다. 모르기는 하겠습니다마는 이 말이 정말 사실입니까?"

孟子曰 否라 此非君子之言이라 齊東野人之語也라 堯老而舜攝也러시니

堯典曰二十有八載에 放勳이 乃徂落커시늘 百姓은 如喪考妣三年하고 四海는 遏密八音이라하며 孔子曰 天無二日이요 民無二王이라하시니 舜이 旣爲天子矣요 又帥天下諸侯하여 以爲堯三年喪이면 是二天子矣니라

○攝 대신할 섭: 徂 죽을 조: 妣 죽은 어머니 비: 考 죽은 아버지 고
○맹자께서 말씀하셨다. "아니다. 그것은 군자의 말이 아니고 제나라 동쪽 야인들의 말이다. 요임금께서 살아계실 때 순임금이 천자에 오른 것이 아니고 요임금이 늙어 순임금이 섭정했다. 〈서경, 요전〉에 이르기를 '순임금이 섭정한 지 28년 만에 요임금이 세상을 떠났다. 백성들은 부모를 잃은 것처럼 슬퍼하여 삼년상을 하였고, 온 천하에 음악 소리가 그쳐 조용하였다.' 하였습니다. 공자께서 말씀하시기를 '하늘엔 두 태양이 없고 백성에게는 두 임금이 없다.'라고 하셨다. 순임금이 이미 천자가 되었는데 또 그가 천하의 제후를 거느리고 요임금의 삼년상을 치른다면 그것은 천자가 두 분이 있는 것이다."

咸丘蒙曰 舜之不臣堯는 則吾旣得聞命矣어니와 詩云 普天之下莫非王土며 率土之濱이 莫非王臣이라하니 而舜이 旣爲天子矣시니 敢問瞽瞍之非臣은 如何잇고 曰 是詩也는 非是之謂也라 勞於王事而不得養父母也하여 曰 此莫非王事어늘 我獨賢勞也라하니

○함구몽이 말하기를 "순임금이 요임금을 신하로 삼지 않았다는 것에 대해서는 제가 이미 가르침을 들었습니다. 〈시경, 북산〉에 '온 하늘 아래가 왕의 땅 아닌 데가 없고, 땅 닿는 곳에 사는 사람 치고 왕의 신하 아닌 사람은 없다.'라고 하였는데, 순임금이 이미 천자가 되었습니다. 감히 여쭈어보겠습니다. 순임금의 아버지 고수를 신하로 삼지 않음은 어째서입니까?" 맹자께서 말씀하셨다. "이 시는 그런 점을 말한 것이 아니다. '이 시를 지은 사람이 자기 나랏일에 힘쓰느라 부모를 봉양할 수 없어서 탄식하기를 이것은 나랏일이 아닌 것이 없는데 나만이 홀로 어질다 하여 고생한다.'라고 말한 것이다."

孟子曰 說詩者는 不以文害辭하며 不以辭害志요 以意逆志라야 是爲得之

니 **如以辭而已矣**니라 **雲漢之詩曰 周餘黎民**이 **靡有子遺**라하니 **信斯言也**인 댄 **是**는 **周無遺民也**니라

○ 맹자께서 말씀하셨다. "시를 읽고 해설하는 사람은 한 글자 때문에 한 구절의 말을 오해하지 말고, 한 구절의 말 때문에 시 본래의 뜻을 오해하지 말며, 시를 보는 자신의 마음으로 시를 지은 시인의 마음을 헤아려 보아야 시를 알 수 있는 것이다. 만일 한 구절의 말만 가지고 본다면〈시경, 운한〉에 이르기를 '주나라의 남은 백성이 하나도 없다.' 하였으니, 이는 가뭄을 걱정하여 지은 시인데 진실로 이 말대로 해석한다면 이는 주나라에 한 명도 살아남은 백성이 없는 것이 됩니다.

孝子之至는 **莫大乎尊親**이요 **尊親之至**는 **莫大乎以天下養**이니 **為天子父**하니 **尊之至也**요 **以天下養**하시니 **養之至也**라 **詩曰 永言孝思**라 **孝思維則**이라하니 **此之謂也**니라 **書曰 祗載見**(현)**瞽瞍**하사되 **夔夔齊**(재)**栗**하신대 **瞽瞍亦允若**이라하니 **是為父不得而子也**니라

○ **夔** 공경 기
○ 효자의 지극한 도리는 어버이를 높이는 것보다 더 큰 것이 없고 어버이를 높이는 것의 지극함은 천하를 가지고 봉양하는 것보다 더 큰 것이 없다. 고수는 천자의 아버지가 되었으니 높임이 지극했고, 순임금께서는 천하를 가지고 봉양하셨으니 봉양하는 것의 지극함이다. 〈시경, 하무〉에 이르기를 '길이 효도하기를 생각하여, 효도하는 마음이 세상 사람들의 법도가 된다.'라고 한 것은 이점을 말한 것이다.
〈서경, 대우모〉에 이르기를 '순임금이 천자가 되신 후에 공경히 섬겨 고수를 뵙되 공경하고 두려워하시자, 고수 또한 순임금을 믿고 따랐다.'라고 하였으니 이것은 덕이 뛰어난 사람은 아버지도 아들로 삼을 수 없다는 뜻이다."

(5) 백성의 뜻이 곧 하늘의 뜻이다

萬章曰 堯以天下與舜이라하니 **有諸**잇가 **孟子曰 否**라 **天子不能以天下與人**이니라 **然則舜有天下也**는 **孰與之**잇고 **曰 天與之**시니라 **天與之者**는 **諄諄**

然命之乎잇가 曰 否라 天不言이라 以行與事로 示之而已矣시니라

○諄 자세할 순
○만장이 묻기를 "요임금께서 천하를 순임금에게 주었다는데 그것이 사실입니까?" 맹자께서 말씀하셨다. "아닙니다. 천자는 천하를 남에게 주지는 못한다." 만장이 말하였다. "그러면 순임금이 천하를 차지했는데 누가 준 것입니까?" 맹자께서 말씀하셨다. "하늘이 준 것이다." 만장이 말하였다. "하늘이 주었다는 것은 자세하게 말로 명하는 것입니까?" 맹자께서 말씀하셨다. "아니다. 하늘은 말을 하지 않는다. 행동과 하는 일로서 그 뜻을 보여 줄 따름이다."

曰 以行與事로 示之者는 如之何잇고 曰 天子能薦人於天이언정 不能使天으로 與之天下며 諸侯能薦人於天子언정 不能使天子로 與之諸侯며 大夫能薦人於諸侯언정 不能使諸侯로 與之大夫니 昔者에 堯薦舜於天而天受之하시고 暴(폭)之於民而民受之하니 故로 曰 天不言이라 以行與事로 示之而已矣라하노라

○薦 천거할 천: 暴 드러낼 폭
○만장이 말하였다. "행위와 일로서 그 뜻을 보여 준다는 것은 어떻게 하는 것입니까?" 맹자께서 말씀하셨다. "천자는 사람을 하늘에 천거할 수는 있으나, 하늘이 그에게 천하를 주도록 할 수는 없다. 제후는 천자에게 사람을 천거할 수는 있으나, 천자가 그에게 제후를 시켜주도록 할 수는 없다. 대부는 사람을 제후에게 천거할 수는 있으나, 제후가 그에게 대부를 시켜주도록 할 수는 없다. 옛날에 요임금께서 순임금을 하늘에 천거하였는데 하늘이 그를 받아들였고, 그를 백성들 앞에 내놓았는데, 백성들이 그를 받아들였다. 그래서 '하늘은 말을 하지 않고 행위와 일로서 그 뜻을 보여 줄 따름'이라고 하는 것이다."

曰 敢問薦之於天而天受之하시고 暴之於民而民受之는 如何잇고 曰 使之主祭而百神이 享之하니 是는 天受之요 使之主事而事治하여 百姓이 安之하니 是는 民受之也라 天與之하며 人與之라 故로 曰 天子不能以天下與人이라하노라

○만장이 감히 여쭈어보겠습니다. "그를 하늘에 천거하였는데 하늘이 그를 받아들였고, 그를 백성에게 드러내어 보여 주자 백성들이 그를 받아들였다는 것이 어떻게 했다는 것입니까?" 맹자께서 말씀하셨다. "순임금으로 하여금 제사를 주관하게 하였는데 모든 신이 제사를 흠향하였으니 그것은 하늘이 받아들인 것이고, 순임금에게 나랏일을 주관하게 하시자 나랏일이 잘 다스려져 백성들이 편안하게 여겼으니, 그것은 백성들이 그를 받아들인 것이다. 하늘이 그에게 천하를 주었고 백성들이 그에게 천하를 주었기 때문에 '천자라도 천하를 남에게 주지 못한다.'라고 하는 것이다.

舜相堯二十有八載하시니 **非人之所能為也**요 **天也**라 **堯崩**커시늘 **三年之喪**을 **畢**하고 **舜**이 **避堯之子於南河之南**이어시늘
天下諸侯朝覲者 不之堯之子而之舜하며 **訟獄者 不之堯之子而之舜**하며 **謳歌者 不謳歌堯之子而謳歌舜**하니 **故**로 **曰天也**라 **夫然後**에 **之中國**하사 **踐天子位焉**하시니 **而**(如)**居堯之宮**하여 **逼堯之子**면 **是**는 **簒也**라 **非天與也**니라

○순임금이 요임금을 28년 동안이나 도와주었으니 그것은 사람이 해낼 수 있는 일이 아니고 하늘이 시킨 것이다. 요임금이 세상을 떠나고 삼년상이 끝나자 순임금은 요임금의 아들을 피해서 남하 남쪽으로 갔는데, 천하의 제후로서 조회하는 사람들이 오면 요임금의 아들 한테로는 가지 않고 순임금에게로 갔고, 송사하는 사람들이 요임금의 아들에게 가지 않고 순임금에게 갔으며, 덕을 칭송하여 노래하는 사람들은 요임금이 아들의 덕을 칭송하지 않고 순임금의 덕을 칭송했다. 그래서 하늘이 시킨 것이라고 하는 것이다. 그렇게 된 연후에 중국(首都)으로 가서 천자의 지위에 올랐다. 만일 요임금이 있던 궁궐에 거처하며 요임금의 아들을 핍박하여 몰아냈다면 그것은 찬탈이지 하늘이 준 것이 아니다.

太(태)**誓曰 天視自我民視**하며 **天聽自我民聽**이라 **此之謂也**。

○〈서경, 태서〉에 이르기를 '하늘이 보는 것은 우리 백성을 통해서 보

고 하늘이 듣는 것은 우리 백성을 통해서 듣는다.' 하였으니 이것을 이른 것이다."

(6) 왕위(王位)는 오직 하늘의 섭리(攝理)에 따른다

萬章이 問日 人이 有言하되 至於禹而德衰하여 不傳於賢而傳於子라하니 有諸잇가 孟子曰 否라 不然也라 天이 與賢하고 則與賢하고 天이 與子則與子니라 昔者舜薦禹於天十有七年에 舜崩커시는 三年之喪을 畢하고 禹避舜之子於陽城이러시니 天下之民이 從之를 若堯崩之後에 不從堯之子而從舜也하니라 禹薦益於天七年에 禹崩커시늘 三年之喪을 畢하고 益避禹之子於箕山之陰이러니 朝覲訟獄者不之益而之啓 曰 吾君之子也하며 謳歌者不謳歌益而謳歌啓 曰 吾君之子也라하니라

○ 謳 노래 구
○ 만장이 묻기를 "사람들 사이에는 '우임금 때에 이르러 덕이 쇠해져 천자의 지위를 현자에 전하지 않고 아들에게 전했다.'라는 말이 있사온데 사실입니까?" 맹자께서 말씀하셨다. "아니다. 그렇지 않다. 하늘이 현자에게 주면 현자에게 주여지고, 하늘이 아들에게 주면 아들에게 주여진다. 옛날에 순임금이 우임금을 하늘에 천거하고 7년 만에 세상을 떠났다. 삼년상이 끝나자 우임금을 순임금의 아들을 피해서 양성(陽成)으로 갔는데 천하의 백성들이 그를 따랐다. 그것은 요임금이 세상을 떠나자 백성들이 요임금의 아들을 따라가지 않고 순임금을 따라간 것과 같았다. 우임금이 익(益)을 하늘에 천거하고 7년 만에 세상을 떠났다. 삼년상이 끝나자 익은 우임금의 아들을 피하여 기산(箕山)의 북쪽으로 갔는데 조회하고 소송하는 사람들이 익에게 가지 않고 우임금의 아들인 계(啓)에게 가서 '우리 임금님의 아들이시다.'라고 하였고 덕을 칭송하여 노래하는 사람들은 익을 칭송하지 않고 계를 칭송하면서 '우리 임금님의 아들이시다.'라고 하였다."

丹朱之不肖에 舜之子亦不肖하며 舜之相堯와 禹之相舜也는 歷年이 多하여 施澤於民이 久하고 啓는 賢하여 能敬承繼禹之道하며 益之相禹也는 歷年

이 少하여 **施澤於民未久**하니 **舜禹益相去久遠**과 **其子之賢不肖**가 **皆天也**라
非人之所能爲也니 **莫之爲而爲者**는 **天也**요 **莫之致而至者**는 **命也**니라

> ○요임금의 아들 단주(丹朱)가 불초하였던 것처럼 순임금의 아들 역시 불초하였다. 순임금이 요임금을 도운 것과 우임금이 순임금을 도운 것은 그 햇수가 길어서 백성들에게 은택을 베풀어 준 것이 오랬다. 우임금의 아들 계는 현명하여 우임금의 도를 공경히 계승할 수 있었으며, 익이 우임금을 도운 것은 그 햇수가 짧아서 백성들에게 은택을 베풀어 준 것이 오래지 않았다. 순임금과 우임금, 익 사이의 임금을 도운 기간(섭정)에 차이가 현격하고 그들의 아들들이 현명하고 불초함에 차이가 있는 것은 다 하늘의 뜻이지 사람이 할 수 있는 일이 아니었다. 일부러 그렇게 하려던 것이 아닌데 저절로 그렇게 되는 것은 하늘의 뜻이고, 일부러 오게 하지 않았는데 닥쳐오는 것은 하늘의 명(命)이다.

匹夫而有天下者는 **德必若舜禹而又有天子薦之者**라 **故**로 **仲尼不有天下**하시니라 **繼世以有天下**에 **天之所廢**는 **必若桀紂者也**라 **故**로 **益 伊尹 周公不有天下**하시니라 **伊尹**이 **相湯**하여 **以王於天下**러니 **湯崩 太丁**은 **未立**하고 **外丙**은 **二年**이요 **仲壬四年**이러니 **太甲顚覆湯之典刑**이어늘 **伊尹放之於桐三年**한대 **太甲**이 **悔過**하여 **自怨自艾**(예)하여 **於桐**에 **處仁遷義 三年**하여 **以聽伊尹之訓己也**하여 **復歸于亳**하니라

> ○평민으로서 천하를 차지하려는 사람은 그 덕이 반드시 순임금과 우임금 같아야 하고, 또 그를 천거하는 천자가 있어야 한다. 그래서 공자는 천하를 소유하지 못하게 되었던 것이다. 대를 이어서 천하를 소유하였는데도 하늘이 임금을 폐해 버리는 것은 반드시 폭군 걸(桀)이나 주(紂) 같은 경우이다. 그래서 익(益)과 이윤(伊尹)과 주공(周公)은 천하를 소유하지 못하게 되었던 것이다. 이윤(伊尹)은 탕(湯)임금을 도와서 천하에 왕업을 이루게 되었다. 탕임금이 세상을 떠나자 태정(太丁)은 즉위하지 못하고 죽었고, 외병(外丙)은 재위 2년 만에 죽었고, 중임(仲壬)은 재위 4년 만에 죽었다. 태정의 아들 태갑이 즉위하였는데 태갑이 탕의 법도를 전복시키자 이윤이 태갑을 탕임금의 묘소가 있

는 동(桐)으로 3년 동안 유폐시켰다. 태갑이 자기의 과오를 뉘우쳐 스스로 원망하고 바른길을 닦아서, 동 땅에서 3년 동안 인하게 하고, 의를 따라가서 이윤이 자기를 훈계하는 말을 따르게 되어 다시 수도인 박(亳)으로 되돌아갔다.

周公之不有天下는 **猶益之於夏**와 **伊尹之於殷也**니라 **孔子曰 唐虞**는 **禪**하고 **夏后 殷 周**는 **繼**하니 **其義一也**라하시니라

　　○주공이 천하를 소유하지 못하게 된 것은 익의 하나라에서의 경우와 이윤의 은에서의 경우와 같았다. 공자께서는 '요임금과 순임금(唐虞)께서는 현자에게 선위(禪位)하셨고 하후·은·주는 각각 아들에게 계승시켰으나 그 큰 뜻은 같다.'라고 말씀하셨다."

(7) 자기를 굽히고는 천하를 곧게 할 수 없다

萬章이 **問曰 人**이 **有言**하되 **伊尹**이 **以割烹要湯**이라하니 **有諸**잇가
孟子曰 否라 **不然**하니라 **伊尹**이 **耕於有莘之野而樂**(락)**堯舜之道焉**하여 **非其義也**며 **非其道也**어든 **祿之以天下**라도 **弗顧也**하며 **繫馬千駟**라도 **弗視也**하고 **非其義也**며 **非其道也**어든 **一介不以與人**하며 **一介**를 **不以取諸人**하니라

　　○莘 나라이름 신: 繫 멜 계: 駟 사마 사
　　○만장이 묻기를 "사람들이 말하기를 '이윤이 요리하는 재주를 가지고 탕임금에게 등용해 주기를 요구하였다.'라는 말이 있는데 사실입니까?" 맹자께서 말씀하셨다. "아니다. 그렇지 않다. 이윤은 유신(有莘)의 들에서 농사를 지으면서 요와 순의 도를 좋아하였다. 그리하여 의가 아니고 도가 아니면 천하를 그에게 녹으로 준다고 하여도 돌아보지 않았고 말 4천 마리를 매어놓아도 보지 않았으며 의가 아니고 도가 아니면 지푸라기 하나도 남에게 주지 않았고, 지푸라기 하나도 남한테서 취하지 않았다."

湯이 **使人以幣聘之**하신대 **囂囂然曰 我何以湯之聘幣為哉**리오 **我豈若處**

畎畝之中하여 由是以樂堯舜之道哉리오하니라 湯이 三使往聘之하신대 既而
요 幡然改曰 與我處畎畝之中하여 由是以樂堯舜之道로는 吾豈若使是君으
로 爲堯舜之君哉며 吾豈若使是民爲堯舜之民哉 吾豈若於吾身에 親見之
哉리오

- ○囂 만족할 효: 幡 뒤집을 번
- ○탕임금이 사람을 시켜 폐백을 보내 이윤을 초빙하였으나 아무 욕심 없이 말하기를 '내가 탕이 초빙하는 폐백을 받아 무엇을 하겠는가?' 그에게로 가는 것이 내가 어찌 밭 가운데 살며 농사지으면서 요와 순의 도를 즐기는 것 같기야 하겠는가?' 탕임금께서 세 차례나 사람을 보내 그를 초빙하였다. 그제야 이윽고 마음을 바꾸고서는 말하기를 '내가 밭 가운데서 살며 요와 순의 도를 즐기는 것이 내 어찌 이 임금으로 하여금 요나 순과 같은 훌륭한 임금이 되게 하는 것만 하겠으며, 내 어찌 이 백성으로 하여금 요순과 같은 훌륭한 임금의 백성이 되게 하는 것만 하겠으며, 내 어찌 그렇게 되는 것을 내 몸에서 직접 보는 것만 하겠는가?

天之生此民也는 使先知로 覺後知하며 使先覺으로 覺後覺也시니 予는 天
民之先覺者也로니 予將以斯道로 覺斯民也니 非予覺之요 而誰也리오하니라
思天下之民이 匹夫匹婦有不被堯舜之澤者어든 若己推(퇴)而內之溝中하
니 其自任以天下之重이 如此라 故로 就湯而說(세)之하여 以伐夏救民하니라

- ○하늘이 백성들을 이 세상에 낼 때 먼저 아는 사람으로 하여금 나중에 아는 사람을 일깨워 주게 하고, 먼저 깨달은 사람으로 하여금 나중에 깨닫는 사람을 일깨워 주게 하였다. 나는 하늘이 낸 백성 중에 먼저 깨달은 사람이니, 나는 이 도를 가지고 이 백성들을 일깨워 주겠다. 내가 일깨워 주지 않으면 누가 하겠는가?' 하였다. 이윤은 생각하기를 천하의 백성들 가운데 필부(匹夫)와 필부(匹婦) 가운데 요와 순의 은택을 입지 못하는 사람이 있으면 자기가 그들을 도랑에 밀어 넣은 것같이 하였다. 그가 천하의 중대한 사명을 자임하고 나선 것이 이러했기 때문에 탕임금에게로 가서 하나라를 정벌하고 백성들을

구해내도록 한 것이다.

吾未聞枉己而正人者也로니 **況辱己以正天下者乎**아 **聖人之行**이 **不同也**라 **或遠或近**하며 **或去或不去**나 **歸**는 **潔其身而已矣**니라 **吾**는 **聞其以堯舜之道**로 **要湯**이요 **末聞以割烹也**로라 **伊訓曰 天誅造攻**을 **自牧宮**은 **朕載自亳**이라하니라

- ○造 비로소 조: 亳 땅이름 박
- ○나는 아직 자신을 굽히고서 남을 바로잡았다는 말은 들어본 일이 없다. 하물며 자신을 욕되게 하여서 천하를 바로 잡음에는 있어서랴. 성인들의 행동은 같지 않아서, 혹은 멀리 떠나 은둔해 있기도 하고, 혹은 벼슬하여 가까이서 임금을 받들기도 하고, 떠나가 버리기도 하고, 떠나지 않고 견디기도 하지마는 결국은 다 자기의 몸을 깨끗이 한다는 데 귀결될 따름이다. 나는 요·순의 도를 가지고 탕임금에게 등용 해주기를 요구하였다는 말은 들었어도 요리하는 재주를 가지고 그렇게 했다는 말은 들은 일이 없다. 〈서경, 이훈〉에 이르기를 '하늘이 벌이 폭군 걸왕의 목궁에 처음 내려진 것은 군대를 동원하여 토벌하는 날에 처음 이루어진 것이 아니라, 나 이윤이 박읍(亳邑)에서 일할 때부터 시작되었다.'라고 하였습니다."

(8) 공자는 오직 예(禮)·의(義)에 따르고 구차한 일을 하지 않았다

萬章이 **問曰 或謂孔子於衛**에 **主癰疽**하시고 **於齊主侍人瘠環**이라하니 **有諸乎**잇가 **孟子曰 否**라 **不然也**라 **好事者爲之也**니라

- ○癰 종기 옹: 疽 종기 저: 瘠 수척할 척
- ○만장이 묻기를 "어떤 사람이 말하기를 공자께서 위나라에서는 임금의 총애를 받는 옹저(종기를 치료하는 의원) 집에 머무르셨고, 제나라에서는 척환(내시)의 집에 머무르셨다고 하는데 그것이 사실입니까?" 맹자께서 말씀하셨다. "아니다. 그렇지 않다. 일 꾸미기를 좋아하는 사람들이 지어낸 말이다.

於衛에 主顔讎由러시니 彌子之妻는 與子路之妻로 兄弟也라 彌子謂子路 曰 孔子主我하시면 衛卿를 可得也라하여늘 子路以告한대 孔子曰 有命이라하시니 孔子進以禮하시며 退以義하사 得之不得에 曰有命이라 하시니 而(如)主 癰疽與侍人瘠環이시면 是無義無命也니라

○ 위나라에서는 안수유의 집에 머무셨는데, 미자의 처와 자로의 처는 자매간이다. 미자가 자로에게 말하기를 '공자께서 우리 집에 머무르신다면 위나라의 경(卿)이 되실 수 있으실 것입니다.' 하였다. 자로가 공자께 그 말을 아뢰니 공자께서는 '천명에 달려 있다.'라고 말씀하셨던 것이다. 공자께서는 예에 따라 나아가셨고, 의에 따라 물러나시어, 벼슬을 얻고 얻지 못하는 것은 '천명에 달려 있다.'라고 하셨는데, 그리고서 만일 임금의 총애를 받는 의원인 옹저의 집이나 내시인 척환의 집에 머무르고 계셨다면 그것은 의를 무시하시고 천명을 무시하신 일이다.

孔子悅於魯衛하사 遭宋桓司馬將要而殺之하여 微服而過宋하시니 是時에 孔子當阨하사되 主司城貞子爲陳侯周臣하시니라 吾聞觀近臣하되 以其所 爲主요 觀遠臣하되 以其所主라하니 若孔子主癰疽與侍人瘠環이시면 何以 爲孔子리오

○阨 곤할 액
○공자께서는 노나라와 위나라에 머무시기를 좋아하지 않으시어 송나라로 가셨는데 송나라의 사마(司馬)인 환퇴(桓魋)가 길목에서 기다렸다가 공자를 죽이려고 하자 공자께서 미복(微服) 차림으로 송나라를 지나가셨다. 그때 공자께서 위급한 상황에 당하였으나 송나라의 현명한 대부인 사성정자(司城貞子)의 집에 머무셨는데, 그는 나중에 진후(陳侯) 주(周)의 신하가 된 사람이었다. 내가 듣기로는 '조정에 있는 신하를 살필 때는 자기 집에 누구를 머물게 하는가를 가지고 살피고, 먼 곳에서 온 신하를 살필 때는 그가 누구의 집에 머물고 있는가를 살핀다.' 하였으니 만일 공자께서 임금의 총애를 받는 옹저의 집과 내시인 척환의 집에 머무르셨다면 어떻게 공자라고 할 수 하겠느냐?"

(9) 백리해(百里奚)의 지혜

萬章이 問曰 或曰 百里奚自鬻(육)於秦養牲者하여 五羊之皮로 食(사)牛하여 以要秦穆公이라하니 信乎잇가 孟子曰 否라 不然하니라 好事者爲之也니라 百里奚는 虞人也니 晉人이 以垂棘之璧과 與屈産之乘으로 假道於하여 以伐虢이어늘 宮之奇는 諫하고 百里奚는 不諫하니라

○ 棘 멧 대추나무 극: 虢 나라 괵: 백리해(百里奚) 우나라의 현명한 신하
○ 만장이 물었다. "어떤 사람이 말하기를 '백리해(白里奚)가 진나라의 희생을 기르는 사람에게 팔려가서 다섯 마리의 양가죽을 받고 그곳에서 소를 먹여 진나라 목공에게 자기를 등용해 주기를 요구하였다.'라고 하는데 정말입니까?" 맹자께서 말씀하셨다. "아니다. 그렇지 않다. 일을 만들어내기 좋아하는 사람이 지어낸 말이다. 백리해는 우(虞) 나라 사람이었다. 진나라 사람이 수극(垂棘) 지방에서 나오는 벽옥과 굴(屈) 땅에서 나오는 좋은 말을 주고, 우나라에서 길을 빌어 괵(虢)나라를 정벌하려 하자, 그때 궁지기(宮之奇)는 임금에게 허락하지 말라고 간하였고 백리해는 간하지 않았다.

知虞公之不可諫而去之秦하니 年已七十矣라 曾不知以食牛로 干秦穆公之爲汙也면 可謂智乎아 不可諫而不諫하니 可謂不智乎아 知虞公之將亡而先去之하니 不可謂不智也니라 時擧於秦하여 知穆公之可與有行也而相之하니 可謂不智乎아 相秦而顯其君於天下하여 可傳於後世하니 不賢而能之乎아 自鬻以成其君을 鄕黨自好者도 不爲은 而謂賢者爲之乎아

○ 백리해는 우공이 간해도 들어주지 않을 인물임을 알고 떠나서 진나라로 갔는데 이때 그의 나이가 이미 70이었다. 그가 그때까지 소를 먹이는 일로서 진나라 목공에게 자기를 등용해 주기를 요구하는 것이 더러운 짓임을 몰랐다면 그를 지혜롭다고 말할 수 있겠느냐? 우공이 간해도 들어주지 않을 인물이기에 간하지 않았으니 지혜롭지 않다고 할 수 있겠느냐? 우공이 장차 멸망하리라는 것을 알고서 먼저 떠나가 버렸으니 지혜롭지 않다고 이를 수 없다. 백리해가 당시 진나라에 등용되어 목공이 함께 좋은 정치를 할 수 있는 인물임을 알아보고 그를 도왔

으니, 지혜롭지 않다고 이를 수 있겠는가? 진나라를 도와 그 군주의 이름을 천하에 드러내어 후세에까지 전할 수 있게 하였으니 현명하지 않고서야 그런 일을 해낼 수 있었겠느냐? 스스로 팔려가서 군주를 패자로 만드는 것은 시골에서 자기 지조를 아끼는 자들조차도 하지 않는 일인데, 하물며 백리해 같은 현자가 이런 짓을 했다고 이르겠는가?"

10. 만장장구 하(萬章章句 下)

이 장구는 9장으로 고대 인물에 대한 맹자의 인물평, 또 주나라의 관직과 녹봉, 벗을 사귀는 도리, 벼슬하는 이유, 선비를 기르는 법 등을 다루고 있다.

(1) 공자는 때를 아는 진정한 성인이다

孟子曰 伯夷目不視惡色하며 **耳不聽惡聲**하고 **非其君不事**하며 **非其民不使**하고 **治則進**하고 **亂則退**하며 **橫政之所出**과 **橫民之所止**에 **不忍居也**하며 **思與鄕人處**호되 **如以朝衣朝冠**으로 **坐於塗炭也**러니 **當紂之時**하여 **居北海之濱**하여 **以待天下之淸也**하니 **故聞伯夷之風者**는 **頑夫廉**하여 **懦夫有立志**하니라

- ○ 塗 진흙 도: 炭 숯 탄: 濱 물가 빈: 頑 완고할 완: 廉 청렴할 렴: 懦 나약할 나
- ○ 맹자께서 말씀하셨다. "백이(伯夷)는 눈으로는 나쁜 색을 보지 않았고 귀로는 나쁜 소리를 듣지 않았으며 섬길만한 군주가 아니면 섬기지 않았고, 마음에 드는 백성이 아니면 부리지 않았다. 세상이 다스려지면 나아갔고 혼란해지면 물러났다. 나쁜 정치가 나오고 나쁜 백성들이 사는 데는 차마 살지 못했다. 예를 모르는 무식한 향리의 사람들과 함께 사는 것을 조복과 조관의 차림으로 시키면 진흙탕과 숯 위에 앉는 것 같이 생각하였다. 은나라 폭군 주(紂)왕의 시대를 당해서 북쪽의 바닷가에 살면서 천하가 맑아지기를 기다렸다. 그래서 백이의 풍도를 들으면 완악한 사람도 청렴하여지고 나약한 사람도 입지를 세우게 된다.

伊尹曰 何事非君하며 何使非民이리오 하여 治亦進하며 亂亦進하여 曰 天之生斯民也는 使先知覺後知하며 使先覺覺後覺이시니 予天民之先覺者也로니 予將以此道覺此民也라하며 思天下之民이 匹夫匹婦有不與(예)被堯舜之澤者어든 若己推(퇴)而內(納)之溝中하니 其自任以天下之重也니라

○ 覺 깨달을 각: 溝 도랑 구
○ 이윤이 말하기를 '누구를 섬긴들 군주가 아니며, 누구를 부린들 백성이 아니겠는가?' 세상이 다스려져도 나아가고 혼란해도 나아갔다. 그리고 말하기를 '하늘이 이 백성을 낼 때 먼저 아는 사람으로 하여금 뒤늦게 아는 사람을 일깨워 주게 하고 먼저 깨달은 사람으로 하여금 뒤늦게 깨달은 사람을 일깨워 주게 하였다. 나는 하늘이 낸 백성 중에 먼저 깨달은 사람으로서 장차 이 도를 가지고 이 백성들을 일깨워 주겠다.'라고 말하고 천하의 백성중에 한 남자와 한 여자라도 요순의 은택을 받지 못한 사람이 있으면 마치 자기가 그들을 도랑 속에 밀어서 빠뜨린 것같이 생각하였으니, 그는 천하를 다스리는 것을 중대한 임무로 생각하였던 것이다.

柳下惠不羞汙君하며 不辭小官하며 進不隱賢하며 必以其道하며 遺佚而不怨하며 阨窮而不憫하며 與鄕人處호되 由由然不忍去也하여 爾爲爾 我爲我 雖袒裼裸裎於我側인들 爾焉能浼我哉리오 하니 故聞柳下惠之風者는 鄙夫寬하며 薄夫敦하니라

○ 佚 빠질 일: 袒 걷을 단: 裼 걷을 석: 裸 벗을 라: 裎 벗을 정:
  浼 더럽힐 매
○ 유하혜(柳下惠)는 더러운 군주라도 섬기는 것을 부끄럽게 여기지 않았고, 작은 벼슬을 사양하지 않았으며, 벼슬에 나아가서는 자기의 현명함을 숨기지 않고 반드시 자신의 도리를 다하였다. 벼슬에서 버려져도 원망하지 않았고, 곤궁을 당해도 걱정하지 않았다. 무지한 향리의 사람들과 함께 있으면 너그럽게 하고 차마 그들을 떠나지 못했다. 그러면서 말하기를 '너는 너, 나는 난데 내 곁에서 벌거벗고 있은들 네가 어찌 나를 더럽힐 수 있겠느냐?' 하고 생각하였던 것이다. 그래

서 유하혜의 풍도를 들으면 비루한 사람도 너그러워지고 각박한 사람도 마음이 후해진다.

孔子之去齊에 **接淅而行**하시고 **去魯**에 **曰 遲遲吾行也**여 하시니 **去父母國之道也**라 **可以速而速**하며 **可以久而久**하며 **可以處而處**하며 **可以仕而仕**는 **孔子也**시니라

- ○接 받을 접: 淅 살일 석: 遲 더딜 지
- ○공자께서 제나라를 떠나실 때 밥을 지으려고 담갔던 쌀을 건져서 급하게 떠나셨고, 노나라를 떠나실 때는 '내 발걸음이 떨어지지 않는다.'라고 말씀하셨으니 이는 부모의 나라를 떠나는 도리였다. 속히 떠날 만하면 속히 떠나고 오래 머무를 만하면 오래 머무르고 은둔할 만하면 은둔하고 벼슬을 할 만하면 벼슬하신 것이 공자이시다."

孟子曰 伯夷聖之清者也요 **伊尹聖之任者也**요 **柳下惠聖之和者也**요 **孔子聖之時者也**시니라

- ○맹자께서 말씀하셨다. "백이는 성인으로서 청렴한 분이고, 이윤은 성인으로서 사명을 자임하였던 분이며, 유하혜는 성인으로서 온화한 기질을 가졌던 분이다. 공자께서는 세 분의 성스러움을 겸하여 성인으로서 때를 알고서 상황에 맞게 행동하신 분이었다.

孔子之謂集大이니 **集大成也者**는 **金聲而玉振之也**라 **金聲也者**는 **始條理也**요 **玉振之也者**는 **終條理也**니 **始條理者**는 **智之事也**요 **終條理者**는 **聖之事也**니라 **智**를 **譬則巧也**요 **聖**을 **譬則力也**니 **由射於百步之外也**하니 **其至**는 **爾力也**어니와 **其中**은 **非爾力也**니라

- ○그러므로 공자 같으신 분을 집대성(集大成)했다고 하는 것이다. 집대성이란 음악을 연주할 적에 쇠로 만든 악기를 쳐서 소리를 퍼뜨리고, 옥으로 만든 악기를 쳐서 소리를 거두어들이는 것이니, 쇠로 만든 악기를 쳐서 소리를 퍼뜨린다는 것은 음악을 조리 있게 시작하는 것이고, 옥으로 만든 악기를 쳐서 거두어들인다는 것은 음악을 조리 있게

마무리한다는 것이다. 가락을 시작하는 것은 지혜에 속하는 일이고, 가락을 조리 있게 마무리한다는 것은 성(聖)에 속하는 일이다. 지혜는 비유하면 기교에 해당하고 성은 비유하면 힘에 해당된다. 100보 밖에서 활을 쏘는데 목표 있는 데까지 도달하는 것은 그대의 힘이지만, 목표물에 적중하는 것은 그대의 힘으로 되는 것이 아니다."

(2) 주나라의 제도

北宮錡問曰 周室班爵祿也는 **如之何**잇고 **孟子曰 其詳**은 **不可得聞也**로라 **諸侯惡**(오)**其害己也**하여 **而皆去其籍**이어니와 **然而軻也 嘗聞其略也**로라 **天子一位**요 **公一位**요 **侯一位**요 **伯一位**요 **子男同一位**니 **凡五等也**라 **君一位**요 **卿一位**요 **大夫一位**요 **上士一位**요 **中士一位**요 **下士一位**니 **凡六等**이라

○ 錡 가마솥 기, 쇠뇌틀 의
○ 위나라 사람 북궁기(北宮錡)가 묻기를 "주나라 왕실에서 관작과 녹봉을 나열한 순서는 어떠하였습니까?" 맹자께서 말씀하셨다. "자세한 것은 알 길이 없습니다. 제후들이 그 제도가 자기네들을 해칠까 두려워하여 그에 관한 문서를 모두 없애버렸기 때문입니다. 그러나 일찍이 내가 대략을 들은 일이 있습니다. 천하에는 천자(天子)가 한자리, 공(公)이 한자리, 후(侯)가 한자리, 백(伯)이 한자리, 자(子)와 남(男)이 같이 한자리, 모두 5등급이었습니다. 나라 안에서는 군(君)이 한자리, 경(卿)이 한 자리, 대부(大夫)가 한 자리, 상사(上士)가 한자리, 중사(中士)가 한자리, 하사(下士)가 한 자리 모두 6등급이었습니다.

天子之制는 **地方千里**요 **公侯**는 **皆方百里**요 **伯**은 **七十里**요 **子男**은 **五十里**니 **凡四等**이라 **不能五十里**는 **不達於天子**하여 **附於諸侯**하니 **曰附庸**이니라 **天子之卿**은 **受地視侯**하고 **大夫**는 **受地視伯**하고 **元士**는 **受地視子男**이니라

○ 천자가 소유하는 땅은 사방 1000리이고, 공과 후는 모두 사방 100리이고, 백은 사방 70리이고, 자와 남은 사방 50리이니, 모두 4급이었습니다. 채 50리가 되지 못하는 나라는 천자에게까지는 직접 통하지 못하고 다른 제후에게 부속되니 이것을 부용국이라고 합니다. 천자의

경이 땅을 받는 것은 후와 대등하고, 대부가 땅을 받는 것은 백(伯)과 대등하고, 원사가 땅을 받는 것은 자(子)와 남(男)과 대등합니다.

大國은 **地方百里**니 **君十卿祿**이요 **卿祿**은 **四大夫**요 **大夫**는 **倍上士**요 **上士**는 **倍中士**요 **中士**는 **倍下士**요 **下士與庶人在官者**는 **同祿**하니 **祿足以代其耕也**니라 **次國**은 **地方七十里**니 **君**은 **十卿祿**이요 **卿祿**은 **三大夫**요 **大夫**는 **倍上士**요 **上士**는 **倍中士**요 **中士**는 **倍下士**요 **下士與庶人在官者**는 **同祿**하니 **祿足以代其耕也**니라

○ 큰 나라인 공과 후의 나라는 땅이 사방 100리인데 군주는 경이 받는 녹의 10배이고, 경의 녹은 대부의 4배이고, 대부는 상사의 배이고, 상사는 중사의 배이고, 중사는 하사의 배이고, 하사와 서인으로 관직에 있는 자는 녹이 같으니, 그 녹은 그가 농사짓는 수입으로 대신하기에 충분하였습니다. 그 다음 나라인 백의 나라는 땅이 사방 70리인데, 군주는 경의 녹의 10배이고, 경의 녹은 대부의 3배이고, 대부는 상사의 배이고, 상사는 중사의 배이고, 중사는 하사의 배이고, 하사와 서인으로 관직에 있는 자는 녹이 같으니, 그 녹은 그가 농사짓는 것을 대신하기에 충분하였습니다.

小國은 **地方五十里**니 **君**은 **十卿祿**이요 **卿祿**은 **二大夫**요 **大夫**는 **倍上士**요 **上士**는 **倍中士**요 **中士倍下士**요 **下士與庶人在官者**는 **同祿**하니 **祿足以代其耕也**니라 **耕者之所獲**은 **一夫百畝**니 **百畝之糞**에 **上農夫**는 **食**(사)**九人**하고 **上次**는 **食八人**하고 **中**은 **食七人**하고 **中次**는 **食六人**하고 **下**는 **食五人**이니 **庶人在官者**는 **其祿**이 **以是爲差**니라

○ 작은 나라인 자와 남의 나라는 땅이 사방 50리인데 군주는 경이 받는 녹의 10배, 경의 녹은 대부의 2배이고, 대부는 상사의 배이고. 상사는 중사의 배이고, 중사는 하사의 배이고, 하사와 서인으로 관직에 있는 자는 녹이 같고, 그 녹은 그가 농사짓는 것을 대신하기에 충분하였습니다. 농사짓는 사람의 소득은 한 가장이 100 묘를 받으니, 100 묘를 가꾸면 상 농부는 9명을 먹일 수 있고, 상농부의 다음 농부는 8명을

먹일 수 있고, 중 농부는 7명을 먹일 수 있고, 중 농부의 다음은 6명을 먹일 수 있고, 하 농부는 5명을 먹일 수 있습니다. 서인(庶人)으로 관직에 있는 사람들은 그 녹이 이를 기준으로 하여 차등을 두었습니다.

(3) 진정한 교우는 덕으로 사귀어야 한다

萬章問曰 敢問友하나이다 **孟子曰 不挾長**하며 **不挾貴**하며 **不挾兄弟而友**니 **友也者**는 **友其德也**니 **不可以有挾也**니라

- ○挾 낄 협
- ○만장이 친구 사귀는 것에 대하여 물었는데, 맹자께서 말씀하셨다. "나이 많은 것을 내세우지 않고, 신분이 귀함을 내세우지 않고, 형제의 힘을 내세우지 않고 벗을 사귀어야 한다. 벗을 사귀는 것이란 그 사람의 덕을 벗으로 사귀는 것이므로 그 사이에 내세우는 것이 있어서는 안 된다."

孟獻子는 **百乘之家也**라 **有友五人焉**하더니 **樂正裘**와 **牧仲**이요 **其三人**은 **則予忘之矣**로라 **獻子之與此五人者**로 **友也**에 **無獻子之家者也**니 **此五人者 亦有獻子之家**면 **則不與之友矣**리라

- ○裘 갓옷 구
- ○노나라의 현명한 대부 맹헌자(孟獻子)는 백승(百乘)의 대부 집안이었는데 벗 다섯 사람이 있었다. 악정구(樂正裘), 목중(牧仲) 그리고 나머지 세 사람은 내가 이름을 잊어버렸다. 맹헌자가 이 다섯 사람과는 지극한 벗이었는데 이들은 맹헌자의 집안이 백승의 집안이라는 것을 의식함이 없었으니, 이 다섯 사람이 맹헌자가 백승의 집안이라는 것을 의식하였다면 맹헌자는 이들과 벗이 되지 않았을 것이다.

非惟百乘之家爲然也라 **雖小國之君**이라도 **亦有之**하니 **費惠公曰 吾於子思則師之矣**요 **吾於顔般則友之矣**요 **王順長息則事我者也**라 하니라

- ○백승의 집안만이 그러했던 것은 아니다. 비록 작은 나라의 군주 일지라도 역시 그러한 경우가 있었다. 비읍(費邑)의 혜공(惠公)이 말하기를 "나는 자사와는 스승으로 섬기는 사이이고, 안반은 벗으로 대하며,

왕순과 장식은 나를 섬기는 사람들이다.' 하였다.

非惟小國之君이 **爲然也**라 **雖大國之君亦有之**하니 **晉平公之於亥唐也**에 **入云則入**하고 **坐云則坐**하고 **食云則食**하여 **雖疏食**(사)**菜羹**이라도 **未嘗不飽**하니 **蓋不敢不飽也**라 **然**이나 **終於此而已矣**요 **弗與共天位也**하여 **弗與治天職也**하며 **弗與食天祿也**하니 **士之尊賢者也**라 **非王公之尊賢也**니라

- 菜 나물 채: 羹 국 갱
- 작은 나라의 군주만이 그러했던 것은 아니다. 큰 나라의 군주일지라도 그렇게 한 경우가 있다. 진나라 평공(平公)은 현인인 해당(亥唐)을 대할 때에 들어오라고 하면 들어가고, 앉으라고 하면 앉고, 먹으라고 하면 먹었는데, 비록 거친 밥과 나물국 일지라도 배불리 먹지 않은 적이 없었으니, 이는 감히 배불리 먹지 않을 수 없었던 것이다. 그러나 이에 그칠 뿐이었고, 하늘에서 준 작위를 그와 함께 누리지는 않았으며, 하늘이 준 직책을 그와 함께 수행하지도 않았으며, 하늘이 내린 녹을 그와 함께 먹지도 않았으니, 이는 선비의 입장에서 현자를 존경하는 것이었지, 왕공의 입장에서 현자를 존경하는 것은 아니었다.

舜이 **尙見**(현)**帝**어시늘 **帝館甥于貳室**하시고 **亦饗舜**하사 **迭爲賓主**하시니 **是天子而友匹夫也**니라 **用下敬上**을 **謂之貴貴**요 **用上敬下**를 **謂之尊賢**이니 **貴貴尊賢**이 **其義一也**니라

- 甥 생질 생, 사위 생
- 순임금이 올라가 요임금을 뵈었는데, 요임금께서 사위 순을 별궁에 머물게 하시고, 또 순임금에게 가서 음식을 대접받아 번갈아 손님과 주인이 되셨으니, 이것은 천자로서 평민을 벗으로 사귄 것이다. 아랫사람으로서 윗사람을 공경하는 것을 일러, '귀한 사람을 귀하게 여기는 것(貴貴).'이라 하고, 윗사람으로서 아랫사람을 공경하는 것을 '어진이를 높힌다(尊賢).'라고 한다. 귀한 사람을 귀하게 여기는 것과 어진이를 높이는 것은 그 도리가 같은 것이다."

(4) 정당한 방법에 의한 예물은 받아도 좋다

萬章問曰 敢問交際는 **何心也**잇고 **孟子曰 恭也**니라 **曰 卻之卻之爲不恭**은 **何哉**이꼬 **曰 尊者賜之**어든 **曰 其所取之者**아 **義乎**아 **不義乎**아 **而後受之**라 **以是爲不恭**이니 **故弗卻也**니라

- ○際 만날 제: 卻 물리칠 각
- ○만장이 물었다. "교제는 어떠한 마음으로 해야 됩니까?" 맹자께서 말씀하셨다. "공손함입니다." 만장이 물었다. "예물을 받지 않고 돌려보내는 것을 공손하지 않다고 하는 것은 무슨 이유입니까." 맹자께서 말씀하셨다. "존귀한 사람이 물건을 줄 때 그것을 받는 사람이 그 물건을 대하고서 마음속으로 '그가 이 물건을 받은 것이 의로울까? 의롭지 않을까?' 하고 생각하여 의로울 때는 받고, 그렇지 않으면 되돌려 보내는 것을 공손하지 않다고 하는 것인데, 이 때문에 거절하지 않는 것이다."

曰 請無以辭卻之요 **以心卻之 曰 其取諸民之不義也**라 하고 **而以他辭**로 **無受不可乎**잇가 **曰 其交也以道**요 **其接也以禮**면 **斯**는 **孔子**도 **受之矣**시니라

- ○辭 말씀 사, 사양할 사
- ○만장이 말하였다. "말로서 거절하지 말고 마음으로 '제후가 그런 것을 백성들한테서 받는 것은 옳지 않다.'라고 생각하시고 다른 말로 구실을 삼아 받지 않으시면 안 되겠습니까?" 맹자께서 말씀하셨다. "그가 사귀기를 도로서 하고, 대하기를 예로서 하면 그런 경우에는 공자께서도 받으셨다."

萬章曰 今有禦人於國門之外者가 **其交也以道**요 **其餽也以禮**면 **斯可受禦與**잇가 **曰 不可**하니 **康誥曰 殺越人于貨**하여 **閔不畏死**를 **凡民**이 **罔不譈**라 하니 **是**는 **不待敎而誅者也**니 (**殷受夏 周受殷 所不辭也 於今爲烈**) **如之何其受之**리오

- ○越 넘어질 월: 譈 원망할 대

○만장이 묻기를 "지금 도성문 밖에서 사람을 멈춰 강제로 물건을 빼앗은 자가 있는데, 그가 사귀기를 도로서 하고, 보내주는데 예로서 한다면, 그런 경우에는 빼앗은 물건을 받을 수 있습니까?" 맹자께서 말씀하셨다. "안됩니다. 〈서경, 강고〉에 '사람을 죽이고 그 물건을 빼앗고도 감히 죽음을 두려워하지 않으면 모든 백성이 다 미워한다.'라고 하였으니 그런 자는 군왕의 교명을 기다리지 않고도 죽여 버릴 자입니다(은은 그 법을 하에서 물려받았고 주는 은에서 물려받았는데, 써놓지 않은 불문율로서, 이법이 지금 특히 엄하다). 어떻게 그런 물건을 받겠느냐?"

曰 今之諸侯取之於民也어늘 **猶禦也**어늘 **苟善其禮際矣**면 **斯**는 **君子**도 **受之**라하시니 **敢問何說也**잇고 **曰 子以為有王者作**인댄 **將比今之諸侯而誅之乎**아 **其教之不改而後**에 **誅之乎**아 **夫謂非其有而取之者**를 **盜也**는 **充類至義之盡也**라 **孔子之仕於魯也**에 **魯人**이 **獵較**이어늘 **孔子亦獵較**하시니 **獵較**도 **猶可**온 **而況受其賜乎**아

○獵 사냥 엽: 較 다툴 각, 비교할 교
○만장이 말하였다. "지금의 제후들이 백성들한테서 재물을 취하는 것은 사람을 멈추고 강제로 빼앗는 것이나 같거늘, 단지 그가 예로서 교제하는 것을 잘하기만 하면, 그런 경우에는 군자가 그런 것을 받는다고 하시니, 그것을 어떻게 해명할 것인지 감히 여쭈어보겠습니다." 맹자께서 말씀하셨다. "자네 생각에는 왕도 정치를 하는 자가 나오게 되면, 지금의 제후들을 모조리 죽이겠는가? 그들을 가르쳐도 고치지 않으면 죽이겠나? 자신의 소유가 아닌데 그것을 취하는 사람을 도둑이라고 하는 것은 같은 종류를 극단적으로 미루어 의를 지극히 엄격하게 적용한 것입니다. 공자께서 노나라에서 벼슬하실 때 노나라 사람들이 엽각(獵較: 사냥 대회)을 하면 공자께서도 엽각을 하셨다. 엽각도 하는데 하물며 제후가 주는 것을 받는 것이 문제가 되겠느냐?"

曰 然則孔子之仕也는 **非事道與**잇가 **曰 事道也**시니라 **事道**어시니 **奚獵較**

也잇고 曰 孔子先簿正祭器하사 不以四方之食으로 供簿正하시니라 曰 奚不去也시니잇고 曰 爲之兆也시니 兆足以行矣로되 而不行而後에 去하시니 是以로 未嘗有所終三年淹也시니라

○ 만장이 말하였다. "그렇다면 공자께서 벼슬하신 것은 도를 행하기 위한 것이 아니었습니까?" 맹자께서 말씀하셨다. "도를 행하기 위한 것이었다." "도를 행하기 위한 것이었다면 어째서 엽각을 하셨을까요?" "공자께서는 먼저 제기(祭器)의 숫자와 제물(祭物)의 종류를 정리하여 제기를 바로 살펴놓으셨다. 계속 공급하기 어려운 진기한 음식은 문서로 정해놓은 제기에 괴 놓지는 않으신 것이다." "왜 떠나지 않으셨습니까?" "도를 행할 수 있는 조짐을 보여 주신 것이니, 그 조짐이 충분한데도 도가 행하여 지지 않은 후에야 떠나셨다. 그래서 3년이 지날 때까지 한 나라에 계신 일이 없으셨던 것이다.

孔子有見行可之仕하시며 有際可之仕하시며 有公養之仕也하시니 於季桓子엔 見行可之仕也요 於衛靈公엔 際可之仕也요 於衛孝公엔 公養之仕也니라

○ 際 만날 제
○ 공자께서는 도를 행함이 가능하다고 보시고 벼슬을 하신 일이 있고, 군주가 예우(교제)하는 것이 타당하다고 보시고 벼슬을 하신 일이 있으며, 현자를 길러주기 위해 벼슬을 하신 일이 있으셨다. 계환자(季桓子)에 대해서는 도를 행함이 가능하다고 보고 벼슬을 하였고, 위나라 영공에 대해서는 예우(교제)하는 것이 받아들일 만하여 벼슬을 하였고, 위나라 효공에 대해서는 봉양을 하기 위해 벼슬을 하셨다."

(5) 직품이 낮으면 고답적인 행동을 하지 말아야 한다

孟子曰 仕非爲貧也로되 而有時乎爲貧하며 娶妻非爲養也로되 而有時乎爲養이니라 爲貧者는 辭尊居卑하며 辭富居貧이니라 辭尊居卑하며 辭富居貧은 惡(오)乎宜乎오 抱關擊柝이니라

○ 抱 안을 포: 柝 목탁 탁

○맹자께서 말씀하셨다. "벼슬하는 것이 가난 때문은 아니나 때로는 가난 때문에 하기도 한다. 아내를 맞이하는 것은 봉양을 위한 것은 아니지만 때로는 봉양을 위해서 하기도 한다. 가난 때문에 벼슬하는 사람은 높은 자리를 사양하고 낮은 자리에 있어야 하고, 녹이 많은 것을 사양하고 녹이 적은 자리에 있어야 한다. 높은 자리를 사양하고 낮은 자리에 있고, 녹이 많은 자리를 사양하고 녹이 적은 자리에 있으려면 어떤 자리가 마땅할 것인가? 문지기나 야경원정도면 될 것이다.

孔子嘗爲委吏矣사 曰 **會計當而已矣**라 하시고 **嘗爲乘田矣**사 曰 **牛羊을 茁**(촬)**壯長而已矣**라하시니라 **位卑而言高**가 **罪也**요 **立乎人之本朝而道不行**이 **恥也**니라

○위 창고 위
○공자께서는 일찍이 창고를 관리하는 위리(委吏)를 지내신 일이 있으셨는데 말씀하시기를 '회계를 맞추는 것일 따름이다'라고 말씀하셨다. 또 동산을 관리하는 승전(乘田)을 지내신 일이 있으셨는데 '소와 양을 잘 키울 뿐이니라.'라고 말씀하셨다. 지위가 낮으면서 말을 높게 하는 것(큰 일을 말하는 것)은 죄스러운 일이요, 남의 조정에서 벼슬하면서 도가 행하여지지 않는 것은 수치스러운 일이다."

(6) 어진 사람을 대우하는 태도

萬章曰 士之不託諸侯는 **何也**잇고 **孟子曰 不敢也**니라 **諸侯失國而後**에 **託於諸侯**는 **禮也**요 **士之託於諸侯**는 **非禮也**니라 **萬章曰 君**이 **餽之粟**이면 **則受之乎**잇가 曰 **受之**니라 **受之**는 **何義也**잇고 曰 **君之於氓也**에 **固周之**니라

○만장이 말하기를 "선비가 제후에게 몸을 의탁하지 않는 것은 무엇 때문입니까?" 맹자께서 말씀하셨다. "감히 그렇게 하지 못하는 것이다. 제후가 자기 나라를 잃어버린 후에 다른 제후에게 의탁하는 것이 예이지만, 선비가 제후에게 의탁하는 것은 예가 아니다." 만장이 "임금이 그에게 곡식을 주면 그것을 받습니까?"하고 말하지 맹자께서 말씀하셨다. "그것은 받는다." 만장이 묻기를 "그것을 받는 것은 무슨 뜻에서

입니까? 맹자께서 말씀하셨다. "임금은 본래 백성을 구휼해 주게 마련이다."

曰 周之則受하고 **賜之則不受**는 **何也** 曰 **不敢也**니라 曰 **敢問其不敢**은 **何也**잇고 曰 **抱關擊柝者 皆有常職**하여 **以食於上**하나니 **無常職而賜於上者**를 **以爲不恭也**니라

○ 周 두루 주
○ 만장이 말하였다. "임금이 그를 구휼 해준다면 받고 그에게 녹을 주면 받지 않는 것은 무엇 때문입니까?" 맹자께서 말씀하셨다. "감히 그렇게 하지 못해서이다." 만장이 묻기를 "감히 여쭈어보겠습니다. 감히 받지 못한다는 것은 무엇 때문입니까?" 맹자께서 말씀하셨다. "문을 지키는 문지기와 목탁을 치며 야경을 도는 사람은 모두 일정한 직분이 있어 윗사람의 부양을 받지마는, 일정한 직분이 없는데도 윗사람의 하사를 받는 것은 불공(不恭)하다고 여기기 때문이다."

曰 君이 **餽之則受之**라하시니 **不識**케이다 **可常繼乎**잇가 曰 **繆公之於子思也**에 **亟**(기)**問**하시며 **亟餽鼎肉**어늘 **子思不悅**하사 **於卒也**에 **摽使者**하여 **出諸大門之外**하시고 **北面稽首再拜而不受**하시고 曰 **今而後**에 **知君之犬馬畜伋**이라하시니 **蓋自是**로 **臺無餽也**하니 **悅賢不能擧**요 **又不能養也**면 **可謂悅賢乎**아

○ 稽 조아릴 계: 亟 빠를 극, 자주 기: 餽 보낼 궤
○ 만장이 말하였다. "임금이 구휼해 주면 받는다고 하셨는데 계속해서 받아도 되는 것인지 모르겠습니까?" 맹자께서 말씀하셨다. "노나라 목공이 자사를 대함에 자주 문안하고 자주 삶은 고기를 보내주자 임금의 명을 받은 하인이 물건을 가져다주면 매번 절을 하고 받아야 하는데 자사께서는 그것을 좋아하지 않으셨다. 그리하여 마지막에는 심부름 온 사람에게 손짓하여 그를 대문 밖으로 내보내고 북쪽을 향해 머리를 조아려 재배한 다음 보내온 고기를 받지 않고 말씀하시기를 '이제는 군주가 나를 개나 말같이 여긴다는 것을 알았다.'라고 말했다.

그 일이 있은 뒤부터 고기를 보내주는 일이 없어졌다. 현자를 좋아하면서 등용하지 못하고 또 그를 제대로 봉양하지 못한다면 현자를 좋아한다고 할 수 있겠냐?"

曰 敢問 國君이 **欲養君子**인댄 **如何**라야 **斯可謂養矣**니잇고 **曰 以君命將之**어든 **再拜稽首而受**하나니 **其後**에 **廩人**이 **繼粟**하여 **庖人**이 **繼肉**하여 **不以君命將之**니 **子思以爲 鼎肉**이 **使己僕僕爾亟拜也**라 **非養君子之道也**라하시니라

- ○ 疱 푸주간 포: 僕 황송한 체할 복
- ○ 만장이 묻기를 "감히 여쭈어보겠습니다. 나라의 임금이 군자를 봉양하고자 한다면 어떻게 해야 제대로 봉양한다고 할 수 있겠습니까?" 맹자께서 말씀하셨다. "첫 번째는 임금의 명령으로 물건을 보내주면 재배하고 머리를 조아리고서 그것을 받는다. 그렇게 한 뒤 창고지기는 곡식을 대주고 푸줏간 사람은 고기를 계속 대주지만 임금의 명령으로 보내지 않는다. 그러나 자사는 보내온 삶은 고기가 자기를 귀찮게 자주 절하게 만드는 것이니 군자를 봉양하는 도리가 아니라고 생각하였던 것이다.

堯之於舜也에 **使其子九男**으로 **事之**하여 **二女**로 **女焉**하시고 **百官牛羊倉廩**을 **備**하여 **以養舜於畎畝之中**이러시니 **後**에 **擧而加諸上位**하시니 **故**로 **曰 王公之尊賢者也**라하노라

- ○ 요임금께서는 자기 자기의 아들 9형제를 시켜서 순임금을 섬기게 하시고 두 딸을 그에게 시집보내셨으며, 백관(百官)과 소와 양과 창고를 갖추어서 순임금이 사는 시골에서 순임금을 봉양하시더니 후에는 그를 등용하여서 천자의 자리를 주었다. 그래서 '그것을 왕공(王公)이 현자를 높인 것'이라고 하는 것이다."

(7) 군자는 정도로 부르지 않으면 응하지 않는다

萬章曰 敢問不見諸侯는 **何義也**잇고 **孟子曰 在國曰市井之臣**이요 **在野曰草莽之臣**이라 **皆謂庶人**이니 **庶人**이 **不傳質**(지)**爲臣**하여는 **不敢見於諸侯**

가 禮也니라 萬章曰 庶人이 召之役則往役하고 君이 欲見之하여 召之則不往見之는 何也잇고 曰 往役은 義也요 往見은 不義也니라

○莽 풀 망

○만장이 말하기를 "감히 여쭈어보겠습니다. 선비가 제후를 만나시지 않는 것은 무슨 뜻입니까?" 맹자께서 말씀하셨다. "도시에 있는 사람을 시정지신(市井之臣)이라 하고, 초야에 있는 사람을 초망지신(草莽之臣)이라고 하는데, 그러한 사람들은 다 서인(庶人)이라고 부른다. 서인은 제후를 만나 폐백을 올려 신하가 되지 않는 한 감히 제후를 만나 보지 않는 것이 예이다." 만장이 말하기를 "서인은 군주가 부르면 가서 부역하는데 군주가 그를 만나고 싶어서 불러도 가서 만나지 않는 것은 무엇 때문입니까?" 맹자께서 말씀하셨다. "가서 부역하는 것은 의(義)며 가서 만나는 것은 의가 아니기 때문이다.

且君之欲見之也는 何爲也哉오 曰 爲其多聞也여 爲其賢也니이다 曰 爲其多聞也인댄 則天子도 不召師온 而況諸侯乎아 爲其賢也인댄 則吾未聞欲見賢而召之也로라

○그런데도 또 군주가 그를 만나 보고 싶어 하는 것은 무엇 때문인가?" 만장이 말하였다. "그가 견문이 많고 현명하기 때문입니다." 맹자께서 말씀하셨다. "그가 견문이 많기 때문이라면 그러한 사람은 스승이라고 할 수 있으니, 천자도 스승을 불러가지 않는데 하물며 제후가 그렇게 할 수가 있겠느냐? 그가 현명하기 때문이라면 나는 아직 현자를 만나보고 싶어서 그를 불러 갔다는 소리를 들어보지 못했다.

繆公이 亟見於子思하고 曰 古에 千乘之國이 以友士하니 何如하니잇고 子思不悅曰 古之人이 有言 曰事之云乎언정 豈曰友之云乎리오하시니 子思之不悅也는 豈不曰 以位則子는 君也요 我는 臣也니 何敢與君友也며 以德則子는 事我者也니 奚可以與我友리오 千乘之君이 求與之友로되 而不可得은 而況可召與아

○노나라 목공이 자주 자사를 만나보고 말하기를 "옛날에는 천승의 나라

군주가 선비를 벗으로 사귀었으니 어떻습니까?" 자사가 그 말에 불쾌해 하시며 말하기를 '옛사람의 말에 「섬겼다고 이를지언정 어찌 벗했다고 이르겠는가?」라고 했읍니다.'라고 하였으니, 자사가 좋아하지 않는 이유는 '지위로 하자면 당신은 군주이고 나는 신하인데 어찌 감히 군주와 벗할 수 있으며, 덕으로 하자면 당신은 나를 섬기는 사람인데 어떻게 나하고 벗이 될 수 있겠소?' 하는 것이 아니겠는가. 천승의 나라 군주가 그와 벗이 되어 주기를 요구하였는데도 그렇게 할 수 없었는데 하물며 부를 수야 있겠느냐?

齊景公이 田할새 招虞人以旌한대 不至어늘 將殺之러니 志士는 不忘在溝壑이요 勇士不忘喪其元이라하시니 孔子는 奚取焉고 取非其招不往也시니라 曰 敢問招虞人何以니잇고 曰 以皮冠이니 庶人은 以旃이요 士는 以旂요 大夫는 以旌이니라

○旃 깃발 전: 旂 깃발 기
○제나라 경공이 사냥할 적에 깃기로 신호를 하여 사냥터를 관리하는 우인(虞人)을, 대부를 부를 때 쓰는 정(旌)이라는 깃발로 불렀는데 오지 않자 그를 죽이려고 하였다. 공자께서는 이에 대해 말씀하시기를 '지사(志士)는 죽어서 자신의 시신이 구덩이에 버려지는 것을 잊지 않았고, 용사(勇士)는 제 목숨 잃는 것을 잊지 않는다.'라고 하였는데 공자께서는 어떤 점을 높이 사셨던 것이겠는가? 올바른 신호로 부르는 것이 아니면 가지 않은 점을 높이 사신 것이다." 만장이 말하였다. "감히 여쭈어보겠습니다. 우인(虞人)을 부르는 데는 무엇으로 신호를 합니까?" 맹자께서 말씀하셨다. "사냥할 때 쓰는 피관(皮冠)으로 신호를 한다. 서인은 전(旃)이라는 깃발을 사용하고, 사는 기(旂)라는 깃발을 사용하고, 대부는 정(旌) 이라는 깃발을 사용한다.

以大夫之招로 招虞人이어늘 虞人이 死不敢往하니 以士之招로 招庶人이면 庶人이 豈敢往哉리오 況乎以不賢人之招로 招賢人乎아 欲見賢人而不以其道면 猶欲其入而閉之門也니라 夫義는 路也요 禮는 門也니 惟君子能由是路하며 出入是門也니 詩云 周道如砥(지)하니 其直如矢로다 君子所履요

小人所視라하니라

○ 砥 숫돌 지: 庶人, 서인, 벼슬하지 않은 신하, 士 벼슬한 신하
○ 대부를 부르는 정으로 우인을 불렀으니 우인이 죽어도 감히 가지 않았는데 사를 부르는 방법으로 서인을 부른다면, 서인이 어찌 갈 수 있겠느냐? 하물며 현명하지 않은 사람을 부르는 방법으로 현인을 부른다면 말도 안 된다. 현인을 만나고 싶어 하면서 그것에 맞는 올바른 방법을 가지고 부르지 않는다면, 그것은 마치 사람을 들어오게 하면서 문을 닫아 버리는 것과도 같은 것이다. 의는 사람이 걸어가야 할 길이고, 예는 사람이 출입하는 문이다. 오직 군자만이 길로 다닐 수 있고, 이문을 출입할 수 있는 것이다. 〈시경, 대동〉에 '큰 길이 숫돌 같고 평평하고, 그 곧기는 화살 같다. 군자가 행하는 바이고, 백성이 우러러보는 바이다.'라고 하였다."

萬章曰 孔子는 **君命召**시어든 **不俟駕而行**하시니 **然則孔子**는 **非與**잇가 曰 **孔子**는 **當仕有官職而以其官召之也**니라

○ 만장이 말하기를 "공자께서는 군주가 명령을 내려서 부르면 말에 멍에 하기를 기다리지 않고 떠나셨습니다. 그러면 공자께서는 잘못이었습니까?" 맹자께서 말씀하셨다. "공자께서는 벼슬을 담당하여 관직이 있으셔서 그 관직에 맞는 방법으로 불렀던 것이다."

(8) 동등한 벗 사귀는 방법

孟子謂萬章曰 一鄕之善士라야 **斯友一鄕之善士**하고 **一國之善士**라야 **斯友一國之善士**하고 **天下之善士**라야 **斯友天下之善士**니라 **以友天下之善士**로 **爲未足**하여 **又尙論古之人**하나니 **頌其詩**하며 **讀其書**호되 **不知其人**이 **可乎**아 **是以**로 **論其世也**니 **是尙友也**니라

○ 맹자께서 만장에게 말씀하셨다. "한 고을의 훌륭한 선비라야 한 고을의 훌륭한 선비와 벗으로 사귈 수 있고, 한 나라의 훌륭한 선비라야 한 나라의 훌륭한 선비를 벗으로 사귈 수 있으며, 천하의 훌륭한 선비라야 천하의 훌륭한 선비를 벗으로 사귈 수 있다. 천하의 훌륭한 선비를

벗으로 사귀는 것으로도 만족하지 못해서 위로 올라가 옛사람을 숭상하여 옛사람을 논하나니. 옛사람이 지은 시를 낭송하고, 옛사람이 쓴 글을 읽고서도 그 사람의 사람됨을 모른대서야 되겠는가? 그래서 그들이 살았던 시대에 행한 일의 자취를 논하는 것이니, 이는 위로 올라가서 옛사람을 벗으로 사귀는 것이다."

(9) 경(卿)의 구분과 그 소임(所任)

齊宣王이 **問卿**한대 **孟子曰 王**은 **何卿之問也**시니잇고 **王曰 卿**이 **不同乎** 曰 **不同**하니 **有貴戚之卿**하며 **有異姓之卿**하나이다 **王曰 請問貴戚之卿**하노이다 **曰 君有大過則諫**하고 **反覆之而不聽則易位**하나이다

○제나라 선왕이 경(卿)에 관해서 묻자 맹자께서 말씀하셨다. "왕께서는 어느 경을 물으시는 것입니까?" 왕이 말하였다. "경에도 다른 것이 있습니까?" 맹자께서 말씀하셨다. "다른 것이 있습니다. 군주와 성이 같은 귀척(貴戚)의 경이 있고, 군주와 성이 다른 이성(異姓)의 경이 있습니다." 왕이 말하였다. "귀척의 경에 관해서 여쭈어보고 싶습니다." 맹자께서 말씀하셨다. "군주에 큰 과오가 있으면 간하고, 그것을 되풀이하여도 들어주지 않으면 군주의 자리를 바꾸어 버립니다."

王이 **勃然變乎色**한대 **曰 王勿異也**하소서 **王問臣**하실새 **臣不敢不以正對**하이다 **王**이 **色定然後**에 **請問異姓之卿**한대 **曰 君有過則諫**하고 **反覆之而不聽則去**니이다

○勃 변색할 발: 異 괴이할 이
○왕의 얼굴빛이 변하자 맹자께서 말씀하셨다. "왕께서는 이상하게 여기시지 마십시오. 왕께서 신(臣)에게 물으시는데 신이 감히 바른말로 대답하지 않을 수 있겠습니까?" 그러자 왕의 얼굴빛이 가라앉았다. 그제야 이성의 경에 관해서 물어보자, 맹자께서 말씀하셨다. "임금의 과오가 있으면 그것을 간하고, 반복하여도 들어주지 않으면 떠나가는 것입니다."

제 6편 11. 고자장구 상(告子章句 上)

이 장구는 20장으로 맹자는 고자와 인성문제를 논하면서 기본적으로 인간은 선한 마음을 지니고 있다고 보았다. 고자는 선과 불선의 구분이 없다는 논리로 인과 의의 도덕적 행위가 후천적인 것이고 맹자의 주장대로 선천적인 것으로 보이지 않는다고 말하고 있다.

(1) 사람의 본성과 인의

告子曰 性猶杞柳也 義猶桮棬也니 以人性爲仁義猶以杞柳爲桮棬이니라

- 고자(告子) 맹자와 동시대의 사람으로 告는 성 이름은 불해(不害): 杞 땅버들 기: 桮 그릇 배: 棬 그릇 권
- 고자가 말하였다. "사람의 성(性)은 버드나무 같고 의(義)는 버드나무로 만든 그릇 같으니, 사람의 본성을 가지고 인과 의를 행하는 것은 마치 버드나무로 그릇을 만드는 것과 같습니다."

孟子曰 子能順杞柳之性而以爲桮棬乎아 將戕賊杞柳而後에 以爲桮棬也니 如將戕賊杞柳而以爲桮棬이면 **則亦將戕賊人以爲仁義與아 率天下之人而禍仁義者는 必子之言夫**인저

- 戕 해칠 장
- 맹자께서 말씀하셨다. "그대는 버드나무의 본성을 그대로 따라서 그릇을 만들 수 있겠습니까? 반드시 버드나무를 구부리고 해쳐서 그릇을 만들 것이니, 만약에 버드나무를 해쳐서 그릇을 만든다면, 또 사람을 해쳐 인과 의를 한다는 것입니까? 천하의 사람을 거느리고서 인의를 해치게 하는 것이 반드시 그대의 말일 것이다."

(2) 인간의 본성은 선하다

告子曰 性猶湍水也라 **決諸東方則東流**하고 **決諸西方則西流**하나니 **人性之無分於善不善也는 猶水之無分於東西也**니라

○湍 여울물 단: 決 터놓을 결
○고자가 말하였다. "사람의 성(性)은 돌고 있는 물과 같아서, 동쪽으로 터놓으면 동쪽으로 흐르고, 서쪽으로 터놓으면 서쪽으로 흐릅니다. 사람의 성에 선(善)과 불선(不善) 구분이 없는 것은 물에 동쪽과 서쪽의 구분이 없는 것과 같습니다."

孟子曰 水信無分於東西어니와 **無分於上下乎**아 **人性之善也 猶水之就下也**니 **人無有不善**하여 **水無有不下**니라 **今夫水搏而躍之**면 **可使過顙**며 **激而行之**면 **可使在山**이어니와 **是豈水之性哉**리오 **其勢則然也**니 **人之可使為不善**이 **其性亦猶是也**니라

○搏 칠 박: 躍 뛸 약: 顙 이마 상: 激 격할 격: 跳 뛸 도
○맹자께서 말씀하셨다. "물에는 정말 동서의 구분이 없지만, 상·하의 구분도 없습니까? 사람의 성이 선한 것은 마치 물이 아래로 내려가는 것과 같으니, 사람은 선하지 않은 사람은 없고 물은 아래로 내려가지 않는 물이 없습니다. 물을 쳐서 튀어 오르게 하면 사람의 이마를 넘어가게 할 수 있고, 막아서 거슬러 올라가게 하면 산으로도 올려보낼 수 있으나, 그것이 어찌 물의 성이겠습니까. 외부의 힘으로 그렇게 하는 것이니, 사람이 불선을 하게 되는 것도 이처럼 그 성이 외부의 힘에 영향을 받기 때문입니다".

(3) 본성(本性)의 출발점

告子曰 生之謂性이니라 **孟子曰 生之謂性也**는 **猶白之謂白與**아 **曰 然**하다 **白羽之白也 猶白雪之白**이며 **白雪之白**이 **猶白玉之白與**아 **曰 然**하다 **然則犬之性**이 **猶牛之性**이며 **牛之性**이 **猶人之性與**아

○고자가 말하기를 "사람이 태어날 때의 본능적이고 생긴 대로의 그것을 성(性)이라고 합니다." 맹자께서 말씀하셨다. "생긴 대로를 성이라고 한다면 그것은 흰 것을 희다고 하는 것과 같은 것입니까?" 고자가 말하였다. "그렇습니다." 맹자께서 말씀하셨다. "그렇다면 흰 깃털의 흰 것이 흰 눈의 흰 것과 같으며, 흰 눈의 흰 것이 흰 옥의 흰 것과 같

다는 말입니까?" 고자가 말하였다. "그렇습니다" 맹자께서 말씀하셨다. "그렇다면 개의 성은 소의 성과 같고, 소의 성은 사람의 성과 같다는 말입니까?"

(4) 인을 내(內)·외(外)로 구분하여서는 안된다

告子曰 食色이 性也니 仁은 內也라 非外也요 義는 外也라 非內也니라 孟子曰 何以謂仁內義外也요 曰 彼長而我長之라 非有長於我也니 猶彼白而我白之라 從其白於外也라 故로 謂之外也라 하노라 曰 異於白馬之白也는 無以異於白人之白也어니와 不識케라 長馬之長也 無以異於長人之長與아 且謂長者義乎아 長之者義乎아

○고자가 말하기를 "음식을 좋아하고 이성을 좋아하는 것이 성(性)입니다. 인(仁)은 안에 있는 것이지 밖에 있는 것이 아닙니다. 의(義)는 밖에 있는 것이지, 안에 있는 것이 아닙니다." 맹자께서 말씀하셨다. "어찌하여 인은 안에 있는 것이고, 의는 밖에 있는 것이라고 합니까?" 고자가 말하였다. "어른을 공경할 경우에 그가 어른이어서 내가 그를 어른으로 받드는 것이지, 어른을 공경하는 존경심이 나에게 있어서가 아닙니다. 그러므로 의는 밖에 있는 것이라고 하는 것입니다. 그것은 마치 흰 물건을 희다고 할 경우에, 외면에서 그 흰 것을 따라 내가 그것을 희다고 인식하는 것과 같습니다. 그러므로 의는 밖에 있는 것이라고 하는 것입니다." 맹자께서 말씀하셨다. "말(馬)이 흰 것을 희다고 하는 것은, 사람이 흰 것을 희다고 하는 것과 다른 것이 없거니와, 모르겠습니다만 말이 나이가 많다고 여기는 것이 사람이 나이가 많은 것을 나이가 많다고 하는 것과 차이가 없습니까? 또한, 나이 많은 것을 의라고 하겠는가? 나이 많은 이를 공경하는 것을 의라고 하겠는가?"

曰 吾弟則愛之하고 秦人之弟則不愛也하나니 是는 以我爲悅者也라 故로 謂之內요 長楚人之長하며 亦長吾之長하나니 是는 以長爲悅者也라 故로 謂之外也라하노라 曰 耆秦人之炙가 無以異於耆吾炙하니 夫物이 則亦有然者

也니 然則耆炙도 亦有外與아

○고자가 말하였다. "내 동생이면 좋아하고 나와 상관없는 진(秦)나라 사람의 동생은 좋아하지 않으니 이것은 나를 위주로 하여 기뻐하는 것입니다. 그래서 인을 안에 있는 것이라고 하는 것입니다. 초나라 사람 중에서 나이 많은 이도 어른 대접하고, 또 내 어른도 어른 대접하니 이것은 나이 많은 것을 위주로 하여 기뻐하는 것입니다. 그래서 의는 밖에 있는 것이라 하는 것입니다." 맹자께서 말씀하셨다. "진나라 사람이 만든 불고기를 즐겨 먹는 것은 자기가 만든 불고기를 즐겨 먹는 것과 다를 것이 없으며, 물건의 경우에도 그러한 점이 있습니다. 그렇다면 불고기를 좋아하는 것도 역시 밖에 있단 말입니까?"

(5) 공경하는 것은 오직 마음에 있다

孟季子問公都子曰 何以謂義內也오 曰 行吾敬故로 謂之內也니라 鄕人長於伯兄一歲면 則誰敬고 曰 敬兄이니라 酌則誰先고 曰 先酌鄕人이니라 所敬은 在此하고 所長은 在彼하니 果在外라 非由內也로다

○맹계자가 맹자의 제자 공도자에게 묻기를 "어찌하여 의가 안에 있는 것이라고 합니까?" 공도자가 말하였다. "내가 가지고 있는 공경심을 행하기 때문에 의를 내재적이라고 하는 것입니다." 맹계자가 말하였다. "고을 사람이 그대의 백형(伯兄)보다 한 살 더 많으면 누구를 공경하겠습니까?" 공도자가 말하였다. "형을 공경합니다." 맹계자가 말했다. "술을 따를 때는 누구에게 먼저 따릅니까." 공도자가 말했다. "고을 사람에게 먼저 따르겠습니다." 맹계자가 말했다. "그렇다면 마음으로 공경하는 것은 백형에게 있고 실제로 어른 대접하는 건 고을 사람에게 있으니, 의는 과연 밖에 있는 것이지, 안에서 나오는 것은 아닙니다."

公都子不能答하여 以告孟子한대 孟子曰 敬叔父乎아 敬弟乎아하면 彼將曰敬叔父라하리라 曰 弟爲尸則誰敬고하면 彼將曰敬弟라하리라 子曰 惡(오) 在其敬叔父也오하면 彼將曰在位故也라하리니 子亦曰 在位故也라하라 庸

敬은 在兄하고 斯須之敬은 在鄕人하니라

○공도자가 대답하지 못하고 그 말을 맹자에게 고했다. 맹자께서 말씀하셨다. "그대는 숙부를 공경합니까, 동생을 공경합니까?' 하면 그대는 '숙부를 공경합니다.'라고 말할 것이다. '동생이 시동(尸童)이 되면 누구를 공경하겠습니까?' 하고 물으면 그 사람은 곧 '동생을 공경합니다.'라고 말할 것이다. 자네가 '자네가 숙부를 공경한다던 말은 어떻게 된 것입니까?' 하고 물으면 그 사람은 곧 '아우가 시동의 자리에 있기 때문입니다.'라고 말할 것이다. 자네 역시 '술을 따를 때 고을 사람에게 먼저 따른다고 하는 것은 고을 사람이 빈객의 자리에 있기 때문이다.'라고 말하십시오. 늘 공경하는 것은 형에게 있고, 일시적으로 공경하는 것이 고을 사람에게 있습니다."

季子聞之하고 曰 敬叔父則敬하고 敬弟則敬하니 果在外라 非由內也로다 公都子曰 冬日則飮湯하고 夏日則飮水하나니 然則飮食亦在外也로다

○맹계자가 그 말을 듣고 말하기를 "숙부를 공경해야 할 경우에는 숙부를 공경하는 것이고, 동생을 공경해야 할 경우에는 동생을 공경하는 것이니, 과연 의는 밖에 있는 것이지, 안에서 나오는 것은 아닙니다." 공도자가 말하기를 "겨울에는 더운물을 마시고, 여름에는 냉수를 마시는데, 그렇다면 마시고 먹고 하는 것 역시 밖에 있는 것이 됩니다."

(6) 착한 본성은 누구나 지니고 있다

公都子曰 告子曰 性無善無不善也라 하고 或曰 性可以爲善이며 可以爲不善이니 是故文武興則民好善하고 幽厲興則民好暴라 하고 或曰 有性善하며 有性不善하니 是故以堯爲君而有象하며 以瞽瞍爲父而有舜하며 以紂爲兄之子且以爲君이로되 而有微子啓王子比干이라 하나니 今曰 性善이라 하시니 然則彼皆非與잇가

○幽 그윽할 유: 厲 갈 여: 瞽 소경 고: 瞍 소경 수, 어르신 수

○공도자가 말하였다. "고자는 '사람의 성은 선한 것도 없고 선하지 않은 것도 없다.'라고 말했고 어떤 사람은 '성은 선하게 될 수도 있고 선

하지 않게 될 수도 있다. 그렇기 때문에 무왕(武王)과 문왕(文王)이 일어나시면 백성들이 선을 좋아했고 유왕(幽王)과 여왕(厲王)이 일어나면 백성들이 포악한 것을 좋아한 것이다.'라고 하였습니다. 어떤 사람은 '성이 선한 사람도 있고 선하지 않은 사람 있다. 그렇기 때문에 요를 임금으로 두고 상(象)이 나왔고 고수(瞽瞍)를 아버지로 두면서 순(舜)이 나왔고 주(紂)를 형의 아들로 두고 또 임금으로 두면서도 미자(微子) 계(啓)와 왕자 비간(比干)이 나왔다.'라고 말합니다. 이제 선생님께서 성은 선하다고 말씀하시는데 그렇다면 앞에 말한 사람들은 모두 옳지 않다는 것입니까?"

孟子曰 乃若其情則可以爲善矣니 乃所謂善也니라 若夫爲不善은 非才之罪也니라

○맹자께서 말씀하셨다. "그 타고난 재질인 정(情)은 선하다고 할 수 있으니 그것이 곧 내가 이른바 선하다는 것이다. 만약 불선을 하게 된다면 그것은 타고난 재질의 죄는 아니다."

惻隱之心을 人皆有之하며 羞惡之心을 人皆有之하며 恭敬之心을 人皆有之하며 是非之心을 人皆有之하니 惻隱之心仁也요 羞惡之心義也요 恭敬之心禮也요 是非之心智也니 仁義禮智非由外鑠我也라 我固有之也언마는 弗思耳矣라 故曰 求則得之하고 舍則失之라하니 或相倍蓰而無算者는 不能盡其才者也니라

○鑠 녹일 삭: 蓰 다섯갑절 사
○측은해하는 마음인 측은지심(惻隱之心)은 사람이면 누구나 가지고 있다. 부끄러워하는 마음인 수오지심(羞惡之心)을 사람은 누구나 가지고 있다. 공경하는 마음인 공경지심(恭敬心)도 누구나 가지고 있다. 시시비비를 가리는 마음인 시비지심(是非之心)도 사람이면 모두 가지고 있다. 측은지심은 인(仁)이요, 수오지심은 의(義)요, 공경지심은 예(禮)요, 시비지심은 지(智)이다. 인과 의와 예와 지는 밖에서 부터 나를 녹여 오는 것이 아니고, 내가 본래부터 지니고 있는 것이지만 사람들

이 생각하지 않을 따름이다. 그러므로 '구하면 얻고 버려두면 잃어버린다.'라고 말하는 것이다. 선악의 정도를 비교하여 보면 배가 되기도 하고 다섯 배가되기도 할 만큼 차이가 나며 비교하여 볼 여지도 없는 것은 자기의 재질을 다하지 못했기 때문이다."

詩曰 天生蒸民하시니 **有物有則**(칙)이로다 **民之秉夷**라 **好是懿德**이라하여늘 **孔子曰 為此詩者 其知道乎**인저 故로 **有物**이면 **必有則**이니 **民之秉夷也**라 故**好是懿德**이라하시니라

- ○蒸 무리 증: 秉 잡을 병: 夷 떳떳할 이: 懿 아름다울 의
- ○〈시경, 증민〉에 이르기를 '하늘이 여러 백성을 내셨으니, 사물이 있으면 법칙이 있도다. 사람들이 떳떳한 본성을 가졌는지라 이아름다운 덕을 좋아한다.' 하였는데 공자께서 말씀하시기를 '이 시를 지은 사람은 도를 알고 있었던 것이다. 그래서 사물이 있으면 반드시 법칙이 있다는 것이다. 사람들이 불변하는 마음을 가지고 있기 때문에 이 아름다운 덕을 좋아하는 것이다.'라고 말씀하셨던 것이다."

(7) 사람의 본성은 모두 같다

孟子曰 富歲엔 **子弟多賴**하고 **凶歲**엔 **子弟多暴**하나니 **非天之降才爾殊也**라 **其所以陷溺其心者然也**니라 **今夫麰麥**을 **播種而耰之**호되 **其地同**하며 **樹之時又同**하면 **浡然而生**하여 **至於日至之時**하여 **皆熟矣**나니 **雖有不同**이니 **則地有肥磽**하며 **雨露之養**과 **人事之不齊也**니라

- ○賴 착할 뢰, 의뢰할 뢰: 爾 너 이, 이와 같을 이: 麰 보리 모: 耰 덮을 우: 樹 심을 수: 浡 일어날 발(勃)
- ○맹자께서 말씀하셨다. "풍년에는 젊은 자제들이 대부분 선해지고, 흉년에는 자제들이 대부분 포악한데, 타고난 재질이 그처럼 다른 것이 아니고, 그들의 마음을 빠뜨리는 것이 그렇게 만드는 것이다. 보리를 파종하고 흙을 덮어주면, 땅이 같고 심는 시기도 같아서 모두 싹이 나와 익을 때에 가서는 모두 여물게 된다. 다른 것들이 있다 하더라도 그것은 땅이 비옥하고 투박함에 차이가 있다거나, 빗물과 이슬이 길러주

는 것이나 사람의 손길이 같지 않다는 것들이다.

故로 **凡同類者 擧相似也**니 **何獨至於人而疑之**리오 **聖人**도 **與我同類者**시니라 **故**로 **龍子曰 不知足而爲屨**라도 **我知其不爲蕢也**라 하니 **屨之相似**는 **天下之足**이 **同也**일새니라

○屨 신 구: 蕢 삼태기 궤
○그러니 같은 종류의 것이라면 모두 비슷한 것이다. 유독 사람에 있어서만 그 점을 의심하겠는가? 성인도 나와 같은 부류의 사람인 것이다. 그러므로 옛 현인 용자(龍子)가 말하기를 '발의 크기를 모르고 신을 삼아도 나는 그것이 삼태기는 되지 않는다는 것을 안다. 신이 비슷한 것은 온 천하 사람들의 발이 같아서이다.'라고 하였다.

口之於味에 **有同耆也**하니 **易**(역)**牙先得我口之所耆者也**라 **如使口之於味也**에 **其性**이 **與人殊 若犬馬之與我不同類也**면 **則天下何耆**를 **皆從易牙之於味也**리오 **至於味**하여는 **天下期於易牙**하나니 **是天下之口相似也**일새니라

○입으로 맛을 느낌에도 다 같이 좋아하는 것이 있다. 옛날 맛을 잘 알았던 역아(易牙)는 먼저 입이 좋아하는 것을 먼저 안 사람이다. 만약에 입이 맛을 즐김에 있어서 타고난 성질이 남과 다른 것이, 개와 말이 사람과 동류가 아닌 것 정도로 남과 다르다면, 천하의 사람들이 어찌 음식 맛을 좋아함에 있어서 다들 역아가 조리한 맛을 따라 즐기겠는가? 맛에 이르러서는 천하가 역아와 같이 되기를 기대하니, 그것은 세상 사람들의 입맛이 서로 비슷하기 때문이다.

惟耳亦然하니 **至於聲**하여는 **天下期於師曠**하나니 **是天下之耳相似也**일새니라 **惟目**도 **亦然**하니 **至於子都**하여는 **天下莫不知其姣也**하나니 **不知子都之姣者**는 **無目者也**니라

○曠 밝을 광, 빌 광: 姣 예쁠 교
○귀 또한 그러하니 소리에 이르러서는 천하의 유명한 악사인 사광(師曠)과 같이 되기를 기대하니, 그것은 온 천하 사람들의 귀가 비슷하여

서이다. 눈 역시 그러하다. 미남자 자도(子都)에 대하여서는 천하가 모두 그의 아름다움을 안다. 자도의 아름다움을 모르는 사람은 눈이 없는 사람이다.

故曰 口之於味也에 **有同耆焉**하며 **耳之於聲也**에 **有同聽焉**하며 **目之於色也**에 **有同美焉**하니 **至於心**하여는 **獨無所同然乎**아 **心之所同然者**는 **何也 謂理也義也**라 **聖人**은 **先得我心之所同然耳**시니 **故理義之悅我心**이 **猶芻豢之悅我口**니라

- ○ 芻 풀먹는 짐승 추: 豢 가축 환
- ○ 그래서 말하기를 "입으로 맛보는 것에 다 같이 좋아하는 것이 있고, 귀로 듣는 소리에는 다 같이 좋아하는 것이 있고, 눈으로 보는 색에는 다 같이 아름답게 여기는 것이 있다.'라고 하는 것이니, 마음에 이르러서만은 유독 다 같이 옳다고 여기는 것이 없겠는가? 사람들의 마음이 다 같이 옳다고 여기는 것은 무엇인가? 그것은 이(理)이고 의(義)이다. 성인들이 먼저 우리 마음이 옳다고 여기는 것을 먼저 아셨다. 그래서 이와 의가 우리 마음을 기쁘게 하는 것은 마치 고기 요리가 우리 입을 기쁘게 하는 것과 같은 것이다."

(8) 길러주는 힘만 있으면 모두 자란다

孟子曰 牛山之木이 **嘗美矣**러니 **以其郊於大國也**라 **斧斤**이 **伐之**니 **可以爲美乎**아 **是其日夜之所息**과 **雨露之所潤**에 **非無萌蘖之生焉**이언마는 **牛羊**이 **又從而牧之**라 **是以若彼濯濯也**하니 **人見其濯濯也**하고 **以爲未嘗有材焉**이라 하나니 **此豈山之性也哉**리오

- ○ 蘖 싹 얼, 그루터기 얼: 濯 씻을 탁, 민둥민둥할 탁: 萌 싹 맹
- ○ 맹자께서 말씀하셨다. "우산(牛山)의 나무가 일찍이 아름다웠는데 그것이 큰 나라의 교외에 있는 관계로 도끼로 그 나무들을 베어냈으니 아름다워질 수가 있겠는가? 밤낮으로 자라나고 비와 이슬이 적셔주어 싹이 자라지 않는 것은 아니지만, 소와 양을 끌어다 방목하여 먹이고는 하였다. 그래서 저렇게 벌거벗은 것이다. 사람들은 그 벌거벗은 것

을 보고는 거기에는 재목이 없었다고 생각하니 그것이 어찌 산의 본성이기야 하겠는가?

雖存乎人者인들 **豈無仁義之心哉**리오마는 **其所以放其良心者 亦猶斧斤之於木也**에 **旦旦而伐之**어니 **可以為美乎**아 **其日夜之所息**과 **平旦之氣**에 **其好惡與人相近也者幾希**어늘 **則其旦晝之所為 有梏亡之矣**하니 **梏之反覆**이면 **則其夜氣不足以存**이요 **夜氣不足以存**이면 **則其違禽獸不遠矣**니 **人見其禽獸也**하고 **而以為未嘗有才焉者**라 하나니 **是豈人之情也哉**리오

○ 梏 형틀 곡, 쇠고랑 곡
○ 비록 사람에 들어있는 것이라 한들 어찌 인의(仁義)의 마음이 없겠는가? 자기의 양심을 내버리게 하는 일이 도끼로 나무를 베는 것과 같으니 매일 매일 찍어내는데 아름답게 될 수가 있겠는가? 밤낮으로 자라난 양심과 새벽의 맑은 기운도, 그 좋아하고 미워함이 다른 사람들과 서로 비슷하지 않은데, 낮에 하는 불선한 행동이 이것을 없애니, 없애기를 반복하면 밤에 자란 선한 기운인 야기(夜氣)도 보존될 수 없고, 야기가 보존될 수 없으면 금수와 다른 점이 많지 않다. 사람들은 금수와 같은 모습을 보고서 훌륭한 재질이 있지 않았다고 생각하니, 그것이 어찌 사람의 본래 모습이겠는가?

故로 **苟得其養**이면 **無物不長**이요 **苟失其養**이면 **無物不消**니라 **孔子曰 操則存**하고 **舍則亡**하여 **出入無時**하며 **莫知其鄉**은 **惟心之謂與**인저하시니라

○ 그러므로 진실로 잘 길러주어 힘을 얻기만 하면 자라지 않는 물건이 없고, 길러주지 않으면 소멸되지 않는 물건이 없는 것이다. 공자께서 말씀하시기를 '잡으면 보존되고, 놓으면 없어져서 나가고 들어옴에 일정한 때가 없으며, 어디로 갈지 그 방향을 알 수 없는 것이 사람의 마음일 것이다.'라고 하셨다."

(9) 주위 환경이 나쁘면 총명도 가려진다

孟子曰 無或乎王之不智也로다 **雖有天下易生之物也**나 **一日暴之**요 **十**

日寒之면 未有能生者也니 吾見亦罕矣요 吾退而寒之者至矣니 吾如有萌焉何哉리오

○ 罕 그물 한
○ 맹자께서 말씀하셨다. "왕이 지혜롭지 못한 것을 이상하게 여기지 말 것이다. 천하에서 가장 쉬이 자라는 식물이라도 하루 동안 햇볕을 쬐고 열흘 동안 춥게 하면 성장할 수 있는 것이 없다. 내가 왕을 만나 보는 기회는 드물고, 내가 물러 나오면 왕의 마음을 차갑게 하는 자, 즉 선한 마음의 싹이 자라는 것을 막는 자가 이르니, 왕에게 양심의 싹이 있다고 한들 내가 그것을 어떻게 할 수 있겠는가?

今夫弈之爲數 小數也나 不專心致志면 則不得也라 弈秋는 通國之善弈者也니 使弈秋로 誨二人弈이어든 其一人은 專心致志하여 惟弈秋之爲聽하고 一人은 雖聽之나 一心以爲有鴻鵠將至어든 思援弓繳而射(석)之하면 雖與之俱學이라도 弗若之矣나니 爲是其智弗若與아 曰非然也니라

○ 俱 함께 구: 鵠 고니 곡: 繳 주살 작
○ 지금 바둑을 두는 것은 대단치 않은 수이지마는, 오로지 거기에만 뜻을 다하지 않으면 터득하지 못한다. 혁추(弈秋)는 온나라에서 바둑 잘 두는 사람으로 알려진 사람이다. 혁추를 시켜서 두 사람에게 바둑을 가르치게 할 경우, 그중의 한 사람은 마음과 뜻을 다하여 오직 혁추의 말만을 듣고, 한 사람은 그의 말을 듣는다고는 하지만, 한쪽 마음으로는 기러기와 새가 날아오면, 활에 주살을 매어서 쏘아 맞힐 생각을 한다면, 비록 앞의 사람과 함께 배운다고 하더라도 그 사람만 못 할 것이다. 이는 그 사람의 지혜가 그만 못하기 때문인가? 그렇지는 않은 것이다."

(10) 정당한 의를 위해서는 생명도 사양하지 말아라

孟子曰 魚我所欲也며 熊掌亦我所欲也언마는 二者不可得兼인댄 舍魚而取熊掌者也야로 리라 生亦我所欲也 義亦我所欲也언마는 二者不可得兼인댄 舍生而取義者也로리다

○ 無他 다른 것이 아님

○맹자께서 말씀하셨다. "생선요리도 내가 먹고 싶어 하는 것이고 곰의 발바닥 요리도 역시 내가 먹고 싶어 하는 것이지만 두 가지를 동시에 먹을 수 없다면 생선요리를 포기하고 곰의 발바닥 요리를 취할 것이다. 사는 것도 내가 원하는 것이고, 의도 내가 원하는 것이지만, 두 가지를 동시에 가질 수 없다면 사는 것을 버리고 의를 취하겠다.

生亦我所欲이언마는 **所欲**이 **有甚於生者**라 **故**로 **不爲苟得也**하며 **死亦我所惡**(오)언마는 **所惡有甚於死者**라 **故患有所不辟也**니라

○辟 피할 피, 避와 같음
○사는 것도 역시 내가 원하는 바이지만, 사는 것보다 더 간절히 원하는 것이 있다. 그러므로 삶을 구차하게 얻으려고 하지 않는 것이다. 죽음도 내가 싫어하는 바이지만 죽음보다 더 싫어하는 것이 있다. 그러므로 환난을 피하지 않는 것이다.

如使人之所欲莫甚於生이면 **則凡可以得生者**를 **何不用也**며 **使人之所惡**가 **莫甚於死者**면 **則凡可以辟患者**를 **何不爲也**리오 **由是則生而有不用也**하며 **由是**라 **則可以辟患而有不爲也**니라

○만약에 사람이 원하는 것 중에 사는 것보다 더 간절히 원하는 것이 없다면, 삶을 얻을 수 있는 경우에 있어서는 무슨 방법인들 쓰지 않겠으며, 사람이 싫어하는 것 중에 죽는 것보다 더 싫어하는 것이 없다면, 환난을 피할 수 있는 경우에 무슨 짓인들 하지 않겠는가? 사는 것보다 더 간절히 원하는 것이 있기 때문에 살 수 있는 데도 그 방법을 쓰지 않는 경우가 있고, 죽는 것보다 더 싫어하는 것이 있기 때문에 화를 피할 수 있는데도 하지 않는 경우가 있다.

是故로 **所欲**이 **有甚於生者**며 **所惡**가 **有甚於死者**하니 **非獨賢者有是心也**라 **人皆有之**언마는 **賢者**는 **能勿喪耳**니라 **一簞食**(사)와 **一豆羹**을 **得之則生**하고 **弗得則死**라도 **嘑爾而與之**면 **行道之人**도 **弗受**하며 **蹴爾而與之**면 **乞人**도 **不屑也**니라

○簞 대그릇 단: 嘑 꾸짖을 호: 蹴 찰 축: 屑 깨끗할 설
○그러므로 사람에게는 사는 것보다 더 간절히 원하는 것이 있고, 죽는 것보다 더 싫어하는 것이 있다. 오직 현자만이 그러한 마음을 가지고 있는 것이 아니라 사람이면 누구나 다 이런 마음을 가지고 있지만, 현자는 이것을 잃어버리지 않을 뿐이다. 밥 한 그릇과 국 한 그릇을 얻으면 살고 얻지 못하면 죽더라도, 혀를 차고 꾸짖으면서 주면 길 가는 사람도 받지 않으며, 발로 차서 주면 걸인도 달갑게 여기지 않는다.

萬鍾則不辨禮義而受之하나니 **萬鍾於我何加焉**이리오 **爲宮室之美**와 **妻妾之奉**과 **所識窮乏者得我與**인저 **鄕爲身**엔 **死而不受**라가 **今爲宮室之美**하며 **爲之**하며 **鄕爲身死而不受**라가 **今爲妻妾之奉**하여 **爲之**하며 **鄕爲身**엔 **死而不受**라가 **今爲所識窮乏者得我而爲之**하나니 **是亦不可以已乎**아 **此之謂失其本心**이니라

○만종(萬鍾)의 많은 녹은 이면 예의를 생각하지 않고 받으니, 그 만종이 자기에게 무엇이 보탬이 되겠는가? 호화스러운 집을 꾸미고, 나를 받들어 주는 처첩을 잘 공양하고, 나를 아는 궁핍한 사람이 나에게 은혜를 여기도록 하기 위해서 일 것이다. 전에는 자신을 위해서 죽어도 받지 않다가, 이제 호화로운 집을 위해 그것을 받고, 전에는 자신이 죽어도 받지 않다가, 이제 처첩이 받들어 주는 것을 위해서 그것을 받고, 전에는 자신을 위해서 받지 않다가 이제 자기가 아는 궁핍한 사람이 자기한테서 은혜를 고맙게 여기도록 하기 위해서 그것을 받는다면, 그런 것 역시 그만둘 수 없을 것인가? 그렇게 하는 것을 일러 '자기 본심을 잃은 것'이라고 하는 것이다."

(11) 인은 사람의 마음이며 의는 사람의 정당한 길이다

孟子曰 仁은 **人心也**요 **義**는 **人路也**니라 **舍其路而不由**하며 **放其心而不知求**하나니 **哀哉**라 **人而有鷄犬放則知求之**하되 **有放心而不知求**하나니 **學文之道**는 **無他**라 **求其放心而已矣**니라

○無他 다른 것이 아님

제2부 고전 독해 **303**

○맹자께서 말씀하셨다. "인은 사람의 마음이고, 의는 사람의 길이다. 그런데도 사람들은 그 올바른 길을 버리고 따라가지 않으며, 그 마음을 버리고서 찾을 줄 모르니 안타까운 일이로다. 사람들은 자기의 개나 닭을 잃어버리면 찾을 줄 알면서도 자기의 마음은 잃어버리고서도 찾을 줄을 모르거니와, 학문하는 길이란 다른 것이 아니라 바로 자기의 잃어버린 마음을 찾는 것뿐이다."

(12) 손가락 다른 것은 알고 마음 다른 것은 모른다

孟子曰 今有無名之指 屈而不信(伸)이 **非疾痛害事也**언마는 **如有能信之者**면 **則不遠秦楚之路**하나니 **為指之不若人也**니라 **指不若人**이면 **則知惡(오)之**호되 **心不若人**이면 **則不知惡**하나니 **此之謂不知類也**니라

○맹자께서 말씀하셨다. "무명지(無名指) 손가락이 구부러지고 펴지지 않는 것이, 아프거나 일을 해치는 것은 아니지만, 그 손가락을 펼 수 있는 사람이 있게 되면 진(秦)이나 초(楚)에의 길이라도 멀다고 하지 않고 찾아가니, 이것은 손가락이 남과 같지 않기 때문이다. 손가락이 남과 같지 않으면 그것을 싫어할 줄 알면서, 마음이 남과 같지 않으면 그것을 싫어할 줄 모른다. 그런 것을 일러 일의 경중을 모른다고 하는 것이다."

(13) 사람들은 수양하는 방법들을 모르고 있다

孟子曰 拱把之桐梓를 **人苟欲生之**인댄 **皆知所以養之者**로되 **至於身**하여는 **而不知所以養之者**하나니 **豈愛身**이 **不若桐梓哉**리오 **弗思甚也**일새니라

○桐 오동나무 동: 梓 가래나무 재
○맹자께서 말씀하셨다. "두 손이나 한 손으로 감싸 잡을 수 있는 오동나무와 가래나무도 그것들을 기르려고만 하면 모두 그것들을 재배하는 방법을 알지만, 자기 몸을 수양하는 방법은 모른다. 어찌 자기 몸을 아끼는 것이 오동나무나 가래나무 아끼는 것만이야 못하겠는가? 깊이 생각하지 않기 때문에 수양하는 방법을 모른다."

(14) 작은 것을 기르는 사람과 큰 것을 기르는 사람

孟子曰 人之於身也에 **兼所愛**니 **兼所愛**면 **則兼所養也**라 **無尺寸之膚**를 **不愛焉**이면 **則無尺寸之膚**를 **不養也**니 **所以考其善不善者**는 **豈有他哉**리오 **於己**에 **取之而已矣**니라

○ 맹자께서 말씀하셨다. "사람이 자기 몸에 대해서는 머리부터 발끝까지 어느 것이나 다 같이 아낀다. 어느 것이나 다 같이 아끼면 어느 것이나 다 같이 기른다. 한 자나 한 치 되는 살도 아끼지 않음이 없으면, 기르지 않음이 없으니 자신의 몸을 기르기를 잘하고 못하는 것을 생각하는 방법이 어찌 다른 데 있겠는가? 자기가 결정짓는 것일 따름이다.

體有貴賤하며 **有小大**하니 **無以小害大**하며 **無以賤害貴**니 **養其小者爲小人**이요 **養其大者爲大人**이니라 **今有場師 舍其梧檟**하고 **養其樲棘**하면 **則爲賤場師焉**이니라 **養其一指**하고 **而失其肩背而不知也**면 **則爲狼疾人也**니라 **飮食之人**을 **則人**이 **賤之矣**하나니 **爲其養小以失大也**니라 **飮食之人**이 **無有失也**면 **則口腹**이 **豈適爲尺寸之膚哉**리오

○ 檟 오동나무 가: 樲 멧대추나무 이
○ 몸에는 귀한 부분과 천한 부분이 있고, 큰 부분과 작은 부분이 있으니, 작은 부분 때문에 큰 부분을 해치지 말며, 천한 부분 때문에 귀한 부분을 해치는 일은 없어야 한다. 작은 부분을 기르는 사람은 소인이 되고, 큰 부분을 기르는 사람은 대인이 된다. 이제 한 원예사가 오동나무나 가래나무를 놓아두고 쓸모가 적은 대추나무와 가시나무를 재배한다면 쓸모없는 원예사라 할 것이다. 자기 손가락 하나를 고치면서 어깨나 등에 있는 병은 놓쳐버리고 모른다면 정상적인 사람이 아니라 할 것이다. 음식을 밝히는 사람을 사람들이 천하게 여기는데, 그것은 그가 작은 것을 기르고 큰 것을 잃어버리고 있기 때문이다. 음식을 밝히는 사람이 입과 배를 기르면서도 큰 것을 기름을 잃지 않을 수 있다면 입으로 먹고 배로 소화 시키는 것이 어찌 다만 한자나 한 치의 살갗이 될 뿐이겠는가?"

(15)이목을 기르는 사람은 소인이고, 마음을 기르는 사람은 대인이다

公都子問曰 鈞是人也로되 或爲大人하며 或爲小人何也잇고 孟子曰 從其大體爲大人이요 從其小體爲小人이니라

○鈞 고를 균, 均과 같음
○공도자가 물었다. "다 같은 사람인데 어떤 사람은 대인이 되고 어떤 사람은 소인이 되는 것은 무엇 때문입니까." 맹자께서 말씀하셨다. "대체(大體)인 심지(心志)를 따르는 사람은 대인이 되고 소체(小體)인 이목(耳目)을 따르는 사람은 소인이 된다."

曰 鈞是人也로되 或從其大體하며 或從其小體何也잇고 曰 耳目之官不思而蔽於物하나니 物交物則引之而已矣요 心之官則思라 思則得之하고 不思則不得也니 此天之所與我者라 先立乎其大者면 則其小者弗能奪也니 此爲大人而已矣니라

○蔽 가릴 폐; 鈞 고를 균(均)
○공도자가 물었다. "다 같은 사람인데 어떤 사람은 대체를 따라가고 어떤 사람은 소체를 따라가는 것이 무엇 때문입니까? 맹자께서 말씀하셨다." 귀와 눈이라는 기관은 생각하지 못하기 때문에 물건에 가리워지니, 한 물건에 불과한 귀와 눈에 접촉하면 귀와 눈은 외물에게 끌려갈 뿐이다. 마음이라는 기관은 생각한다. 생각하면 얻고. 생각하지 않으면 얻지 못한다. 이것은 하늘이 우리에게 부여한 것이니, 먼저 자기의 큰 것인 심지(心志)를 세우면 작은 것인 이목(耳目)이 빼앗아 가지 못한다. 이것이 대인이 되는 것일 따름이다."

(16) 천작(天爵)과 인작(人爵)

孟子曰 有天爵者하며 有人爵者하니 仁義忠信樂善不倦은 此天爵也요 公卿大夫此人爵也니라 古之人修其天爵而人爵從之러니라 今之人修其天爵하여 以要人爵하고 旣得人爵이어든 而棄其天爵하나니 則惑之甚者也라 終亦必亡而已矣니라

○ 爵 벼슬 작: 卿 벼슬 경
○ 맹자께서 말씀하셨다. "자연의 존귀함인 천작(天爵)이라는 것이 있고, 사람이 주는 벼슬인 인작(人爵)이라는 것이 있다. 인의와 충신을 행하고 선을 즐기고 게을리하지 않음은 천작이다. 공경과 대부 같은 벼슬은 인작이다. 옛사람들에게는 천작을 닦으면 인작이 따라 왔다. 그러나 지금의 사람들은 천작을 닦고 인작을 요구한다. 인작을 얻고 나서 천작을 버린다면 그런 사람은 미혹됨이 심한 것이니, 끝내는 인작마저 잊어버리고야 말 것이다."

(17) 인의와 미덕을 갖추면 천작을 얻는다

孟子曰 欲貴者人之同心也니 人人有貴於己者언마는 弗思耳니라 人之所貴者非良貴也니 趙孟之所貴를 趙孟能賤之니라

○ 조맹 진나라의 대부: 良 진실로 량
○ 맹자께서 말씀하셨다. "고귀해지고 싶은 마음은 사람마다 같다. 사람마다 자기 몸보다 고귀한 것을 지니고 있으나 그것을 생각하지 못할 뿐이다. 남들이 고귀하게 해주는 것은 진실로 고귀한 것은 아니다. 진(晉)나라의 경(卿)인 조맹(趙孟)이 고귀하게 만들어 준 것은 조맹이 천하게 할 수도 있다.

詩云 旣醉以酒요 旣飽以德이라하니 言飽乎仁義也라 所以不願人之膏粱之味也며 令聞廣譽施於身이라 所以不願人之文繡也니라

○ 〈시경, 기취〉에 이르기를 '이미 술로 취하여 버렸고, 이미 덕에 배불러 버렸도다' 하였는데, 인과 의의 덕으로 배불렀음을 말한 것으로, 그래서 남의 고량진미(膏粱珍味)를 바라지 않는 것이다. 좋은 명성과 넓은 명예가 자신에게 갖추어져 있기 때문에 남의 수(繡)놓은 비단옷을 옷을 바라지 않는 것이다."

(18) 불인을 이기려면 충분한 인을 지녀야 한다

孟子曰 仁之勝不仁也猶水勝火하니 今之爲仁者猶以一杯水로 救一車

薪之火也라 不熄則謂之水不勝火라 하나니 此又與於不仁之甚者也니라 亦
終必亡而已矣니라

　　○薪 섶 신: 熄 꺼질 식
　　○맹자께서 말씀하셨다. "인함이 불인함을 이기는 것은 마치 물이 불을
　　이기는 것과 같다. 요즘 인을 실천하는 사람은 마치 한잔의 물을 가지
　　고 수레 한 채에 실려 있는 땔나무에 붙은 불을 끄는 것과 같다. 꺼지
　　지 않으면 물이 불을 이기지 못한다고 말하니, 이것은 불인을 크게 돕
　　는 것으로, 마침내는 얼마 되지 않는 인자함 마저 잃어버리고야 말 것
　　이다."

(19) 여물지 않은 곡식은 잡초만도 못하다

孟子曰 五穀者種之美者也나 苟爲不熟이면 不如荑(제)稗니 夫仁亦在乎
熟之而已矣라

　　○荑 피 제, 피 이: 稗 피 패
　　○맹자께서 말씀하셨다. "오곡은 곡식 가운데 좋은 것이지만 제대로 익
　　지 않으면 피만도 못하니, 인 또한 그것을 익숙히 함에 달려 있는 것이
　　다."

(20) 일에는 모두 요점을 알아야 한다

孟子曰 羿之敎人射에 必志於彀하나니 學者도 亦必志於彀니라 大匠이 誨
人에 必以規矩하나니 學者도 亦必以規矩니라

　　○羿 이름 예: 彀 활 당길 구: 誨 가르칠 회: 規 그림쇠 규
　　○맹자께서 말씀하셨다. "활을 잘 쏘는 예(羿)가 남에게 활쏘기를 가르
　　칠 적에는 반드시 활 시위를 당기기에 전심해야 한다. 큰 목수가 남을
　　가르칠 적에는 반드시 곡척(曲尺)과 그림쇠를 가지고 가르친다. 배우
　　는 사람 역시 곡척과 그림쇠를 가지고 배워야 한다."

12. 고자장구 하(告子章句 下)

이 장구는 16장으로 맹자의 정치사상이 상당히 부각되어있다. 맹자 특유의 왕도 정치가 다시 한번 거론되면서 왜 자신의 이익만 일삼는 정치를 반대하는지 다양한 사례를 거론하고 있다.

(1) 예와 먹는 것과 색

任人이 **有問屋廬子曰 禮與食**이 **孰重** **曰 禮重**이니라 **色與禮 孰重**고 **曰 禮重**이니라 **曰 以禮食則飢而死**하고 **不以禮食則得食**이라도 **必以禮乎** 아 **親迎則不得妻**하고 **不親迎則得妻**라도 **必親迎乎**아 **屋廬子不能對**하여 **明日**에 **之鄒**하여 **以告孟子**한데 **孟子曰 於答是也**에 **何有**리오

○廬 오둑막집 려: 鄒 나라이름 추
○임(任)나라 사람이 맹자의 제자 옥려자(屋廬子)에게 물었다. "예를 지키는 것과 음식을 먹는 것 중에 어느 것이 더 중요합니까?" 옥려자가 대답하였다. "예를 지키는 것이 더 중요합니다." 하고 말하였다. 임나라 사람이 말하였다. "여색과 예를 지키는 것은 어느 것이 더 중요합니까?" 옥려자가 말하였다. "예가 중요합니다." 임나라 사람이 말하였다. "예를 차려서 먹자면 굶어서 죽게 되고, 예를 지키지 않고 먹자면 먹을 것을 얻을 수 있는데도 반드시 예대로 해야 합니까? 친영(親迎)하면 아내를 얻지 못하고, 친영하지 않으면 아내를 얻는데도 반드시 친영해야 합니까?" 하고 말하자 옥려자는 대답하지 못하였다. 그 이튿날 추나라에 가서 그 이야기를 맹자에게 하였더니 맹자께서 말씀하시기를 "아 그런 질문에 대답하는 것이 무슨 어려움이 있겠느냐?

不揣其本而齊其末이면 **方寸之木**을 **可使高於岑樓**니라 **金重於羽者**는 **豈謂一鉤金與一輿羽之謂哉**리오

○揣 헤아릴 췌: 岑 봉우리 잠: 鉤 갈고리 구
○근본이 되는 것을 헤아려 놓지 않고 그 끝만을 동등하게 다룬다면 사방 한 치 되는 나무로서도 높은 누각보다 높게 만들 수 있는 것이다.

쇠는 새털보다 무겁다는 것이 어찌 쇠갈고리 쇠 하나와 수레에 가득 실은 깃털 하나와를 두고 한 말이겠느냐?

取食之重者와 **與禮之輕者而比之**면 **奚翅食重**이며 **取色之重者**와 **與禮之輕者而比之**면 **奚翅色重**이리오 **往應之曰 紾兄之臂而奪之食**하고 **則得食 不紾則不得食**이라도 **則將紾之乎**아 **踰東家牆而摟其處子則得妻 不摟則不得妻**라도 **則將摟之乎**아 하라

○翅 뿐 시, 날개 시: 紾 비틀 진: 臂 팔 비: 牆 담장 장: 摟 끌 루(누)
○먹는 것에 관한 중요한 문제와 예를 지키는 사소한 문제를 비교한다면야 어찌 먹는 것이 더 중요하다뿐이겠으며, 여색에 관한 중요한 문제와 예에 관한 간단한 문제를 취해서 비교한다면야 어찌 여색을 추구하는 것이 더 중요하다는 것 뿐이겠느냐? 그 사람한테 가서 이렇게 대답하여라. '형의 팔을 비틀어서 먹을 것을 빼앗으면 먹을 것을 얻게 되고 비틀지 않으면 먹을 것을 얻지 못한다면 형의 팔을 비틀겠는가? 동쪽 집의 담을 넘어가서 그 집의 처녀를 끌어오면 아내를 얻게 되고, 끌어오지 않으면 아내를 얻지 못할 경우에도 끌어 오겠는가?'라고 말하여라."

(2) 도의 문은 넓은 것

曹交問曰 人皆可以為堯舜이라하니 **有諸**잇가 **孟子曰 然**하다 **交**는 **聞文王**은 **十尺**이요 **湯**은 **九尺**이라하니 **今交**는 **九尺四寸以長**이로되 **食粟而已**로니 **如何則可**니잇고

○조(曹)나라 군주의 아우 조교(曹交)가 묻기를 "사람은 모두 요순이 될 수 있다는 것이 사실입니까?" 맹자께서 "그렇습니다" 하고 말씀하셨다. 조교가 말하였다. "제가 듣기로는 문왕은 키가 10척이었고, 탕왕은 9척이었습니다. 저는 지금 키가 9척 4촌이나 되면서 밥만 축낼 뿐이니 어떻게 해야 좋겠습니까?"

曰 奚有於是리오 **亦為之而已矣**니라 **有人於此**하니 **力不能勝一匹雛**면 **則**

為無力人矣요 **今日擧百鈞**이면 **則爲有力人矣**니 **然則擧烏獲**(오확)**之任**이면 **是亦爲烏獲而已矣**니라 **夫人**은 **豈以不勝爲患哉**리오 **弗爲耳**니라

○맹자께서 말씀하셨다. "그런 것이 무슨 상관이 있겠습니까? 요순처럼 되려고 노력하기만 하면 될 뿐입니다. 여기에 어떤 사람이 힘이 적은 병아리 한 마리를 이겨 내지 못한다면 그를 힘없는 사람이라고 할 것이지만, 3천 근을 든다고 하면 힘 있는 사람이라고 할 것입니다. 그렇다면 옛날 힘이 센 사람인 오확(烏獲)이 들던 것을 들면 그 사람 역시 오확이 되는 것일 따름이오. 사람이 어찌 감당하지 못하는 것을 근심하겠습니까? 하지 않는다는 것뿐입니다.

徐行後長者를 **謂之弟**요 **疾行先長者**를 **謂之不弟**니 **夫徐行者**는 **豈人所不能哉**리오 **所不爲也**니 **堯舜之道**는 **孝弟而已矣**니라 **子服堯之服**하며 **誦堯之言**하며 **行堯之行**이면 **是堯而已矣**요 **子服桀之服**하며 **誦桀之言**하며 **行桀之行**이면 **是桀而已矣**니라

○천천이 걸어서 어른보다 뒤에 가는 것을 '공경스럽다'라고 하고, 빨리 걸어서 어른보다 앞서는 것을 '공경스럽지 않다'라고 하는데, 천천히 가는 것이야 어찌 사람이 하지 못하는 것이겠습니까? 하지 않는 것입니다. 요순의 도는 효와 공손일 따름입니다. 당신이 요의 옷을 입고, 요의 말씀을 외우고, 요의 행실을 행하면 요임금과 같은 사람이 될 것이요, 당신이 걸의 옷을 입고 걸의 말을 외우고 걸의 행실을 행하면 걸왕일 따름입니다."

曰 交得見於鄒君이면 **可以假館**이니 **願留而受業於門**하노이다 **曰 夫道若大路然**하니 **豈難知哉**리오 **人病不求耳**니 **子歸而求之**면 **有餘師**리라

○조교가 말하기를 "제가 주나라 군주를 만나게 되면 관사를 빌릴 수 있을 것입니다. 거기에 머물러 있으면서 선생님 밑에서 배우고 싶습니다." 맹자께서 말씀하셨다. "도는 큰길 같은 것인데 어찌 알기 어렵겠습니까? 사람들이 그것을 찾지 않는 것이 문제일 뿐입니다. 당신이 돌아가서 그것을 찾으면 나 말고도 얼마든지 스승이 있을 것입니다."

(3) 어버이를 위한 원망은 허물이 아니다

公孫丑問曰 高子曰 小弁(반)은 小人之詩也라하더이다 孟子曰 何以言之오 曰 怨이니이다 曰 固哉라 高叟之爲詩也여 有人於此하니 越人이 關弓而射(석)之어든 則己談笑而道之는 無他라 疏之也요 其兄關弓而射之어든 則己垂涕泣而道之는 無他라 戚之也니 小弁之怨은 親親也라 親親은 仁也니 固矣夫라 高叟之爲詩也여

○공손추가 물었다. "제나라 사람 고자(高子)가 말하기를 '〈시경, 소반〉은 소인의 시다.'라고 말했습니다." 맹자께서 말씀하셨다. "무엇을 가지고 그렇게 말하는 건가?" 하고 말씀하시자 공손추가 대답했다. "원망했기 때문에 그렇다는 것입니다."라고 말씀드렸다. 맹자께서 말씀하셨다. "고루하구나, 고자의 이 시를 해석함이여! 여기에 어떤 사람이 있는데, 그와 아무 상관이 없는 월(越)나라 사람이 활을 당겨 활을 쏘려면 웃으면서 타이르는 것은 다름이 아니라 그 사람이 소원하기 때문이고 자기 형이 활을 당겨 쏘려 할 때 눈물을 흘리며 타이르는 것은 다름이 아니라 그 형을 가깝게 여기기 때문입니다. 소반시의 원망은 어버이를 친애함에서 나온 것이다. 어버이를 친애하는 것은 인이다. 고루하구나, 고자의 시를 해석함이여!"

曰 凱風은 何以不怨이니잇고 曰 凱風은 親之過小者也요 小弁은 親之過大者也니 親之過大而不怨이면 是는 愈疏也요 親之過 小而怨이면 是는 不可磯也니 愈疏도 不孝也요 不可磯도 亦不孝也니라 孔子曰 舜은 其至孝矣신저 五十而慕라하시니라

○凱 착할 개: 弁 고깔 변
○공손추가 말하였다. "〈시경, 개풍〉에서는 어찌하여 원망하지 않았습니까?" 맹자께서 말씀하셨다. "〈개풍〉시에서는 어버이의 허물이 적은 것이고, 〈소반〉시에서는 어버이의 허물이 큰 경우이다. 어버이의 과실이 큰데도 원망하지 않는다면 이는 더욱 소원해지고, 어버이의 허물이 작은 데도 원망한다면 이는 자식을 쉽게 노하여 부모로 하여금 자식을 건드릴 수 없게 하는 것이다. 더욱 소원해지게 하는 것도 불효요, 자식

을 건드릴 수 없게 하는 것도 역시 불효다. 공자께서 말씀하시기를 '순 임금께서는 그야말로 극진한 효자이실 것이다. 50세가 되어서도 부모를 사모하셨다.'라고 말씀하셨다."

(4) 이(利)를 버리고 인의(仁義)를 따르라

宋牼이 將之楚러니 孟子遇於石丘하시다 曰 先生은 將何之오 曰 吾聞秦楚構兵이라하니 我將見楚王하여 說(세)而罷之호되 楚王이 不悅이어든 我將見秦王하여 說而罷之호리니 二王에 我將有所遇焉이리라 曰 軻也는 請無問其詳이요 願聞其指하노니 說之將何如오 曰 我將言其不利也호리다 曰 先生之志則大矣어니와 先生之號則不可하다

○송(宋)나라 사람 송경(宋牼)이 초나라로 가는 길이었다. 맹자께서 석구(石丘)에서 그를 만나 말씀하셨다. "선생께서는 어디로 가시는 길입니까?" 송경이 말하였다. "내가 들으니 진(秦)나라와 초(楚)나라가 전란을 일으켰다는 소문을 들어서 초나라의 왕을 만나 그를 설득하여 전쟁을 그만두게 하려 하는데, 초왕이 내 말을 기뻐하지 않으면 진왕(秦王)을 만나 설득해서 싸움을 그만두게 것이니, 두 왕 중에서 나와 뜻이 맞는 이를 만나게 될 것입니다." 맹자께서 말씀하셨다. "저는 상세한 내용은 여쭙지 않겠습니다. 그 요지를 듣고 싶습니다. 무슨 말로 그들을 어떻게 설득하시려는 것입니까?" 송경이 말하였다. "나는 그 전쟁의 불리함을 말하려 합니다." 맹자께서 말씀하셨다. "선생님의 뜻은 크지만, 명분은 안 될 것입니다.

先生이 以利로 說秦楚之王이면 秦楚之王이 悅於利하여 以罷三軍之師하리니 是는 三軍之士樂罷而悅於利也라 為人臣者 懷利以事其君하며 為人子者懷利以事其父하며 為人弟者 懷利以事其兄이면 是는 君臣父子兄弟終去仁義하고 懷利以相接이니 然而不亡者未之有也니라

○선생께서 이익을 가지고 진과 초의 왕들을 설득하면, 진나라와 초나라의 왕들이 이익을 좋아하여 3군의 군대를 해산시킬 것이니, 그것은 3군의 군사들이 해산을 즐거워하고 이익이 될 것을 기뻐할 것입니다.

신하 된 자는 이익을 생각하여서 자기 임금을 섬기고, 자식 된 자는 이익을 생각하여서 자기 부모를 섬기고, 동생 된 자는 이익을 생각하여서 자기 형을 섬길 것이니, 그것은 군신과 부자와 형제가 마침내 인의를 버려 버리고 이익만을 생각해서 서로 대하는 것입니다. 이렇게 하고서도 망하지 않은 사람은 있지 않습니다.

先生이 **以仁義**로 **說秦楚之王**이면 **秦楚之王**이 **悅於仁義**하여 **而罷三軍之師**하리니 **是**는 **三軍之士 樂罷而悅於仁義也**라 **為人臣者懷仁義以事其君**하며 **為人子者懷仁義以事其父**하며 **為人弟者懷仁義以事其兄**이면 **是君臣父子兄弟 去利**하고 **懷仁義以相接也**니 **然而不王者 未之有也**니 **何必曰利**리오

○ 선생께서 인과 의를 가지고 진나라와 초나라의 왕들을 설득하면 진나라와 초나라의 왕들이 인과 의를 좋아하여 3군의 군대를 해산한다면, 삼군의 군사들이 해산을 즐거워하고 인과 의를 좋아할 것입니다. 신하 된 자는 인과 의를 생각해서 자기 임금을 섬기고, 자식이 된 자는 인과 의를 생각해서 자기 부모를 섬기고 동생 된 자는 인과 의를 생각해서 자기 형을 섬긴다면, 그것은 군신과 부자와 형제가 이익을 버리고 인과 의를 생각해서 서로 접대하는 것입니다. 그러고서도 왕도정치를 이루지 못한 사람은 아직 있어 본 일이 없습니다. 그런데 하필이면 이익이라고 말씀하십니까?"

(5) 성의 없는 폐백은 답례를 안해도 좋다

孟子居鄒하실새 **季任**이 **為任處守**러니 **以幣交**어늘 **受之而不報**하시고 **處於平陸**하실새 **儲子為相**이러니 **以幣交**어늘 **受之而不報**하시다 **他日**에 **由鄒之任**하사 **見季子**하시고 **由平陸之齊**하사 **不見儲子**하신대 **屋廬子喜曰 連**이 **得閒矣**로라

○ 儲 쌓을 저
○ 맹자께서 추나라에 계실 적에 임(任)나라 군주의 아우 계임(季任)이 임나라의 처수(處守)가 되었는데, 그가 폐백을 보내 교제를 청해왔다.

맹자께서는 그것을 받으셨으나 답례를 하지 않으셨고, 맹자께서 제나라 평륙(平陸)에 계실 때 저자(儲子)가 정승이 되었는데, 그가 폐백을 보내 교재를 청해왔다. 맹자께서는 받으시기만 하고 답례를 하지 않으셨다. 그런데 후일 추나라에서 임나라로 가서는 계자를 만나 보시고, 평륙에서 제나라 도성에 가서는 저자를 만나 보지 않으셨다. 옥려자가 기뻐하며 "내가 여쭈어볼 틈이 생겼다."라고 말했다.

問曰 夫子之任하사 **見季子**하시고 **之齊**하사 **不見儲子**하시니 **爲其爲相與**잇가 **曰 非也**라 **書曰 享**은 **多儀**하니 **儀不及物**이면 **曰 不享**이니 **惟不役志于享**이라하니 **爲其不成享也**니라 **屋廬子悅**이어늘 **或問之**한대 **屋廬子曰 季子**는 **不得之鄒**요 **儲子**는 **得之平陸**일새니라

○옥리자가 묻기를 "선생님께서 임나라에 가서는 계자를 만나 보시고 평륙에 제나라에 가서서 저자를 만나 보지 않으신 것은 저자가 제나라의 재상에 불과하였기 때문에 그러신 것입니까?"라고 하자 맹자께서 말씀하셨다. "아닙니다. 〈서경, 낙고〉에 '윗사람에게 대접하는 데는 예모(禮貌)를 중시하니, 예모가 예물만 못하면 윗사람을 대접하지 않았다고 한다. 왜냐하면, 그것은 대접하는 데에 마음을 쓰지 않았다는 것이다.'라고 하였는데 내가 저자를 만나지 않은 것은 그가 대접을 제대로 하지 않았기 때문이다."라고 하시자 옥려자는 기뻐하였다. 어떤 사람이 그 까닭을 묻자, 옥려자가 말하였다. "계자는 추나라에 갈 수 없어 예물만 보내 교재를 청해도 예에 어긋나지 않지만, 저자는 평륙으로 갈 수 있었는데 예물만 보냈으니 이는 예에 어긋나는 것입니다."

(6) 군자가 하는 일은 소인이 모른다

淳于髡曰 先名實者는 **爲人也**요 **後名實者**는 **自爲也**니 **夫子在三卿之中**하사 **名實**이 **未加於上下而去之**하시니 **仁者**도 **固如此乎**잇가 **孟子曰 居下位**하여 **不以賢事不肖者**는 **伯夷也**요 **五就湯**하며 **五就桀者**는 **伊尹也**요 **不惡汙君**하며 **不辭小官者**는 **柳下惠也**니 **三子者不同道**하나 **其趨**는 **一也**니 **一者**는

何也오 曰 仁也라 君子는 亦仁而已矣니 何必同이리오

○髡 머리 깎을 곤
○제나라의 변론가 순우곤(淳于髡)이 말하기를 "명예와 공적을 중시하는 것은 남을 위해서 하는 일이고, 명예와 공적을 경시하는 것은 자신을 위해서 하는 것입니다. 선생님께서는 삼경(三卿) 중에 들어 계시면서 명예와 공적이 위와 아래에 더해지지 않았는데 떠나가시니 인자한 사람도 본래 그렇습니까?" 맹자께서 말씀하셨다. "낮은 지위에 있으면서 자신의 어짊으로써 못난 사람을 섬기지 않은 이는 백이(伯夷)였고, 다섯 차례 탕왕에게 나아가고 다섯 차례 걸에게로 나간 것이 이윤(伊尹)입니다. 더러운 군주를 싫어하지 않고, 작은 벼슬자리를 사퇴하지 않은 것은 유하혜(柳下惠)였으니, 이 세 사람은 방법은 달랐으나 그 나아간 것은 같았습니다. 같다는 것은 무엇입니까? 인이었습니다. 군자는 다만 인을 행할 따름이요. 반드시 방법이 같아야 할 것이야 있겠습니까?"

曰 魯繆公之時에 公儀子爲政하고 子柳 子思爲臣이로되 魯之削也滋甚하니 若是乎賢者之無益於國也여 曰 虞不用百里奚而亡하고 秦穆公이 用之而霸하니 不用賢則亡이니 削을 何可得與리오

○削 깎일 삭
○순우곤이 말하였다. 노나라 목공(穆公) 때는 공의자(公儀子)가 정사를 담당하였고 자유(子柳)와 자사(子思)가 신하가 되었지만, 노나라의 영토가 더욱 줄어들었습니다. 현자가 나라에 무익한 것이 이와 같습니다. 맹자께서 말씀하셨다. "우나라에서는 백리해(白里奚)를 등용하지 않아서 멸망하였고, 진나라 목공은 그를 등용해서 패자(霸者)가 되었습니다. 현자를 등용하지 않으면 멸망하는데, 땅이 줄어드는 것쯤이야 어찌할 수가 있겠습니까?"

曰 昔者에 王豹處於淇에 而河西善謳하고 綿駒處於高唐에 而齊右善歌하고 華周杞梁之妻善哭其夫에 而變國俗하니 有諸內면 必形諸外하나니 爲其

事而無其功者를 髡이 未嘗睹之也로니 是故로 無賢者也니 有則髡必識之니이다

○ 순우곤이 말하였다. "옛날에 왕표(王豹)란 사람이 기수(淇水) 가에 살아서 하서(河西) 지방 사람들이 노래를 잘했고, 면구(綿駒)란 사람이 고당(高唐)에 살아서 제나라 서쪽 지방 사람들이 노래를 잘 불렀고, 화주(華周)와 기량(杞梁)의 처가 남편의 상을 당해 애절하게 곡을 해서 나라의 풍속을 변하게 하였습니다. 안에 마음먹고 있는 것은 반드시 밖으로 나타납니다. 그러한 일을 하였는데 그러한 일을 하고서 공적이 없는 것을 저는 아직껏 본 일이 없습니다. 그러므로 이 세상이 혼란한 것을 보면 오늘날에 현자가 없는 것입니다. 있었다면 제가 반드시 그를 알았을 것입니다."

曰 孔子爲魯司寇러시니 不用하고 從而祭에 燔肉이 不至어늘 不稅冕而行하시니 不知者는 以爲爲肉也라하고 其知者以爲爲無禮也라하니 乃孔子則欲以微罪行하사 不欲爲苟去하시니 君子之所爲를 衆人이 固不識也니라

○ 맹자께서 말씀하셨다. "공자께서 노나라의 사구(司寇)로 계셨는데 그 말씀이 쓰이지 않고, 게다가 교(郊) 제사를 지내고서 제사 지낸 고기가 오지 않자 면복을 벗지 않으시고 떠나가 버리셨습니다. 모르는 사람은 고기 때문이었다고 여길 것이고, 아는 사람은 노나라가 무례하기 때문이라고 여길 것입니다. 공자께서는 하찮은 잘못을 구실 삼아 떠나고자 하셨고, 구차하게 그만두려고 하지 않으신 것입니다. 군자가 하는 행동은 일반 사람들은 본래 모르는 것입니다."

(7) 오패(五霸)는 삼왕(三王)의 죄인이다

孟子曰 五霸者는 三王之罪人也요 今之諸侯는 五霸之罪人也요 今之大夫는 今之諸侯之罪人也니라

○ 맹자께서 말씀하셨다. "제후중 강자인 오패(五霸)는 삼왕(三王)에게 죄를 지은 죄인이고, 지금의 제후들은 오패에게 죄를 지은 죄인이다. 지금의 대부들은 지금의 제후에게 죄를 지은 죄인이다.

天子適諸侯曰巡狩요 諸侯朝於天子曰述職이니 春省耕而補不足하며 秋省斂而助不給하나니 入其疆하니 土地辟하며 田野治하며 養老尊賢하며 俊傑이 在位하며 則有慶이니 慶以地하고 入其疆하니 土地荒蕪하며 遺老失賢하며 掊克이 在位하면 則有讓이니 一不朝則貶其爵하고 再不朝則削其地하고 三不朝則六師로 移之라

○狩 순행할 수: 蕪 황폐할 무: 掊 거둘 부: 貶 낮출 폄
○천자가 제후나라에 가는 것을 순수(巡狩)라고 하고, 제후가 천자에게 조회하는 것을 술직(述職)이라 하니, 순수를 함으로써 봄에는 밭 가는 것을 살펴서 부족한 것을 보충하여 주고, 가을에는 수확하는 상태를 살펴서 모자라는 것을 도와준다. 천자가 제후의 국경 안에 들어가 보아서, 토지가 잘 개간되어 있고, 들이 잘 관리되어 있으며, 노인을 잘 봉양하고, 현자를 높이며, 우수한 인재가 벼슬자리에 있으면 상을 주는데 땅을 상으로 준다. 천자가 제후의 국경 안에 들어가 보아서 토지가 황폐하고, 노인을 내버려 두고, 현자가 등용되지 못하며, 세금을 가혹하게 거두어들이는 자들이 벼슬자리에 있으면 견책한다. 제후가 한 번 조회 오지 않으면 그 관작을 강등하고, 두 번 조회 오지 않으면 그 국토를 삭감하고, 세 번 조회 오지 않으면 천자의 군대를 동원하여 임금을 바꿔 버린다.

是故로 天子는 討而不伐하고 諸侯는 伐而不討하나니 五霸者는 摟諸하여 以伐諸侯者也라 故로 曰 五霸者는 三王之罪人也라하노라

○그렇기 때문에 천자는 죄를 성토(聲討)만 하고 정벌(征伐)하지는 않고, 제후는 정벌만 하고 성토하지는 않는 것이다. 그런데 오패는 제후들을 이끌고 제후를 정벌한 자들이다. 그래서 내가 오패는 삼왕의 죄인이라고 말하는 것이다.

五霸에 桓公이 爲盛하더니 葵丘之會에 諸侯 束牲 載書而不歃血하고 初命曰 誅不孝하며 無易樹子하며 無以妾爲妻라하고 再命曰 尊賢育才하여 以彰有德이라하고 三命曰 敬老慈幼하며 無忘賓旅라하고 四命曰 士無世官하며

官事無攝하며 **取士必得**하며 **無專殺大夫**라하고 **五命曰 無曲防**하며 **無遏糴**하며 **無有封而不告**라하고

- ○葵 아욱 규: 糴 쌀 사들일 적
- ○오패 중에는 제나라 환공이 가장 강성하였는데 규구(葵丘)의 회맹(會盟)에서 제후들을 모아놓고 희생을 묶어 그 위에 맹약하는 글을 올려놓고, 희생의 피를 마시는 의식은 하지 않고 명령하였다. 그 맹약의 첫째 조항은 '불효한 자를 죽이고, 세자를 바꾸지 말고, 첩을 아내로 삼지 말 것이다.'라고 하였고 두 번째 조항은 '현자를 존중하고 인재를 양육하여서 유덕한 사람을 표창하라.' 하였고, 셋째 조항은 '노인을 공경하고 어린이를 사랑하며 빈객과 나그네를 소홀하지 말 것이다.'라고 하였고, 넷째 조항은 '선비는 관직을 세습시키지 말고, 관직의 일은 겸무하지 말도록 하고, 선비를 등용함에 반드시 적임자를 하도록 하고, 멋대로 대부를 죽이지 말 것이다.'라고 하였고, 다섯째 조항에는 '제방을 굽게 쌓지 말고, 양곡을 매입해 가는 것을 막지 말고, 대부들을 봉해주고서 보고하지 않는 일이 없도록 하라.' 하였다.

曰 凡我同盟之人은 **既盟之後**에 **言歸于好**라하니 **今之諸侯**는 **皆犯此五禁**하나니 **故**로 **曰 今之諸侯**는 **五霸之罪人也**라하노라 **長君之惡**은 **其罪小**하고 **逢君之惡**은 **其罪大**하니 **今之大夫 皆逢君之惡**하나니 **故**로 **曰 今之大夫**는 **今之諸侯之罪人也**라하노라

- ○그리고 마지막에 이르기를 '무릇 우리 동맹한 사람들은 맹약한 후에는 약속한 내용을 우호적으로 잘 지키도록 하자.'라고 하였다. 그런데 지금의 제후들은 모두 이 다섯 가지의 금약(禁約)을 범하고 있다. 그래서 나는 '지금의 제후는 오패에게 죄를 지은 죄인'이라고 하는 것이다. 군주의 악을 조장하는 것은 그 죄가 작고, 군주의 악에 영합하는 것은 그 죄가 크다. 지금의 대부들은 모두 군주의 악에 영합한다. 그래서 나는 '지금의 대부들은 지금의 제후에게 죄를 지은 죄인'이라고 하는 것이다."

(8) 백성들을 몰아다가 전쟁에 쓰면 재앙에 빠뜨린다

魯欲使愼子로 **爲將軍**이러니 **孟子曰 不敎民而用之**를 **謂之殃民**이니 **殃民者**는 **不容於堯舜之世**니라 **一戰勝齊**하여 **遂有南陽**이라도 **然且不可**하니라 **愼子勃然不悅曰 此則滑釐**(골리)**所不識也**로이다

- ○滑 어지러울 골: 釐 바로 잡을 리: 골리는 신자의 이름
- ○노나라가 신자(愼子)를 장군으로 삼으려고 하자. 맹자께서 말씀하셨다. "백성을 가르치지 않고서 전투에 동원해다 쓰는 것은 백성들을 재앙에 빠뜨리는 것이라고 합니다. 백성들을 재앙에 빠뜨리는 사람은 요순의 세상에는 용납되지 못하였다. 한번 싸워서 제나라를 이겨 남양을 차지한다고 하더라도 안 됩니다." 신자가 발끈하고 성을 내며 말하였다. "그런 것은 제가 납득할 수 없는 말입니다."

曰 吾明告子호리라 **天子之地方千里**니 **不千里**면 **不足以待諸侯**요 **諸侯之地方百里**니 **不百里**면 **不足以守宗廟之典籍**이니라 **周公之封於魯**에 **爲方百里也**니 **地非不足**이로되 **而儉於百里**하며 **太公之封於齊也**에 **亦爲方百里也**니 **地非不足也**로되 **而儉於百里**하니라

- ○맹자께서 말씀하셨다. "내가 분명하게 당신에게 일러 드리겠습니다. 천자의 땅은 사방 1,000 리이니, 1,000 리가 안 되면 제후를 대접할 수 없고 제후의 땅은 사방 100 리이니, 100 리가 안 되면 종묘의 전적(典籍)을 지키기에 부족합니다. 주공을 노나라에 봉할 적에 땅이 모자라는 것은 아니었으나 100 리로 제한하였고 태공을 제나라에 봉할 때도 땅이 부족한 것은 아니었으나 100 리로 제한하였던 것입니다.

今魯는 **方百里者五**니 **子以爲有王者作**인댄 **則魯在所損乎**아 **在所益乎**아 **徒取諸彼**하여 **以與此**라도 **然且仁者不爲**온 **況於殺人以求之乎**아 **君子之事君也**는 **務引其君以當道**하여 **志於仁而已**니라

- ○지금 노나라는 사방 100 리 되는 것이 다섯이니, 당신 생각으로 왕업을 이루는 자가 나온다면 노나라는 땅을 줄일 것 같습니까? 늘여 받을 것 같습니까? 전쟁하지 않고 저쪽 땅을 빼앗아다가 이 나라에 주

는 일조차도 인자한 사람은 하지 않는데, 하물며 사람을 죽여 가면서 땅 늘리기를 구하는 것이야말로 안 됩니다. 군자가 임금을 섬기는 것은 그 임금을 인도하여 바른길로 나아가서 인에다 뜻을 두도록 할 따름입니다."

(9) 불인(不仁)한 임금들을 돕는 자는 백성들의 도적이다

孟子曰 今之事君者曰 我能爲君하여 **辟土地**하며 **充府庫**라하면 **今之所謂良臣**이요 **古之所謂民賊也**라 **君不鄕道**하여 **不志於仁**이어든 **而求富之**하니 **是**는 **富桀也**니라

○ 맹자께서 말씀하셨다. "오늘날 임금을 섬기는 자들은 모두 '나는 임금을 위해 토지를 개간하고 창고를 가득 채우게 할 수 있다.'라고 말하지만, 오늘날의 이른바 훌륭한 신하는 옛날이라면 이른바 백성의 적이다. 임금이 올바른 도를 지향하지 않고 인에다 뜻을 두지 않는데도 그를 부유하게 해주려고 하는 것은 폭군 걸(桀)을 부유하게 해주는 것이다.

我能爲君하여 **約與國**하여 **戰必克**이라하나니 **今之所謂良臣**이요 **古之所謂民賊也**라 **君不鄕道**하여 **不志於仁**이어든 **而求爲之强戰**하니 **是**는 **輔桀也**니라 **由今之道**하여 **無變今之俗**이면 **雖與之天下**라도 **不能一朝居也**리라

○ 지금 임금을 섬기는 자가 말하기를 "내가 임금을 위해 우방국과 맹약을 맺고 전쟁을 하면 반드시 이길 수 있다.'라는 것이니 지금의 이른바 훌륭한 신하는 옛날의 백성의 도적이다. 임금이 정도를 향하지 않고 인에다 뜻을 두지 않는데 그를 위해 무리하게 전쟁을 하기를 바라는 것은 걸을 도와주는 것이다. 지금의 군주를 섬기는 도를 따르고 지금의 풍속을 바꾸지 않는다면 비록 천하를 준다고 하더라도 하루아침도 그것을 지켜 내지 못할 것이다."

(10) 세법(稅法)은 요(堯), 순(舜)의 법에 따르라

白圭曰 吾欲二十而取一하노니 **何如**하니잇고 **孟子曰 子之道**는 **貉道也**로

다 **萬室之國**에 **一人**이 **陶則可乎**아 **曰 不可**하니 **器不足用也**니이다 **曰 夫貉**은 **五穀**이 **不生**하고 **惟黍生之**하나니 **無城郭宮室宗廟祭祀之禮**하여 **無諸侯幣帛饔飧**하며 **無百官有司**라 **故**로 **二十**에 **取一而足也**니라

- ○貊 오랑캐 맥: 饔 아침밥 옹: 飧 저녁밥 손
- ○주(周)나라 사람 백규(白圭)가 "나는 20분의 1을 조세를 받고 싶은데 어떻습니까?"하고 말하자 맹자께서 말씀하셨다. "당신의 방법은 오랑캐 나라인 맥(貉)의 방법입니다. 1만 가구가 사는 나라에서 한 사람이 도기(陶器)를 만든다면 되겠습니까?"백규가 말하였다. "안됩니다. 그 릇이 쓰기에 부족할 것입니다."맹자께서 말씀하셨다. "맥(貊) 땅에서 는 오곡이 나지 않고 단지 기장만이 생산되니, 성곽과 궁실 그리고 종 묘에서 제사의 예법이 없고 제후들과 폐백을 교환하고 음식을 대접하 는 일도 없으며 백관들과 담당 관리도 없기 때문에 20분의 1만 받아도 충분할 것입니다.

今에 **居中國**하여 **去人倫**하며 **無君子**면 **如之何其可也**리오 **陶以寡**라도 **且不可以為國**이온 **況無君子乎**아 **欲輕之於堯舜之道者**는 **大貉**에 **小貉也**요 **欲重之於堯舜之道者**는 **大桀**에 **小桀也**니라

- ○지금 중국에 살면서 인륜을 버리고 군자를 없앤다면 어떻게 괜찮겠습 니까? 도기 굽는 것이 적어도 나라를 다스릴 수 없는데 하물며 군자가 없어서야 되겠습니까? 요순의 도인 10분의 1보다 조세를 적게 받고자 하는 자는 큰 오랑캐나 작은 오랑캐이고, 요순의 도인 10분의 1보다 조 세를 무겁게 하고자 하는 자는 큰 걸(桀)왕이고 작은 걸왕입니다."

(11) 물은 제길로 흐르게 하라

白圭曰 丹之治水也愈於禹호이다 **孟子曰 子過矣**로다 **禹之治水**는 **水之道 也**니라 **是故**로 **禹**는 **以四海為壑**이어시늘 **今**에 **吾子以鄰國為壑**이로다 **水逆行** 을 **謂之洚水**니 **洚水者**는 **洪水也**라 **仁人之所惡**(오)**也**니 **吾子過矣**로다

- ○홍(洚) 물가없을 홍(강): 洪 큰물 홍
- ○백규가 "제가 물을 다스리는 것이 우(禹)왕보다 낫습니다."하고 말하

자 맹자께서 말씀하셨다. "당신은 잘못입니다. 우가 치수한 것은 높은 데서 낮은 데로 흐르도록 물이 제 길로 가게 한 것입니다. 그래서 우는 사방의 바다를 골짜기로 삼았던 것입니다. 지금 당신은 이웃 나라를 골짜기로 삼고 있습니다. 물이 역행하는 것을 강수(洚水)라고 하는데 강수는 홍수(洪水)가 난 것으로, 인자한 사람이 싫어하는 것입니다. 당신은 잘못입니다."

(12) 군자는 신의가 있어야 한다

孟子曰 君子不亮이면 惡(오)乎執이리오

○亮 성실할 량
○맹자께서 말씀하셨다. "군자가 성실하지 않으면 어떻게 일을 하겠는가?"

(13) 선인(善人)이 정치를 하면 나라가 잘 다스려 진다

魯欲使樂正子로 爲政이러니 孟子曰 吾聞之하고 喜而不寐호라 公孫丑曰 樂正子는 强乎잇가 曰 否라 有知慮乎잇가 曰 否라 多聞識乎잇가 曰 否라 然則奚爲喜而不寐시니잇고 曰 其爲人也好善이니라

○노나라에서 악정자에게 정치를 맡게 하려 하자, 맹자께서 말씀하셨다. "내가 이 말을 듣고 기뻐서 잠을 이루지 못했다." 그러자 공손추가 말하였다. "악정자는 굳센 사람입니까?" 맹자께서 "그렇지 않습니다."라고 말씀하셨다. 공손추가 말했다. "지혜와 사려가 있습니까?" 맹자께서 말씀하셨다. "아닙니다." 공손추가 말했다. "듣고 아는 것은 많습니까?" 맹자께서 말씀하셨다. "그렇지 않습니다." 공손추가 말하였다. "그렇다면 무엇 때문에 기뻐서 잠이 안 오십니까?" 맹자께서 말씀하셨다. "그의 사람됨이 선(善)을 좋아한다."

好善이 足乎잇가 曰 好善이 優於天下어든 而況魯國乎아 夫苟好善이면 則四海之內 皆將輕千里而來하여 告之以善하고 夫苟不好善이면 則人將曰 訑訑를 予旣已知之矣로라하리라 訑訑之聲音顔色이 距人於千里之外하나니 士止於千里之外하면 則讒諂面諛之人이 至矣러니 與讒諂面諛之人居면 國

欲治인들 可得乎아

○訑 잘난 체할 이: 讒 참소할 참: 諛 아첨할 유
○공손추가 말하였다. "선을 좋아하는 것으로 충분합니까?" 맹자께서 말씀하셨다. "선을 좋아하면 온 천하를 다스리기에도 충분한데 하물며 노나라에서 있어서랴? 진실로 선을 좋아하면 천하의 사람들이 천 리를 대수롭지 않게 여기지 않고 찾아와 좋은 계책을 말해 주지만, 선을 좋아하지 않으면 사람들이 '혼자 잘난 체할 줄을 내 이미 안다.'라고 말할 것이다. 잘난 체하는 목소리와 얼굴빛이 사람들을 천 리 밖으로 물러나게 만든다. 그리하여 선비들이 천 리 밖에 떨어져 있으면 참소하고 아첨하고 맞대고 비위 맞추는 사람들이 오게 된다. 참소하고 아첨하고 맞대고 면전에서 비위 맞추는 사람들과 같이 있다면 나라가 다스려지기를 바란들 다스려 질수 있겠느냐?"

(14) 군자의 진퇴에는 세가지 길이 있다

陳子曰 古之君子何如則仕니잇고 孟子曰 所就三이요 所去三이니라 迎之致敬以有禮하며 言將行其言也則就之하고 禮貌未衰나 言弗行也則去之니라 其次雖未行其言也나 迎之致敬以有禮則就之하고 禮貌衰則去之니라

○致 극진할 치
○맹자의 제자 진진(陳臻)이 말하였다. "옛사람은 어떤 경우에 벼슬을 하였습니까? 맹자께서 말씀하셨다. "벼슬하러 나가는 경우가 세 가지가 있고, 벼슬에서 물러나는 경우가 세 가지가 있습니다. 군주가 자기를 맞이함에 지극하고 공경하고 예가 있으며 장차 자기의 말을 받아들여 행하겠다고 말하면 나가고, 예모가 쇠하지는 않았으나 말이 행하여지지 않으면 벼슬에서 떠난다. 다음은 비록 자기의 말을 행하지는 않는다고 하더라도 자기를 맞이할 때 지극히 경의를 표하여 예가 있으면 나아가고 예모가 쇠하면 벼슬에서 물러난다.

其下는 朝不食하고 夕不食하여 飢餓不能出門戶어든 君聞之曰 吾大者不能行其道하고 又不能從其言也하여 使飢餓於我土地를 吾恥之라 하고 周之

인댄 **亦可受也**어니와 **免死而已矣**니라

○ 飢 주릴 기: 餓 주릴 아
○ 그다음으로는 아침도 저녁도 먹지 못해서 굶주려 문밖을 나서지 못하는 것을 임금이 듣고서 '내 크게는 그의 도를 행하지 못하고 그의 말을 따르지 못해서 내 땅에서 굶주리게 하고 배고프게 했으니 내 이를 부끄럽게 생각한다.'라고 말하고 자기를 구원해 준다면 역시 나갈 수 있거니와 그것은 단지 죽음을 면하는 것일 따름입니다."

(15) 우환(憂患) 속에서 단련을 받으면 훌륭해지고 안락(安樂) 속에서 태만하면 멸망한다

孟子曰 舜은 **發於畎畝之中**하시고 **傅說擧於版築之間**하고 **膠鬲**은 **擧於魚鹽之中**하고 **管夷吾**는 **擧於士**하고 **孫叔敖擧於海**하고 **百里奚擧於市**니라 **故**로 **天將降大任於是人也**신댄 **必先苦其心志**하며 **勞其筋骨**하며 **餓其體膚**하며 **空乏其身**하여 **行拂亂其所爲**하나니 **所以動心忍性**하여 **曾益其所不能**이니라

○ 畎 밭두둑 견: 膠 아교 교: 鬲 산마늘 력: 敖 놀 오
○ 맹자께서 말씀하셨다. "순임금께서는 밭두둑에서 농사짓다가 떨쳐 일어나셨고, 부열(傅說)은 성벽 쌓는 일을 하다가 등용되었고, 교력(膠鬲)은 생선과 소금을 팔다가 등용되었고, 관이오(管夷吾, 管仲)은 감옥에 갇혀 있다가 등용되었고, 손숙오(孫叔敖)는 바닷가에서 살다가 등용되었고, 백리해(百里奚)는 시정에서 살다가 등용되었다. 그러므로 하늘에서 그러한 사람들에게 큰일을 맡기려고 명이 내리면 반드시 그들의 마음을 괴롭히고, 그들의 근골(筋骨)을 수고롭게 하고, 그의 몸을 궁핍하게 하여, 어떤 일을 행함에 그가 하는 일이 뜻대로 되지 않게 하니, 이는 그렇게 함으로써 마음을 분발시키고 성질을 참게 하여 그가 할 수 없는 일을 해낼 수 있게 해주려는 것이다.

人恒過然後에 **能改**하나니 **困於心**하며 **衡於慮而後**에 **作**하며 **徵於色**하며 **發於聲而後**에 **喩**니라 **入則無法家拂士**하고 **出則無敵國外患者**는 **國恒亡**이니

라 **然後知生於憂患而死於安樂也**니라

○徵 부를 징, 징험할 징: 喩 깨달을 유: 拂 떨 불, 도울 필(弼과 같음)
○사람들은 언제나 과오를 저지르고 난 후에야 고치니, 마음속으로 고달프고 생각에 순조롭지 못한 것이 있은 후에야 분발하며 사람들의 안색과 음성에 나타난 후에야 깨닫는다. 나라에 들어가서는 법도 있는 대신의 집안과 보필하는 선비가 없고, 나라 밖에 나와서는 적국(敵國)과 외환(外患)이 없는 나라는 언제나 멸망한다. 그런 뒤에야 사람은 우환 속에서 살아남고 안락한 가운데서는 멸망한다는 것을 알게 된다."

(16) 사람을 가르치는 데는 방법이 있다

孟子曰 教亦多術矣니 **予不屑之教誨也者**는 **是亦教誨之而已矣**니라

○誨 가르칠 회
○맹자께서 말씀하셨다. "가르치는 데에는 방법이 여러 가지 있으니, 내가 달갑게 여기지 않아서 가르쳐주지 않는다면 그것 역시 가르쳐 주는 것일 따름이다."

제 7편 13. 진심장구 상(盡心章句 上)

이 장구는 46장으로 사람의 본성과 천명과의 관계를 주축으로 하여 맹자 사상의 핵심인 성선설을 주로 다루고 있다.

(1) 천명을 지키는 방법

孟子曰 盡其心者는 **知其性也**니 **知其性 則知天矣**니라 **存其心**하여 **養其性**은 **所以事天也**니라 **殀壽不貳**하여 **修身以俟之**는 **所以立命也**니라

○殀 일찍 죽을 요: 貳 의심할 이: 俟 기다릴 사
○맹자께서 말씀하셨다. "그 마음을 다 실천하는 자는 마음의 근원인 본성(性)을 알 수 있으니, 그 본성을 알면 더 나아가서 본성의 근원인 하

늘을 알 수 있게 된다. 그 마음을 보존하여 그 본성을 기르는 것이 하늘을 섬기는 방법이다. 단명하거나 장수하거나 하는 것에 의심하지 않고 몸을 닦아 천명을 기다리는 것은 명을 세우는 것이다."

(2) 명을 아는 사람

孟子曰 莫非命也나 順受其正이니라 是故知命者는 不立乎巖牆之下하나니라 盡其道而死者는 正命也요 桎梏死者는 非正命이니라

- 桎 형틀 질: 梏 형틀 곡
- 맹자께서 말씀하셨다. "무엇이든 명(命) 아닌 것이 없으나 명의 올바를 것을 순리로 받아들여야 한다. 그러므로 명을 아는 사람은 위험한 담장 밑에 서지 않는다. 자기의 도리를 다하고 죽는 사람은 바른 명이지만, 죄를 지어 형벌을 받고 죽는 것은 올바른 명이 아니다."

(3) 자기 자신 안에서 덕을 구하여라

孟子曰 求則得之하고 舍則失之하나니 是求有益於得也니 求在我者也일새니라 求之有道하고 得之有命하니 是求無益於得也니 求在外者也일새니라

- 舍 버릴 사, 捨와 같음
- 맹자께서 말씀하셨다. "노력해서 적극적으로 구하면 얻게 되고 그렇지 않고 포기해서 버려두면 잃게 되는데 이러한 경우에는 적극적으로 구함이 자기 것으로 만드는데 유익하다. 이 경우 자신에게 있는 것을 구하기 때문이다(자신에게 있다는 것은 인, 의, 예, 지 등 모든 성이 있음을 뜻한다). 구하는 데에는 일정한 방법이 있고, 얻는 데에 명(命)이 있는 경우라면, 이러한 구함은 얻는다고 해도 얻음에 유익함이 없으니, 밖에 있는 것을 구하기 때문이다(밖에 있는 것은 부귀와 이달(利達) 등).

(4) 모든 사물의 이치는 자신에게 갖추어져 있다

孟子曰 萬物皆備於我矣니 反身而誠이면 樂莫大焉이요 強恕而行이면 求仁莫近焉이니라

○備 갖출 비: 恕 용서할 서
○맹자께서 말씀하셨다. "모든 사물의 이치는 나에게 갖추어져 있다. 자신을 반성하고 성실하면 즐거움이 그보다 클 수가 없다. 노력하여 용서하는 마음으로 일을 해나가면, 인을 구하는 데는 그보다 가까울 수는 없는 것이다."

(5) 자각과 이해로 그 본성을 실천하여라

孟子曰 行之而不著焉하며 **習矣而不察焉**이라 **終身由之而不知其道者衆也**니라

○由 행할 유: 衆 무리 중
○맹자께서 말씀하셨다. "행하면서도 왜 그렇게 해야 하는지 밝게 알지 못하고, 습관적으로 익숙하게 하고 있으면서도 그 이유를 알지 못한다. 그리하여 종신토록 행하면서도 그 도를 모르는 사람이 많다."

(6) 인간은 누구나 부끄러워할 줄 알아야 한다

孟子曰 人不可以無恥니 **無恥之恥**면 **無恥矣**니라

○恥 부끄러울 치
○맹자께서 말씀하셨다. "사람은 부끄러워하는 마음이 없어서는 안 되니 부끄러워함이 없음을 부끄러워하면 부끄러워할 일이 없게 될 것이다."

(7) 수치심의 중요성

孟子曰 恥之於人大矣라 **爲機變之巧者無所用恥焉**이니라 **不恥不若人**이면 **何若人有**리오

○機 기틀 기
○맹자께서 말씀하셨다. "부끄러워하는 마음은 사람에게 매우 중요하다. 임기응변의 기교를 부리는 사람은 부끄러워하는 마음을 쓸 곳이 없다. 부끄러워하지 않음이 남(정상인)과 같지 않다면, 무엇이 남과 같은 것이 있겠는가?"

(8) 선을 즐기고 권세는 버려야 한다

孟子曰 古之賢王이 **好善而忘勢**하더니 **古之賢士何獨不然**이리오 **樂其道而忘人之勢**라 **故**로 **王公**이 **不致敬盡禮**면 **則不得亟**(기)**見之**하니 **見且由不得亟**은 **而況得而臣之乎**아

- 亟 빠를 극(기)
- 맹자께서 말씀하셨다. "옛날의 현명한 임금들은 선을 좋아하고 권세는 생각하지 않고 있었다. 옛날의 현명한 선비인들 어찌 그렇게 하지 않았겠는가? 옛날의 현명한 선비는 자기의 도를 즐기고 남의 권세는 잊어버리고 있었다. 그래서 왕이나 공이 경의를 표하고 예를 다하지 않으면 그들을 자주 만날 수 없었던 것이다. 만나는 일조차도 자주 할 수 없었거늘 하물며 그들을 얻어서 신하로 삼을 수 있었겠는가?"

(9) 유세하는 사람은 태연한 덕성을 지녀야 한다

孟子謂宋句踐曰 子好遊乎아 **吾語子遊**하리라 **人知之**라도 **亦囂囂**하며 **人不知**라도 **亦囂囂**니라 **曰 何如斯可以囂囂矣**이꼬 **曰 尊德樂義則可以囂囂矣**니라

- 囂 만족할 효
- 맹자께서 송구천(宋句踐)에게 말씀하셨다. "당신은 유세하기를 좋아하십니까? 내가 당신에게 유세하는 방법을 말씀드리겠습니다. 남이 자기 말을 알아주어도 스스로 만족해야 하고 자기 말을 알아주지 않아도 스스로 만족해야 합니다." 송구천이 물었다. "어떻게 해야 스스로 만족해질 수 있습니까?" 맹자께서 말씀하셨다. "덕을 존중하고 의를 즐거워하면 스스로 만족해질 수 있습니다.

故士窮不失義하며 **達不離道**하며 **窮不失義**라 **故士得己焉**하고 **達不離道**라 **故民不失望焉**이니라

- 窮 곤궁할 궁: 達 영달할 달
- 그래서 선비는 궁해져도 의를 버리지 않고 출세하여도 도를 벗어나

지 않습니다. 궁해도 의를 버리지 않기 때문에 선비는 자기의 본성을 유지하고 출세해도 도에서 벗어나지 않기 때문에 백성들이 실망하지 않는 것입니다.

古之人이 **得志**면 **澤加於民**하고 **不得志**면 **脩身見於世**하니 **窮則獨善其身**하고 **達則兼善天下**하나니라

○ 옛날 사람들은 뜻을 이루면 은택이 백성들에게 가해졌고 뜻을 이루지 못하면 자신이 덕을 닦아서 세상에 나타났습니다. 궁해지면 자신을 홀로 선하게 해나갔고 출세하면 천하 사람을 모두 선하게 해나갔습니다."

(10) 호걸(豪傑)군자는 스스로 정도에 분발한다

孟子曰 待文王而後에 **興者**는 **凡民也**니 **若夫豪傑之士**는 **雖無文王**이라도 **猶興**이니라

○ 맹자께서 말씀하셨다. "문왕같은 성군(聖君) 나오고 난 후에 분발한 것은 일반 백성들이다. 빼어난 선비는 문왕 같은 성군이 나오지 않더라도 분발한다."

(11) 뛰어난 사람은 부귀에 동심(動心)하지 않는다

孟子曰 附之以韓魏之家라도 **如其自視欿**(감)**然**이면 **則過人**이 **遠矣**니라

○ 맹자께서 말씀하셨다. "진(晉)나라의 부유한 경(卿)인 한씨(韓氏)나 위씨(魏氏)의 집안을 주어도 자신 스스로 하찮게 여긴다면 남보다 훨씬 뛰어난 사람이다."

(12) 백성을 위한 정치에는 죽음을 당해도 원망치 않는다

孟子曰 以佚道使民이면 **雖勞不怨**하며 **以生道殺民**이면 **雖死不怨殺者**니라

○ 佚 편안 일
○ 맹자께서 말씀하셨다. "편안하게 해주는 방법으로 백성을 부리면 백

성들이 힘들다고 하더라도 원망하지 않으며, 살려주는 방법으로 백성을 죽이면 죽는다고 하더라도 죽이는 사람을 원망하지 않는다."

(13) 왕도정치의 위력

孟子曰 霸者之民은 驩虞如也요 王者之民은 皥皥如也니라 殺之而不怨하며 利之而不庸이라 民日遷善而不知爲之者니라 夫君子는 所過者化하며 所存者神이며 上下與天地同流하나니 豈曰小補之哉리오

○虞 기쁠 우: 皥 밝을 호
○맹자께서 말씀하셨다. "패도를 다스리는 자의 백성들은 패자가 베푸는 은택으로 환희에 차 즐거워한다. 왕도로 다스리는 백성들은 스스로 만족해한다. 죽어도 원망하지 않고, 이롭게 해주어도 군주의 공으로 여기지 않는다. 그러므로 백성들은 날로 선으로 옮겨가면서도 누가 그렇게 하는지를 모른다. 군자가 지나가는 곳은 교화(敎化)되고 마음에 간직하고 있으면 신묘(神妙)해진다. 그러므로 아래위로 천지와 흐름을 같이 하는데 군자가 어찌 일시적이고 부분적인 보탬이 된다고 하겠는가?"

(14) 왕도정치의 요체는 민심을 얻는 것이다

孟子曰 仁言不如仁聲之入人深也니라 善政不如善敎之得民也니라 善政民畏之하고 善敎民愛之하나니 善政得民財하고 善敎得民心이니라

○맹자께서 말씀하셨다. "어질다는 말은 어질다는 소문이 사람에게 깊이 드는 것만 못하고, 잘하는 정치는 잘 가르쳐 민심을 얻는 것만 못하다. 잘하는 정치는 백성들이 그것을 두려워하고 잘하는 가르침은 백성들이 그것을 사랑한다. 잘하는 정치로는 백성들의 재물을 얻고 잘하는 가르침은 백성의 민심을 얻는다."

(15) 인의는 양지양능(良知良能)한 본성에서 나온다

孟子曰 人之所不學而能者는 其良能也요 所不慮而知者는 其良知也니라 孩提之童이 無不知愛其親者며 及其長也하야 無不知敬其兄也니라 親親은

仁也요 敬長은 義也니 無他라 達之天下也니라

○孩 어릴 해, 웃을 해: 提 끌 제
○맹자께서 말씀하셨다. "사람이 배우지 않고서도 할 수 있는 것은 양능(良能)이요, 생각하지 않고서도 아는 것은 양지(良知)이다. 어린이도 자기 어버이를 사랑하지 않음이 없고, 자라서는 자기 형을 공경하지 않음이 없다. 어버이를 어버이로 받드는 것이 인이요 어른을 공경하는 것이 의다. 이는 다름이 아니라 온 천하 사람들 누구나 인과 의를 가지고 있기 때문이다."

(16) 성인의 마음

孟子曰 舜之居深山之中에 與木石居하시며 與鹿豕遊하시니 其所以異於深山之野人者幾希러시니 及其聞一善言하시며 見一善行하사는 若決江河라 沛然莫之能禦也러시다

○맹자께서 말씀하셨다. "순임금이 깊은 산속에 사실 때 나무와 돌 틈에 거처하고 사슴과 산돼지와 함께 놀았으니 깊은 산의 야인과 다른 것은 거의 없었다. 그가 선한 말 한마디를 듣고, 선한 행실 한 가지를 보게 되면, 장강과 황하를 터놓은 것이 쏟아져 나오는 것같이 콸콸 흘러서 막을 수가 없었다."

(17) 자신이 원치 않는 것을 남에게 시키지 말라

孟子曰 無爲其所不爲하며 無欲其所不欲이니 如此而已矣니라

○맹자께서 말씀하셨다. "자기가 하지 않아야 할 것을 남이 하지 않게 하고, 자기가 원하지 않는 것을 남이 하도록 하지 말 것이니, 다만 그렇게 하는 것일 뿐이다."

(18) 환란과 고초를 겪은 후 사리에 통달할 수 있다

孟子曰 人之有德慧術知者는 恒存乎疢疾이니라 獨孤臣孼子는 其操心也危하며 其慮患也深이라 故達이니라

○孼 서자 얼
○맹자께서 말씀하셨다. "덕행과 지혜와 기술과 지식이 있는 사람은 언제나 어려움 속에 있게 마련이다. 오직 외로운 신하와 서자(庶子)들은 마음가짐이 편안하지 않고 위태로우며 환난을 깊이 염려하기 때문에 사리에 통달하게 된다."

(19) 사람의 등급에는 네 가지가 있다

孟子曰 有事君人者하니 事是君則爲容悅者也니라 有安社稷臣者하니 以安社稷爲悅者也니라 有天民者하니 達可行於天下而後行之者也니라 有大人者하니 正己而物正者也니라

○稷 피 직
○맹자께서 말씀하셨다. "임금을 섬기는 사람이 있으니 임금을 섬기면 임금에게 용납되고 기쁘게 해주는 사람이다. 사직을 편안하게 하는 신하가 있으니 사직을 편안하게 하는 것을 기쁨으로 하는 사람이다. 천리(天理)를 온전하게 하는 하늘의 백성이 있으니 자기가 도달한 지위에서 자기의 소신을 행할 수 있으면 그것을 행하는 사람이다. 대인이 있으니 자기를 바로잡아 사물이 바로 되게 하는 사람이다."

(20) 군자의 세 가지 즐거움

孟子曰 君子有三樂이나 而王天下不與存焉이니라 父母俱存하며 兄弟無故一樂也요 仰不愧於天하며 俯不怍於人이 二樂也요 得天下英才而敎育之三樂也니 君子有三樂이나 而王天下不與存焉이니라

○俱 함께 구, 갖출 구: 俯 구부릴 부: 怍 부끄러울 작
○맹자께서 말씀하셨다. "군자에게는 세 가지 즐거움이 있는데 천하에 왕이 되는 것은 들어있지 않다. 부모가 모두 생존해 계시고 형제들이 무고한 것이 첫 번째 즐거움이요, 위로 하늘을 우러러보아 하늘에 부끄러움이 없고 굽어보아 사람에게 부끄럽지 않은 것이 두 번째의 즐거움이요, 천하의 뛰어난 인재를 얻어 교육하는 것이 세 번째의 즐거움

이다. 군자에게는 이 세 가지 즐거움이 있는데, 천하에 왕이 되는 것은 거기에 들어있지 않다."

(21) 군자의 가장 큰 즐거움은 인의예지(仁義禮智) 이다

孟子曰 廣土衆民을 君子欲之나 所樂不存焉이니라 中天下而立하여 定四海之民을 君子樂之나 所性不存焉이니라

○衆 많을 중
○맹자께서 말씀하셨다. "토지를 넓히고 백성을 많게 함은 군자가 원하는 것이나 그가 즐거워하는 것은 아니다. 천하의 한 가운데서 천하의 백성들을 안정시켜 주는 것을 군자가 즐거워하나 그가 본성으로 지니는 것은 아니다.

君子所性은 雖大行不加焉이니라 雖窮居不損焉이니 分定故也니라 君子所性은 仁義禮智根於心이라 其生色也睟然見(현)於面하며 盎於背하며 施於四體하여 四體不言而喩니라

○睟 깨끗할 수: 盎 가득할 앙: 喩 깨달을 유
○군자의 본성은 큰일을 하더라도 더해지지 않고 궁하게 살더라도 줄어들지 않으니 그것은 분수가 정해져 있기 때문이다. 군자의 본성인 인의예지는 마음에 뿌리박고 있어서 그것이 빛으로 발하면 윤택하게 얼굴에 나타나고, 등에 가득하며 사지에 퍼져져 말은 없으나 그것을 스스로 알게 되는 것이다."

(22) 노인을 잘 봉양하는 사람에게는 어진 사람이 귀순한다

孟子曰 伯夷辟紂하여 居北海之濱이러니 聞文王作하고 興曰 盍歸乎來리오 吾聞西伯은 善養老者라하고 太公이 辟紂하여 居東海之濱이러니 聞文王作하고 興曰 盍歸乎來리오 吾聞西伯은 善養老者라하니 天下에 有善養老면 則仁人이 以為己歸矣라

○맹자께서 말씀하셨다. "백이(伯夷)가 폭군 주왕을 피하여 북해 물가에

살다가, 문왕께서 세상에 나오셨다는 말을 듣고는 '어찌 돌아가지 않겠는가? 내가 들으니 서백(西伯, 문왕)은 노인을 잘 봉양한다.' 하였다. 태공이 주왕을 피하여 동해 물가에 살다가, 문왕께서 세상에 나오셨다는 말을 듣고 '어찌 돌아가지 않겠는가? 내가 들으니 문왕은 노인을 잘 봉양한다고 했다.' 하였다. 만일 천하에 노인을 잘 봉양하는 자가 있으면, 어진 사람들이 자기가 갈 곳으로 삼을 것이다.

五畝之宅에 **樹牆下以桑**하여 **匹婦蠶之**면 **則老者足以衣帛矣**며 **五母雞**와 **二母彘**를 **無失其時**면 **老者足以無失肉矣**며 **百畝之田**을 **匹夫耕之**면 **八口之家足以無飢矣**라

○ 5묘의 집 담장 아래에 뽕나무를 심고 한 필부가 누에를 치면 늙은이가 비단옷을 충분히 입을 수 있으며, 다섯 마리의 암탉과 두 마리의 암돼지를 기르되 새끼 칠 때를 놓치지 않게 하면 늙은이가 고기를 충분히 먹을 수 있으며, 100묘 되는 토지를 한 지아비가 경작하면 여덟 식구인 가정이 굶주리지 않을 수 있다.

所謂西伯이 **善養老者**는 **制其田里**하여 **教之樹畜**(휵)하고 **導其妻子**하여 **使養其老**니 **五十**에 **非帛不煖**하고 **七十**에 **非肉不飽**하나니 **不煖不飽**를 **謂之凍餒**니 **文王之民**이 **無凍餒之老者**는 **此之謂也**니라

○ 이른바 '서백(西伯)이 노인을 잘 봉양한다.'라는 것은 토지와 집터를 제정해주고 심고 기르는 법을 가르치며, 그 처자식을 인도하여 그 노인을 봉양하게 한 것이다. 사람이 50세에는 비단옷이 아니면 따뜻하지 않으며, 70세에는 고기가 아니면 배부르지 않으니, 따뜻하지 않고 배부르지 않은 것을 춥고 배고프다고 이른다. 문왕의 백성 중에는 춥고 배고픈 노인이 없었다는 것은 이를 말한 것이다."

(23) 생활을 안정시켜 주면 나쁜 백성이 없다

孟子曰 易(이)**其田疇**하여 **薄其稅斂**이면 **民可使富也**니라 **食之以時**하며 **用之以禮**면 **財不可勝用也**니라 **民非水火**면 **不生活**이로되 **昏暮**에 **叩人之門戶**

하며 求水火어든 無弗與者는 至足矣일새니 聖人이 治天下에 使有菽粟을 如水火니 菽粟이 如水火면 而民焉有不仁者乎리오

○疇 밭 두둑 주: 叩 두드릴 고: 菽 콩 숙
○맹자께서 말씀하셨다. "농토를 잘 가꾸고 세금을 적게 거두면 백성들을 부유하게 할 수 있다. 제철에 맞게 먹고 예에 맞게 쓰면 재물을 이루 다 쓸 수 없을 것이다. 백성들은 물과 불이 없으면 생활하지 못하지만, 어두운 저녁에 남의 집 대문을 두드리면서 물과 불을 구하면, 주지 않는 자가 없는 것은 지극히 풍족하기 때문이다. 성인이 천하를 다스림에 백성으로 하여금 콩과 곡식을 물과 불처럼 풍족하게 소유하게 하니, 콩과 곡식이 물과 불처럼 풍족하다면 백성 중에 어찌 인하지 않은 사람이 있겠는가?"

(24) 위대한 빛은 틈바구니 까지도 비춘다

孟子曰 孔子登東山而小魯하시고 登太山而小天下하시니 故觀於海者難爲水요 遊於聖人之門者難爲言이니라

○맹자께서 말씀하셨다. "공자께서 노나라 동산(東山)에 올라가서는 노나라가 작다고 하셨고, 태산(太山)에 올라가서는 천하가 작다고 하셨다. 그러므로 바다를 구경한 사람에게는 다른 물로 끌어들이기가 어렵고, 성인의 문하에서 공부한 사람에게는 다른 논의로 끌어들이기가 어렵다."

觀水有術하니 必觀其瀾이니라 日月有明하니 容光必照焉이니라 流水之爲物也 不盈科不行하나니 君子之志於道也에도 不成章이면 不達이니라

○瀾 여울 란: 照 비출 조
○"물을 보는 데는 방법이 있으니 반드시 여울목을 보아야 한다. 해와 달은 밝은 빛을 지니고 있어 작은 틈바구니에도 다 비치고. 흐르는 물은 웅덩이를 채우지 않으면 흐르지 않는다. 군자가 도에 뜻을 두어 추구함에 점진적으로 이루지 않으면 통달하는 데에 이르지 못한다."

(25) 순(舜)과 도척(盜跖)의 다른 점

孟子曰 雞鳴而起하여 **孶孶爲善者**는 **舜之徒也**요 **雞鳴而起**하여 **孶孶爲利者**는 **跖之徒也**니 **欲知舜與跖之分**인댄 **無他**라 **利與善之閒也**니라

- ○ 孶 부지런할 자: 跖 밟을 척
- ○ 맹자께서 말씀하셨다. "닭이 울면 일어나서 부지런히 선을 행하는 자는 순임금의 무리이고, 닭이 울면 일어나서 부지런히 이익을 추구하는 자는 도척(盜跖)의 무리이다. 순임금과 도척의 구분을 알고자 한다면 다른 것이 없다. 이익을 추구하는가, 선을 행하는가의 차이이다."

(26) 한 가지 주장을 고집하면 정도를 잃는다

孟子曰 楊子는 **取爲我**拔一毛而利天下라도 **不爲也**하니라 **墨子兼愛**는 **摩頂放踵利天下**라도 **爲之**하니라 **子莫執中**하니 **執中爲近之**나 **執中無權**이 **猶執一也**니라 **所惡執一者**는 **爲其賊道也**니 **擧一而廢百也**니라

- ○ 摩 갈 마: 踵 발꿈치 종
- ○ 맹자께서 말씀하셨다. "양자(楊子)는 자신만을 위하는 위아(爲我)를 주장 하였으니 한 오라기 털을 뽑아서도 천하를 이롭게 하는 일은 하지 않았다. 묵자(墨子)는 겸애를 주장하여 머리 꼭대기부터 발꿈치까지 털이 닳아 없어지더라도 천하를 이롭게 하는 일이라면 하였다. 노나라의 현자 자막(子莫)은 중간을 잡았으니 중간을 잡는 것이 도에 가깝다고 하겠으나 중간을 잡고 저울질함이 없으면 그것은 한 가지를 고집하는 것과 같다. 한 가지를 고집하는 것을 미워하는 것은 그렇게 하는 것이 도를 해치고, 한 가지를 시행하고 백 가지를 폐기하기 때문이다."

(27) 정도에 살면 근심이 없다

孟子曰 飢者甘食하고 **渴者甘飮**하나니 **是未得飮食之正也**라 **飢渴害之也**니 **豈惟口腹有飢渴之害**리오 **人心亦皆有害**하니라 **人能無以飢渴之害爲心害**면 **則不及人不爲憂矣**리라

- ○ 飢 주릴 기: 渴 목마를 갈

○ 맹자께서 말씀하셨다. "배고픈 사람은 어떤 것이든 달게 먹고 목마른 사람은 어떤 것이든 달게 마시니 이렇게 되면 마시고 먹는 것의 올바른 맛을 안 것이 아니다. 배고픔과 목마름이 입과 배를 해친 것이다. 어찌 입과 배에만 배고픔과 목마름의 해가 있겠는가? 사람의 마음에도 그러한 해가 있다. 사람의 배고픔과 목마름으로 인한 해가 마음을 해치지 않는다면, 남을 따라가지 못하는 것을 근심하지 않게 될 것이다."

(28) 군자는 작록(爵祿)으로 절개를 굽히지 않는다

孟子曰 柳下惠는 不以三公易其介하니라

○ 맹자께서 말씀하셨다. "유하혜(柳下惠)는 삼공(三公)의 지위로도 그 절개를 바꾸지 않았다."

(29) 인과 의를 지향하여 대인격을 완성하려면 끝까지 노력하여야한다

孟子曰 有爲者辟若掘井하니 掘井九軔而不及泉이면 猶爲棄井也니라

○ 辟 비유할 비, 譬와 같음: 軔 길 인: 掘 팔 굴
○ 맹자께서 말씀하셨다. "왕도를 이루는 일이나 학문을 닦는 일은 비유하면 사람이 우물을 파는 것과 같다. 아홉 길의 우물을 팠더라도 샘물을 얻지 못하면 그것은 우물을 포기한 것이나 마찬가지이다."

(30) 인을 실천하는 예

孟子曰 堯舜은 性之也요 湯武는 身之也요 五霸는 假之也니라 久假而不歸하니 惡(오)知其非有也리오

○ 맹자께서 말씀하셨다. "요임금과 순임금께서는 타고난 본성대로 하셨고, 탕왕과 무왕께서는 몸으로 실천하셨고, 오패는 인과 의를 빌려와서 가장하였다. 오랫동안 빌리기만 하고 돌려주지 않았으니, 어찌 그것이 자기가 실제로 가지고 있는 것이 아님을 알 수 있었겠는가?"

(31) 이윤(伊尹)이 임금을 섬기는 태도

公孫丑曰 伊尹曰 予不狎于不順이라하고 放太甲于桐한대 民이 大悅하고 太甲이 賢커늘 又反之한대 民이 大悅하니 賢者之爲人臣也에 其君이 不賢이면 則固可放與잇가 孟子曰 有伊尹之志則可커니와 無伊尹之志則簒也니라

○ 簒 빼앗을 찬
○ 공손추가 말하였다. "이윤이 '나는 도리를 따르지 않는 사람을 보는데, 익숙하지 못하다.' 하면서 태갑(太甲)을 동(桐) 땅으로 추방하자 백성들이 크게 기뻐하였고, 태갑이 현명하게 되자 다시 그를 돌아오게 하니 백성들이 크게 기뻐하였습니다. 현자가 남의 신하가 되어 그 임금이 현명하지 못하면 추방해도 됩니까? 맹자께서 말씀하셨다. "이윤의 뜻을 지니고 있으면 그렇게 할 수 있지만, 이윤의 뜻을 지니고 있지 않으면 찬탈(簒奪)입니다."

(32) 군자는 직접 노동은 않지만 녹(祿)을 먹을 만한 공로가 있다

公孫丑曰 詩曰 不素餐兮라하니 君子之不耕而食은 何也잇고 孟子曰 君子居是國也에 其君이 用之면 則安富尊榮하고 其子弟從之면 則孝弟忠信하나니 不素餐兮 孰大於是리오

○ 素 흴 소: 餐 밥 찬
○ 공손추가 말하였다. "〈시경, 벌단〉에 이르기를 '일하지 않으면 먹지 않는다.' 하였는데 군자가 농사짓지 않고 먹는 것은 어째서입니까?" 맹자께서 말씀하셨다. "군자가 어떤 나라에 있을 경우 그 나라 임금이 그를 등용하면 나라가 편안하고 부유해지고 권위가 높아지고 영화로우며, 자제들이 그를 따르면 효도하고 공손하며 충성스럽고 미덥게 될 것이니, 일하지 않고 먹지 않는 것 중에 무엇이 이보다 더 크겠는가?"

(33) 선비는 인의(仁義)에 따르고 제것이 아니면 취하지 않는다

王子塾問曰 士何事이꼬 孟子曰 尚志니라 曰 何謂尚志이꼬 曰 仁義而已矣니라 殺一無罪는 非仁也며 非其有而取之는 非義也니라 居惡在 仁是也라

路惡在오 義是也라 居仁由義면 大人之事備矣니라

○墊 빠질 점
○제나라 왕자 점(墊)이 물었다. "선비는 무엇을 일로 삼습니까?" 맹자께서 말씀하셨다. "뜻을 숭상하는 것입니다." 점이 물었다. "뜻을 숭상한다는 것은 무엇을 말하는 것입니까?" 맹자께서 말씀하셨다. "인과 의일 뿐입니다. 한 사람이라도 죄 없는 사람을 죽이는 것은 인이 아니며 자신의 것이 아닌데 가지는 것은 의가 아닙니다. 사는 곳은 어디에 있습니까? 인이 그곳입니다. 갈 길은 어디에 있습니까? 의가 그것입니다. 인에 살고 의를 따르면 대인의 일이 갖추어지게 되는 것입니다."

(34) 작은 일을 미루어 큰 일을 믿을 수 없다

孟子曰 仲子로 不義로 與之齊國而弗受를 人皆信之어니와 是舍簞食(사)豆羹之義也라 人莫大焉이어늘 亡親戚君臣上下하니 以其小者로 信其大者가 奚可哉리오

○羹 국 갱
○맹자께서 말씀하셨다. "진중자(陳仲子)는 의롭지 않다면 제나라를 주더라도 받지 않을 것을 사람들이 모두 믿고 있는데, 이것은 밥 한 그릇과 국 한 그릇을 물리치는 소소한 의로움이다. 사람에게는 인륜보다 더 큰 것이 없다. 진중자는 친척(親戚)과 군신(君臣)과 상하(上下)의 의리를 무시하였으니, 작은 의로움 지켰다고 해서 큰일도 그렇게 할 것이라고 믿는 것은 있을 수 없는 것이다."

(35) 성인은 어버이를 위해서 천하라도 버린다

桃應이 問曰 舜爲天子요 皐陶(요)爲士어든 瞽瞍殺人이면 則如之何잇고 孟子曰 執之而已矣니라 然則舜은 不禁與잇가 曰 夫舜이 惡得而禁之시리오 夫有所受之也니라 然則舜은 如之何잇고 曰 舜이 視棄天下하사되 猶棄敝蹝也하사 竊負而逃하사 遵海濱而處하사 終身訢然樂而忘天下하시리라

○蹝 신 사: 訢 기쁠 흔

○ 맹자의 제자 도응(桃應)이 물었다. "순임금께서 천자가 되시고, 고요가 사(士)가 되었을 경우, 순임금의 아버지 고수(瞽瞍)가 사람을 죽였다면 어떻게 했겠습니까?" 맹자께서 말씀하셨다. "고요는 법대로 집행 했을 것입니다." 도응이 말하였다. "그렇다면 순임금께서는 말리지 않으시겠습니까?" 맹자께서 말씀하셨다. "순임금께서 어떻게 말릴 수 있겠습니까? 고요의 법은 전수받은 바가 있으니, 비록 천자의 명령이라도 폐할 수가 없습니다." 도응이 말하였다. "그렇다면 순임금께서는 어떻게 하시겠습니까?" 맹자께서 말씀하셨다. "순임금께서는 천하를 버리는 것을 마치 헌신짝을 버리듯이 하시어, 몰래 아버지를 업고 도망하여 바닷가에 살면서 종신토록 즐거워하면서 천하를 잊으셨을 것입니다."

(36) 환경은 인간의 기상(氣像)을 변화시킨다

孟子自范之齊러시니 **望見齊王之子**하시고 **喟然歎曰 居移氣**하며 **養移體**하나니 **大哉**라 **居乎**여 **夫非盡人之子與**아 (**孟子曰**) **王子宮室車馬衣服**이 **多與人同**이로되 **而王子若彼者**는 **其居使之然也**니 **況居天下之廣居者乎**아 **魯君**이 **之宋**하여 **呼於垤澤之門**이어늘 **守者曰 此非吾君也**로되 **何其聲之似我君也**오하니 **此**는 **無他**라 **居相似也**일새라

○ 范 성 범: 喟 한 숨 쉴 위
○ 맹자께서 범(范) 땅에서 제나라에 가시어, 제나라 왕의 아들을 보시고는 감탄하셨다. "거처한 자리가 사람의 기상을 변화시키고 봉양이 몸을 바꾸어 놓으니, 크구나, 거처한 자리의 힘이여, 그 역시 똑같이 사람의 자식이 아니겠는가? 왕자의 궁실과 거마와 의복이 대부분 남과 같은데 왕자가 저와 같은 것은 그의 거처가 그렇게 만든 것이니 하물며 천하의 넓은 집인 인(仁)에 거처하는 자에 있어서겠는가? 노나라 임금이 송나라에 가서 질택(垤澤) 즉 송나라의 성문에서 호령하자, 문을 지키는 자가 말하기를 '우리 임금이 아닌데, 어쩌면 그렇게 음성이 우리 임금과 닮았는가?' 하였으니, 이는 다름이 아니라 거처하는 자리가 서로 유사하기 때문이다."

(37) 군자는 형식적인 것을 싫어한다

孟子曰 食(사)**而弗愛**면 **豕交之也**요 **愛而不敬**이면 **獸畜**(흑)**之也**니라 **恭敬 者**는 **幣之未將者也**니라 **恭敬而無實**이면 **君子不可虛拘**니라

○ 맹자께서 말씀하셨다. "먹이기만 하고 사랑하지 않는 것은 돼지로 대하는 것이고, 사랑하기만 하고 공경하지 않는다면 짐승으로 기르는 것이다. 공경이라는 것은 예물을 보내기 전부터 갖는 마음이다. 공경하면서 그 진실성이 없으면 군자는 그것에 헛되이 얽매이지 않는다."

(38) 성인만이 천성(天性)의 보람대로 살 수 있다.

孟子曰 形色은 **天性也**니 **惟聖人然後**에 **可以踐形**이니라

○ 맹자께서 말씀하셨다. "사람의 형체(形體)와 용모(容貌)는 천성이니, 오직 성인(聖人)인 뒤에야 타고난 형체와 용모대로 실천할 수 있는 것이다."

(39) 친상(親喪)의 상기(喪期)는 단축시키지 못한다

齊宣王이 **欲短喪**이어늘 **公孫丑曰 爲期之喪**이 **猶愈於已乎**인저 **孟子曰 是 猶或**이 **紾其兄之臂**어든 **子謂之姑徐徐云爾**로다 **亦教之孝弟而已矣**니라 **王 子有其母死者**어늘 **其傅爲之請數月之喪**이러니 **公孫丑曰 若此者**는 **何如也** 잇고 **曰 是欲終之而不可得也**라 **雖加一日**이나 **愈於已**하니 **謂夫莫之禁而弗 爲者也**니라

○ 愈 나을 유
○ 제나라 선왕이 상기를 단축하고자 하자, 공손추가 말하였다. "1년 상인 기년(朞年) 상이라도 하는 것이 그만두는 것보다는 나을 것입니다." 맹자께서 말씀하셨다. "이는 어떤 사람이 자기 형의 팔뚝을 비트는 데도 자네가 그에게 '우선 좀 천천히 비틀라.'고 하는 것과 같습니다. 또한, 그에게 효제(孝弟)를 가르쳐야 할 뿐입니다." 왕자 중에 그의 어머니가 죽은 사람이 있었는데, 그의 사부(師傅)가 그를 위해 몇 달의 상이라도 지킬 수 있게 해주기를 청하였다. 공손추가 말하였다.

"이와 같은 경우는 어떻습니까?" 맹자께서 말씀하셨다. "이는 상례 기간을 마치고자 해도 할 수 없는 경우이니, 비록 하루를 더하더라도 그만두는 것보다는 낫습니다. 앞에서 말한 것은 금하지 않는데도 삼년상을 지키지 않는 경우를 말하는 것입니다."

(40) 군자의 다섯 가지 교육 방법

孟子曰 君子之所以教者五니 **有如時雨化之者**하며 **有成德者**하며 **有達財者**하며 **有答問者**하며 **有私淑艾**(예)**者**하니 **此五者**는 **君子之所以教也**니라

○淑 착할 숙
○맹자께서 말씀하셨다. "군자는 가르치는 방법이 다섯 가지가 있다. 때맞추어 내리는 비가 초목에 변화를 가져오는 것 같이 사람을 교화시키는 것이 있고, 덕을 이루게 해 주는 것이 있고, 재능을 발전시켜 주는 것이 있고, 물음에 대답해 주는 것이 있고, 직접 가르치지는 않지만 혼자서 덕을 잘 닦아 나아가도록 해주는 것이 있으니 이 다섯 가지는 군자가 가르치는 방법이다."

(41) 도는 비록 어려워도 법도에 따라야 한다

公孫丑曰 道則高矣美矣나 **宜若登天然**이라 **似不可及也**니 **何不使彼**로 **為可幾及而日孶孶也**잇고 **孟子曰 大匠**이 **不為拙工**하여 **改廢繩墨**하며 **羿不為拙射變其彀率**(구율)이니라 **君子引而不發**하나 **躍如也**하여 **中道而立**이어든 **能者從之**니라

○繩 먹줄 승: 羿 사람 이름 예: 彀 당길 구: 率 비율 률
○공손추가 말하였다. "선생님의 도는 높고 아름다우나 하늘에 올라가는 것 같이 그렇게 높아서 거기에 도달할 수 없을 것 같습니다. 왜 그것에 도달할 것이라고 여기게 해서 매일같이 부지런히 힘쓰게 하지 않습니까?" 맹자께서 대답하셨다. "훌륭한 목수는 서툰 목공을 위해 먹줄과 먹통을 고치거나 없애는 일을 하지 않고, 활 잘 쏘는 예는 서툰 사수를 위해 그의 활 당기는 기준을 변경하지 않는다. 군자가 활시위를 당기고서 쏘지는 않으나 실제로 쏘는 것처럼 하고, 중도에 맞게 서 있으면 능

력 있는 사람은 그래도 따라한다."

(42) 치세와 난세에 처하는 태도

孟子曰 天下有道엔 **以道殉身**하고 **天下無道**엔 **以身殉道**하나니 **未聞以道殉乎人者也**로라

- ○ 殉 따라 죽을 순
- ○ 맹자께서 말씀하셨다. "천하에 올바른 도가 행하여 지면 몸을 바쳐 도를 실현하고, 올바른 도가 행하여지지 않으면 도를 위해 자신을 희생하는 것이니, 도를 가지고 남을 따라간다는 말은 내가 들어보지 못하였다."

(43) 제자가 겸손하지 않으면 가르치지 않는다

公都子曰 滕更之在門也에 **若在所禮而不答**은 **何也**이꼬 **孟子曰 挾貴而問**하며 **挾賢而問**하며 **挾長而問**하며 **挾有勳勞而問**하며 **挾故而問**이 **皆所不答也**니 **滕更有二焉**하니라

- ○ 挾 낄 협: 勳 공 훈
- ○ 공도자가 물었다. "등(滕)나라 임금의 동생 등경(滕更)이 선생님 제자로 와 있음에 예로서 대해 주실만 한 것이 있을 것 같아 온대 그의 물음에 답해 주시지 않는 것은 무엇 때문입니까?" 맹자께서 말씀하셨다. "귀한 신분을 믿고 묻거나, 어진 것으로 믿고 묻거나, 나이 많음을 믿고 묻거나, 공훈이 있음을 믿고 묻거나, 연고가 있는 것을 믿고 묻는 경우에는 대답해 주지 않는 것이니, 등경은 그 가운데 두 가지를 가지고 있었다."

(44) 남고 모자라는 것은 따르지 말고 중용을 지켜라

孟子曰 於不可已而已者는 **無所不已**요 **於所厚者**에 **薄**이면 **無所不薄也**니라 **其進**이 **銳者**는 **其退速**이니라

- ○ 맹자께서 말씀하셨다. "그만두어서는 안 될 경우에 그만두어 버리는

사람은 그만두지 못할 것이 없을 것이고, 후하게 하여야 할 경우에 박하게 하는 사람은 박하게 하지 못할 것이 없을 것이다. 앞으로 나아가는 것이 빠른 사람은 뒤로 물러나는 것도 빠르다."

(45) 군자가 처세하는 순서와 한계

孟子曰 君子之於物也에 **愛之而弗仁**하고 **於民也**에 **仁之而弗親**하나니 **親親而仁民**하고 **仁民而愛物**하니라

○ 맹자께서 말씀하셨다. "군자는 만물에 대하여 사랑하기는 하지만 사람같이 인자하지는 않고, 백성들에게 인자하게 해주기는 하나 어버이처럼 친애하지는 않는다. 군자는 어버이를 친애하고 나서, 백성들에게 인자하게 해주고, 백성들에게 인자하게 대해 주고 나서 만물을 사랑해 준다."

(46) 먼저 해야 할 일과 후에 할 일

孟子曰 知者無不知也나 **當務之為急**이요 **仁者無不愛也**나 **急親賢之為務**니 **堯舜之知**로 **而不遍物**은 **急先務也**요 **堯舜之仁**으로 **不遍愛人**은 **急親賢也**니라 **不能三年之喪而緦小功之察**하여 **放飯流歠而問無齒決**이 **是之謂不知務**니라

○ 遍 두루 편: 緦 시마복 시: 歠 마실 철

○ 맹자께서 말씀하셨다. "지혜로운 사람은 모르는 것이 없으나, 마땅히 해야 할 것을 급하게 여기고, 어진 사람은 사랑하지 않는 것이 없으나 현자를 친애함을 급선무로 해야 할 것이다. 요순과 같은 지혜로도 온갖 사물을 두루 알지 못한 것은 먼저 할 일을 급히 여겼기 때문이고, 요순의 인자함으로서도 두루 사람들을 사랑하지 않는 것은 현자를 친애함을 급히 여겼기 때문이다. 자신의 삼년상은 지키지 못하면서 남의 삼 개월 상복인 시마복(緦麻服)과 오 개월 상복인 소공복(小功服)을 살핀다든지, 밥을 마구 퍼먹고 국물을 줄줄 소리 내어 들이키면서 마른고기를 이빨로 끊어 먹지 말라고 따진다든지 하는 것을 두고 힘써야 할 일을 모른다고 하는 것이다."

14. 진심장구 하(盡心章句 下)

이 장구는 38장으로 맹자의 민본사상으로 역성혁명과 유가의 도를 주장하는 맹자의 간절한 바람으로 유가의 사상을 전수하려는 맹자의 생각이 깃들어 있다.

(1) 인자하지 않은 사람은 사랑하는 사람에게도 인자하지 못하다

孟子曰 不仁哉라 **梁惠王也**여 **仁者**는 **以其所愛**로 **及其所不愛**하고 **不仁者**는 **以其所不愛**로 **及其所愛**니라 **公孫丑問曰 何謂也**잇고 **梁惠王**이 **以土地之故**로 **糜爛其民而戰之**하여 **大敗**하고 **將復**(부)**之**호되 **恐不能勝**이라 **故驅其所愛子弟**하여 **以殉之**하니 **是之謂以其所不愛**로 **及其所愛也**니라

  ○ 糜 깨질 미: 爛 문드러질 란: 驅 몰 구
  ○ 맹자께서 말씀하셨다. "인자하지 않구나, 양혜왕이여! 인자한 사람은 자기가 사랑하는 것으로 자기가 사랑하지 않는 사람에게까지 영향을 미치게 하고, 인자하지 않은 사람은 자신이 사랑하지 않는 것으로 자기가 사랑하는 사람에 대하여 영향을 미친다." 공손추가 말하였다. "무엇을 말씀하시는 것입니까?" 이에 맹자가 대답하셨다. "양혜왕은 땅 때문에 자기 백성들이 피와 살이 터져가며 전쟁을 하다가 대패하였다. 그것을 보복하려고 하였으나 이기지 못할까 두려워 자기가 사랑하는 자제들을 몰아다가 따라 죽게 하였다. 이런 것을 두고 자기가 사랑하지 않는 것으로 자기가 사랑하는 사람에게까지 영향을 미치게 한다고 하는 것이다."

(2) 전쟁이란 있어서는 안된다

孟子曰 春秋에 **無義戰**하니 **彼善於此**는 **則有之矣**니라 **征者**는 **上伐下也**니 **敵國不相征也**니라

  ○ 맹자께서 말씀하셨다. "〈춘추〉에 실려 있는 것 중에 의로운 전쟁은 없었으나 저 나라의 군주가 이 나라의 군주보다 선 했다는 예는 있었다. 정벌이라는 것은 위의 사람이 아래 사람을 치는 것이니, 대등한 나라

간에는 서로 정벌하지 않는 것이다."

(3) 좋은 책도 사리에 어긋나는 부분이 있다

孟子曰 盡信書에 **則不如無書**니라 **吾於武成**에 **取二三策而已矣**로라 **仁人**은 **無敵於天下**니 **以至仁**으로 **伐至不仁**이어니 **而何其血之流杵也**리오

- 杵 공이 저
- 맹자께서 말씀하셨다. "〈서경〉을 그대로 다 믿는다면 서경이 없느니만 못하다. 나는 〈서경, 무성〉의 글을 두서너 쪽을 취할 따름이다. 인자한 사람은 천하에 대적할 사람이 없는 법인데, 지극히 인자한 사람이 인자하지 못한 사람을 정벌하였으니, 어찌 그렇게 피가 흘러 절굿공이를 표류하게까지 하는 일이 있겠는가?"

(4) 인자한 임금에게는 전쟁이 필요치 않다

孟子曰 有人曰 我善為陳하며 **我善為戰**이라하면 **大罪也**니라 **國君**이 **好仁**이면 **天下無敵焉**이니 **南面而征**에 **北狄怨**하며 **東面而征**에 **西夷怨**하여 **曰奚為後我**오하니라 **武王之伐殷也**에 **革車三百兩(輛)**이요 **虎賁**이 **三千人**이러니라 **王曰 無畏**하라 **寧爾也**라 **非敵百姓也**라하신대 **若崩厥角**하여 **稽首**하니라 **征之為言**은 **正也**라 **各欲正己也**니 **焉用戰**이리오

- 厥 그 궐: 稽 조아릴 계
- 맹자께서 말씀하셨다. "어떤 사람이 말하기를 '나는 진(陳)을 잘 치며 전쟁을 잘한다.'라고 하면 그는 큰 죄인이다. 나라의 임금이 인(仁)을 좋아하면 천하에 대적할 자가 없으니, 탕왕께서 남쪽을 향하여 정벌하시면 북쪽에 있는 오랑캐가 원망하고, 동쪽을 향하여 정벌하시면 서쪽에 있는 오랑캐가 원망하여 '어찌 우리를 뒤에 정벌하시는가?' 할 것이다. 무왕께서 은나라를 정벌하실 적에 혁거(革車)가 300량(輛)이었고, 호랑이처럼 용감한 군사가 3천 명이었는데, 왕께서 말씀하시기를 '두려워하지 마라. 너희들을 편안히 해주려는 것이지, 너희 백성들을 대적하려는 것이 아니다.' 하시자 상나라 사람들이 무너지는 것처럼 마치 짐승이 뿔을 땅에 대듯이 머리를 조아렸다. 정벌(征伐)이라는 말은 바

로 잡는다는 뜻이다. 모든 나라가 각기 자기 나라를 바로 잡아주기를 바라니, 어찌 전쟁을 쓸 필요가 있겠는가?"

(5) 덕(德)은 자기 스스로 닦아야 한다

孟子曰 梓匠輪輿能與人規矩언정 **不能使人巧**니라

○ 梓 오동나무 재: 匠 장인 장
○ 맹자께서 말씀하셨다. "목공과 수레 만드는 장인은 남에게 규수는 줄 수 있어도, 남의 기술이 좋아지게 만들지는 못한다."

(6) 성인의 마음은 환경에 동요되지 않는다

孟子曰 舜之飯糗茹草也여 **若將終身焉**이러시니 **及其為天子也**하사는 **被袗衣鼓琴**하시며 **二女果**를 **若固有之**러시다

○ 糗 말린 밥 구: 茹 먹을 여
○ 맹자께서 말씀하셨다. "순임금이 천자에 오르기 전 역산(歷山)에서 농사지으며 마른 밥을 먹고 채소를 먹을 때에는 장차 그대로 한평생을 마치실 것 같았는데 천자가 되시고 나서는 수놓은 옷을 입으시고 거문고를 타시며 두 부인의 시중을 받는 것을 본래부터 가지고 계셨던 것처럼 여기셨다."

(7) 남의 부형(父兄)을 죽이면 남도 내 부형을 죽인다

孟子曰 吾今而後에 **知殺人親之重也**로라 **殺人之父**면 **人亦殺其父**하고 **殺人之兄**이면 **人亦殺其兄**하나니 **然則非自殺之也**언정 **一閒耳**니라

○ 맹자께서 말씀하셨다. "나는 이제야 남의 어버이를 죽이는 일이 매우 심각한 일임을 알았다. 내가 남의 아버지를 죽이면 남도 내 아버지를 죽이고, 내가 남의 형을 죽이면 남도 내 형을 죽인다. 그렇다면 자기가 직접 자기 부형을 죽인 것은 아니지만, 실제로는 한사람 건너 자기가 부형을 죽인 것이나 다름없다."

(8) 옛날의 관문(關門)과 지금의 관문

孟子曰 古之爲關也는 **將以禦暴**러니 **今之爲關也**는 **將以爲暴**로다

- 禦 막을 어
- 맹자께서 말씀하셨다. "옛날에 국경에 관문을 만든 것은 포악한 자를 막고자 해서였는데, 지금 국경에 관문을 만드는 것은 포악한 짓을 하기 위해서이다."

(9) 먼저 자신을 바르게 하라

孟子曰 身不行道면 **不行於妻子**요 **使人不以道**면 **不能行於妻子**니라

- 맹자께서 말씀하셨다. "자신이 도(道)에 맞게 하지 않으면 처자에게도 도가 행해지지 않고, 사람을 부리기를 도에 맞게 하지 않으면 처자식에게조차 명령이 행하여지지 않는다."

(10) 이를 추구하는 자와 덕을 숭상하는 사람

孟子曰 周于利者는 **凶年不能殺**하고 **周于德者**는 **邪世不能亂**이니라

- 맹자께서 말씀하셨다. "이익의 추구를 주로 하는 사람은 흉년도 그를 죽이지 못하고, 덕의 추구를 주로 하는 사람은 사악한 세상도 그를 혼란시키지 못한다."

(11) 군자는 명예를 존중한다

孟子曰 好名之人은 **能讓千乘之國**하나니 **苟非其人**이면 **簞食豆羹**에 **見**(현)**於色**하나니라

- 맹자께서 말씀하셨다. "명예를 좋아하는 사람은 천승의 나라도 사양할 수 있으니, 진실로 부귀를 가볍게 여기는 사람이 아니면 한 대그릇의 밥과 한 나무 그릇의 국에도 진정이 얼굴빛에 나타난다."

(12) 정치의 세가지 중요성

孟子曰 不信仁賢則國空虛하고 **無禮義則上下亂**하고 **無政事則財用不足**이니라

○ 맹자께서 말씀하셨다. "인자하고 현량한 인물을 신임하지 않으면 나라가 공허해지고, 예와 의가 없으면 상·하의 질서가 혼란해지고, 정사를 소홀히 면 재정이 넉넉하지 못하다."

(13) 오직 인자해야 천하를 얻을 수 있다

孟子曰 不仁而得國者는 **有之矣**어니와 **不仁而得天下**는 **未之有也**니라

○ 맹자께서 말씀하셨다. "인하지 않고서 나라를 얻은 자는 있었지만, 인자하지 않고서 천하를 얻은 일은 아직 있어 본 일이 없다."

(14) 백성은 나라의 근본이다

孟子曰 民為貴하고 **社稷**이 **次之**하고 **君為輕**하니라 **是故得乎丘民而為天子**요 **得乎天子為諸侯**요 **得乎諸侯為大夫**니라 **諸侯危社稷**이면 **則變置**하나니라 **犧牲**이 **既成**하며 **粢盛**이 **既潔**하여 **祭祀以時**호되 **然而旱乾**(간)**水溢**이면 **則變置社稷**하나니라

○ 맹자께서 말씀하셨다. "백성이 가장 귀중하고 사직이 그 다음이며, 군주는 가벼운 존재이다. 그러므로 백성의 마음을 얻으면 천자가 되고, 천자에게 신임을 얻으면 제후가 되고, 제후에게 신임을 얻으면 대부가 된다. 제후가 사직을 위태롭게 하면 제후를 바꾸어 버린다. 희생의 제물이 준비되고 제물로 바칠 곡식이 정결하게 준비되어 제사를 제 때에 지냈는데도 한발과 수해가 나면 사직을 바꾸어 설치한다."

(15) 성인은 백대(百代)의 스승

孟子曰 聖人은 **百世之師也**니 **伯夷柳下惠是也**라 **故聞伯夷之風者**는 **頑夫廉**하고 **懦夫有立志**하며 **聞柳下惠之風者**는 **薄夫敦**하고 **鄙夫寬**하나니 **奮**

乎百世之上이어든 百世之下에 聞者莫不興起也하니 非聖人而能若是乎아 而況於親炙(자)之者乎아

○ 炙 친근할 자, 고기 구울 자
○ 맹자께서 말씀하셨다. "성인은 백대의 스승이니 백이와 유하혜가 그런 분이다. 그래서 백이의 풍도(風度)를 들으면 완악한 사람도 청렴해지고, 나약한 사람도 뜻 세우게 된다. 유하혜의 풍도를 들으면 각박한 사람이 후해지고, 비루한 사람이 너그러워진다. 백세대 전에서 분발한 것을 백세대 후에 듣는 사람들이 예외 없이 감동하게 되니, 성인이 아니고서야 그렇게 만들 수 있겠는가? 그러니, 하물며 성인에게 직접 교화되는 경우에서랴?"

(16) 인을 사람이 행하면 도가 된다

孟子曰 仁也者는 人也니 合而言之면 道也니라

○ 맹자께서 말씀하셨다. "인(仁)은 사람(人)이라는 뜻이니 인과 사람을 합쳐서 말한 것이 도(道)이다."

(17) 거취(去就)에 대한 군자의 도리

孟子曰 孔子之去魯에 曰 遲遲라 吾行也여하시니 去父母國之道也요 去齊에 接淅而行하시니 去他國之道也니라

○ 맹자께서 말씀하셨다. "공자께서 노나라를 떠나실 적에 '내 발이 잘 떨어지지 않는다.'라고 말씀하셨다. 이는 부모의 나라를 떠나는 도리였다. 제나라를 떠나실 때는 밥을 지으려고 일었던 쌀을 건져 가지고 가셨다. 다른 나라를 떠나는 도리입니다."

(18) 군자는 곤궁해도 정도(正道)를 변개(變改)하지 않는다

孟子曰 君子之厄於陳蔡之間은 無上下之交也니라

○ 厄 곤궁할 액
○ 맹자께서 말씀하셨다. "군자(공자)가 진(陣) 나라와 채(蔡)나라 사이

에서 곤란을 당한 것은 두 나라에서 위아래로 접촉한 사람(상·하의 사귐)이 없었기 때문이다."

(19) 남의 비방에 관심을 두지 말라

貊稽曰 稽大不理於口호이다 孟子曰 無傷也라 士憎茲多口하니라 詩云 憂心悄悄이어늘 慍于群小라하니 孔子也시고 肆不殄厥慍하시나 亦不隕厥問이라하니 文王也시니라

- ○貊 오랑케 맥: 稽 조아릴 계, 머무를 계: 悄 근심할 초: 慍 성낼 온: 殄 끊을 진: 隕 떨어질 운: 肆 마침내 사
- ○맥계(貊稽)가 말하였다. "저는 남들의 비방을 많이 듣습니다." 이에 맹자께서 대답하셨다. "문제 될 것이 없습니다. 선비는 더욱 구설이 많은 법입니다. 〈시경, 백주〉에 이르기를 '마음에 걱정이 많거늘 소인들에게 노여움을 사는 도다.' 하였으니, 공자의 경우가 그러하였고, '그들의 노여움을 없애지 못했으나 그 명성을 잃지 않았다.' 하였으니 문왕의 경우가 그러하였습니다."

(20) 현명한 사람은 밝은 법도로 남을 밝힌다

孟子曰 賢者는 以其昭昭로 使人昭昭어늘 今엔 以其昏昏으로 使人昭昭로다

- ○昭 밝을 소
- ○맹자께서 말씀하셨다. "과거에 현자들은 자기의 밝은 법도를 가지고 남을 밝게 하였는데, 지금 사람들은 자기의 흐려진 법도를 가지고 남을 밝게 하려고 한다."

(21) 사악함을 버리고 도를 닦지 않으면 띠풀로 길을 막는 것과 같다

孟子謂高子曰 山徑之蹊間이 介然用之而成路하고 爲閒不用則茅塞之矣니라 今茅塞子之心矣로다

- ○徑 지름길 경: 蹊 길 혜: 茅 띠풀 모: 塞 막을 색
- ○맹자께서 고자에게 말씀하셨다. "산길에 사람 발자국 사이로 한동안

다니게 되면 길이 되는데, 한동안 다니지 않으면 띠풀이 자라서 도로 막혀버린다. 지금 자네의 마음은 띠풀이 자라 도로 막혀 있구나!."

(22) 사물을 판단하려면 확실한 근거를 알아야 한다

高子曰 禹之聲이 **尚文王之聲**이로소이다 **孟子曰 何以言之**오 **曰 以追蠡**(퇴려)니이다 **曰 是奚足哉**리오 **城門之軌**가 **兩馬之力與**아

○蠡 좀 먹을 려

○고자가 말하였다. "우왕의 음악이 문왕의 음악보다 훌륭했습니다."라고 말하자 맹자께서 말씀하셨다. "무엇을 가지고 그렇게 말하는 것입니까?" 고자가 말하였다. "종을 매단 끈이 좀먹은 것처럼, 닳아서 끊어지려고 하기 때문입니다." 맹자께서 말씀하셨다. "그것으로야 어찌 그렇게 말할 수 있는가? 성문의 수레바퀴 자리가 단지 말 몇 마리의 힘으로 이루어진 것이겠는가?"

(23) 옛 명성에 기대면 비웃음뿐이다

齊饑어늘 **陳臻曰 國人**이 **皆以夫子**로 **將復為發棠**이라하니 **殆不可復**로소이다 **孟子曰 是為馮婦也**로다 **晉人有馮婦者善搏虎**하더니 **卒為善士**하여 **則之野**할새 **有眾逐虎**하니 **虎負嵎**어늘 **莫之敢攖**하여 **望見馮婦**하고 **趨而迎之**한대 **馮婦攘臂下車**하니 **眾皆悅之**하고 **其為士者**는 **笑之**하니라

○饑 흉년들 기: 臻 이를 진: 棠 아가위 당: 殆 자못 태: 馮 성 풍: 搏 잡을 박: 嵎 산모퉁이 우: 攖 달려들 영: 攘 걷어붙일 양

○제나라에 기근이 들자 맹자의 제자 진진(陳臻)이 말하기를 "나라 사람들이 다들 선생님께서 장차 왕에게 전하여 그들을 위해서 당읍(棠邑)의 다시 창고를 열어 양곡을 풀어주도록 하실 것이라고 기대하는데 아마 이는 다시 하셔서는 안 될 것 같습니다." 맹자께서 말씀하시기를 "그것은 나를 풍부(馮婦)같이 만들려는 것입니다. 진나라 사람에 풍부라는 사람이 있었는데 범을 때려잡기를 잘하다가 나중에는 좋은 선비가 되었다. 그 후 그가 들에 나갔는데 여러 사람이 범을 쫓다가 범이 산모퉁이를 등지고 버티고 있어 사람들이 감히 가까이 가지

못하고 풍부를 바라보고서는 달려가서 그를 환영하였다. 풍부는 팔을 흔들며 수레에서 내렸다. 그 사람들은 다들 기뻐하였으나 선비들은 그를 비웃었던 것이다."

(24) 인간의 본성과 천명

孟子曰 口之於味也와 **目之於色也**와 **耳之於聲也**와 **鼻之於臭也**와 **四肢之於安佚也**에 **性也**나 **有命焉**이라 **君子不謂性也**니라 **仁之於父子也**와 **義之於君臣也**와 **禮之於賓主也**와 **智之於賢者也**와 **聖人之於天道也**에 **命也**나 **有性焉**이라 **君子不謂命也**니라

○佚 편안할 일
○맹자께서 말씀하셨다. "입이 좋은 맛을 아는 것과 눈이 좋은 색을 보는 것과 귀가 좋은 음악을 듣는 것, 코가 좋은 냄새를 맡는 것과 사지가 편안함을 좋아하는 것은 인간의 본성이기는 하나, 이것은 명(命)에 달려 있으므로 군자는 이를 본성이라고 하지 않는다. 부자간의 인(仁)과 군신 간의 의(義), 빈주(賓主) 간의 예(禮), 현자(賢者)의 지(智), 성인의 천도(天道)는 모두 명이기는 하나, 이것은 인간의 성에 달려 있으므로 군자는 이를 명이라고 하지 않는다."

(25) 선(善)·신(信)·미(美)·대(大)·성(聖)·신(神)의 정의

浩生不害問曰 樂正子는 **何人也**이꼬 **孟子曰 善人也**며 **信人也**니라 **何謂善**이며 **何謂信**이니이꼬 **曰 可欲之謂善**이요 **有諸己之謂信**이요 **充實之謂美**요 **充實而有光輝之謂大**요 **大而化之之謂聖**이요 **聖而不可知之之謂神**이니 **樂正子**는 **二之中**이요 **四之下也**니라

○浩生不害 호생불해, 제나라 사람으로 호생은 성, 불해는 이름: 輝 빛날 휘
○제나라 사람 호생불해가 물었다. "악정자(樂正子)는 어떠한 사람입니까?" 맹자께서 말씀하셨다. "선인(善人)이고 신인(信人)입니다." 호생불해가 물었다. "무엇을 선이라고 하고 무엇을 신이라고 하는 것입니까?" 맹자께서 말씀하셨다. "사람들이 하고자 할 만함을 '선(善)'이라

고 하고, 그러한 선을 자기 몸에 가지고 있는 것을 '신(信)'이라고 하고, 선에 힘써 행해서 자기 몸에 가득 채운 것은 '미(美)'라고 하고, 가득 차서 광채가 밖으로 드러나는 것을 '대인'이라고 하고, 대인이면서 저절로 변화하여 자취가 없는 것이 '성(聖)'이라고 하고, 성스러우면서 알아볼 수 없는 것을 '신(神)'이라고 하는 것입니다. 악정자는 앞의 두 단계의 중간이며 뒤의 네 가지 단계의 아래에 있는 사람입니다."

(26) 돌아오면 관대하게 받아 들여라

孟子曰 逃墨이면 **必歸於楊**이요 **逃楊必歸於儒**니 **歸**어든 **斯受之而已矣**니라 **今之與楊墨辯者**는 **如追放豚**하니 **既入其苙**이어든 **又從而招之**로다

- 逃 달아날 도: 苙 우리 립: 招 얽매일 초
- 맹자께서 말씀하시기를 "묵적(墨翟)의 학문에서 도피하면 반드시 양주(楊朱)의 학문으로 돌아가고, 양주의 학문에서 도피하면 반드시 유학(儒學)으로 돌아온다. 유학으로 돌아오면 받아줄 따름이다. 지금 양주와 묵적의 학문을 추종하고 변론하는 사람은 마치 뛰쳐나간 돼지를 쫓듯이 한다. 이미 우리 속에 들어갔는데 또 따라가서 그 다리를 묶는다."

(27) 세납을 늦추어 주라

孟子曰 有布縷之征과 **粟米之征**과 **力役之征**하니 **君子用其一**이요 **緩其二**니 **用其二**면 **而民有殍**하고 **用其三**이면 **而父子離**니라

- 縷 실오라기 루: 殍 굶어죽을 표
- 맹자께서 말씀하셨다. "세금을 거두는 데는 삼베와 실, 곡물의 징수, 노동의 징발이 있는데, 군자는 그중의 한 가지를 적용하고 나머지 두 가지는 완화 시킨다. 그 중의 두 가지를 함께 쓰면 백성들이 굶어 죽고, 세 가지를 함께 쓰면 부모와 자식이 함께 살지 못하고 흩어지게 될 것이다."

(28) 국가의 세 가지 요소

孟子曰 諸侯之寶三 土地와 **人民**과 **政事**이니 **寶珠玉者**는 **殃必及身**이니라

- ○殃 재앙 앙
- ○맹자께서 말씀하셨다. "제후의 보배가 세 가지이니, 토지와 인민과 정사이다. 주옥을 보배로 여기는 사람에게는 재앙이 반드시 자기 몸에 미치게 될 것이다."

(29) 재주만 믿으면 화(禍)를 입는다

盆成括이 **仕於齊**러니 **孟子曰 死矣**로다 **盆成括**이어 **盆成括**이 **見殺**이어늘 **門人**이 **問曰 夫子何以知其將見殺**이시니잇고 **曰 其為人也小有才**요 **未聞君子之大道也**하니 **則足以殺其軀而已矣**니라

- ○軀 몸 구
- ○분성괄(盆成括)이 제나라에서 벼슬을 살게 되자, 맹자께서 말씀하셨다. "죽겠구나, 분성괄은!" 분성괄이 죽임을 당하자, 문인이 물었다. "선생님께서는 어떻게 그가 장차 죽임을 당하게 되리라는 것을 아셨습니까?" 하고 여쭈어보았다. 맹자께서 말씀하셨다. "그의 사람됨이 재주는 조금 있는데 군자의 대도(大道)를 들어보지 못했으니 자기의 몸이 죽게 되어 있을 따름이다."

(30) 가는 자를 붙들지 않고 오는 자를 막지 않는다

孟子之滕하사 **館於上宮**이러시니 **有業屨於牖上**이러니 **館人**이 **求之弗得**하다 **或**이 **問之曰 若是乎從者之廋也**여 **曰 子以是為竊屨來與**아 **曰 殆非也**라 **夫子之設科也**는 **往者**를 **不追**하며 **來者**를 **不距**하사 **苟以是心**으로 **至**어든 **斯受之而已矣**니이다

- ○屨 신 구: 牖 창문 유
- ○맹자께서 등나라로 가셔서 별궁(別宮)인 상궁(上宮)에 유숙하셨다. 창문 위에 신 삼던 것이 있었는데, 여관 주인이 그것을 찾았으나 보이지 않았다. 그러자 어떤 사람이 그것을 물어 말하기를 "제자들이 물건을

훔치는 것이 이와 같단 말입니까?" 하자 맹자께서 말씀하셨다. "당신은 이 사람들이 신 훔치러 왔다고 생각하십니까?" 혹자가 대답하기를 "그렇지야 않겠지요. 선생님께서 수업방침을 세워 가는 사람은 붙들지 않고 오는 사람을 막지 않으시어 진실로 배우고자 하는 마음을 가졌기만 하면 그를 받아주시기 때문에 한 말입니다."

(31) 인과 의를 실천하는 이상적인 방법

孟子曰 人皆有所不忍이니 **達之於其所忍**이면 **仁也**요 **人皆有所不爲**하니 **達之於其所爲**면 **義也**니라

- ○ 忍 차마 할 인
- ○ 맹자께서 말씀하셨다. "사람들은 모두 차마 하지 못하는 마음을 가지고 있는데 그 마음을 차마하는 것에까지 도달한다면 그것이 인(仁)이다. 사람들은 모두 하지 않는 것이 있는데 그 마음을 자기가 하는 것에까지 도달한다면 그것이 의(義)이다.

人能充無欲害人之心이면 **而仁不可勝用也**며 **人能充無穿踰之心**이면 **而義不可勝用也**니라 **人能充無受爾汝之實**이면 **無所往而不爲義也**니라 **士未可以言而言**이면 **是以言餂之也**요 **可以言而不言**이면 **是以不言餂之也**니 **是皆穿踰之類也**니라

- ○ 穿 뚫을 천: 踰 넘을 유: 餂 핥아먹을 첨
- ○ 사람이 남을 해치고 싶지 않은 마음을 채워 나갈 수 있으면 인을 이루 다 쓰지 못하게 될 것이며, 사람이 벽을 뚫고 담을 넘어가서 도둑질하지 않겠다는 마음을 채워 나갈 수 있으면 의를 이루 다 쓰지 못하게 될 것이다. 사람이 남들에게 무시당하지 않은 마음을 채워 나갈 수 있으면 가는 곳마다 의가 아님이 없을 것이다. 선비가 말할 경우가 아닌데 말한다면 그것은 말하는 것으로 이익을 얻으려는 것이요, 말해야 할 경우에 말하지 않는다면 그것은 말하지 않는 것으로 이익을 얻으려는 것이니, 이런 것은 모두 담을 뚫거나 넘어 남의 물건을 훔치는 것과 같은 종류이다."

(32) 자신의 덕을 바로 닦으면 천하가 화평해진다

孟子曰 言近而指遠者善言也요 **守約而施博者善道也**니 **君子之言也**는 **不下帶而道存焉**이니라 **君子之守修其身而天下平**이니라 **人病舍其田而芸人之田**이니 **所求於人者重**이요 **而所以自任者輕**이니라

　　○ 帶 띠 대: 經 떳떳할 경
　　○ 맹자께서 말씀하셨다. "말은 평범하면서 뜻이 깊은 것이 좋은 말이고, 자신을 지켜나가는 것이 간략하면서도 베풀기를 넓게 하는 것이 좋은 도리다. 군자의 말은 허리띠까지 내려가지 않아도 거기에 도가 들어있으며, 군자가 자신을 지켜나가는 것은 자신의 덕을 닦음으로 천하가 화평해지는 것이다. 사람들의 병통은 자기 밭을 내버려 두고 남의 밭에서 김매는 것이니, 남에게 요구하는 것은 무겁게 하고 자기가 맡은 것은 소홀하게 다루기 때문이다."

(33) 법도에 맞게 사는 것을 즐거워 하라

孟子曰 堯舜은 **性者也**요 **湯武**는 **反之也**시니라 **動容周旋**이 **中禮者**는 **盛德之至也**니 **哭死而哀**가 **非為生者也**며 **經德不回**가 **非以干祿也**며 **言語必信**이 **非以正行也**니라 **君子**는 **行法**하여 **以俟命而已矣**니라

　　○ 旋 돌 선
　　○ 맹자께서 말씀하셨다. "요순(堯舜)께서는 타고난 본성대로 하셨고 탕무(湯武)께서는 본성으로 되돌아간 분들이다. 모든 행동이 예에 맞는 것은 성덕(盛德)이 지극한 것이니, 죽은 사람을 곡(哭)하고 슬퍼하는 것은 산 사람을 위하는 것이 아니고, 덕으로 살아가고 사악하게 굴지 않는 것은 녹(祿)을 구하기 위해서 아니다. 말을 반드시 미덥게 하는 것은, 나의 행실이 바르다는 것을 보이려고 하는 것은 아니다. 군자는 법도대로 행하고 천명을 기다릴 따름이다."

(34) 맹자가 원하는 것은 선왕의 법도이다

孟子曰 說(세)**大人則藐之**하여 **勿視其巍巍然**이니라 **堂高數仞**과 **榱題數**

尺을 我得志라도 弗爲也하며 食前方丈과 侍妾數百人을 我得志라도 弗爲也하며 般樂(락)飮酒와 驅騁田獵과 後車千乘을 我得志라도 弗爲也니 在彼者는 皆我所不爲也요 在我者는 皆古之制也니 吾何畏彼哉리오

- ○ 巍 높을 외: 仞 길 인: 榱 서까래 최: 騁 달릴 빙
- ○ 맹자께서 말씀하셨다. "대인을 설득할 때에는 그들을 예사롭게 여기고 그의 높은 위세를 보지 말아야 한다. 집의 높이가 몇 길이나 되고 서까래가 몇 자나 되는 집은 내가 뜻을 이루어도 짓고 살지 않을 것이며, 음식을 사방 열자 되는 상에 차려 놓고, 시중 드는 첩을 수백 명을 두는 짓은 내가 뜻을 이루어도 하지 않을 것이다. 즐기고 술을 마시며 말을 달리며 사냥하는 것은 내가 뜻을 이루어도 하지 않을 것이다. 천승의 수레가 뒤따르게 하는 것은 내가 뜻을 이루어도 하지 않을 것이다. 저들에게 있는 것은 다 내가 하지 않는 것들이고, 나에게 있는 것은 다 옛날의 법도인데, 내가 무엇 때문에 그 들을 두려워하겠는가?"

(35) 마음을 수양하려면 욕망을 적게 가져라

孟子曰 養心이 莫善於寡欲하니 其爲人也寡欲이면 雖有不存焉者라도 寡矣요 其爲人也多欲이면 雖有存焉者라도 寡矣니라

- ○ 맹자께서 말씀하셨다. "마음을 수양하는 데는 욕심을 적게 하는 것보다 더 좋은 방법은 없다. 사람됨이 욕심이 적으면 본심을 보존하지 않는 수가 있다 하더라도 보존하지 못하는 것이 적을 것이요, 사람됨이 욕심이 많으면 본심이 보존된 것이 있다 하더라도 보존된 것이 적을 것이다."

(36) 증자(曾子)는 부친이 즐기던 고욤을 먹지 않았다

曾晳이 嗜羊棗러니 而曾子不忍食羊棗하시니라 公孫丑問曰 膾炙(자)與羊棗孰美니잇고 孟子曰 膾炙哉인저 公孫丑曰 然則曾子는 何爲食膾炙而不食羊棗시니잇고 曰 膾炙는 所同也요 羊棗는 所獨也니 諱名不諱姓하나니 姓은 所同也요 名所獨也일새니라

○棗 대추 조: 諱 꺼릴 휘
○증자의 아버지 증석이 대추를 좋아하였기 때문에 증자는 아버지 생각에 차마 대추를 들지 못했다. 공손추가 여쭈었다. "생선회와 불고기와 대추 중 어느 것이 더 맛이 있습니까?" 맹자께서 말씀하셨다. "생선회와 불고기입니다." 공손추가 말하기를 "그렇다면 증자는 무엇 때문에 생선회와 불고기는 먹고 대추는 먹지 않았습니까?" 하자 맹자께서 말씀하셨다. "생선회와 불고기는 다 같이 먹기 때문에 좋아하는 것이고, 대추는 혼자만이 먹기 좋아했던 것이었기 때문입니다. 이름은 부르는 것을 피하고 성(姓)은 피하지 않는 것과 같으니, 성은 다 같이 쓰는 것이고 이름은 혼자만이 쓰는 것이기 때문이다."

(37) 군자는 상도(常道)로 돌아갈 뿐이다

萬章이 問曰 孔子在陳하사 曰 盍歸乎來리오 吾黨之士狂簡하여 進取호되 不忘其初라하시니 孔子在陳하사 何思魯之狂士시니잇고 孟子曰 孔子 不得中道而與之인댄 必也狂獧乎인저 狂者는 進取요 獧者는 有所不爲也라하시니 孔子豈不欲中道哉시리오마는 不可必得이라 故思其次也시니라

○만장이 물었다. "공자께서 진(陳)에 계실 적에 말씀하시기를 '어찌 돌아가지 않겠는가? 우리 고을의 선비들이 뜻이 커서 진취적이고 초지(初志)를 잃지 않는다.'라고 말씀하셨는데 공자께서는 무엇 때문에 진나라에 계시면서 노나라의 진취적인 선비들을 생각하셨을까요?" 이에 맹자께서 말씀하셨다. "공자께서는 '중용의 도를 가진 사람을 만나서 함께할 수 없다면 반드시 광자(狂者)와 견자(獧者)를 택하겠다. 광자는 진취적이고 견자는 하지 않는 것이 있다.'고 하셨으니 공자께서는 어찌 중도(中道)를 행하는 사람을 원하지 않으셨겠는가마는, 반드시 얻을 수는 없었기 때문에 그 다음의 사람을 생각하신 것입니다."

敢問何如라야 斯可謂狂矣니잇고 曰 如琴張 曾晳 牧皮者 孔子之所謂狂矣니라 何以謂之狂也니잇고 曰 其志嘐嘐(효효)然曰 古之人 古之人이여호되 夷考其行而不掩焉者也니라 狂者를 又不可得이어든 欲得不屑不潔之士而

與之하시니 是獧也니 是又其次也니라

○嘐 큰소리 칠 효: 掩 가릴 엄
○만장이 말하였다. "감히 여쭈어보겠습니다. 어떻게 되어야 광(狂)이라고 이를 수 있겠습니까?" 맹자께서 말씀하셨다. "금장(琴張), 증석(曾晳), 목피(牧皮) 같은 사람들이 공자께서 말씀하신 광(狂)이라는 사람들이다." 만장이 말하였다. "무엇 때문에 이들을 광(狂)이라고 하십니까?" 맹자께서 말씀하셨다. "그들은 뜻이 몹시 커서 말만 했다 하면 '옛날 사람이여, 옛날 사람이여!' 하나 그들이 행한 것을 보면 그들은 말을 그대로 다 실천하지는 못하고 있기 때문이다. 광(狂) 한 사람을 또한 얻지 못하면 청렴하지 않은 것을 좋게 여기지 않는 선비를 얻어서 함께 하고자 하셨으니 이것이 견(獧)이니 이는 그 다음의 등급인 것이다."

孔子曰 過我門而不入我室이라도 我不憾焉者는 其惟鄉原乎인저 鄉原은 德之賊也라하시니 曰 何如면 斯可謂之鄉原矣니잇고 曰 何以是嘐嘐也 하여 言不顧行하며 行不顧言이요 則曰 古之人 古之人이여하며 行何為踽踽涼涼이리오 生斯世也라 為斯世也하며 善斯可矣라하여 閹然媚於世也者 是鄉原也니라

○踽 홀로 걸을 우: 憾 한할 감: 涼 엷을 양
○(만장이 말하였다.) "공자께서 말씀하시기를 '내 집 문 앞을 지나가면서도 내 집에 들어오지 않는 것을 내가 서운하게 생각하지 않는 사람이 있다면 그것은 향원(鄉原)뿐일 것이다. 향원은 덕을 해치는 사람이다.'라고 말씀하셨는데 어떤 사람을 향원이라고 할 수 있습니까?" 맹자께서 말씀하셨다. "향원이 광자를 비난하기를 '어찌하여 이렇게 말과 뜻이 커서 말은 자기의 행실을 돌보지 않고, 행실은 말을 돌보지 않으면서 「옛날 사람이여, 옛날 사람이여!」 하는가?' 하며, 향원이 견자를 비난하기를 '행실을 어찌하여 이처럼 외롭고 쓸쓸하게 하는고? 이 세상에 태어났으면 이 세상의 일을 하여 남들이 선하다고 하면 그만이다.' 하여 세상에 아첨하는 자가 향원이다."

萬子曰 一鄕이 皆稱原人焉이면 無所往而不爲原人이어늘 孔子以爲德之賊은 何哉잇고 曰 非之無擧也하며 刺(자)之無刺也하고 同乎流俗하며 合乎汚世하여 居之似忠信하며 行之似廉潔하여 衆皆悅之어든 自以爲是而不可與入堯舜之道라 故曰德之賊也라하시니라

○ 만장이 말하기를 "한 지방 사람들이 모두 점잖은 사람이라고 부른다면 아무 데를 간들 점잖은 사람이 되지 않음이 없을 것인데, 공자께서 '덕을 해치는 사람'이라고 하는 것은 무엇 때문입니까?" 맹자께서 말씀하셨다. "그를 비난하려 해도 들추어낼 것이 없으며, 풍자하려 해도 풍자할 것이 없으며, 세상의 흐름과 동화하고 더러운 세상에 영합하여, 평소에는 진실하면서 신의가 있는 듯하고 청렴결백한 것 같아서 여러 사람이 다 그를 좋아하면 스스로 옳다고 여기지만, 그런 자와는 함께 요순(堯舜)의 도에 들어갈 수 없습니다. 그러므로 '덕을 해치는 자'라고 하는 것입니다.

孔子曰 惡似而非者하노니 惡莠恐其亂苗也요 惡佞恐其亂義也요 惡利口恐其亂信也요 惡鄭聲恐其亂樂也요 惡紫恐其亂朱也요 惡鄕原恐其亂德也라 하시니라 君子反經而已矣니 經正則庶民興하고 庶民興이면 斯無邪慝矣리라

○ 莠 가라지 유: 紫 자줏빛 자
○ 공자께서 말씀하시기를 '비슷하지만, 아닌 것이 사이비(似而非) 한 것을 미워하노니, 피를 미워하는 것은 그것이 곡식 싹을 어지럽힐까 염려해서이고, 말재주 있는 자를 미워하는 것은 그것이 의(義)를 더럽힐까 염려해서이고, 말 잘하는 입을 가진 자를 미워하는 것은 그것이 신(信)을 어지럽힐까 염려해서이고, 정나라 음악을 미워하는 것은 정악(正樂)을 어지럽힐까 염려해서이다. 간색(間色)인 자주색을 미워하는 것은 그것이 정색인 붉은색을 어지럽힐까 염려해서이고, 향원을 미워하는 것이 그가 덕을 어지럽힐까 염려해서이다.'라고 하셨다. 군자는 떳떳한 도인 상도(常道)로 돌아갈 따름이니, 떳떳한 도가 바로 잡히면 일반 백성들한테서도 역시 선을 행하려는 마음이 일어나게 되고, 일반

백성들한테서 선을 행하려는 마음이 일어나면 그때에는 사특(邪慝)함이 없어질 것입니다."

(38) 맹자는 아성(亞聖)이다

孟子曰 由堯舜으로 **至於湯**이 **五百有餘歲**니 **若禹皋陶則見而知之**하시고 **若湯則聞而知之**하시니라 **由湯**으로 **至於文王**이 **五百有餘歲**니 **若伊尹萊朱則見而知之**하고 **若文王則聞而知之**하시니라

○ 맹자께서 말씀하셨다. "요순(堯舜)으로부터 탕왕까지 500여 년인데, 우왕(禹王)과 고요(皋陶)는 요순의 도를 직접 보고서 알았고, 탕왕 같은 분들은 듣고서 알았다. 탕왕 때부터 문왕 때까지 500여 년이니, 이윤(伊尹)과 내주(萊朱)는 탕왕의 도를 직접 보고서 알았고, 문왕은 듣고서 아셨다.

由文王으로 **至於孔子 五百有餘歲**니 **若太公望散宜生則見而知之**하고 **若孔子則聞而知之**하시니라 **由孔子而來**로 **至於今**이 **百有餘歲**니 **去聖人之世若此其未遠也**며 **近聖人之居若此其甚也**로되 **然而無有乎爾**하니 **則亦無有乎爾**로다

○ 문왕으로부터 공자까지 500여 년이니, 태공망(太公望)과 산의생(散宜生)은 문왕의 도를 직접 보고서 알았고 공자는 들어서 아셨다. 공자로부터 지금까지 100년이니, 성인의 살던 세대와의 거리가 이처럼 멀지 않으며, 성인이 사시던 곳과 이처럼 가까운 데도 성인을 계승할 사람이 아무도 없으니, 앞으로도 역시 나오지 않을 것이로구나."

제8장 중용

중용은 공자의 손자인 자사(子思)의 저작이라 전해지고 있다. 자사의 성은 공(孔)이고 이름은 급(伋)이며 산동성 취푸(曲阜) 사람이다. BC 483년~402년 간 살았다(81세). 중용은 대학과 마찬가지로 원래는 예기(禮記)의 한편으로 실려 있었으나 주희(朱憙)가 중용 장구를 편찬한 이후로 유명해졌다. 전반에서는 중용의 의미, 후반에서는 성(誠)에 대해서 설명하고 있다.

중용이란 모든 생각과 행동이 언제나 가장 올바른 도리에 맞아 조금의 모자라거나 지나침이 없음을 말하고 성(誠)이란 조금도 꾸밈이 없는 진실됨과 멈춤이 없는 성실함을 말한다. 이것은 곧 우주를 섭리하는 하늘의 도(道)요 만물을 화육(化育) 시키는 땅의 도요 사람이 지향해서 가야 할 사람의 도인 것이다. 이 책에서는 중용 전체를 수록하였다.

제1편 도와 중용

제1장 도(道)와 중화(中和)

天命之謂性이요 **率性之謂道**요 **修道之謂敎**니라

- ○命 하늘이 명한 것이란 뜻으로 선천적으로 타고난 것을 말함: 性 사람의 본성: 率 따를 솔
- ○하늘이 사람에게 명하신 것을 본성(性)이라 하고, 본성에 따라 행동하는 것을 도(道)라 하고, 도를 닦는 것을 일컬어 교(敎)라고 한다.

道也者는 **不可須臾離也**니 **可離**면 **非道也**라 **是故**로 **君子**는 **戒愼乎其所不睹**하며 **恐懼乎其所不聞**이니라 **莫見(현)乎隱**이며 **莫顯乎微**니 **故**로 **君子**는 **愼其獨也**니라

- ○臾 잠깐 유: 睹 볼 도: 懼 두려워할 구: 隱 숨을 은: 見 드러날 현

○도라는 것은 잠시도 떠날 수 없는 것이니 떠날 수가 있다면 그것은 벌써 도가 아닌 것이다. 그러므로 군자는 남이 보지 않는 곳에 있더라도 항상 경계하고 삼가며 남이 듣지 못하는 곳에 있더라도 도에 어긋나는 일은 하지 않는다. 숨어서 하는 것도 결국은 드러나게 되고 아무리 작은 일도 잘 드러난다. 그러므로 군자는 혼자 있는 경우라도 조심스럽게 행동한다.

喜怒哀樂之未發을 **謂之中**이요 **發而皆中節**을 **謂之和**니 **中也者**는 **天下之大本也**요 **和也者**는 **天下之達道也**니라 **致中和**면 **天地位焉**하며 **萬物育焉**이니라

○達道 통달되는 도, 보편적인 도
○희로애락이 밖으로 나타나지 않는 현상을 중(中)이라고 하고, 알맞게 나타나 절도에 맞는 것을 화(和)라고 한다. 중은 천하의 모든 사람의 근본이고 화는 천하의 사물과 사람에 통용되는 보편적인 도인 것이다. 중과 화가 잘 발휘되면 천지가 자리 잡히어 사물의 질서가 확립되고 만물이 제대로 자라고 발전하게 되는 것이다.

제2편 군자와 중용

제2장 군자는 중용, 소인은 반 중용

仲尼曰 君子는 **中庸**이요 **小人**은 **反中庸**이니라 **君子之中庸也**는 **君子而時中**이요 **小人之[反]中庸也**는 **小人而無忌憚也**니라

○忌 꺼릴 기: 憚 꺼릴 탄
○공자께서 말씀하셨다. "군자는 중용에 맞게 행동하고 소인은 중용에 반하는 행동을 한다. 군자는 중용을 지킴에 있어 사정이나 환경에 맞게 하고, 소인은 중용을 지킴에 있어 주위의 사정에 거리낌 없이 멋대로 행동한다."

제3장 중용을 지속하기가 쉽지 않다

子曰 中庸其至矣乎인저 民鮮能이 久矣니라

○ 공자께서 말씀하셨다. "중용은 무엇보다 지극하고 소중한 것이다. 그러나 백성을 잘 가르치지 못하였기 때문에 중용의 길을 제대로 지켜가는 사람이 적은 지 오래다."

제4장 도가 행해지지 못하는 이유

子曰 道之不行也를 我知之矣로니 知(智)者는 過之하고 愚者는 不及也일새니라 道之不明也를 我知之矣로니 賢者는 過之하고 不肖者는 不及也일새니라 人莫不飮食也언마는 鮮能知味也니라

○ 肖 닮을 초
○ 공자께서 말씀하셨다. "도가 행하여지지 않는 이유를 나는 안다. 지혜가 많은 사람은 자기 지혜만 믿고 행동하므로 중용의 도를 지나치고 어리석은 사람은 지혜가 없어서 행동이 중용에 미치지 못하기 때문이다. 나는 도가 제대로 밝혀지지 못하는 이유를 안다. 현명한 사람은 꾀가 너무 많아 지나치고 현명하지 못한 사람은 행동이 미치지 못하기 때문에 중용의 도를 이해하지 못하는 것이다. 사람들이 음식을 먹고 마시지 않는 이가 없건마는 맛을 아는 이가 드물듯이 중용을 올바로 이해하고 지키는 사람은 드물다."

제5장 도의 어려움

子曰 道其不行矣夫인저

○ 공자께서 말씀하셨다. "사람들의 성품도 까다롭고 교육도 제대로 행하여지지 않고 있으니 중용의 도가 인간사회에 행하여지기는 어려울 것이다."

제6장 순(舜)임금과 중용

子曰 舜其大知也與신저 舜好問而好察邇言하사되 隱惡而揚善하시며 執其兩端하사 用其中於民하시니 其斯以爲舜乎신저

○ 공자께서 말씀하셨다. "순(舜)임금은 가장 위대한 지혜를 가지셨던 분이다. 순임금은 묻기를 좋아하시며 남의 말을 들으시기를 좋아하시고 악함은 숨기시고 선함은 드러내시었다. 악한 것과 선한 것을 모두 파악하시어 그중에서 가장 알맞은 것으로 백성들을 다스리셨다. 이처럼 순임금은 중용의 도를 지키어 위대한 성인이 되신 것이다."

제7장 사람들의 어리석음

子曰 人皆曰予知로되 驅而納諸罟擭陷阱之中而莫之知辟也하며 人皆曰予知로되 擇乎中庸而不能期月守也니라

○ 罟 그물 고: 陷 빠질 함: 阱 함정 정
○ 공자께서 말씀하셨다. "세상 사람들은 모두 자기는 지혜롭다고 생각한다. 그러나 그들을 그물이나 덫에 걸리게 하거나 함정에 빠뜨리면 그것을 피할 줄 모르는 어리석은 사람들이다. 세상 사람들은 모두 자기가 지혜롭다고 생각한다. 그러나 중용의 도를 택하여 한 달도 지키지 못할 사람들이다."

제8장 중용을 지킨 안회

子曰 回之爲人也 擇乎中庸하여 得一善이면 則拳拳服膺而弗失之矣니라

○ 공자께서 말씀하셨다. "안회의 사람됨은 정말로 훌륭하다. 그는 중용의 도에서 한 가지 선한 일이라도 발견하면 그것을 잃지 않고 가슴에 새겨두었다가 꼭 실행하였다."

제2부 고전 독해

제9장 중용의 어려움

子曰 天下國家를 **可均也**며 **爵祿**을 **可辭也**며 **白刃**을 **可蹈也**로되 **中庸**은 **不可能也**니라

- ○爵 술잔 작, 벼슬 작: 蹈 밟을 도
- ○공자께서 말씀하셨다. "천하와 국가를 고르게 다스릴 수 있는 지혜가 있고, 봉록(俸祿)도 버리고 세상의 공명(功名)을 사양할 수 있는 덕이 있으며, 흰 칼날도 밟을 수 있는 용기가 있는 사람이라도 중용의 도를 행하기는 어렵다."

제10장 진정한 강함

子路問強한대 **子曰 南方之強与**아 **北方之強与**아 **抑而強与**아

- ○與 의문 사: 抑 어조사, 그렇지 않으면: 而 汝의 뜻
- ○자로가 공자에게 강함에 대하여 묻자 공자께서 말씀하셨다. "강함에는 여러 가지가 있다. 네가 알고자 하는 것은 남방의 강함인가 북방의 강함인가? 그렇지 않으면 너와 같은 사람들의 강함인가?

寬柔以教요 **不報無道**는 **南方之強也**니 **君子居之**니라 **衽金革**하여 **死而不厭**은 **北方之強也**니 **而強者居之**니라

- ○衽 요 임: 金 창과 병기: 革 갑옷과 투구
- ○너그럽고 부드럽게 살아가며 사람을 교육하고 남이 무도하게 해를 가해도 이에 보복하지 않음은 남방의 강함이니 군자는 이러한 남방의 강함을 갖고 살아가는 것이다. 싸움터에서 무기와 갑옷을 깔고 죽는 한이 있더라도 겁내거나 주저하지 않는 것이 북방의 강함이니 용맹스러운 사람은 이러한 북방의 강함을 갖고 산다.

故君子和而不流하나니 **強哉矯**여 **中立而不倚**하나니 **強哉矯**여 **国有道**에 **不変塞焉**하나니 **強哉矯**여 **国無道**에 **至死不変**하나니 **強哉矯**여

- 橋 꿋꿋할 교: 倚 의지할 의, 기댈 의
- 그렇기 때문에 군자는 조화로우면서도 시류에 영합하지 않으니 이것이 정말로 강함이다. 군자는 중용을 지키어 한편으로 치우친 일을 하지 않으니 이것이 정말 강함이다. 나라에 올바른 도가 있을 때는 관직에 도달하지 못해도 변하지 않으니 이것이 정말로 강함이요, 나라에 올바른 도가 행하여지지 않아 간악한 자들이 해를 가하여 죽게 되는 한이 있더라도 지조가 변하지 않는 것이 강함이다."

제11장 도에 들어가는 세 가지

子曰 素(索)隱行怪를 後世有述焉하나니 吾弗爲之矣로라 君子遵道而行하다가 **半塗而廢하나니 吾弗能已矣로라**

- 隱 보통 사람은 잘 모르는 일: 術 이을 술, 훌륭하게 여기고 떠받드는 것: 素는 索의 잘못임
- 공자께서 말씀하셨다. "숨어 사는 생활을 찾고 괴이한 짓을 하여 후세에 유명해진 사람도 많으나, 나는 그러한 일은 하지 않겠다. 군자들은 중용의 도를 따라 그것을 행하려고 하지만 능력이 부족하여 결국은 중도에서 그만두게 된다. 그러나 나는 중용의 도를 중도에서 그만두지 않겠다.

君子依乎中庸하여 **遯世不見知而不悔**하나니 **唯聖者能之**니라

- 遯 숨을 둔
- 군자는 언제나 중용에 따라 행동하며 숨어서 혼자 살아 그의 덕행이 알려지지 않는다고 하더라도 조금도 후회하지 않으니, 이러한 중용의 도는 오직 성인이어야만 능히 지켜나갈 수 있는 것이다."

제 3편 도의 작용

제12장 군자의 도

君子之道는 **費而隱**이니라

○군자의 도는 쓰임에서는 한없이 넓고 본체는 한없이 은미하다.

夫婦之愚로도 **可以與知焉**이로되 **及其至也**하여는 **雖聖人**이라도 **亦有所不知焉**하며 **夫婦之不肖**로도 **可以能行焉**이로되 **及其至也**하여는 **雖聖人**이라도 **亦有所不能焉**하며 **天地之大也**에도 **人猶有所憾**이라 **故**로 **君子語大**인댄 **天下莫能載焉**하며 **語小**인댄 **天下莫能破焉**이니라

○肖 닮을 초, 작을 초
○부부의 어리석음(어리석은 일반 남녀들)으로도 알려고 들면 더불어 알 수 있지만, 그 지극함에 이르러서는 비록 성인이라도 역시 알지 못하는 바가 있는 것이다. 일반 남녀들의 불초함으로도 가히 행할 수 있지만, 그 지극함에 이르러서는 비록 성인이라도 파악하여 실행할 수 없는 바가 있는 것이다. 천지가 크더라도 중용은 똑같이 작용하지 않기 때문에 사람들은 오히려 유감스럽게 여기는 것이다. 그러므로 군자의 도에 대하여 큰 것을 말하면 천하에 실을 수가 없을 만큼 크고 작은 것을 말하면 천하에 더 이상 쪼갤 수가 없을 만큼 미세한 것이다.

詩云 鳶飛戾天이어늘 **魚躍于淵**이라 하니 **言其上下察也**니라 **君子之道 造端乎夫婦**니 **及其至也**하여는 **察乎天地**니라

○鳶 솔개 연: 躍 뛸 약: 造端 發端의 뜻
○〈시경, 한록〉에 이르기를 "솔개는 하늘에서 날고 물고기는 연못에서 뛰고 있다." 하였으니 이것은 도가 하늘이나 땅에 모두 적용되고 있음을 읊은 것이다. 군자의 도는 일반 남녀들의 평범한 생활에서부터 하늘과 땅의 모든 원리에 적용되는 것이다.

제13장 도는 가까운 곳에 있음

子曰 道不遠人하니 人之爲道而遠人이면 不可以爲道니라

- ○爲道 도를 따르고 행하는 것
- ○공자께서 말씀하셨다. "도는 사람으로부터 멀리 있는 것이 아니다. 사람이 도를 지킨다고 할 때 그 도가 사람에게서 떨어져 있다고 한다면 그것은 도가 될 수 없는 것이다.

詩云 伐柯伐柯여 其則不遠이라 하니 執柯以伐柯호되 睨而視之하고 猶以爲遠하나니 故君子以人治人하다가 改而止니라

- ○柯 자루 가: 睨 흘겨볼 예
- ○〈시경, 벌가〉에 이르기를 '도낏자루를 찍어 내나니 도낏자루를 찍어 내나니 그 본보기가 가까운데 있도다.'라고 하였으니 이것은 도낏자루를 쥐고 도낏자루를 만들 나무를 자르면서도 도낏자루의 길이나 굵기가 얼마나 될까, 하고 그 본보기가 쥐어져 있는 줄도 모르고 막연히 겨냥해 보는 것을 비유한 것이라 볼 수 있다. 그러므로 군자는 사람의 본성에 따라 다스리고 잘못을 그치게 되면 그치는 것이다.

忠恕違道不遠하니 施諸己而不願을 亦勿施於人이니라

- ○違 어길 위: 忠 진심을 다하는 것: 恕 남의 처지를 이해해 주는 것
- ○충과 서는 도와 거리가 멀지 않고 도에 이르는 길이다. 충과 서는 자기가 바라지 않는 일을 남으로 하여금 하게 하는 일이 없게 하는 것이다.

君子之道四에 丘未能一焉이로니 所求乎子로 以事父를 未能也하며 所求乎臣으로 以事君을 未能也하며 所求乎弟로 以事兄을 未能也하며 所求乎朋友로 先施之를 未能也로니 庸德之行하며 庸言之謹하여 有所不足이어든 不敢不勉하며 有餘어든 不敢盡하여 言顧行하며 行顧言이니 君子胡不慥慥爾리오

- ○庸言 언제나 변함없는 진리를 지닌 말, 중용의 도에 합당한 말:庸德

언제나 변함없는 덕: 不敢盡 말을 더욱 삼가는 것: 慥 독실할 조: 慥慥 독실한 모습: 言顧行 행동을 반성하며 말을 삼가는 것
- 군자가 하여야 할 도가 네 가지 있는데 나는 하나도 다하지 못하였다. 자식에게 요구되는 바로써 어버이 섬김을 다하지 못하였고, 신하에게 요구되는 바로써 임금에 대한 섬김을 다 하지 못하였고, 아우에게 요구되는 바로써 형님에 대한 섬김을 다 하지 못하였으며, 친구에게 요구되는 바로써 먼저 베풀어 주지 못하였다. 사람은 항상 중용의 도로부터 어긋나지 않는 덕을 행하며 중용에 어긋나지 않게 말을 삼가며, 행함에 부족한 바가 있으면 감히 힘쓰지 아니하지 못하며, 말함에 남음이 있으면 감히 다해버리지 않아서, 말은 행실을 돌아보고 하며 행실은 말함을 돌아보고 하는 것이니, 군자가 어찌 독실하게 힘쓰지 않겠는가?"

제14장 군자와 몸가짐

君子는 **素其位而行**이요 **不願乎其外**니라 **素富貴**하얀 **行乎富貴**하며 **素貧賤**하얀 **行乎貧賤**하며 **素夷狄**하얀 **行乎夷狄**하며 **素患難**하얀 **行乎患難**이니 **君子**는 **無入而不自得焉**이니라

- 素 평소 소: 狄 오랑캐 적
- 군자는 현재 처해 있는 지위에 따라 처신하고 분수에 벗어나는 것을 원하지 않는다. 현재 부귀하면 부귀한 대로 행하며, 빈천하다면 빈천한 대로 행하며 오랑캐에 살게 되면 그 처지에 맞게 행동하며, 환난에 처해서는 환난에 알맞게 행동하니, 군자는 들어가는 곳마다 스스로 터득하지 않음이 없다.

在上位하여 **不陵下**하며 **在下位**하여 **不援上**이요 **正己而不求於人**이면 **則無怨**이니 **上不怨天**하며 **下不尤人**이니라 **故**로 **君子**는 **居易以俟命**하고 **小人**은 **行險以徼幸**이니라

- 陵 능멸할 능: 援 당길 원: 尤 허물 우: 俟 기다릴 사: 徼 구할 요: 幸 요행 행

○ 윗자리에 있으면서 아랫사람을 업신여기지 않으며, 아랫자리에서는 윗사람에 아첨하지 아니한다. 자기의 처신을 바르게 하고 남에게 책임을 미루지 아니하면 서로 원망함이 없을 것이니, 위로는 하늘을 원망하지 아니하며, 아래로는 사람을 탓하지 않는다. 그러므로 군자는 평이하게 거처하여 운명을 기다리고, 소인은 위험한 것을 행하면서 요행을 바란다.

子曰 射有似乎君子하니 **失諸正鵠**이어든 **反求諸其身**이니라

○ 鵠 과녁 곡, 고니 곡
○ 공자께서 말씀하셨다. "군자의 행동은 활 쏘는 사람과 같으니, 자기가 쏜 화살이 과녁을 맞히지 못하면 그 원인을 항상 자신에게 돌린다."

제15장 도를 실천하는 방법

君子之道는 **辟(譬)如行遠必自邇**하며 **辟如登高必自卑**니라 **詩曰 妻子好合**이 **如鼓瑟琴**하며 **兄弟旣翕**하여 **和樂且耽**이로다 **宜爾室家**하며 **樂爾妻帑**라 하여늘 **子曰 父母其順矣乎**신저 하시니라

○ 邇 가까울 이: 鼓 북 고: 瑟 비파 슬: 琴 거문고 금: 翕 화할 흡: 耽 즐길 탐: 帑(孥) 처자식 노
○ 군자가 중용의 도를 실행함은 비유하건대, 멀리 가려면 반드시 한 발자국씩 가까운 대로부터 가야 함과 같으며, 높은 곳에 오르려면 한 발자국씩 반드시 낮은 곳으로부터 올라야 함과 같다. 〈시경, 상체〉에 이르기를, '처자가 잘 화합함이 현악기를 연주하는 것과 같고, 형제가 잘 화합하여 화락하고 즐겁게 살아간다. 너의 집안을 단란하게 하고, 너의 처자들을 즐겁게 하여야 한다.'라고 하였는데, 공자께서 이 글을 읽으시고 말씀하시기를 '이렇게 되면, 부모가 편안하실 것이다.'라고 하셨다.

제16장 도의 광대함과 은미함

子曰 鬼神之爲德이 其盛矣乎인저 視之而弗見하며 聽之而弗聞이로되 体物而不可遺니라 使天下之人으로 齊明盛服하여 以承祭祀하고 洋洋乎如在其上하며 如在其左右니라

- ○鬼神 우리가 보통 말하는 잡신이 아니고 종교에서 말하는 神 또는 精靈을 뜻함: 齋明 齋戒明潔로 부정을 깨끗이 함: 洋洋 물이나 기체 같이 흘러 다니는 물건이 가득한 모습
- ○공자께서 말씀하셨다. "귀신의 덕은 위대한 것이다. 귀신은 사람의 눈에 보이지 않고 귀에 들리지도 않지만, 만물의 본체 속에 있는 것이므로 버릴 수가 없는 것이다. 귀신은 세상 사람들로 하여금 부정(不淨)을 깨끗이 하고 옷을 단정히 하여 제사를 받들도록 만든다. 사람들로 하여금 귀신이 그 위의 어느 곳에나 있는 것처럼 느끼게 하고 그의 좌우의 어느 곳에나 있는 것처럼 느끼게 한다.

詩曰 神之格思를 不可度(탁)思온 矧可射(역)思아 하니 夫微之顯이니 誠之不可揜如此夫인저

- ○格 이를 격: 思 어조사 임: 度 헤아릴 탁: 矧 하물며 신: 射 싫어할 역: 揜 가릴 엄: 誠 귀신의 誠信, 착한 자에게는 복을 내리고 악한 자에게는 반드시 화를 내리는 귀신의 작용 원리가 참되고 어긋남이 없음을 뜻함
- ○〈시경, 억〉에 이르기를 '신의 강림하심은 사람으로서는 감지할 수 없는 것인데 사람이 어찌 그것을 꺼리고 피할 수 있으랴!' 하였다. 이것은 사람으로서 감지할 수 없는 귀신의 나타남을 말한 것으로 중용의 도는 귀신이 사람에게 작용하는 원리와 같다."

제17장 순임금의 이상적 정치는 중용의 실현

子曰 舜은 其大孝也與신저 德爲聖人이시고 尊爲天子시고 富有四海之內하사 宗廟饗之하시며 子孫保之하시니라 故로 大德은 必得其位하며 必得其祿

하며 **必得其名**하며 **必得其壽**니라 **故**로 **天之生物**이 **必因其材而篤焉**하나니 **故**로 **栽者**를 **培之**하고 **傾者**를 **覆之**니라

- ○廟 사당 묘: 饗 음향할 향: 栽 심을 재: 培 북돋을 배: 傾 기울 경: 覆 뒤집어엎을 복
- ○공자께서 말씀하셨다. "순(舜)임금은 위대한 효도를 행하신 분이다. 덕을 쌓아 성인이 되셨고, 존귀하심으로 천자가 되시었으며, 온 세상을 모두 소유하심에 이르렀으며 종묘의 제사를 흠향하시며 자손을 보존하셨다. 그러므로 위대한 덕은 반드시 그만한 지위를 얻으며, 반드시 그만한 녹을 얻으며 반드시 그만한 이름을 얻으며 반드시 그만한 수(壽)를 얻는다. 그러므로 하늘이 만물을 낼 적에는 반드시 그 재질에 따라 돈독하게 해준다. 그리하여 심은 식물은 북돋아 잘 자라도록 해주고 기울어진 것은 뒤집어엎는다.

詩曰 嘉樂君子여 **憲憲令德**이로다 **宜民宜人**이라 **受祿于天**이어늘 **保佑命之**하시고 **自天申之**라하니 **故大德者必受命**이니라

- ○憲 법 헌, 깨우칠 헌: 佑 도울 우
- ○〈시경, 가락〉에 이르기를, '훌륭하신 군자님의 아름다운 덕이여, 낮은 백성들을 적절히 잘 다스리어 하늘은 그에게 상당한 보응을 내리셨도다. 하늘은 그를 보우하시어 백성들을 잘 다스리도록 명을 내리시고 끝내 도와주셨도다.' 고 하였다.' 그러므로 위대한 덕이 있는 사람은 반드시 하늘로부터 천명을 받게 되는 것이다."

제18장 문왕과 무왕으로 이어지는 도

子曰 無憂者其惟文王乎신저 **以王季為父**하시고 **以武王為子**하시니 **父作之**어시늘 **子述之**하시니라

- ○공자께서 말씀하셨다. "가장 근심 없는 사람은 문왕일 것이다. 그분은 왕계를 아버지로 모시고 무왕을 아들로 두었는데 아버지는 왕업을 일으키셨고 아들은 그것을 이어받았다.

武王纘大王, 王季, 文王之緖하사 壹戎衣而有天下하사되 身不失天下之顯名하시며 尊為天子하시고 富有四海之内하사 宗廟饗之하시며 子孫保之하시니라

> ○ 纘 이을 찬: 戎 군사 융
> ○ 무왕이 태왕(太王), 왕계(王季), 문왕(文王)의 유업을 계승했다. 그는 한번 전투 군복을 입고 군사를 일으키어 (걸왕을 정벌하여) 천자가 되시었는데, 자신은 천하의 훌륭한 이름을 잃지 않으셨고 존귀하여 천자가 되시고, 부유하여 온 세상을 다스리게 되어 종묘의 제사를 흠향하시며 자손을 보존하셨다.

武王이 末受命이어시늘 周公이 成文武之德하샤 追王大王王季하시고 上祀先公以天子之禮하시니 斯禮也 達乎諸侯大夫及士庶人하여 父為大夫요 子為士어든 葬以大夫하고 祭以士하며 父為士요 子為大夫어든 葬以士하고 祭以大夫하며 期之喪은 達乎大夫하고 三年之喪은 達乎天子하니 父母之喪은 無貴賤一也니라

> ○ 무왕이 말년에야 천명을 받으셨으므로, 주공이 문왕과 무왕의 덕을 완성하셔서 태왕과 왕계를 추존하여 왕으로 높이셨고, 위로는 선공을 천자의 예로써 제사 지냈으니, 이러한 예가 제후와 대부 및 선비와 서민에게까지 도달했다. 그래서 아버지는 대부이고 아들은 선비가 되었으면 장례는 대부의 예로서 하고 제사는 선비의 예로서 했고, 아버지는 선비이고 아들은 대부가 되었으면 장례는 선비의 예로서 하고 제사는 대부의 예로서 했다. 1년 상은 대부까지 이르렀고 3년 상은 천자까지이나, 부모의 상은 귀하건 천하건 관계없이 똑같았다."

제19장 무왕과 주공의 도

子曰 武王周公은 其達孝矣乎신저 夫孝者는 善繼人之志하며 善述人之事者也니라 春秋에 修其祖廟하며 陳其宗器하며 設其裳衣하며 薦其時食이니라

- 裳 치마 상: 薦 올릴 천
- 공자께서 말씀하셨다. "무왕(武王)과 주공(周公)은 모두가 효도를 통달하신 분이시다. 무릇 효라는 것은 선인의 뜻을 잘 계승하여 선인의 일을 잘 발전시키는 것이다. 봄가을로 조상의 사당을 수리하고 제기를 진열하고, 조상이 입었던 의상을 펴놓고 그 계절에 나는 음식을 올린다.

宗廟之礼는 **所以序昭穆也**요 **序爵**은 **所以辨貴賤也**요 **序事**는 **所以辨賢也**요 **旅酬下爲上**은 **所以逮賤也**요 **燕毛**는 **所以序齒也**니라

- 燕 잔치 연
- 종묘의 예는 (신주를 놓을 때) 왼쪽과 오른쪽에 순서를 정하기 위함이다. 작위의 순서대로 정하는 것은 신분의 귀함과 천함을 구별하기 위한 까닭이다. 직분의 순서대로 정하는 것은 현명함을 구별하기 위해서다. (제사가 끝난 뒤에) 여러 사람이 술잔을 돌릴 때 아랫사람이 윗사람을 위해 잔을 올리는 것은 미천한 사람에게 은혜를 미치게 하기 위함이다. (제사를 다 마치고) 연회석에서 머리카락의 빛깔에 따라 자리를 배치하는 것은 나이대로 순서를 매기기 위함이다.

踐其位하여 **行其礼**하며 **奏其樂**하며 **敬其所尊**하며 **愛其所親**하며 **事死如事生**하며 **事亡如事存**이 **孝之至也**니라 **郊社之礼**는 **所以事上帝也**요 **宗廟之礼**는 **所以祀乎其先也**니 **明乎郊社之礼**와 **禘嘗之義**면 **治国其如示諸掌乎**인저

- 禘 제사 이름 체: 嘗 맛볼 상, 제사 이름 상
- 선조의 자리에서 제례를 행하고 그 예에 따라 그 음악을 연주하며 선조가 존경했던 사람을 공경하고, 그가 가까이했던 사람을 아끼며, 죽은 사람을 섬기기를 산 사람 섬기는 것처럼 하고, 없는 사람 섬기기를 마치 생존해 있는 사람 섬기는 것같이 하는 것이 효의 지극함이다. (하늘과 땅에 제사 지내는) 교사의 예는 상제를 섬기기 위함이요, 종묘의 예는 자신의 조상을 제사 지내기 위함이다. 교제와 사제의 예와 천자가 종묘에 지내는 체 제사와 가을에 선조에게 지내는 제사의 의

미에 밝으면 나라를 다스리는 일은 아마도 손바닥을 보는 것처럼 쉬울 것이다."

제4편　정성됨과 중용

제20장 정성됨(誠)과 정치

哀公이 問政한대 子曰 文武之政이 布在方策하니 其人存이면 則其政擧하고 其人亡이면 則其政息이니이다 人道는 敏政하고 地道는 敏樹하니 夫政也者는 蒲盧也니이다 故로 爲政在人하니 取人以身이요 修身以道요 修道以仁이니이다

- ○策 책 책: 方策 나무나 대쪽으로 만든 책: 敏 빠를 민: 蒲 부들 포: 蘆 갈대 로
- ○애공(哀公)이 정사에 대하여 묻자, 공자께서 말씀하셨다. "문왕과 무왕의 정사가 목판과 죽간에 기록되어 있으니, 그러한 분이 나라를 다스리면 훌륭한 정치가 행하여지고, 그러한 분이 없으면 그러한 정치는 종식됩니다. 사람의 도는 정치에 민감하게 나타나고, 땅의 도는 나무에 민감하게 나타나니, 무릇 정치라는 것은 창포나 갈대같이 교화의 효험이 빠른 것입니다. 따라서 정치를 하는 것은 사람에게 달려 있으니 사람을 등용함엔 자신의 몸을 닦아 어진 이들이 오도록 해야 할 것이요, 몸을 닦을 땐 도로서 해야 할 것이요, 도를 닦을 땐 인으로서 해야 할 것이다.

仁者는 人也니 親親이 爲大하고 義者는 宜也니 尊賢이 爲大하니 親親之殺(쇄)와 尊賢之等이 禮所生也니이다 故로 君子는 不可以不修身이니 思修身인댄 不可以不事親이요 思事親인댄 不可以不知人이요 思知人인댄 不可以不知天이니이다

- ○親親 친족과 화목하게 지냄, 앞의 親은 동사: 殺 내릴 쇄: 降殺 경우

에 따라 정도를 낮추어 가는 것
○인이라는 것은 사람다운 행동을 하는 것이니 친족과 화목하게 지내는 것이 중요하고, 의라는 것은 알맞은 행동을 하는 것이니 어진 사람을 존경하는 것이 중요하다. 그런데 친족과 화목하게 지내는 것과 어진 이를 존경함에는 차이가 있으니 이것이 예가 생겨난 이유인 것이다. 그러므로 군자는 먼저 자신을 수양(修養)해야만 하며, 수양하려면 어버이를 섬기어야만 하며, 어버이를 섬기려면 사람을 알아야만 되며, 사람을 알려면 하늘을 알아야만 되는 것이다."

天下之達道五에 **所以行之者三**이니 **曰君臣也**와 **父子也**와 **夫婦也**와 **昆弟也**와 **朋友之交也五者**는 **天下之達道也**요 **知(智)仁勇三者**는 **天下之達德也**니 **所以行之者**는 **一也**니이다 **或生而知之**하며 **或學而知之**하며 **或困而知之**하나니 **及其知之**하여는 **一也**니이다 **或安而行之**하며 **或利而行之**하며 **或勉强而行之**하나니 **及其成功**하여는 **一也**니이다

○困 곤궁하여져서: 勉强 억지로 애써서
○천하에 보편적으로 통용되는 도에 다섯 가지가 있고, 그것을 행할 수 있는 바는 세 가지가 있으니, 군신, 부자, 부부, 형제, 친구 간의 관계가 다섯 가지의 천하에 보편적인 도이고, 지(智), 인(仁), 용(勇)의 세 가지는 천하의 보편적인 덕이니 그것을 행하게 하는 근본은 하나인 것이다. 어떤 사람은 태어나면서부터 도와 덕을 알고, 어떤 사람은 배워서 그것들을 알며, 어떤 사람은 곤궁함을 당하여서 그것을 알게 되나, 그들을 알게 되면 매한가지이다. 어떤 사람은 도와 덕을 힘 안 들이고 편하게 행하며, 어떤 사람은 그것들을 이익이 되기 때문에 행하고, 어떤 사람은 그것을 억지로 애써서 행하나 그들을 행하였을 때의 성과는 마찬가지이다.

子曰 好學은 **近乎知**하고 **力行**은 **近乎仁**하고 **知恥**는 **近乎勇**이니라 **知斯三者**면 **則知所以修身**이요 **知所以修身**이면 **則知所以治人**이요 **知所以治人**이면 **則知所以治天下國家矣**니라

○공자께서 말씀하셨다. "배움을 좋아하면 지혜로움에 가까워지고, 힘써 행하면 인에 가까워지고, 수치스러움을 알면 용에 가까워진 것이다. 이, 세 가지를 알면 곧 자신을 수양하는 길을 알게 될 것이요, 자신을 수양하는 길을 알면 곧 사람을 다스리는 길을 알게 될 것이요, 사람을 다스리는 길을 알면 곧 천하와 국가를 다스리는 길을 알게 되는 것이다."

凡爲天下國家 有九經하니 **曰 修身也**와 **尊賢也**와 **親親也**와 **敬大臣也**와 **體群臣也**와 **子庶民也**와 **來百工也**와 **柔遠人也**와 **懷諸侯也**니라

○經 법 경: 體 체득할 체: 體察 그 사람의 입장에 서서 그 사람의 처지를 생각하여 주는 것: 子 사랑할 자: 懷 품을 회
○무릇 천하와 국가를 위해서는 아홉 가지 준칙이 있으니, 이것은 곧 자기의 몸을 닦는 것, 어진 이를 존경하는 것, 친족들과 친히 지내는 것, 대신들을 존경하는 것, 여러 신하를 살피는 것, 백성들을 친자식처럼 아껴주는 것, 여러 공인(工人)을 모여들게 하는 것, 먼 곳 사람들을 부드럽게 하여 유화시키는 것, 제후들을 진심으로 따르게 만드는 것이다.

修身則道立하고 **尊賢則不惑**하고 **親親則諸父昆弟不怨**하고 **敬大臣則不眩**하고 **體群臣則士之報禮重**하고 **子庶民則百姓勸**하고 **來百工則財用足**하고 **柔遠人則四方歸之**하고 **懷諸侯則天下畏之**니라

○眩 현혹할 현: 財用 재물의 쓰임 재정 또는 경제의 뜻
○자신의 몸을 닦으면 올바른 도가 서고, 어진 이를 존중하면 미혹되지 않고, 친족들과 친하게 되면 제부(諸父)와 형제들과 화목하게 되고, 여러 신하를 공경해주면 일 처리가 어지럽지 않고, 여러 신하를 살피면 선비가 예를 보답하는 것이 무겁고, 백성을 자식처럼 아끼면 백성들이 힘쓰게 되고, 장인(匠人)들이 모여들게 하면 곧 재물의 쓰임이 풍족하게 되고, 먼 곳 사람들을 유화시키면 곧 사방의 나라 사람들이 그에게로 귀의하게 되고, 제후들을 마음으로 따르게 만들면 온 천하가 그를 두려워하게 된다.

齊明盛服하여 **非礼不動**은 **所以脩身也**요 **去讒遠色**하여 **賤貨而貴德**은 **所以勸賢也**요 **尊其位**하여 **重其祿**하여 **同其好惡**는 **所以勸親親也**요 **官盛任使**는 **所以勸大臣也**요 **忠信重祿**은 **所以勸士也**요 **時使薄斂**은 **所以勸百姓也**요 **日省月試**하여 **旣稟称事**는 **所以勸百工也**요 **送往迎來**하며 **嘉善而矜不能**은 **所以柔遠人也**요 **継絶世**하며 **擧廢国**하며 **治亂持危**하며 **朝聘以時**하며 **厚往而薄來**는 **所以懷諸侯也**니라

○讒 참소할 참: 聘 방문할 빙: 称 걸맞을 칭, 일컬을 칭
○재계하여 (몸과 마음을) 깨끗이 하고 복장을 성대하게 하여 예가 아니면 행동하지 않는 것은 자신을 수양하는 방법이다, 남 헐뜯는 말을 버리고 여색을 멀리하며, 재물을 천히 여기고 덕을 귀중하게 여기는 것은 어진 사람을 격려하는 것이요. 지위를 높여 주고 그의 봉록을 소중히 하며 그가 좋아하고 싫어함을 함께하는 것은 어버이와 친히 함을 격려하는 것이다, 관리를 많이 등용하여 일을 맡기고 부리게 하는 것은 대신들을 권면하는 것이요, 충성과 믿음으로 봉록을 많이 주는 것은 선비들을 권면하는 것이요, 때에 맞추어 부역을 시키고 세금을 적게 거두어들이는 것은 백성들을 권면하는 것이요, 날로 살피고 달로 시험하여 창고의 녹봉을 일에 맞추는 것은 여러 백공을 권면하는 것이요, 가는 사람을 보내고 오는 사람을 맞이하며 잘하는 것을 칭찬 해주고 능하지 못한 이를 가엾게 여기는 것이 먼 곳 사람들을 회유하는 것이요, 끊어진 세대를 이어주고 무너진 나라를 세워주며 어지러움을 다스리고 위태로움을 붙들어 주며 조회와 방문을 때에 따라 하며 가는 사람에게는 후하게 해주고 오는 사람에게는 박하게 하는 것은 제후들을 따르게 만드는 방법이다.

凡爲天下国家有九経하니 **所以行之者一也**니라

○무릇 천하와 국가를 다스리는 데에는 아홉 가지 준칙이 있으니, 그것을 행하게 하는 길은 하나이다

凡事는 **豫則立**하고 **不豫則廢**하나니 **言前定則不跲**하고 **事前定則不困**하고

行前定則不疚하고 **道前定則不窮**이니라

- 豫 미리 예: 跲 넘어질 겁: 疚 병들 구
- 무릇 일은 미리 대비하면 이루어지고, 대비하지 않으면 없어지니, 말도 미리 그런 말을 할 만한 준비를 하였으면 어긋나지 아니하고, 일도 미리 준비하였으면 막히지 아니하고, 행동도 그 일을 할 만한 소지(素地)를 준비하였으면 탈이 없고, 도도 미리 정해져 준비가 있으면 궁색해지지 않게 된다.

在下位하여 **不獲乎上**이면 **民不可得而治矣**리라 **獲乎上**이 **有道**하니 **不信乎朋友**면 **不獲乎上矣**리라 **信乎朋友**가 **有道**하니 **不順乎親**이면 **不信乎朋友矣**리라 **順乎親**이 **有道**하니 **反諸身不誠**이면 **不順乎親矣**리라 **誠身**이 **有道**하니 **不明乎善**이면 **不誠乎身矣**리라

- 獲 얻을 획: 順 따를 순: 反 돌이킬 반
- 아랫자리에 있으면서 윗사람의 신임을 얻지 못하면 백성을 다스릴 수 없게 될 것이다. 윗사람의 신임을 얻는 데에는 도가 있으니, 벗의 믿음을 얻지 못하면 윗사람의 신임을 얻지 못할 것이다. 벗의 믿음을 얻는 데에는 도가 있으니, 어버이에게 효순하지 않으면 벗에게 신임을 받지 못할 것이다. 어버이에게 효순하는 데에는 도가 있으니, 자신을 돌이켜 보아 정성되지 않으면 어버이에게 효순하지 못하게 될 것이다. 자신이 정성되게 되는 데에는 도가 있으니, 선에 밝지 못하면 몸을 정성되게 하지 못할 것이다.

誠者는 **天之道也**요 **誠之者**는 **人之道也**니 **誠者**는 **不勉而中**하며 **不思而得**하여 **從容中道**하나니 **聖人也**요 **誠之者**는 **擇善而固執之者也**니라

- 從容 애쓰거나 서두르지 않고 자연스러운 행동 그대로임
- 정성됨은 하늘의 도요, 정성되게 하는 것은 사람의 도이다. 정성된 사람은 힘쓰지 않아도 주위에 알맞게 되며 생각하지 않아도 터득하게 되어 자연스러운 행동 그대로 도에 알맞은 것이니 성인이라 할 것이다. 정성되게 하는 것은 선을 가리어 그것을 굳게 지키는 것이다.

博學之하며 **審問之**하며 **愼思之**하며 **明辨之**하며 **篤行之**니라

- 之는 善을 가리킴: 審 자세할 심
- 정성됨에 대하여 널리 배우고 자세히 물으며 신중히 생각하고 밝게 분별하며 독실하게 행하여야 한다.

有弗學이언정 **學之**인댄 **弗能**이어든 **弗措也**하며 **有弗問**이언정 **問之**인댄 **弗知**어든 **弗措也**하며 **有弗思**언정 **思之**인댄 **弗得**이어든 **弗措也**하며 **有弗辨**이언정 **辨之**인댄 **弗明**이어든 **弗措也**하며 **有弗行**이언정 **行之**인댄 **弗篤**이어든 **弗措也**니라

- 弗能 배우는 것을 할 수 없다면: 措 둘 조, 弗措 그대로 두지 않고 더욱 배움
- 배우지 않을지언정 배우는 데도 능해지지 않으면 그만두지 않고, 묻지 않을지언정 묻는데도 알지 못하면 그만두지 않고, 생각하지 못할지언정 생각하는데도 터득하지 못하면 그만두지 않는다. 분별하지 못할지언정 분별하는 데도 분명하지 않으면 그만두지 않고, 행하지 않을지언정 행하는데 독실하지 않으면 그만두지 않는다.

人一能之어든 **己百之**하며 **人十能之**어든 **己千之**니라 **果能此道矣**면 **雖愚**나 **必明**하며 **雖柔**나 **必强**이니라

- 人 딴 사람, 남: 之는 선을 가리어 굳게 지키는 것: 柔 부드러울
- 남이 한 번 해서 그것을 할 수 있다면 자기는 백번이라도 하고, 남이 열 번 해서 그것을 할 수 있다면 자기는 천 번이라도 한다. 과연 이처럼 도를 행할 수 있다면 비록 어리석은 사람이라도 반드시 밝아질 것이며, 비록 유약한 사람이라도 반드시 강해질 것이다.

제21장 하늘의 도와 사람의 도

自誠明을 **謂之性**이요 **自明誠**을 **謂之敎**니 **誠則明矣**요 **明則誠矣**니라

- ○性 정성, 성실, 진실로 해석하며 진실하고 성실함을 뜻함
- ○정성 됨으로 인하여 선에 밝아지는 것을 본성(性)이라 하고, 선에 밝음으로서 정성 됨을 교(敎)라고 한다. 진실하게 되면 곧 밝아지고 밝으면 곧 진실하게 된다.

제22장 지성과 천도

惟天下至誠이야 **爲能盡其性**이니 **能盡其性**이면 **則能盡人之性**이요 **能盡人之性**이면 **則能盡物之性**이요 **能盡物之性**이면 **則可以贊天地之化育**이요 **可以贊天地之化育**이면 **則可以與天地參矣**니라

- ○贊 도울 찬: 化育 변화와 육성: 參 참여한다는 뜻으로 천지와 대등하게 병립하게 된다는 뜻
- ○오직 천하의 지극한 정성 됨을 지닌 사람이라야 그의 본성(性)을 다할 수 있으니, 그의 본성을 다할 수 있으면 곧 다른 사람의 본성을 다할 수 있고, 다른 사람의 본성을 다할 수 있으면 만물의 본성을 다할 수 있고, 만물의 본성을 다할 수 있으면 천지의 변화와 생성을 도울 수 있게 될 것이고, 천지의 변화와 생성을 도울 수 있게 되면 곧 천지와 더불어 함께 할 수 있게 된다.

제23장 마음속에 쌓인 덕

其次致曲이니 **曲能有誠**이니 **誠則形**하고 **形則著**하고 **著則明**하고 **明則動**하고 **動則變**하고 **變則化**니 **唯天下至誠為能化**니라

- ○그 다음은 조그만 (선한) 일에도 온 힘을 다하는 것이다. 조그만 일에도 온 힘을 다하면 정성스럽게 되고, 정성스럽게 되면 그 효과가 나타나며, 그 효과가 나타나면 정성 됨이 뚜렷해지고, 정성 됨이 뚜렷해지면 밝게 된다. 정성됨을 밝게 알면 사람이 감동하고 감동을 하면 그 사람의 마음이 변하니 정성 됨만이 사람들을 감화시킬 수 있다.

제24장 지성은 신과 같음

至誠之道는 **可以前知**니 **国家将興**에 **必有禎祥**하며 **国家将亡**에 **必有妖孼**하며 **見**(현)**乎著亀**하며 **動乎四体**라 **禍福将至**에 **善**을 **必先知之**하며 **不善**을 **必先知之**하나니 **故至誠如神**이니라

- ○禎 상서로울 정: 妖 요망할 요: 著 시초 시, 점대 시
- ○지극히 정성 된 도를 지키면 앞날의 일을 미리 알 수 있으니 정치를 잘하여 국가가 흥성하려 할 때는 반드시 상서로운 조짐이 나타난다. 정치를 잘못하여 국가가 망하려 할 때는 반드시 흉한 조짐이 나타난다. 이러한 조짐은 점복에도 나타나고 사람의 모든 행동에도 나타난다. 그리하여 화와 복이 장차 이르려 할 때에 좋은 것을 반드시 먼저 알게 되며 좋지 못한 것도 반드시 먼저 알게 된다. 그러므로 지극한 정성됨은 신(神)과 같다.

제25장 정성됨과 도

誠者는 **自成也**요 **而道**는 **自道也**니라. **誠者**는 **物之終始**니 **不誠**이면 **無物**이라 **是故**로 **君子**는 **誠之為貴**니라

- ○道 길을 간다(동사): 物 모든 물건: 終始 처음부터 끝까지: 性之 정성되게 하는 것
- ○정성 됨이라는 것은 자기 스스로 이루는 것이요, 도는 자기 스스로 이끌어 가게 되는 것이다. 정성 됨이라는 것은 만물의 존재의의의 근본이니 정성 됨이 아니면 만물은 존재가치가 없는 것이다. 그러므로 군자는 정성 됨을 소중하게 여긴다.

誠者는 **非自成己而已也**라 **所以成物也**니 **成己**는 **仁也**요 **成物**은 **知**(智)**也**니 **性之德也**라 **合內外之道也**니 **故**로 **時措之宜也**니라

- ○時措 수시로 쓰는 것
- ○정성됨이라는 것은 자신을 스스로 이루게 할 뿐만 아니라 만물을 이

제2부 고전 독해 **385**

루게 하는 것이다. 자신을 이루는 것은 인(仁)이요 만물을 이루는 것은 지(知)로서 이것은 본성(性)의 덕(德)으로 안과 밖을 합하는 도이다. 그러므로 이것을 자신에게서 얻으면 항상 때에 맞게 조처하는 것이 마땅하다.

제26장 하늘의 도에 관하여

故로 **至誠無息**이니 **不息則久**하고 **久則徵**하고 **徵則悠遠**하고 **悠遠則博厚**하고 **博厚則高明**이니라

- 徵 부를 징, 징험할 징: 悠 오랠 유
- 그렇기 때문에 지극한 정성 됨은 그침이 없고, 그침이 없기 때문에 영구하고, 영구하기 때문에 그 징험이 나타나고, 징험이 있기 때문에 오래가고, 오래가기 때문에 넓고 두터워 지고, 두텁기 때문에 높고 밝아지는 것이다.

博厚는 **所以載物也**요 **高明**은 **所以覆**(부)**物也**요 **悠久**는 **所以成物也**니라 **博厚配地**하고 **高明配天**하고 **悠久無疆**이니라 **如此者**는 **不見**(현)**而章**하며 **不動而變**하며 **無爲而成**이니라

- 章 글 장, 드러날 장
- 넓고 두터우면 그 위에 만물을 실을 수 있는 것이요, 높고 밝으면 그 아래 만물을 덮을 수 있는 것이다. 오래가고 영원하면 만물을 생성시킬 수 있는 것이다. 지극한 정성 됨의 특징 가운데 넓고 두터움은 땅의 특징이요, 높고 밝음은 하늘의 특징이 되며 오래간다는 것은 하늘과 땅이 끝이 없다는 것이다. 지극한 정성들은 이러한 특징을 지니고 있기 때문에 사람들이 오래 보지 않아도 스스로 밝고 움직이지 않아도 만물을 변화시키고 가만히 있어도 만물을 생성케 하는 것이다.

天地之道는 **可一言而盡也**니 **其爲物不貳**라 **則其生物不測**이니라

○하늘과 땅의 도는 한마디로 말할 수 있으니, 그 물건 됨에 둘로 나뉨이 없으며 헤아릴 수없이 많은 만물을 많이 생성하고 있다는 것이다.

天地之道는 **博也 厚也 高也 明也 悠也 久也**니라

○하늘의 도는 정성됨과 같이 넓고 두터우며, 높고 밝으며, 오래가고 영원한 것이다.

今夫天이 **斯昭昭之多**로되 **及其無窮也**하여는 **日月星辰繫焉**하며 **万物覆焉**이니라 **今夫地一撮土之多**로되 **及其広厚**하여는 **載華嶽而不重**하며 **振河海而不洩**하며 **万物載焉**이니라 **今夫山**이 **一卷石之多**로되 **及其広大**하여는 **草木生之**하며 **禽獸居之**하며 **宝蔵興焉**이니라 **今夫水一勺之多**로되 **及其不測**하여는 **黿鼉, 蛟竜, 魚鼈生焉**하며 **貨財殖焉**이니라

○昭 밝을 소, 昭昭 약간 밝은 것: 撮 쥘 촬: 一撮 한 줌의 흙: 洩 샐 설: 振 거둘 진: 黿 큰 자라 원: 鼉 악어 타: 鼈 자라 별

○하늘은 이처럼 밝은 빛이 많이 모여 이루어진 것으로 무궁한 곳에 이르면 거기엔 해와 달과 별들이 매달려 있고, 땅 위의 만물이 거기에 덮여 있는 것이다. 땅을 보면 그것은 한 줌의 흙이 많이 모여 이루어진 것으로 넓고 두터운데에 이르면 그 위에 화악(華嶽, 화산)과 같이 큰 산을 싣고 있어도 무겁게 여기지 않고, 황하와 북해와 같이 큰 강물과 바다를 안고 있으면서도 새지 않으며 만물을 싣고 있는 것이다. 산은 주먹만 한 많은 돌이 모여 이루어진 것이니, 그것은 넓고 크기 때문에 풀과 나무가 자라고 새와 짐승들이 살고 있으며 묻혀있는 보물들이 그곳에서 생겨나는 것이다. 지금 저 물은 한 국자의 물이 많이 모여 이루어진 것이니 깊이를 헤아릴 수 없는 데에 이르면 거기에는 큰 자라, 악어, 뿔 없는 용, 용, 물고기와 자라가 그곳에서 자라며 재화가 거기에서 번식하게 된다.

詩云 維天之命이 **於穆不已**라하니 **蓋曰天之所以為天也**요 **於乎不顯**가 **文王之德之純**이여 하니 **蓋曰文王之所以為文也 純亦不已**니라

○ 穆 심원할 목
○ 〈시경, 유천지명〉에 이르기를, "하늘의 명은 아아 아름답기 그지없어라" 하였는데 이는 하늘의 하늘 된 까닭을 말한 것이다. 또 "아아 드러나지 않겠는가! 문왕의 덕의 순수함이여"라고 했으니 이것은 아마도 문왕께서, 문왕이 된 까닭을 순수함이 또한 그침이 없음이라 말한 것이다.

제 5편 성인과 지성

제27장 성인의 위상과 공덕

大哉라 聖人之道여 洋洋乎發育万物하여 峻極于天이로다 優優大哉라 礼儀三百이요 威儀三千이로다 待其人而後行이니라 故曰苟不至德이면 至道不凝焉이라 하니라

○ 峻 높을 준: 凝 모일 응: 優 넉넉할 우: 優優 남음이 있도록 넉넉한 것
○ 위대하다, 성인의 도여! 곳곳에 충만하여 만물을 피어나게 하고 기르니, 높고 위대함이 하늘에 이르는구나. 여유 있고 위대하다. 성인들은 삼백 가지가 넘는 큰 예절과 삼천 가지가 넘는 작은 예절들을 빈틈없이 지킨다. 이러한 예절은 성인이 나와야만 지킬 수 있는 것이기 때문이다. 그러므로 말하기를 "진실로 지극한 덕을 지닌 사람이 아니면 지극한 도를 이룰 수 없는 것"이라고 하는 것이다.

故君子는 尊德性而道問學이니 致廣大而盡精微하며 極高明而道中庸하며 溫故而知新하며 敦厚以崇禮니라

○ 尊, 道, 致, 盡, 極, 道, 溫, 知, 敦, 崇은 모두 동사임
○ 그러므로 군자는 덕성을 공경하여 높이면서도 그것을 묻고 배우는 것에서 말미암으니, 넓고 큰 것의 이치를 알아야 하고 인간 생활의 미세한 일도 알아야 하며, 높고 밝은 하늘의 도를 다하되 중용의 길을 가야

하며, 옛것을 익히어 새로운 것을 알며, 후덕함을 돈독히 하고 예를 존중하여야 하는 것이다.

是故居上不驕하며 **爲下不倍**라 **國有道**에 **其言**이 **足以興**이요 **國無道**에 **其黙**이 **足以容**이니 **詩曰旣明且哲**하여 **以保其身**이라 하니 **其此之謂與**인저

- ○驕 교만할 교: 倍 배반할 배: 哲 어질 철
- ○따라서 군자는 윗자리에 있어도 교만하지 아니하고, 아랫자리에 있어도 윗사람을 배반하지 않는다. 나라에 올바른 도가 있어 정치가 잘 될 때는 세상에 나아가 발언하여 자기의 뜻을 펴고, 나라에 도가 없어 잘 다스려지지 않을 때는 가만히 물러나 자기의 몸을 닦는다. 〈시경, 증민〉에 이르기를 "이미 밝고 또 밝아 그 자신을 보전한다."라고 하였으니 그것은 이를 말한 것이다.

제28장 어리석고 덕이 부족하면 자리를 탐하지 말라

子曰 愚而好自用하며 **賤而好自專**이요 **生乎今之世**하여 **反古之道**면 **如此者**는 **災及其身者也**니라

- ○愚 어리석을 우: 賤 지위가 없고 천박한 사람: 自專 자기 멋대로 행동하는 것
- ○공자께서 말씀하셨다. "어리석으면서 스스로 등용되기를 좋아하고, 지위가 낮으면서도 자기 마음대로 하기를 좋아하며, 지금 세상에 살면서 예전의 도로 되돌아간다면 이와 같은 사람은 재앙이 자신에게 닥칠 것이다."

非天子면 **不議礼**하며 **不制度**하며 **不考文**이니라 **今天下車同軌**하며 **書同文**하며 **行同倫**이니라

- ○천자가 아니면 예법을 논하지 못하고, 법도를 제정하지 못하며, 문자를 살피지 못한다. 지금 천하의 수레는 궤폭이 같고, 글은 문자가 같

고, 행실은 인륜을 같게 한다.

雖有其位나 **苟無其德**이면 **不敢作禮樂焉**이며 **雖有其德**이나 **苟無其位**면 **亦不敢作禮樂焉**이니라

- 其位 그러한 일을 할 만한 지위
- 비록 그러한 일을 할 만한 천자의 지위에 있어도 진실로 덕이 없다면 감히 예의나 음악을 만들지 못하며, 또 비록 덕이 있다 하더라도 천자의 지위에 있지 못하다면 역시 감히 예악을 만들지 못한다.

子曰 吾說夏禮나 **杞不足徵也**오 **吾學殷禮**하니 **有宋**이 **存焉**이어니와 **吾學周禮**하니 **今用之**라 **吾從周**하리라

- 공자께서 말씀하셨다. "나는 하(夏)나라의 예를 말할 수는 있지만, 하나라의 후예인 기(杞)나라가 그것을 고증하기에는 부족하다. 나는 은(殷)나라의 예를 배웠는데 (은나라의 후예인) 송(宋)나라가 그것을 보존하고 있기는 하다. 나는 주나라의 예를 배웠는데, 오늘날 이것을 쓰고 있으니 나는 주나라를 따르겠다."

제29장 왕 노릇 하는데 중요한 세 가지

王天下 有三重焉하니 **其寡過矣乎**인저 **上焉者雖善無徵**이니 **無徵**이라 **不信**이요 **不信**이라 **民弗從**이니라 **下焉者雖善不尊**이니 **不尊**이라 **不信**이요 **不信**이라 **民弗從**이니라

- 천하의 왕 노릇을 함에는 세 가지 중요한 것(의례, 제도, 고문(考文))이 있으니 이 세 가지를 제대로 하면 큰 실수 없이 천하를 다스릴 수 있다. 그런데 이 일을 함에 앞 시대의 것은 비록 훌륭하여도 증거가 충분하지 아니하니 증거가 충분하지 않으면 백성이 믿을 수가 없어 백성들이 따르지 않을 것이요, 아랫자리에 비록 선하지만 높은 자리에 있지 못하였으니, 자리가 높지 못하면 믿을 수가 없고 믿지 못하게 되면 백성

이 따르지 않는다.

故君子之道는 **本諸身**하여 **徵諸庶民**하며 **考諸三王而不繆**하며 **建諸天地而不悖**하며 **質諸鬼神而無疑**하며 **百世以俟聖人而不惑**이니라

- 俟 기다릴 사
- 그러므로 군자의 도는 자신에게 근본을 두어 덕을 닦고 상당한 지위에 올라 그것을 백성들에게 펴나가도록 하여야 한다. 그의 행동은 삼왕(하, 은, 주)에 견주어도 흠이 없어야 하며 하늘이나 땅의 도와 어긋나지 않아야 한다. 그의 몸가짐은 귀신 앞에서도 떳떳할 수 있어야 한다. 그리하여 후세에 다른 성인이 나오더라도 자신의 도가 떳떳하다는 자신을 지녀야 한다.

質諸鬼神而無疑는 **知天也**요 **百世以俟聖人而不惑**은 **知人也**니라

- 귀신에게 물어보아도 의심이 없다는 것은 하늘(하늘의 도)을 아는 것이요, 100세대 뒤에 다른 성인이 나오더라도 자기의 도가 의혹되지 않은 것은 사람(사람의 도)을 아는 것이다.

是故로 **君子**는 **動而世爲天下道**니 **行而世爲天下法**하며 **言而世爲天下則**이라 **遠之則有望**하고 **近之則不厭**이니라

- 世 세세로 또는 대대로: 則 준칙, 법칙: 厭 싫어할 염
- 그러므로 군자의 행함은 대대로 천하의 도가 되는 것이니, 행하면 대대로 천하의 법도가 되고 말하면 대대로 천하의 준칙이 된다. 멀리 있으면 곧 우러러보고 가까이 있어도 싫지 않다.

詩曰 在彼無惡(오)하며 **在此無射**(역)이라 **庶幾夙夜**하여 **以永終譽**하니 **君子未有不如此而蚤**(早)**有譽於天下者也**니라

- 蚤 일찍 조
- 〈시경, 진로〉에 이르기를 "저기에 있어도 미워하지 않고 이쪽에 있어도 싫어하지 않는다. 거의 매일 일찍 일어나고 밤늦도록 힘써서 오래

도록 칭송을 받으리다!" 하였으니 군자가 이렇게 하지 않고서 일찍이 천하에 명예를 떨친 사람은 있지 아니하다.

제30장 공자의 도는 성현을 계승했고 천지의 덕과 닮았다

仲尼는 **祖述尭舜**하시고 **憲章文武**하시며 **上律天時**하시고 **下襲水土**하시니라

- 襲 엄습할 습
- 공자께서는 요임금과 순임금의 위대한 덕을 계승하셨고, 문왕과 무왕이 이룬 업적을 본받아 천하에 밝히셨으며, 위로는 하늘의 때를 따르고, 아래로는 물과 흙의 이치를 따르셨다.

辟如天地之無不持載하며 **無不覆幬**(부도)하며 **辟如四時之錯行**하며 **如日月之代明**이니라

- 幬 덮어줄 도: 錯 교대할 착
- 비유하면 그분의 도는 하늘과 땅이 만물을 실어주지 않는 것이 없고 덮어주지 않는 것이 없는 것과 같아, 비유하자면 사계절이 번갈아 운행하며, 마치 해와 달이 번갈아 밝혀주는 것과 같다.

萬物並育而不相害하며 **道並行而不相悖**라 **小德**은 **川流**요 **大德**은 **敦化**하나니 **此天地之所以爲大也**니라

- 敦化 백성들을 돈독히 교화시키는 것
- 만물이 함께 자라면서도 서로 해치지 않으며, 도가 함께 행하여 져도 서로 거스르지 않는다. 자그마한 덕은 냇물처럼 흘러 자기 앞만 닦지만, 공자와 같이 위대한 덕은 온 천하를 교화시킨다. 이것이 하늘과 땅이 위대한 이유인 것이며 공자의 도는 이러한 하늘과 땅의 도에 합치된다.

제31장 지성의 덕이라야 천도와 들어 맞는다

唯天下至聖이야 **爲能聰明睿知**(智) **足以有臨也**니 **寬裕溫柔 足以有容也**며 **發强剛毅 足以有執也**며 **齊**(재)**莊中正**이 **足以有敬也**며 **文理密察**이 **足以有別也**니라

- ○ 唯 오직 유: 聰 귀밝을 총: 臨 임할 임: 寬 너그러울 관: 裕 넉넉할 유: 發强 강함을 발휘하는 것: 執 잡을 집: 齊 엄숙할 제: 莊 씩씩할 장
- ○ 오직 천하의 지극한 성인이어야 총명과 예지로서 충분히 백성에게 다 가설 수 있고, 너그럽고 부드러워 충분히 포용할 수 있으며, 강하고 굳세고 강인하게 발하여 충분히 지켜나갈 수 있고, 엄정하고 바르므로 충분히 천하 사람들에게 공경받을 수 있고, 문장의 조리가 세밀하고 살필 수 있기에 충분히 분별할 수 있다.

溥博淵泉하여 **而時出之**니라 **溥博如天**하고 **淵泉如淵**하니 **見**(현)**而民莫不敬**하며 **言而民莫不信**하며 **行而民莫不說**(열)이니라

- ○ 두루두루 넓고 고요하게 깊어 때에 맞추어 그의 덕을 나타낸다. 두루 넓음은 하늘과 같고, 고요하고 깊은 근원이 있음은 연못과 같다. 그러한 덕을 지닌 군자가 나타나면 백성들은 공경하지 않는 이가 없고, 그러한 덕을 지닌 군자가 말을 하면 백성들은 믿지 않는 이가 없고, 그러한 덕을 지닌 군자가 행하면 백성들은 기뻐하지 않는 이가 없다.

是以로 **声名洋溢乎国中**하여 **施**(이)**及蛮貊**하여 **舟車所至**와 **人力所通**과 **天之所覆**(부)와 **地之所載**와 **日月所照**와 **霜露所隊**와 **凡有血気者 莫不尊親**하나니 **故曰配天**이니라

- ○ 溢 넘칠 일: 蠻 오랑캐 만: 貊 오랑캐 맥
- ○ 이래서 그의 명성이 온 나라에 넘쳐나 오랑캐 나라에 까지도 뻗쳐서, 배와 수레가 이르는 곳과 사람의 힘이 통하는 곳과 하늘에 덮이어 있는 곳과 땅이 실어주고 있는 곳, 해와 달이 비추는 곳과 서리와 이슬이 내리는 곳의 모든 혈기가 있는 자들은 존경하고 친근하게 여기지 않

는 이가 없을 것이니, 그래서 '하늘에 짝한다'고 말한 것이다.

제32장 대덕과 돈화로 천도의 극치를 말하다

唯天下至誠이야 **為能經綸天下之大經**하며 **立天下之大本**하며 **知天地之化育**이니 **夫焉有所倚**리오 **肫肫其仁**이며 **淵淵其淵**이며 **浩浩其天**이니라 **苟不固聰明聖知**(지)**達天德者**면 **其孰能知之**리오

- 肫 정성스러울 순
- 오직 천하의 지극히 정성스러운 사람이어야 천하의 위대한 법도(大經)로 다스릴 수 있고 천하의 위대한 근본을 세울 수 있으며, 천지의 온갖 변화와 생육을 알 수 있으니 어찌 딴 물건에 의지하는 바가 있겠는가? 간절하고 지극한 인자함이여! 깊음은 그 연못과 같으며, 넓고 넓음은 저 하늘과 같구나!. 진실로 총명하고 성인의 지혜를 갖추어서 하늘의 덕에 이르는 사람이 아니고야 그 누가 그를 알아볼 수 있겠는가?

제 6편 성인 군자

제33장 성인 군자(중용의 요체)

詩曰 衣錦尙絅이라 하니 **惡其文之著也**라 **故**로 **君子之道**는 **闇然而日章**하고 **小人之道**는 **的然而日亡**하나니 **君子之道**는 **淡而不厭**하며 **簡而文**하며 **溫而理**니 **知遠之近**하며 **知風之自**하며 **知微之顯**이면 **可與入德矣**라

- 絅 홋옷 경: 文 무늬 문: 闇 어두울 암: 的 밝을 적: 遠之近 멀리 있는 것은 가까운 데로부터 간 것: 自 부터 자, 시작이 되는 곳
- 〈시경, 석인〉에 이르기를 "비단옷을 입고 홋옷을 걸쳤구나."라고 하였으니 이는 비단옷의 무늬가 드러남을 싫어했기 때문이다. 이처럼 군자는 덕을 속에다 지니고 겉으로 나타내려 하지 않지만 나날이 드러나

고, 소인의 도는 선명하게 드러나지만 날로 없어지는 것이다. 군자의 도는 담담하나 싫증이 나지 않고, 간결하면서도 문채가 있으며 온화하면서도 조리가 있다. 그러므로 먼 것은 가까운 데로부터 비롯된 것임을 알고, 바람이 어디에서 시작됨을 알며, 은미한 것이 현저하게 드러남을 안다면 함께 덕으로 들어갈 수 있을 것이다.

詩云 潛雖伏矣니 亦孔之昭라 하니 **故君子內省不疚**하여 **無惡(오)於志**하나니 **君子之所不可及者**는 **其唯人之所不見乎**인저

- ○孔 구멍 공, 매우 공: 疚 뜸 구, 병들 구: 昭 밝을 소
- ○〈시경, 정월〉에 이르기를 "잠긴 것(물고기)이 비록 엎드려 있지만, 오히려 대단히 밝게 보이네!"라고 했다. 그러므로 군자는 안으로 성찰하여 허물이 없다면 마음속에 부끄러움이 없어야 한다. 그러므로 군자에게 보통 사람들이 미칠 수 없는 점은 아마도 오직 다른 사람들이 보지 못하는 바에 있을 것이다.

詩云 相在爾室한대 **尙不愧于屋漏**이라 하니 **故君子不動而敬**하며 **不言而信**이니라

- ○愧 부끄러워할 괴: 漏 귀퉁이 루
- ○〈시경, 억〉에 이르기를, "그대가 방에 있음을 보니, 잘 볼 수 없는 구석에 앉아서 부끄럽지 않아야 한다."라고 하였으니, 군자는 행동하지 않아도 공경을 받으며, 말하지 않아도 믿음을 준다.

詩曰 奏假無言하여 **時靡有爭**이라 하니 **是故**로 **君子**는 **不賞而民勸**하며 **不怒而民威於鈇鉞**이니라

- ○奏 나아갈 주, 아뢸 주: 假 빌 가: 鉞 도끼 월
- ○〈시경, 열조〉에 이르기를, "장엄한 음악을 연주할 때 말이 없으니, 이때 다툼이 없도다."라고 하였다. 그렇기 때문에 군자가 상을 주지 않아도 백성들이 힘쓸 것이며, 성내지 않아도 백성들은 여물을 짜는 작도와 도끼보다 더욱 두려워하는 것이다.

詩曰 不顯惟德을 **百辟其刑之**라 하니 **是故**로 **君子篤恭而天下平**이니라

○ 辟 임금 벽: 刑 본받을 형
○ 〈시경, 열문〉에 이르기를, "드러나지 않는 덕을 모든 제후가 그대로 본받는구나!."라고 하였다. 그러므로 군자는 유독 공경함을 돈독하게 함으로써 천하를 화평하게 하는 것이다.

詩云 予懷明德의 **不大声以色**이라 하여늘 **子曰 声色之於以化民**에 **末也**라 하시니라

○ 〈시경, 황의〉에 이르기를 "내 밝은 덕이 음성과 얼굴빛을 크게 여기지 않음을 생각하노라."라고 했다. 공자께서도 "음성과 얼굴빛은 백성들을 교화시킴에 있어서 말단이다."라고 말씀하셨다.

詩曰 德輶如毛라 하나 **毛猶有倫**하니 **上天之載無声無臭**아 **至矣**니라

○ 輶 가벼울 유: 倫 인륜 윤, 등급 윤: 載 일 재
○ 〈시경, 황의〉에 이르기를 "덕은 가볍기가 터럭과 같다."라고 하였다. 터럭에는 그래도 비교할 만한 것이 있다. "하늘의 일은 소리도 없고 냄새도 없다."라고 한 것이야말로 지극하다고 할 것이다.

제3부

한시와 명문장

제9장 한시

한시(漢詩)는 오랜 기간 발전하여 온 정형시(定型詩)이기 때문에 내용이 간결하고 함축성이 있을 뿐만 아니라 서구시(西歐詩)나 우리 현대시와 비교하여 참고로 할 점이 많다.

일반적으로 당(唐)나라 이전(以前)의 시를 고시(古詩)라 하고 그 이후를 근체시(近體詩)라고 하는데, 고시는 그 형식이 비교적 자유롭고 근체시는 고시보다는 그 작법의 규칙이 엄격하다. 근체시(近體詩)는 구수(句數)에 따라 4구인 절구(絶句), 8구인 율시(律詩), 12구 이상의 배율(排律) 등으로 나누어진다. 각 구는 5자 또는 7자로 구성되기 때문에 5언 절구는 20자, 7언 절구는 28자가 되며 5언 율시는 40자, 7언 율시는 56자가 된다. 한시에서는 시의 운율(韻律)을 느끼게 하고 안정감 있게 할 수 있도록 시행(詩行)의 끝에 운(韻)을 붙이는 압운(押韻)법과 특정한 위치에서 특정한 소리의 반복을 활용하는 평측(平仄)법을 사용하며, 시상을 4단계로 전개하는 기승전결(起承轉結), 두 구가 상대되거나 대응되는 대구(對句)법을 사용하기도 한다. 이러한 것에 관한 상세한 내용은 생략하기로 한다.

1. **與隋將于仲文詩** 여수장우중문시 〈乙支文德 을지문덕〉
   神策究天文이요 **妙算窮地理**라
   戰勝功旣高하니 **知足願云止**라

   ○隋 수나라 수: 策 꾀 책
   ○귀신같은 계획은 천문을 궁구하였고
     기묘한 술책은 지리를 궁구하였네
     싸움에 이기어 공이 이미 높으니
     만족한 것을 알면 원컨대 싸움을 그칠 것이니라

2. 秋夜雨中 추야우중 〈崔致遠 최치원〉
秋風惟苦吟하니 **世路少知音**이라
窓外三更雨요 **燈前萬里心**이라

○吟 읊을 음: 更 시각 경: 燈 등잔 등: 5언절구임
○가을바람에 홀로 쓸쓸히 시를 읊으니
　세상엔 내 마음 알아주는 이 별반 없구나
　창밖은 삼경인데 비마저 오고
　등잔불 앞에서는 만 리를 달리는 마음이로다

3. 閑山島 한산도 〈李舜臣 이순신〉
水國秋光暮하니 **驚寒鴈陳高**라
憂心輾轉夜에 **殘月照弓刀**라

○驚 놀랄 경: 雁 기러기 안: 輾 구를 전: 轉 구를 전
○물나라의 가을 경치 저물어지더니
　추위에 놀란 기러기가 진위에 높이 떴네
　근심하는 마음에 뒤척이던 밤
　새벽달은 어느덧 활과 칼을 비추네

* 나라의 운명을 한 몸에 짊어지고 보잘것없는 장비로 대적을 맞아 싸우는 장군의 심정을 읊음

4. 四時 사시 〈顯愷之 현개지〉
春水滿四澤이요 **夏雲多奇峰**이라
秋月揚明輝요 **冬嶺秀孤松**이라

○奇 기이할 기: 輝 빛날 휘: 嶺 재 령: 峰 봉우리 봉: 奇峰 여러 가지 형
　상의 구름 봉우리
○봄 물은 못마다 가득 차고
　여름 구름은 기이한 봉우리도 많네
　가을 달은 밝은 빛을 드날리고
　겨울 산마루턱엔 소나무만 빼어나 있구나

5. 淸夜吟 청야음 〈邵康節 강절소〉
　月到天心處요 風來水面時라
　一般淸意味를 料得少人知라

　　○天心 하늘의 중심: 一般 이 같은: 淸意 서늘한 기분
　　○달은 중천에 떠 있고
　　　바람은 수면을 스치네
　　　이 같은 맑고 의미있는 것들을
　　　이해할 수 있는 사람 적으리라

6. 春興 춘흥 〈鄭夢周 정몽주〉
　春雨細不滴터니 夜中微有聲이라
　雪盡南溪漲하니 草芽多少生이라

　　○滴 물방울 덜어질 적: 微 작을 미: 漲 불어날 창: 芽 싹 아
　　○봄비가 소리 없이 가늘게 내리더니
　　　밤들어 조금씩 빗방울 소리 크게 들리는구나
　　　눈이 녹아내려 남쪽 시냇물이 불어나니
　　　풀싹이 많이 돋아 나겠구나

7. 金剛山 금강산 〈宋時烈 송시열〉
　山與雲俱白하니 雲山不辨容이라
　雲歸山獨立하니 一萬二千峰이라

　　○俱 함께 구: 辨 분별할 변
　　○산이 구름과 더불어 함께 희니
　　　구름과 산의 모습을 분별 못 하겠네
　　　구름이 돌아가고 산이 홀로 서 있으니
　　　산봉우리가 일만 이천 봉이구나

8. 江南 강남 〈許蘭雪軒 허난설헌〉
　人言江南樂이나 我見江南愁라

年年沙浦口에 腸斷望歸舟라
- ○浦 물가 포: 腸 창자 장: 舟 배 주
- ○사람들은 강남을 즐겁다고 말을 하나
  나는 강남이 수심에 젖어 있는 것을 보았네
  해마다 모래사장의 포구에서
  슬픔을 머금고 이별하고 돌아가는 배만 바라보았네

9. 半月 반월 〈黃眞伊 황진이〉
誰斷崑山玉하여 裁成織女梳오
牽牛一去後에 愁擲碧空虛라
- ○崑 구슬 곤: 梳 빗 소: 牽 이끌 견: 擲 던질 척
- ○누가 둥근 옥을 끊어 말라서
  여자의 빗을 만들었는고
  임(견우)이 한번 떠난 후에
  근심에 못 이겨서 푸른 하늘 텅 빈 공중에 던졌노라

* 외롭게 님을 그리며 사는 여인의 운명을 반달에 상징하여 표현함

10. 秋浦歌 추포가 〈李白 이백〉
白髮三千丈이 緣愁似箇長이라
不知明鏡裏에 何處得秋霜고
- ○箇 낱 개: 裏 속 리
- ○흰머리 털이 삼천 장이나 긴 것은
  근심으로 인하여 그와 같이 길어진 것이라
  알지 못하겠구나 밝은 거울 속에 비친 모습
  어느 곳에서 가을 소리 같은 흰 머리털을 얻어 왔는가?

* 이백이 지은 추포가 17수 중의 하나로 추포는 중국의 고을 이름으로 장강의 지류인 추포수가 흐름

11. 花石亭 화석정 〈李栗谷 이율곡〉

林亭秋已晚하니 騷客意無窮이라
遠水連天碧이요 霜楓向日紅이라
山吐孤輪月이요 江含萬里風이라
塞鴻何處去오 聲斷暮雲中이라

　　○騷 글 소: 楓 단풍 풍: 吐 토할 토: 輪 수레바퀴 륜: 오언율시임
　　○숲속에 있는 정자에 가을이 이미 깊으니
　　　시인의 시상이 한이 없네
　　　먼 데로 벋쳐있는 강물은 하늘로 연하여 푸르고
　　　서리 맞은 단풍잎은 햇볕을 향하여 더욱 붉으네
　　　산은 외롭게 생긴 둥근 달을 토하여 있고
　　　강은 만 리에서 불어오는 바람을 머금고서 물결이 일고
　　　변방에서 날아온 기러기는 어느 곳으로 가느냐
　　　우는 소리가 저물어 가는 구름 가운데 끊어지니라

* 화석정은 파주에 있는 정자로 율곡이 어렸을 때 지은 것으로 전해지고 있는데 월경을 절실하게 표현하였음

12. 浮碧樓 부벽루 〈李穡 이색〉

昨過永明寺라가 暫登浮碧樓라
城空月一片이요 石老雲千秋라
麟馬去不返이요 天孫何處遊오
長嘯倚風磴하니 山青江自流라

　　○ 樓 다락 루: 暫 잠깐 잠: 麟 기린 린: 嘯 휘파람 소: 磴 돌층계 등
　　○어제 영광사를 지나다가 잠깐 부벽루에 오르니라
　　　성은 텅 비어 있는데 한 조각달은 떠있고
　　　주춧돌은 늙었는데 구름은 천년을 변함없이 흐르니라
　　　임금님이 탄 말은 가고 돌아오지 아니하거늘
　　　왕의 자손들은 어느 곳에서 놀고 있는고
　　　길게 휘파람을 불고서 바람이 부는 층계에 의지하고 바라보니
　　　산은 예대로 푸르고 강물은 스스로 흐르니라

13. 登岳陽樓 등악양루 〈杜甫 두보〉

昔聞洞庭水러니 今上岳陽樓라
吳楚東南坼이요 乾坤日夜浮라
親朋無一字요 老病有孤舟라
戎馬關山北하니 憑軒涕泗流라

○坼 벌어질 탁: 關 집 관: 憑 기댈 빙: 軒 난간 헌: 涕 눈물 체: 泗 콧물 사
○옛날에 동정호가 절경이란 말을 들었는데
  이제야 그 옆에 서 있는 악양루에 올라서 사방을 바라보니라
  오나라 초나라는 동쪽과 남북으로 벌어져 있고
  하늘과 땅은 밤과 낮으로 둥둥 떠 있는 것처럼 보이네
  친한 벗은 한자의 편지도 없고
  늙어서 병든 몸이 외롭게 떠있는 배에 기대어 있느니라
  싸움이 지금도 관산의 북쪽에서 계속되고 있으니
  난간에 기대고 서 있으니 눈물만 흘러내린다

14. 飮酒 음주 〈陶淵明 도연명〉

結廬在人境하니 而無車馬喧이라
問君何能爾오 心遠地自偏이라
採菊東籬下라가 愁然見南山이라
山氣日夕佳하니 飛鳥相與還이라
此中有眞意하니 欲辯已忘言이라

○廬 오두막집 려: 喧 시끄러울 훤: 偏 편벽될 편: 籬 울타리 리: 辯 말할
 변: 忘 잊을 망
○집을 지어 사람이 드물게 사는 곳에 있으니
  수레의 시끄러운 내왕이 없구나
  그대에게 묻되 무엇이 능한고
  마음은 원대하고 땅은 스스로 궁벽한 곳이라
  국화꽃을 동쪽 울타리 아래에서 꺾다가
  아득히 남쪽 산을 바라 보니라

산의 모습이 저녁 노을에 아름다우니
나는 새도 더불어 돌아 가나라
이 가운데에 참뜻이 있으니
말을 하고자 해도 이미 할 말을 잊었노라

15. 訪金居四野居 방금거사야거 〈鄭道傳 정도전〉

秋雲漠漠四山空하니 落葉無聲滿地紅이라
立馬溪邊問歸路하니 不知身在畵圖中이라

○訪 찾을 방: 漠 아득할 막: 邊 가 변
○가을 구름은 아득히 떠가고 사방산은 텅 비어 쓸쓸한데
떨어지는 잎은 소리 없이 땅에 가득히 쌓여 붉어 있도다
말을 시냇가에 세우고 돌아가는 길을 물으니
몸이 그림 가운데 있는 것을 알지 못하겠도다

16. 李御史詩 이어사시 〈春香傳 춘향전〉

金樽美酒千人血이요 玉盤佳肴萬姓膏라
燭淚落時民淚落이요 歌聲高處怨聲高라

○樽 술그릇 준: 肴 안주 효: 膏 기름 고: 燭 촛불 촉
○금 항아리에 가득한 아름다운 술은 천 사람의 피가 어려 있고
구슬 소반의 아름다운 안주는 만백성의 기름이 서려 있네
촛불에서 눈물이 떨어질 때 백성의 눈물이 떨어지고
노랫소리 높은 곳에 원망하는 소리가 높도다

* 춘향전에 있는 시로 당시의 부패상을 말하고 있음

17. 別慈母 별자모 〈申師任堂 신사임당〉

慈親鶴髮在臨瀛하니 身向長安獨去情이라
回首北村時一望하니 白雲飛下暮山靑이라

○髮 터럭 발: 瀛 땅 이름 영
○어머니의 학처럼 흰털(늙으신 어머니)이 임영 땅에 계시는데

내 몸은 장안을 향하여 홀로 떠나는 정이라
머리를 북촌으로 돌려 때로 한 번씩 바라보니
흰 구름이 날아내리는 곳에 저물어 가는 산만 푸르니라

18. 山中答俗人 산중답속인 〈李白 이백〉
問余何事棲碧山고 笑而不答心自閑이라
挑花流水杳然去하니 別有天地非人間이라

○余 나 여: 棲 깃들일 서
○나에게 묻기를 무슨 일로 벽산에 사는고
  웃으며 대답하지 않으나 마음은 절로 한가로워
  도화유수는 흘러서 아득히 그대로 가버리니
  인간 사는 곳 아닌 곳에 별천지가 있었네

19. 勸學文 권학문 〈白樂天 백낙천〉
有田不耕倉廩虛하고 有書不敎子孫愚라
倉廩虛兮歲月乏하고 子孫偶兮禮義疎라
若惟不耕與不敎면 是乃父兄之過歟인저

○歟 그러할 여: 廩 쌀 곳간 늠
○밭이 있어도 갈지 않으면 곳간은 비고
  책이 있어도 가르치지 않으면 자손은 우매하리라
  곳간이 비면 세월을 지내기가 구차하고
  자손이 우매하면 예의에 소홀해 지리라
  만약 밭 갈지 않고 가르치지 않는다면
  이는 곧 부형의 잘못이리라

20. 讀書 독서 〈徐敬德 서경덕〉
讀書當日志經綸하니 歲暮還甘顔氏貧이라
富貴有爭難下手요 林泉無禁可安身이라
採山釣水堪充腹이요 詠月吟風足暢神이라

學到不疑眞快活하니 免敎虛作百年人이라

○綸 경륜 륜: 堪 견딜 감: 咏 읊을 영: 칠언율시임
○책을 읽는 그때에 큰 포부로 마음을 먹으니
　해가 저문 추운 겨울에도 오히려 안 씨의 가난한 생활이 만족스럽네
　부와 귀는 다툼이 있으니 손을 대기가 어렵고
　숲과 샘물은 금할 사람이 없으니 가히 내 몸을 편안하게 할 곳이네
　산에서 나물 캐고 물에서 고기를 낚아 견디어 배를 채우고
　달을 읊고 바람을 읊어 족히 정신을 화창하게 하니라
　학문이 의심을 않는데 이르러야 참으로 쾌활한 것이니
　그 경지에 이르러야 헛되게 100년을 사는 사람을 면하게 되리라

21. 松京懷古 송경회고 〈丁若鏞 정약용〉
國破家亡成古今하니 靑山不語水無心이라
霞殘水洞樵歌發이오 月鎖荒臺 野草深이라
天外夕陽孤鳥沒이오 寺邊秋徑一僧尋이라
凄凉五百年中事이오 留與行人入若吟이라

○鎖 잠글 쇄: 徑 길 경: 凄 슬플 처: 황대 荒臺, 퇴락하여 남은 옛집
○나라가 망하고 집이 망하는 것은 예나 지금이나 마찬가지이니
　푸른 산은 말이 없이 솟아있고 물은 마음이 없이 흘러가니라
　아지랑이는 수동(水洞)에 남아 있는데 목동의 노랫소리는 흘러오고
　달은 황대에 잠겨 있는데 들길 풀은 자랐구나
　하늘 끝 지는 햇볕에 외로운 새는 멀리 사라지고
　절의 둘레 가을 풀을 헤치고 한 중이 찾아오니라
　슬픈 고려 왕조 오백 년의 일을
　한참 머물면서 지나가는 사람과 함께 마음속으로 괴롭게 읊으니라

22. 勸學文 권학문 〈眞宗皇帝 진종황제〉
富家不用買良田이요 書中自有千鍾粟이라
安居不用家高堂이요 書中自有黃金屋이라

제3부 한시와 명문장　**407**

出門莫恨無人隨요 **書中車馬多如簇**이라
聚妻莫恨無良媒이요 **書中有女顔如玉**이라
男兒欲遂平生志어든 **六經勤向窓前讀**이라

○粟 조 속: 簇 가는 대 족, 모일 족
○집을 부하게 함에 좋은 밭을 살 것이 없으니
  글 가운데 스스로 천종의 봉록이 있는 것이네
  거처를 편안히 함에는 큰 집을 세울 것이 없으니
  글 가운데 스스로 황금의 집이 있는 것을
  아내를 취함에 좋은 중매 없음을 한하지 말 것이니
  글 가운데 여인이 있으되 얼굴이 옥과 같도다
  사나이 평생의 뜻을 이루고자 하거든
  육경을 창 앞에 펴놓고 부지런히 읽어라

제10장 명문장

과거의 선비들은 자신의 문장을 연마하기 위하여 명문장(名文章)들을 숙독하였는데 이러한 명문장이 수록된 것 중의 하나가 〈고문진보(古文眞寶)〉이다. 고문진보는 문자 그대로 가장 보배로운 글만을 선정한 것으로, 우리 선인들이 사서(四書), 삼경(三經) 외에 가장 많이 읽었던 책 중의 하나이다. 〈고문진보〉는 중국 한(漢)나라부터 남송(南宋)까지의 명문을 뽑아 만든 것으로 전집과 후집으로 나누어져 있는데 〈전집〉은 역대의 시를 뽑아 실었고 〈후집〉은 산문 위주로 구성되어 있다. 〈고문진보〉의 편자에 대해서는 정확히 밝혀져 있지 않고, 다만 원대의 황견(黃堅)으로 알려졌지만, 그에 대해서는 잘 알려져 있지 않다.

이 책에서는 고문진보에 있는 몇 개의 문장만을 소개하기로 한다.

1. 出師表 출사표 〈제갈량 諸葛亮(孔明)〉

帝創業未半而中道崩殂하시고 今天下三分에 益州疲弊하니 此誠危急存亡之秋也니이다 然이나 侍衛之臣이 不懈於內하고 忠志之士忘身於外者는 蓋追先帝之殊遇하여 欲報之於陛下也니이다 誠宜開張聖聽하사 以光先帝遺德하여 恢弘志士之氣요 不宜妄自菲薄하여 引喩失義하여 以塞忠諫之路也니이다 宮中府中이 俱爲一體니 陟罰臧否를 不宜異同이라 若有作奸犯科와 及爲忠善者어든 宜付有司하여 論其刑賞하여 以昭陛下平明之理요 不宜偏私하여 使內外異法也니이다

> ○촉한(蜀漢)의 제갈량이 북쪽으로 위(魏)나라를 정벌하기 위하여 출정하면서 후주(後主) 유선(劉禪)에게 올린 표문(表文)으로 으로 전후 2편이 있음, 표(表)는 신하가 황제에게 자기의 생각을 서술하여 올리는 한문 문체: 先帝 劉備를 가리킴: 崩 무너질 붕: 殂 죽을 조: 懈 게으를

○ 나: 陛 섬돌 폐: 恢 넓을 회: 菲 엷을 비: 薄 엷을 박: 喩 비유할 유: 陟 올릴 척: 臧 착할 장: 付 줄 부: 昭 밝을 소: 偏 치우칠 편

○ 선제(先帝)께서 창업을 반도 이루기 전에 중도에 붕조(崩殂, 승하) 하시고 이제 천하가 셋으로 나뉘어져 있는데 우리나라 익주(益州)가 피폐하니 이는 진실로 국가가 위급하여 존재하느냐 멸망하느냐 하는 시기입니다. 그러나 모시는(시위, 侍衛) 신하들이 안(조정)에서 게을리 하지 않고 충성스럽고 뜻있는 군사들이 밖(외지)에서 몸을 잊고 나라를 위해서 싸우고 있는 것은 선제의 특별한 대우를 추모하여 폐하에게 보답하고자 해서입니다. 그러니 폐하께서는 귀를 기울여 선제의 유덕을 빛내어 지사(志士)들의 사기를 키우실 것이요, 함부로 스스로 비박(菲薄, 자신을 하찮게 여김)하여 비유함에 본의를 잃어 충간하는 길을 막아서는 안 될 것입니다. 궁중(宮中)과 부중(府中, 정부)이 모두 일체가 되어야 하니 잘하는 사람을 승진시키고 잘못하는 사람을 벌주는 것을 달리해서는 안 됩니다. 만일 부정한 일을 저질러 죄과를 범한 자와 충선(忠善)한 일을 한 자가 있거든 마땅히 유사(有司, 담당관)에 맡겨서 형벌과 상을 주어 폐하의 공평하고 분명하신 다스림을 밝혀야 할 것이요, 편벽되고 사사로이 하여 내(官中), 외(府中)로 하여금 법을 달리해서는 안 될 것입니다.

侍中侍郎郭攸之 費禕 董允等은 **此皆良實**하여 **志慮忠純**이라 **是以**로 **先帝簡拔**하사 **以遺陛下**하시니 **愚以爲宮中之事**는 **事無大小**히 **悉以咨之然後施行**하시면 **必能裨補闕漏**하여 **有所廣益**하리이다 **將軍向(상)寵**은 **性行淑均**하고 **曉暢軍事**하여 **試用於昔日**에 **先帝稱之曰能**이라 하사 **是以**로 **衆議擧寵爲督**하니 **愚以爲營中之事**는 **事無大小**히 **悉以咨之**하시면 **必能使行陣和睦**하고 **優劣得所也**리이다

○ 攸 바유: 禕 제복 이름 위: 董 성 동: 悉 다 실: 裨 도울 비: 向 성 상: 寵 괼 총: 曉 밝을 효: 暢 통할 창: 咨 물을 자

○ 시중(侍中)과 시랑(侍郎)인 곽유지(郭攸之), 비위(費禕), 동윤(董允) 등은 모두 어질고 성실하여 뜻이 충성스럽고 순수합니다. 이 때문에

선제께서 선발하시어 폐하에게 물려주셨으니 어리석은 신은 생각하
옵건대 궁중의 일은 대소를 막론하고 모두 그들에게 자문하신 연후에
시행하시면 반드시 폐하의 궐루(闕漏, 부족한 점)를 보충하여 넓히고
유익하게 하는 바가 있을 것입니다. 장군 향총(向寵)은 성행이 착하고
공평하며 군사를 잘 알아 옛날 시험 삼아 등용함에 선제께서 그를 능
하다고 칭찬하셨습니다. 이 때문에 중의로 향총을 천거하여 도독(都
督)으로 삼았으니 어리석은 신은 생각하옵건대 군영의 일은 대소를
막론하고 모두 그에게 자문하신다면 반드시 진영이 화목하고 인물의
우열이 제자리를 얻을 것입니다.

親賢臣 遠小人은 **此先漢所以興隆也**요 **親小人 遠賢臣**은 **此後漢所以傾頹也**라 **先帝在時**에 **每與臣論此事**에 **未嘗不歎息痛恨於桓靈也**니이다 **侍中尙書 長史 參軍**은 **此悉貞亮死節之臣**이니 **願陛下親之信之**하시면 **則漢室之隆**을 **可計日而待也**리이다

　　○頹 무너질 퇴: 亮 신실할 량
　　○현신(賢臣)을 가까이하고 소인을 멀리함은 이는 선한(先漢, 漢의 先
　　　代)이 융성했던 이유요, 소인을 가까이하고 현신(賢臣)을 멀리함은 이
　　　는 후한(後漢, 漢의 先代)이 기울고 패망한 원인입니다. 선제께서 생
　　　존해 계실 때에 매양 신과 이 일을 논할 적마다 일찍이 환제(桓帝)와
　　　영제(靈帝)에 대하여 탄식하고 통한으로 여기지 않으신 적이 없었습
　　　니다. 시중상서(侍中尙書)인 진진(陳震)과 장사(長史)인 장예(張裔)
　　　와 삼군(參軍)인 장완(蔣琬)은 모두 곧고 성실하여 충절(忠節)에 죽
　　　을 수 있는 신하들이오니 원컨대 폐하께서 이들을 가까이하시고 신임
　　　하시면 한나라 왕실의 융성을 날짜를 꼽아 기다릴 수 있을 것입니다.

臣本布衣로 **躬耕南陽**하여 **苟全性命於亂世**하고 **不求聞達於諸侯**러니 **先帝不以臣卑鄙**하시고 **猥自枉屈**하사 **三顧臣於草廬之中**하시고 **咨臣以當世之事**하시니 **由是感激**하여 **遂許先帝以驅馳**러니 **後值傾覆**하여 **受任於敗軍之際**하고 **奉命於危難之間**이 **爾來二十有一年矣**니이다

○躬 몸 궁: 鄙 더러울 비: 猥 외람될 외: 枉 굽을 왕: 廬 오두막집 려: 驅 몰 구: 馳 달릴 치
○신(臣)은 본래 포의(布衣, 평민)로 몸소 남양(南陽) 땅에서 농사를 지어 난세에 구차하게 성명(性命, 생명)을 보존하려 하였고 제후들에게 알려지거나 영달하기를 구하지 않았습니다. 선제께서는 신을 비루하다고 여기지 않으시고 외람되이 직접 왕림하시어 초려(草廬) 가운데로 세 번이나 신을 찾아주시고 신에게 당세의 일을 자문하시니 신은 이 때문에 감격하여 마침내 선제께 구치(驅馳, 國事에 분주함)할 것을 허락했습니다. 그 후 어려움을 만나 패군(敗軍)한 즈음에 임무를 맡고 위난(危亂)한 때에 명령을 받든 지가 21년이 되었습니다.

先帝知臣謹愼이라 故로 **臨崩**에 **寄臣以大事也**하시니 **受命以來**로 **夙夜憂嘆**하여 **恐託付不效**하여 **以傷先帝之明**이라 故로 **五月渡瀘**하여 **深入不毛**러니 **今南方已定**하고 **兵甲已足**하니 **當獎率三軍**하고 **北定中原**하여 **庶竭駑鈍**하여 **攘除姦兇**하고 **興復漢室**하여 **還于舊都**가 **此臣所以報先帝而忠陛下之職分也**니이다

○夙 일찍 숙: 嘆 탄식할 탄: 渡 건널 도: 瀘 물 이름 로: 竭 다할 갈: 駑 둔할 노: 攘 물리칠 양
○선제(先帝)께서는 신(臣)의 근신(謹愼)함을 아셨기 때문에 붕조(崩殂)할 때에 임하여 신에게 대사를 맡기시니, 신은 명령을 받은 이래로 밤낮으로 걱정하고 탄식하여, 부탁하신 것을 이루지 못해서 선제(先帝)의 밝음을 손상시킬까 두려워하였습니다. 그래서 5월에 노수(瀘水)를 건너 깊이 불모지에 쳐들어갔습니다. 이제 남방(南方,南蠻)이 이미 평정되었고 무기와 갑옷도 이미 풍족하니, 마땅히 삼군(三軍)을 거느리고 북쪽으로 중원(中原)을 평정해야 합니다. 그리하여 저의 노둔한 재주를 다하여, 간흉(姦兇)을 제거하고 한실(漢室)을 부흥시켜 옛 도읍으로 돌아가는 것이 신이 선제에게 보답하고 폐하에게 충성하는 직분입니다.

至於斟酌損益하여 進盡忠言은 則攸之 褘 允之任也니 願陛下託臣以討賊興復之效하사 不效則治臣之罪하여 以告先帝之靈하시고 (若無興德之言則) 責攸之 褘 允等之咎하사 以彰其慢하시며 陛下亦宜自謀하사 以諮諏善道하고 察納雅言하여 深追先帝遺詔하소서 臣不勝受恩感激하오니 今當遠離에 臨表涕泣하여 不知所云이로소이다

　　○斟 술 따를 짐: 攸 바 유, 所와 같이 쓰임: 慢 게으를 만: 諏 꾀할 추: 詔 고할 조: 涕 눈물 체: 泣 울 읍
　　○이것을 참작하여 득실을 헤아려서 충언(忠言)을 전부 아뢰면 곽유지(郭攸之)·비위(費褘)·동윤(董允) 등의 책임이오니, 원컨대 폐하께서는 신에게 역적을 토벌하여 한실(漢室)을 흥복(興復) 하는 일을 맡기시어, 신이 일을 이루지 못하거든 신의 죄를 다스려 선제(先帝)의 영령(英靈)에 고하시고, (만일 덕을 일으키는 말을 아뢰지 않거든) 곽유지·비위·동윤 등의 허물을 책하시어 그들의 태만함을 드러내시며, 폐하께서도 또한 스스로 좋은 방도를 자문하시고 바른말을 받아들이시어 깊이 선제(先帝)의 유조(遺詔)를 추념하소서. 신은 은혜를 받자와 감격함을 감당하지 못하겠습니다. 이제 멀리 떠나야 하오니, 표문(表文)에 임하여 눈물이 흘러 아뢸 바를 알지 못하겠습니다. (후 '출사표'도 있으나 생략함)

2. 蘭亭記 난정기 〈왕희지 王羲之〉

永和九年歲在癸丑暮春之初에 會于會稽山陰之蘭亭하니 修禊事也라 群賢畢至하고 少長咸集이라 此地有崇山峻嶺과 茂林脩竹하고 又有淸流激湍이 映帶左右어늘 引以爲流觴曲水하고 列坐其次하니 雖無絲竹管絃之盛이나 一觴一詠이 亦足以暢敍幽情이라

　　○이글은 왕희지가 명사 42인을 초대하여 9곡의 흐름을 만들어 물을 끌어들이고 사람들은 그 흐르는 물에 위치하여 시를 지었고 그 시를 모아 시집으로 내었으며, 왕희지가 이 서문을 썼음. 蘭亭 정자의 이름:

稽 상고할 계, 헤아릴 계, 논의할 계: 禊 계제사 계: 修禊事, 수계사, 흐르는 물에 몸을 맑히는 행사: 脩 포 수: 脩竹 수죽, 긴대, 脩는 長: 觴 잔 상: 湍 여울 단: 流觴曲水, 유상곡수, 삼월 삼짇날 흐르는 물에 술잔을 띄워 그 잔이 자기 앞에 오기 전에 시를 짓던 놀이: 詠 을플 영: 敍 펼 서, 차례 서

○영화 9년 계축년 늦은 봄 초순에 회계 산음현의 난정에서 모이니 계를 닦는 일이었다. 여러 현인이 모두 이르고 젊은이와 어른이 모두 모이니 이곳에는 높은 산 큰 고개와 무성한 숲 긴 대나무가 있고 또 맑은 물과 격류 하는 여울물이 좌우에 비추며 띠처럼 둘러 있으므로 이것을 끌어다 유상곡수를 만들고 차례대로 벌려 앉으니 비록 비단실과 대나무로 만든 관악기와 현악기의 성대함은 없으나 술 한잔을 들고 시 한 수를 읊는 것이 또한 그윽한 정을 펴기에 충분하였다.

是日也에 **天朗氣淸**하고 **惠風和暢**이라 **仰觀宇宙之大**하고 **俯察品類之盛**하니 **所以遊目騁懷**하여 **足以極視聽之娛**하니 **信可樂也**로다

○騁 달릴 빙: 娛 즐길 오: 品類 삼라만상
○이날은 하늘이 맑고 바람이 따뜻하여 화창하였다. 큰 우주를 우러러 보고 삼라만상의 성함을 굽어살피니 사방으로 눈을 놀리고 회포를 멋대로 달려 눈과 귀의 즐거움을 지극히 할 수 있어 참으로 즐거울 만하였다.

夫人之相與俯仰一世에 **或取諸懷抱**하여 **悟言一室之內**하고 **或因寄所託**하여 **放浪形骸之外**하나니 **雖趣舍萬殊**하고 **靜躁不同**이나 **當其欣於所遇**하여 **暫得於己**하여는 **快然自得**하여 **曾不知老之將至**라가 **及其所之旣倦**하여 **情隨事遷**이면 **感慨係之矣**라 **向之所欣**이 **俛仰之間**에 **以爲陳迹**하니 **尤不能不以之興懷**로다 **況脩短隨化**하여 **終期於盡**하나니 **古人云死生亦大矣**라하니 **豈不痛哉**아

○俯仰一世 일세는 사람이 살아 있는 한 세상, 아래를 보고 위를 보고하면서 살아가는 한세상: 悟 깨달을 오: 骸 해골 해: 躁 조급할 조: 殊 다

를 수: 靜躁不同 고요함과 시끄러움이 같지 않음, 사람의 몸가짐이 각기 다름: 欣 기쁠 흔: 遇 만날 우: 晳 밝을 석: 俛 힘쓸 면: 俛仰之間 머리를 숙였다 젖혔다 하는 동안, 얼마 안 되는 동안: 陳迹 묵은 자취, 오래된 터: 脩短 길고 짧은 동안: 倦 게으를 권: 陳 베풀 진

○ 사람이 서로 더불어 세상을 살아감에 혹은 자신의 품은 생각을 드러내어 한 방 안에서 서로 이야기하고 혹은 처한 환경에 따라 육체의 밖에 방랑하기도 하니 비록 나아가고 버림이 만 가지로 다르고 고요함과 시끄러움이 똑같지 않으나 그 만나는 바에 기뻐하여 잠시 자기 마음에 흡족함을 당해서는 쾌연히 자득하여 일찍이 늙음이 장차 이르는 줄을 모르다가 가는 바의 흥취가 이미 권태를 느껴 정이 일에 따라 옮겨가면 감개가 뒤따른다. 그리하여 조금 전에 기뻐하던 것이 고개를 숙였다 드는 사이에 이미 옛 자취가 되어버리니 더더욱 이 때문에 감회를 일으키지 않을 수 없다. 더구나 사람은 장수하거나 단명하거나 간에 조화에 따라 끝내는 다 없어지니 옛사람이 이르기를 '사생이 또한 크다.' 하였다. 이 어찌 애통하지 않겠는가?

每攬昔人興感之由하면 **若合一契**하니 **未嘗不臨文嗟悼**하여 **不能喩之於懷**라 **固知一死生爲虛誕**이요 **齊彭殤爲妄作**이라 **後之視今**이 **亦猶今之視昔**이리니 **悲夫**라 **故**로 **列敍時人**하고 **錄其所述**하니 **雖世殊事異**나 **所以興懷**는 **其致一也**라 **後之覽者亦將有感於斯文**이리라

○ 攬 잡을 람, 가질 람: 合一契 하나로 합해짐: 嗟 탄식할 차: 悼 슬퍼할 도: 嗟悼 슬퍼함: 虛誕 근거 없는 허황된 말: 齊 장자 제물편에 나오는 말로 칠백 세를 산 팽조와 단명으로 죽은 유자와는 나이의 틀림이 없고 같은 것이라고 함: 彭祖 요의 시대로부터 은의 말세까지 산사람, 가장 장수한 사람의 대표: 殤 일찍 죽을 상, 19세 이하의 사망자: 저

○ 언제나 옛사람들이 감회를 일으킨 이유를 보면 마치 한 문서를 맞추는 듯이 부합 하니 일찍이 옛사람의 글을 대하고서 서글퍼하고 한탄하지 않은 적이 없으나 이것을 마음속에 깨달을 수가 없다. 진실로 죽고 사는 것이 하나라고 한 것은 허망한 말이요 70살을 산 팽조(彭祖)와 상(殤, 어릴 적에 요절한 사람)을 똑같다 한 것은 망령된 일임을 알

겠다. 후세의 사람들이 지금의 우리를 봄이 또한 지금에 옛날을 보는 것과 같을 것이니, 슬프다. 그러므로 오늘 난정의 잔치에 참여한 사람들을 차례로 쓰고 그들이 지은 글을 기록하니 비록 세대가 다르고 일이 다르나 감회를 일으킨 이유는 그 이치가 마찬가지이다. 후세에서 이것을 보는 자 또한 이 글에 장차 감회가 있을 것이다.

3. 歸去來辭 귀거래사 〈도연명 陶淵明〉

歸去來兮여 **田園將蕪**하니 **胡不歸**오 **旣自以心爲形役**하니 **奚惆悵而獨悲**오 **悟已往之不諫**하고 **知來者之可追**라 **實迷塗其未遠**하니 **覺今是而昨非**로다 **舟搖搖以輕颺**이요 **風飄飄而吹衣**로다 **問征夫以前路**하니 **恨晨光之熹微**로다

- ○도연명은 뜻이 고상하고 원대하여 시속과 어울리지 못하였다. 일찍이 팽택령(彭澤令)이 되었는데 상관인 독우(督郵)가 시찰할 때에 아전들이 도연명에게 복장을 갖추고 나아가 맞이해야 한다고 하자 '내 어찌 쌀 다섯 말 봉급을 받기 위해 향리의 소인에게 허리를 굽히겠는가?' 하고는 그날로 벼슬을 버리고 고향으로 돌아가면서 이 글을 지었다고 함: 蕪 거칠 무: 來는 助字: 形役 육체에 사역 됨: 奚 어찌해, 의문사, 何와 같음: 惆 슬플 추, 섭섭할 추, 심심할 추: 悵 슬플 창: 塗 途와 같음, 길 도: 搖搖 흔들려서 움직임: 飄 나부낄 표: 颺 나부낄 양: 熹 밝을 희, 희미할 희: 征夫 나그네
- ○돌아가자! 전원이 장차 황폐하려 하니 어찌 돌아가지 않겠는가. 이미 스스로 마음이 형체에 사역 되었으니 어찌 실망하여 홀로 슬퍼하기만 하겠는가. 이미 지나간 날은 바로잡을 수 없음을 깨닫고 앞으로 올 것은 따를 수 있음을 알았노라. 실로 길을 잃었으나 아직 멀리 가지 않았으니 지금이 옳고 어제는 잘못이었음을 알았노라. 배는 흔들흔들 가벼이 날리고 바람은 살랑살랑 옷자락에 불도다. 길가는 나그네에게 앞길을 물으며 새벽빛이 희미함을 한하도다.

乃瞻衡宇하고 **載欣載奔**하니 **僮僕歡迎**하고 **稚子侯門**이라 **二徑**은 **就荒**이나 **松菊**은 **猶存**이라 **携幼入室**하니 **有酒盈樽**일새 **引壺觴以自酌**하고 **眄庭柯以怡顔**이라 **倚南窓以寄傲**하니 **審容膝之易安**이라 **園日涉以成趣**하고 **門雖設而常關**이라 **策扶老以流憩**라가 **時矯首而遐觀**하니 **雲無心以出岫**하고 **鳥倦飛而知還**이라 **景翳翳以將入**하니 **撫孤松而盤桓**이로다

○衡宇 나무를 가로 걸친 문과 조악한 집: 載 곧 재: 僮僕 동복, 종: 稚 어릴 치: 侯 제후 후: 二徑 뜰 안에 있는 작은 길 둘: 就荒 풀이 무성하여 거칠기 시작함: 携 끌 휴: 壺 병 호: 眄 볼 면: 柯 가지 가: 怡 기쁠 이: 倚 의지할 의: 寄傲 누구나 두려움 없이 태연한 자세로 자유스럽게 있는 것: 策 짚을 책: 憩 쉴게: 扶老 지팡이: 岫 산봉우리 수: 翳 어둑할 예: 撫 어루만질 무: 盤桓 반환, 돌아다님, 서성거림

○마침내 조그마한 집을 바라보고 기뻐 달려가니, 어린 종들은 환영하고 어린아이는 문에서 기다린다. 세 오솔길은 황폐해졌으나 소나무와 국화는 그대로 남아 있다. 어린아이 손을 잡고 방에 들어가니 술이 술동이에 가득히 있기에 술병과 술잔을 이끌어 스스로 따라 마시고 뜰의 나뭇가지를 보면서 얼굴을 펴노라. 남쪽 창가에 기대어 자유스러움을 느끼니 무릎을 뻗을 만한 작은방이 편안하기 쉬움을 알았노라. 전원을 날마다 거닐어 취미를 이루고 사립문은 비록 달려 있으나 항상 닫혀 있다. 지팡이를 짚고서 가며 쉬며 하다가 때로는 머리를 들어 멀리 바라보니 구름은 무심히 산골짝에서 나오고 새는 날기에 지쳐서 돌아올 줄 아누나. 햇볕이 뉘엿뉘엿 장차 지려 하는데, 외로운 소나무를 어루만지며 서성대도다.

歸去來兮여 **請息交以絶遊**라 **世與我而相違**하니 **復駕言兮焉求**리오 **悅親戚之情話**하고 **樂琴書以消憂**로다 **農人**이 **告余以春及**하니 **將有事于西疇**로다 **或命巾車**하고 **或棹孤舟**하여 **既窈窕以尋壑**하고 **亦崎嶇而經丘**하니 **木欣欣以向榮**하고 **泉涓涓而始流**라 **羨萬物之得時**하고 **感吾生之行休**로다

○駕 멍에 가, 멍에 메다: 言 조사 임: 焉求 무엇을 구할 것인가: 疇 밭 두둑 주: 巾車 건으로 가린 수레: 棹 노 도, 책상 탁: 窈 고요할 요: 窕 으

늘할 조, 예쁠 요: 崎 험할 기: 嶇 험할 구: 欣欣 흔흔, 기쁜 모양: 涓 졸
졸 흐를 연: 羨 부러워할 선: 行 장차 행

○돌아가자! 교제를 그만두고 교유를 끊어야겠다. 세상이 나와 서로 맞지 않으니 다시 수레를 타고 무엇을 구하겠는가. 친척들의 정담을 기뻐하고 거문고와 서책을 즐기며 근심을 잊으리라. 농부가 나에게 봄이 왔음을 알려주니 장차 서쪽 밭두둑에 농사일이 있게 되었구나! 혹은 휘장 찬 수레를 준비시키고 혹은 작은 배를 노질하여 아득히 깊숙한 골짝을 찾고 또한 꼬불꼬불 험한 길로 언덕을 지나니 나무들은 흔흔히 꽃 피려 하고 샘물은 졸졸 비로소 흐르누나. 만물이 제때를 얻음을 부러워하고 우리 인생이 장차 끝남을 느끼노라.

已矣乎라 **寓形宇內復幾時**오 **曷不委心任去留**하고 **胡爲乎遑遑欲何之**오 **富貴**는 **非吾願**이요 **帝鄕**은 **不可期**라 **懷良辰以孤往**하고 **或植**(치)**杖而耘耔**라 **登東皐以舒嘯**하고 **臨淸流而賦詩**라 **聊乘化以歸盡**하니 **樂夫天命復奚疑**아

○寓 부칠 우: 遑 급할 황: 舒 펼 서: 嘯 휘파람불 소: 聊 애오라지 요, 부족하나마 그대로, 편안하다

○그만두어라! 형체를 우주 안에 붙이고 살기를 다시 얼마를 하겠는가. 어이하여 마음에 맡겨 떠나고 머무름을 임의대로 하지 않고 어찌하여 황급히 어디로 가고자 하는가. 부귀는 나의 소원이 아니오, 상제가 사는 곳도 기약할 수가 없도다. 좋은 철을 생각하여 외로이 가고 혹은 지팡이를 꽂아놓고 김매노라. 동쪽 언덕에 올라 휘파람을 불고 맑은 물가에 임하여 시를 짓노라. 애오라지 조화(造化)를 따라 일생을 마치려 천명을 즐기니 다시 무엇을 의심하겠는가?

4. 春夜宴桃李園序 춘야연도이원서 〈이태백 李太白〉

夫天地者萬物之逆旅요 **光陰者百代之過客**이라 **而浮生若夢**하니 **爲歡幾何**오 **古人秉燭夜遊**는 **良有以也**로다 **況陽春召我以煙景**하고 **大塊假我以文**

章이라 會桃李之芳園하여 序天倫之樂事하니 群季俊秀하여 皆爲惠連이어늘 吾人詠歌獨慚康樂이로다 幽賞未已에 高談轉淸이라 開瓊筵以坐花하고 飛羽觴而醉月하니 不有佳作이면 何伸雅懷리오 如詩不成인댄 罰依金谷酒數하리라

○ 봄밤에 도이원에서 잔치하며 지운 시서(詩序): 逆 맞을 역: 逆旅 나그네를 맞는 객사: 良 진실로 양: 良有以也 참으로 까닭이 있는 일이다: 煙景 연경, 아지랑이 경치: 大塊 대괴, 천지를 뜻함: 惠連 송의 謝惠連, 十世에 시작을 잘하였음: 康樂 謝靈連을 말함, 南朝 宋의 山水詩人: 慚 부끄러워할 참: 轉 더욱 전: 瓊 옥 경: 筵 자리 연: 羽觴 우상, 새깃털 형상으로 생긴 술잔: 雅 맑을 아: 雅懷 아취 있는 마음: 罰依金谷酒數 금곡은 진나라 石崇의 동산으로 石崇은 여기에서 손님들에게 잔치를 베풀면서 시를 짓지 못하는 사람에게는 벌주 세말을 먹인 고사가 있음.

○ 천지는 만물이 잠깐 쉬어가는 여관이요, 시간은 백 대의 지나가는 길손이다. 뜬구름 같은 인생이 꿈과 같으니 기쁨을 즐기는 것이 얼마나 되겠는가. 옛사람이 촛불을 들고 밤에 논 것은 진실로 이유가 있었도다. 더구나 화창한 봄이 우리를 아지랑이 어린 경치로 부르고 천지가 우리에게 아름다운 문장을 빌려주었다. 복사 꽃과 오얏 꽃이 핀 아름다운 동산에 모여 친족끼리 즐겁게 노니는 일을 펴니 준수한 아우들은 모두 사혜연(謝惠連)처럼 훌륭하지만 유독 나의 읊고 노래함은 홀로 강락(康樂, 謝靈連)에 미치지 못함이 부끄럽다. 그윽한 감상이 그치지 않음에 고상한 담론이 더욱 맑아진다. 아름다운 자리를 펴 꽃 앞에 앉아 술잔을 주고받으며 달 아래 취하니, 아름다운 문장을 짓지 못하면 어찌 고상한 회포를 펴겠는가. 만일 시를 짓지 못할진댄 벌주는 금곡의 술잔 수대로 벌주를 마셔야 한다.

5. 師說 사설 〈한퇴지 韓退之〉

古之學者는 必有師하니 師者는 所以傳道授業解惑也라 人非生而知之者

면 **孰能無惑**이리오 **惑而不從師**면 **其爲惑也 終不解矣**리라 **生乎吾前**하여 **其聞道也 固先乎吾**면 **吾從而師之**하고 **生乎吾後**라도 **其聞道也 亦先乎吾**면 **吾從而師之**라 **吾師道也**니 **夫庸知其年之先後生於吾乎**리오 **是故**로 **無貴無賤**하며 **無長無少**요 **道之所存**은 **師之所存也**니라

○사대부들 사이에 남의 제자가 되는 것을 부끄럽게 여기는 세태를 비판한 글: 庸 어찌 용

○옛날 배우는 사람들은 반드시 스승이 있었으니 스승이란 도를 전하고 학업을 가르쳐주고 의혹을 풀어주는 것이다. 사람이 태어나서 아는 사람이 아니면 그 누가 의혹이 없겠는가. 의혹이 있으면서 스승을 따라 배우지 않는다면 그 의혹은 끝내 풀리지 않을 것이다. 나보다 앞에 태어나서 도를 들은 것이 진실로 나보다 먼저라면 내 따라서 그를 스승으로 삼을 것이요 나보다 뒤에 태어났더라도 도를 듣는 것이 또한 나보다 먼저라면 내 따라서 그를 스승으로 삼아야 할 것이다. 나는 도를 스승으로 삼으니, 나보다 먼저 태어났거나 뒤에 태어났음을 어찌 따질 것이 있겠는가? 그렇기 때문에 신분의 귀천도 따질 것이 없고 나이의 많고 적음도 따지지 않으며, 도가 있는 곳에 스승이 있는 것이다.

嗟乎라 **師道之不傳也久矣**니 **欲人之無惑也**나 **難矣**라 **古之聖人**은 **其出人也遠矣**로되 **猶且從師而問焉**이어늘 **今之衆人**은 **其下聖人也亦遠矣**로되 **而恥學於師**라 **是故**로 **聖益聖**하고 **愚益愚**하니 **聖人之所以爲聖**과 **愚人之所以爲愚**가 **其皆出於此乎**인저

○아! 슬프다. 사도가 전해지지 못한 지 오래되었으니 사람들이 의혹함이 없게 하고자 하나 어렵게 되었다. 옛날에 성인은 보통 사람보다 뛰어남이 월등하였으나 오히려 스승을 따르며 배웠는데 지금의 사람들은 성인보다 훨씬 못하면서도 스승에게 배우기를 부끄러워한다. 이 때문에 성인은 더욱 성스러워지고 어리석은 사람은 더욱 어리석어지니, 성인이 되신 이유와 어리석은 사람이 어리석게 된 이유는 그 모두 여기에서 나온 것이다.

愛其子하여늘 擇師而敎之로되 於其身也엔 則恥師焉하니 惑矣로다 彼童子
之師는 授之書而習其句讀(두)者也니 非吾所謂傳其道解其惑者也라 句讀
之不知와 惑之不解에 或師焉하고 或不焉하여 小學而大遺하니 吾未見其明
也로라

    ○讀 구두 두
    ○자식을 사랑함에 스승을 가려 가르치면서도 자기 자신의 스승 삼기를
    부끄러워하니 이는 미혹된 것이다. 저 동자의 스승은 책을 가르쳐주어
    구두(句讀)를 익히게 하는 사람이니 내가 말하는 도를 전하고 의혹을
    풀어준다는 자는 아니다. 구두를 알지 못함과 의혹을 풀지 못함에 어
    느 쪽은 스승을 두고 어느 쪽은 스승을 두지 아니하여 작은 것은 배우
    면서 큰 것 빼뜨리니 나는 그것을 현명하다고 보지 않는다.

巫醫樂師百工之人은 不恥相師어늘 士大夫之族은 曰師曰弟子云者를 則
群聚而笑之하고 問之則曰彼與彼年相若也요 道相似也라 位卑則足羞요
官盛則近諛라하나니 嗚呼라 師道之不復을 可知矣로다 巫醫百工之人은 君
子不齒로되 今其智乃反不能及하니 可怪也歟인저

    ○遺 버릴 유: 諛 아첨할 유: 齒 낄 치
    ○무당과 의원, 악사와 여러 공인은 서로 스승 삼기를 부끄러워하지 않
    는데 사대부의 집안들은 스승이라 하고 제자라고 말하면 여럿이 모여
    비웃는다. 그 이유를 물으면 "저 사람들은 나이가 서로 비슷하고 학문
    과 덕망이 서로 비슷한데 지위가 낮은 사람을 스승으로 삼으면 부끄
    러운 일이고 벼슬이 높은 사람을 스승으로 삼으면 아첨에 가깝다." 하
    니, 아! 슬프다. 스승의 도를 회복하지 못함을 알 수 있겠다. 무당과 의
    원, 악사와 여러 공인은 군자들이 이들을 끼워주지 않으나 지혜가 마
    침내는 오히려 그들에게 미치지 못하니 괴이한 일이다.

聖人은 無常師라 孔子師郯子 萇弘 師襄 老聃하시니 郯子之徒는 其賢이
不及孔子라 孔子曰三人行이면 則必有我師라하시니 是故로 弟子不必不如
師요 師不必賢於弟子라 聞道有先後하고 術業有專攻이니 如是而已라 李氏

子蟠이 **年十七**에 **好古文**하여 **六藝經傳**을 **皆通習之**러니 **不拘於時**하고 **請學於余**어늘 **余嘉其能行古道**하여 **作師說以貽之**하노라

○ 郯 나라 이름 담: 萇 양도 장, 양도(羊桃): 괭이밥과에 속하는 여러해살이 만초(蔓草): 襄 오를 양: 聃 사람 이름 담: 蟠 서릴 반: 嘉 아름다울 가: 貽 줄 이

○ 성인은 일정한 스승이 없다. 공자께서는 관직에 대하여 배운 담자(郯子), 음악을 배운 장홍(萇弘), 가야금을 배운 사양(師襄), 예를 배운 노담(老聃)을 스승으로 삼으셨으나, 담자(郯子)의 무리는 그 어짊이 공자에 미치지 못하였다. 공자께서 말씀하시기를 "세 사람이 동행하면 반드시 내 스승이 있다."하셨으니 제자가 반드시 스승만 못한 것이 아니요, 스승이 반드시 제자보다 나은 것이 아니다. 도를 들음에 선후가 있고 학술은 닦음에 전공이 있어서이니 이와 같을 뿐이다. 이 씨의 아들 반(蟠)이 17세에 고문을 좋아하여 육예와 경전을 모두 통달하여 익혔는데 시속에 구애되지 않고 나에게 배우기를 청하였으므로 나는 그가 능히 옛 도를 행함을 가상히 여겨 〈사설〉을 지어 그에게 주는 것이다.

중국과 한국의 역사 년대 비교

연대		중국		한국					
BC	2205	하나라		고조선	고조선 (BC 2333 ~ BC 108)				
	1766								
	16xx	상나라							
	1066								
	1046	서주							
	771								
	770	동주	춘추 전국시대 (BC 770~ BC221)		마한 (BC4C~BC18)	진한 (BC4C~BC57)	변한 (BC4C~8C0)		
	256								
	221		진나라						
	206								
AD	206	한나라	전한(BC 206 ~ AD 8)						
	220		후한(25~ 220)						
	220	삼국시대	위(220~265)		백제 (BC18~660)	신라 (BC57~668)	가야 (BC 0~ 562)	고구려 (BC37~668)	부여 (BC2C~494)
			촉(221~263)						
	280		오(222 ~ 280)						
	265	진	서진						
	316								
	317		동진						
	420								
	386	남조 (420~589)	북조 (386 ~ 581)						
	589								
	581	수							
	618								
	618	당							
	907				통일신라 (668~935)			발해(698~926)	
	902	오대 10국							
	979								
	916	요(916~1125)	송(960~1279)		고려 (918 ~ 1392)				
	1234	서하(1028~1227)	금(1115~1234)						
	1271	원							
	1368								
	1368	명			조선 (1392 ~ 1898)				
	1644								
	1636	청							
	1912								
	1912	중화민국			대한제국 (1898 ~ 1948)				
	1949								
	1949~	중화인민공화국			대한민국 (1948. 8. 15 ~)				

참고 문헌

1. 김병애(2008). 맹자집주 강독. 傳統文化硏究會
2. 金聖東(2022). 千字文. 태학사
3. 김영배(2001). 중국어 간체자 쓰기. 매일 출판
4. 김원중(2020). 대학·중용. 휴머니스트출판그룹
5. 김원중(2021). 맹자. 휴머니스트출판그룹
6. 김학주(2020). 새로 옮긴 서경. 명문당
7. 成百曉(1991). 大學·中庸 集註. 傳統文化硏究會
8. 成百曉(1996). 古文眞寶 後集. 傳統文化硏究會
9. 成百曉(1996). 小學集註. 傳統文化硏究會
10. 成百曉(1996). 詩經集傳(上, 下) 傳統文化硏究會
11. 成百曉(2003). 孟子集註. 傳統文化硏究會
12. 신용호·조수익(2012). 고문진보 산문선. 傳統文化硏究會
13. 李家源(1989). 논어/맹자. 성창출판사
14. 이광호(2010).중용장구 강독. 傳統文化硏究會
15. 張基槿(1973). 大學中庸. 明文堂
16. 曺斗鉉(1972). 模範. 漢文 入門. 一志社
17. 조수익·박승주·함현찬(2011). 맹자. 傳統文化硏究會
18. 조수익·이성민(2012). 한자 한문 전통 교재. 傳統文化硏究會
19. 崔仁旭 譯(1969). 古文眞寶. 乙酉文化史社
20. 한원식(2022). 삶의 지혜 한문 공부. 해드림 출판사
21. 咸賢贊(2008). 四子小學. 傳統文化硏究會
22. 咸賢贊(2009). 推句·啓蒙篇. 傳統文化硏究會